中国国际私法的制度生成

The Establishment of Chinese Private International Law

宋晓 著

图书在版编目(CIP)数据

中国国际私法的制度生成/宋晓著.—北京:北京大学出版社,2018.1
(国家社科基金后期资助项目)
ISBN 978-7-301-29067-5

Ⅰ.①中⋯ Ⅱ.①宋⋯ Ⅲ.①国际私法—研究—中国 Ⅳ.①D997

中国版本图书馆CIP数据核字(2017)第328435号

书　　　名	中国国际私法的制度生成 ZHONGGUO GUOJI SIFA DE ZHIDU SHENGCHENG
著作责任者	宋　晓　著
责 任 编 辑	王　晶
标 准 书 号	ISBN 978-7-301-29067-5
出 版 发 行	北京大学出版社
地　　　址	北京市海淀区成府路205号　100871
网　　　址	http://www.pup.cn
电 子 信 箱	law@pup.pku.edu.cn
新 浪 微 博	@北京大学出版社　@北大出版社法律图书
电　　　话	邮购部 62752015　发行部 62750672　编辑部 62752027
印 刷 者	北京大学印刷厂
经 销 者	新华书店 730毫米×1020毫米　16开本　16.5印张　287千字 2018年1月第1版　2018年1月第1次印刷
定　　　价	45.00元

未经许可,不得以任何方式复制或抄袭本书之部分或全部内容。
版权所有,侵权必究
举报电话: 010-62752024　电子信箱: fd@pup.pku.edu.cn
图书如有印装质量问题,请与出版部联系,电话: 010-62756370

国家社科基金后期资助项目
出版说明

  后期资助项目是国家社科基金设立的一类重要项目,旨在鼓励广大社科研究者潜心治学,支持基础研究多出优秀成果。它是经过严格评审,从接近完成的科研成果中遴选立项的。为扩大后期资助项目的影响,更好地推动学术发展,促进成果转化,全国哲学社会科学规划办公室按照"统一设计、统一标识、统一版式、形成系列"的总体要求,组织出版国家社科基金后期资助项目成果。

全国哲学社会科学规划办公室

目 录

序言 ··· 1

第一章　冲突规则的适用模式 ··· 13
　一、引言 ·· 13
　二、实体处分论和意思自治 ··· 16
　三、程序处分权或辩论主义不能证成任意性适用模式 ············ 21
　四、依职权适用冲突规则的突袭裁判风险及法官释明 ············ 25
　五、外国法查明的实践难题与当事人程序利益的保障 ············ 31
　六、结论 ·· 37

第二章　识别的对象与识别理论的展开 ······························· 39
　一、识别问题的界定 ·· 39
　二、识别的对象：事实、诉因、法律关系抑或法律规则？ ······ 44
　三、"法院地法说""准据法说"的合理逻辑与理论困境 ··········· 50
　四、超越"法院地法说"与"准据法说" ···································· 54
　五、识别制度的重负：原初目的之外 ····································· 58
　六、结论：理论应进取，立法当无为 ····································· 60

第三章　最高法院对外国法适用的上诉审查 ······················· 62
　一、序言 ·· 62
　二、三种审查模式 ··· 64
　三、最高法院作为上诉裁判机构对外国法适用的审查 ············ 69
　四、最高法院作为法律发展机构对外国法适用的审查 ············ 74
　五、结语 ·· 80

第四章　属人法的主义之争与中国道路 ······························· 82
　一、序言 ·· 82

二、本国法主义与住所地法主义的思想基础…………………… 84
三、本国法主义与住所地法主义的政策与功能 …………… 91
四、惯常居所原则：第三条道路？…………………………… 99
五、中国道路之抉择………………………………………… 104

第五章 同一制与区别制的对立及解释………………………… 109
一、区别制与同一制的历史根源…………………………… 110
二、区别制的制度运行……………………………………… 116
三、同一制的制度运行……………………………………… 122
四、涉外遗嘱继承的特殊问题……………………………… 128
五、结论……………………………………………………… 132

第六章 意思自治与物权冲突法………………………………… 133
一、问题之提出……………………………………………… 133
二、"物之所在地法规则"的确立…………………………… 135
三、物权冲突法引入意思自治的根据和范围……………… 139
四、意思自治的实现路径…………………………………… 144
五、结论……………………………………………………… 147

第七章 涉外债权转让法律适用的法解释路径………………… 149
一、涉外债权转让法律关系的性质………………………… 150
二、转让人与受让人的意思自治…………………………… 154
三、适用被转让债权的准据法……………………………… 158
四、适用债务人或转让人的住所地法……………………… 161
五、系属比较与我国的法解释路径………………………… 164

第八章 特征履行方法及其运用………………………………… 168
一、问题与现状……………………………………………… 168
二、特征履行理论溯源及其运用…………………………… 171
三、空间法律选择方法抑或功能法律选择方法…………… 177
四、从推定规则到一般规则………………………………… 182
五、特征履行方法的替代方法……………………………… 186
六、结论……………………………………………………… 188

第九章 双重可诉规则 …………………………………………… 191
　一、双重可诉规则的"兴"与"衰" ……………………………… 192
　二、双重可诉规则的法律功能 …………………………………… 195
　三、双重可诉规则所遇批判 ……………………………………… 198
　四、双重可诉规则废止后的"复辟" …………………………… 202
　五、结论 …………………………………………………………… 208

第十章 侵权冲突法一般规则之确立 …………………………… 211
　一、对比分析《罗马Ⅱ条例》与中国侵权冲突法一般规则之意义 … 211
　二、侵权行为实施地抑或损害结果发生地 ……………………… 213
　三、共同属人法之例外 …………………………………………… 219
　四、最密切联系原则之补充作用 ………………………………… 224
　五、意思自治的适用范围 ………………………………………… 230
　六、结语 …………………………………………………………… 234

附记：中国国际私法的"怕"与"爱" …………………………… 235
　一、前言 …………………………………………………………… 235
　二、中国国际私法之"爱" ………………………………………… 236
　三、中国国际私法之"怕" ………………………………………… 243
　四、结语：超越与使命 …………………………………………… 250

主要参考文献 …………………………………………………… 252

序　言

　　大约十年前,我的研究重心从国际私法的宏观理论研究,转向了国际私法的具体制度研究。自从 1980 年代初我国恢复国际私法研究以来,我的老师辈们已经就国际私法的基本知识体系、基本原则、欧美国际私法的发展历程等,作出了富有成效的研究,奠定了这个学科发展的基础。然而,他们的历史使命或许就在于开拓与奠基,还无暇对许多关键制度作出更为精细和深入的研究。2000 年之后,新的历史时代呼唤新的较为全面的国际私法立法,以全面取代《民法通则》中极不完整的立法规定,这无疑对具体制度研究提出了更高的要求。正是在这样的时代要求的感应下,我与许多同道,投入了中国国际私法的制度研究。

　　但这并不是说,我国国际私法研究长期效仿的对象,即欧美国际私法,没有成熟的可资借鉴的制度研究,也并不是说,一个部门法的制度研究能够脱离基础理论研究而独立进行。欧美国际私法的具体制度尽管也处于不断变革之中,但其成熟和稳定程度要远远超出我国。然而,不管我们需要在多大程度上借鉴欧美国家国际私法的具体制度,这些外来的制度在中国都需要一个"落地生根"的过程,即起源于欧美的外来制度,在中国需要一个重新证成的过程。在这个过程中,有些制度可能大部分保留了外国的原有样态,有些制度可能因应中国的现实需要而被大幅度修正了。无论如何,他们都在我们自由独立和批判性地审视下贴上了中国国际私法的标签,转而成了中国国际私法的制度。

　　美国国际私法基于现实主义的法学运动,其法律选择理论也与欧洲大陆渐行渐远。然而,尽管处于上层的基本理论会对中下层的具体制度和具体规则产生深刻的影响,但是,欧美国际私法基本理论样态的差异,更多表现为体系的差异和法律推理方法的差异,而许多具体制度和规则,特别是针对许多具体问题的解决方案,却并没有渐行渐远,许多领域反而是彼此趋近的。因此,当我们研究具体制度和具体规则时,完全没有必要拘泥于法律选择方法的差异。具体制度的研究具有相对独立性,可以摆脱极端的理论教条的约束而享有更大的自由探求空间。从根本上说,社会现实对于一个学科的制度研究的限制,至少等同于该学科的基础理论对于制度研究的限制。

过去十年中，我尽量跳出令人眩神迷的法律选择理论的争议，更多以功能主义的方法探讨欧美国际私法的制度是如何被引入中国的，在中国是否经历了变异的过程，以及促进变异的原因是什么，还有中国国际私法是否存在不依傍任何外国法资源而独创的制度。在像我国这样的成文法国家，制度研究和成文立法是紧密联系在一起的，我的研究自然也不例外。当我国存在具体立法规定时，我会依据相关的制度原理对具体立法提出批判性分析，并尽可能在解释论的框架中寻求制度的完善之道。当穷尽解释论的方法而仍然无法完善相关制度时，我干脆会抛开现有的立法框架，去寻求和论证立法论意义上的答案。大体来说，在我国《涉外民事关系法律适用法》颁布之前，因立法现状之残缺，我的国际私法制度研究更多具有立法论研究的色彩；而当该法颁布之后，才大比例加重了解释论的成分。

本书名之曰"中国国际私法的制度生成"，似乎在暗示本书重心在于描述和解释国际私法的具体制度在中国萌芽、发展和变异的历史过程。历史过程的描述，对于制度研究来说是必不可少的，它有助于我们把握一项制度的动态发展历程，而在所展现的动态发展过程中，很可能就会自然闪现我们孜孜以求的一项制度的内在本质和发展规律。然而，本书尽管重视一项制度的外国法源流，及其引入中国的背景和发展的历史过程，但本书重心绝不在于动态的历史描述，恰在于偏向静态的分析论证。因为中国国际私法的已有制度，特别是体现在《民法通则》中的相关制度，许多是在仓促间被引入中国或在中国建立起来的，本就缺乏充分的历史根据，况且这些制度在中国的历史很短，相关的历史资料也非常贫乏。在这样的背景之下，静态的分析论证往往要胜过动态的历史研究。

法学研究应该更加重视经验，尤其是特定时代特定国家的经验，还是应该更加重视逻辑，这可能是法学理论中恒久争议的问题。本书关于国际私法的制度生成的研究，冠以"中国"二字，给人以注重中国特殊经验研究的感觉。我的研究最初也想兼顾逻辑和经验，但最后却仍不可得。中国经验，广而言之，大致包括中国的立法、中国学者的独特性论著和中国的司法经验，而最后一项尤为关键和重要。我在研究过程中也尽可能地去利用公开的判决书，去观察立法和理论在司法实践中是如何展开的，以及中国的司法实践提出了哪些具体问题和要求，但是，最后我仍然失望，因为公开的涉外民商事判决文书少之又少，远远不敷学术研究的需要。当然，这两年司法公开有了可喜的进步，相信今后中国国际私法的经验研究会有根本的改观。在经验研究缺乏现实条件的情形下，我只好更加关注国际私法的逻辑分析和体系分析。因此，本书的逻辑分析和体系分析，要远过于经验分析，其长处在此，其短处也必隐于其中。

  我最初希望本书覆盖尽可能多的国际私法的重要制度,研究虽断续跨越了十年,无奈学识谫陋,最后所研究的重要制度的数量仍然有限。在这有限的数量中,我首先针对我国理论界有争议的制度问题展开讨论,例如冲突规则是否应依职权适用、我国属人法应采用本国法主义还是住所地法主义、涉外继承应采同一制还是区别制等;其次是针对我国学术界已有讨论但我认为还存在模糊之处的制度问题,例如涉外物权领域是否应该或在多大限度内承认意思自治、最高人民法院在多大范围内可以审查外国法的错误适用等;最后是针对我国学界重视不够但我认为对我国理论体系或实践具有重要意义的制度问题,例如涉外债权转让的法律适用问题等。《涉外民事关系法律适用法》制定前后,学界讨论热烈和争执的地方,更是触发我写作许多专题的机缘。

  粗略翻看本书目录,则会给人一个印象,认为本书只是多个具体国际私法专题的汇编而已,专题与专题之间似乎缺乏紧密的逻辑关联。诚然,除却本书"序言"和"附记",本书确实是由十个专题构成的,但这些专题之间并非缺乏逻辑统帅,其逻辑关联处主要表现在以下两点:其一,它们共享一个主题,即"中国国际私法的制度生成",是关于国际私法的重要制度的研究;其二,它们并非随意选择的专题,而是精心选就的,每个专题尽管表面上都从一个"点"切入,但他们都是一个"面"的最关键的"点"之所在,解决了这个"点"的问题,这个"点"所属的"面"的其余问题大多可以迎刃而解,因此,每个专题从研究的目的来说是致力于解决"面"的问题的。本书各个专题,大致涵盖了国际私法的总则(一般问题)、继承、物权、债权、侵权等各领域中的核心制度问题。总之,本书可以视为是一串"珍珠链",它努力将我国国际私法的众多"战略要点"(核心制度)串联在一起,而成为一个关于我国国际私法制度研究的整体。

  当然,如同刚才所言,因专题数量有限,这串"珍珠链"也有不少断裂之处,例如,总则部分缺乏对分割制度、反致制度和强制性规则的研究;"债权转让的法律适用"一章也不能解决所有无形物的法律适用问题;侵权部分也没有发展出关于特殊侵权法律适用的一般分析框架;知识产权的物权及债权的法律适用问题,本书也没有涉及。我国学界对上述制度尽管已经有了许多研究,但我认为还是有进一步研究和深化的必要。本书的这些缺憾只能留待今后寻机加以补充完善了。为了读者诸君的阅读便利,现就本书已有的各个专题,依次摘要如下:

  (1) 冲突规则应由法官依职权适用,还是在当事人主导下任意性适用,这是国际私法的一个基础理论问题,其答案也是解释我国《涉外民事关系法律适用法》的全部冲突规则的基石。数世纪以来,英国普通法主张任意性适用模式,德国立法和司法实践向来坚定地站在英美模式的对立面,我国学界新千年之后始慎重对待该问题。讨论伊始,就形成了针锋相对的两派观点:一派回应了大陆法系依职权适用的正统立场,力证冲突规则应由法官依职权适用;另一派回应了普通法系的正统立场及部分大陆法系著名学者的观点,从民事诉讼程序的性质和功能出发,认为在当事人享有自由处分权利的法律范畴,冲突规则应是任意性适用的,但在当事人不享有自由处分权利的法律关系领域,法院应依职权主动适用冲突规则及其指向的外国法。

本书则认为,国际私法是各国法律体系不可分割的一部分,同等地享有法的尊严和价值,应由法官依职权适用。从实体自由处分权或意思自治出发的推导,或从程序处分权或辩论主义出发的抽象演绎,以及对当事人程序利益的现实关怀,都不能证成冲突规则应是任意性适用的。然而程序法之维昭示我们,民事诉讼程序的视角必须内在于冲突规则适用模式问题的分析过程之中。在规定法官依职权适用冲突规则的同时,必须强化法官对冲突规则以及相关法律适用问题的释明义务;同时,为保障当事人的程序利益,最好由当事人自己负责证明外国法,并保障当事人在证明外国法过程中的选择权利。

冲突规则的依职权适用,归根结底近乎一种"程序设计",其根本的制度功能和目的,是在当事人没有积极主动地援引冲突规则或相关外国法时,法官积极主动地对法律适用的问题进行释明,敦促当事人对法律适用问题作出深思熟虑的决断,以防止当事人因无知、无能或懈怠而错失了援引冲突规则及其指引的准据法的权利,以防止他们因草率而放弃了援引冲突规则及其指引的准据法的权利。冲突规则只有在依职权适用而非任意性适用的情况下,才能最大限度地维护当事人依据国际私法体系所享有的法律适用的权利,从而最大限度地维护当事人在涉外民商事案件中的实体权利。我们开宗明义地承认冲突规则的依职权适用的性质,视各国私法体系为平等的存在,依托国际私法而非更多地依托法院地法去维护国际的私法秩序,这将会是我国的大国雅量之象征。

(2)以《涉外民事关系法律适用法》为代表的我国国际私法立法,仍是坚持以多边主义方法为主体,识别问题无从回避。识别问题只和涉外民商事案件的法律适用有关,而和涉外民商事案件的管辖权问题无关。识别问题是一切冲突规则适用过程中的普遍性的问题,其最复杂之处是识别外国法规则与解决识别冲突问题,尽管在实践中大多数国际私法案件中并不会发生识别冲突。

国际私法的识别冲突是令人望而生畏的理论难题,但是,只要抓住识别的对象是实体法律规则(主要是外国法规则),即当事人据以陈述或裁剪事实并据以提出权利主张的法律规则,只要深刻认识到识别过程本质上是法律规则(主要是外国法规则)和法院地国的冲突规则的对向交流关系,就能较容易地理解各种识别理论或方法的展开逻辑及其力量与弱点。"法院地法说"执着于对向交流关系中的冲突规则的一端,而"准据法说"执着于实体法律规则(主要是外国法规则)的另一端,各自反映了真理的一面而忽略了另一面。"比较法与分析法学说",以及新法院地法说,努力涵摄对向交流关系中的两端,试图超越"法院地法说"和"准据法说"。相比之下,"比较法与分析法学说"过于浪漫理想,"新法院地法说"最能反映识别问题的本质,最为深切著明。

解决识别问题必须游动在冲突规则和实体法律规则(主要是外国法规则)之间,对于不同的案件,钟摆最后应当停在两端之间的哪个位置,这依然是一个灵活的、难以确定的问题。因此,识别问题天然不应通过立法方法来解决,只应强化理论、原则和方法对法官的指导。理论应进取,立法当无为。《涉外民事关系法律适用法》第 8 条机械地规定了识别适用法院地法,但愿通过司法实践和司法解释,第 8 条能够发展成为"新法院地法说"的法律渊源。

(3) 最高人民法院在国际私法的上诉案件中,应否审查外国法的错误适用,这不仅关乎对外国法适用的本质的理解,也关乎最高人民法院在一国司法结构中的地位及其透显的司法理念。如果将国际私法中外国法的适用,仅视为平衡双方当事人权利义务的权宜之计,并且认为法官只是暂时中断自己的固有角色,去完成一项对当事人意义重大却无关本国法律体系发展的艰巨任务,那么作为司法金字塔顶端的最高人民法院,正当汲汲投身于透过个案去发展本国的法律体系,确实不必抽身去从事外国法适用的上诉审查。这一观念为拒绝审查模式铺平了道路,然而它主要是 19 世纪国际私法发展的产物,过分迷信法律的实证主义和法律的客观性,似乎法官完全可以抛弃国内法律体系所赋予他们的主观性,完全可以获取外国法的客观结论,从而实现完全意义上的适用外国法。

时至 21 世纪,我们不再固守极端的法律实证主义。法官无论是适用国内法还是适用外国法,其中蕴含的法律主观性是客观存在的,而且它对于法律发展来说也有着积极意义。法官适用外国法所具有的主观性,归根结底就是他沐浴其中的本国法律体系的基本结构、基本概念以及整个体系透射和追求法律正义观念所赋予的。法官适用外国法,需要调和外国法律体系所赋予外国法的客观意义和本国法律体系所赋予外国法的主观意义。具体调和的比例和方法，正是一国国际私法应该重点关注和发展的对象。因而无论从最高人民法院的上诉裁判功能出发，还是从其发展法律的功能出发，最高人民法院都应像审查国内法的适用那样，去审查外国法的适用，其中并不存在两国司法权威乃至国家主权的冲突。相反，最高人民法院在国际私法案件中解释和适用外国法，正可趁机深入外国法的肌理，摄取外国法的形式技艺和精神价值，将它们有机地融入本国法律体系中，丰富和发展本国法律体系。这将有助于一国最高法院增进包容和开放的精神，对于略显封闭的中国最高人民法院来说，其中意义尤为重大。

（4）在过去一百多年里，属人法的主义之争，即本国法主义与住所地法主义的对抗，这道"铁幕"始终横亘在两大法系的国际私法之间。我国属人法方法从本国法主义向经常居所原则的根本转变，只有放在两大法系属人法之争的背景中，才能明晰其意义和未来演变方向。无论是本国法主义，还是住所地法主义，都坚持所有属人法律关系都应适用同一个法律，各自通过对国籍或住所的法律建构，来阐发各自的精神内涵。本国法主义的思想基础可以概括为民族主义、人格完成和精神解放这三项，其核心是民族主义。住所地法主义的精神追求，正是赋予个人通过选择住所而选择属人法的自由，以及与之伴随的私法自治的权利，因而住所地法主义奠基于个人自由主义的基石之上。

本国法主义的历史形成具有单边色彩，倾向于扩大法院地国属人法的支配范围，伴有鲜明的道德判断，可使其国民的属人法不随住所的变动而变动，有利于母国保护其国民的基本民事权利。住所地法主义带有属地主义的印记，主张生活在同一片土地上的不同国家的人适用同一个法律，以消除彼此民事身份与地位法律适用的差异，最终促使他们的民事身份与地位趋于平等和一致，这就在客观上促进了同一国家内的族群融合。本国法主义的体系性功能总体不如住所地法主义。

惯常居所原则主要是国际公约的妥协产物，其弊端是割裂了个人与特定国家间的精神联系，销蚀了属人法的精神属性。经常居所是惯常居所的中国表达，但司法解释赋予了经常居所一定的特殊含义。经常居所未来应进一步"住所化"，考虑我国国民跨国流动的现实，实现住所地法主义的价值追求。

（5）《涉外民事关系法律适用法》在涉外继承领域既没有全面采用同一制，也没有全面采用区别制，而是牺牲了一以贯之的理论逻辑，富有特色地划分法定继承和遗嘱继承，前者适用区别制，后者适用同一制。两者相比，遗嘱内容取决于立遗嘱人的意思自治，因而同一制主要作用于遗嘱的效力，而法定继承的区别制却几乎作用于法定继承的全部，因此，《涉外民事关系法律适用法》中区别制的比重大于同一制。

无论是对继承法律关系本质的理论分析,还是对同一制与区别制的历史根源的探求,都表明同一制较之区别制更具制度优势。同一制和区别制的立法抉择,归根结底是决定不动产所在地法在涉外继承领域的命运。在涉外物权领域,动产随人观念已被破除,无论对于动产还是不动产,物之所在地法全面战胜了属人法。但在涉外继承领域,"动产随人原则"仍具旺盛的生命力,"随人原则"还继续扩大到了不动产继承领域。属人法而非物之所在地法,将在两大法系继承冲突法的未来发展中取得支配性地位,然而目前《涉外民事关系法律适用法》的涉外继承规则却例外于这一趋势。

无论是同一制还是区别制,立法结构不可谓不简明,但在各自的制度展开和实践运行过程中,简明的立法公式都只是一种表象,表象背后却是一系列复杂的难以具体规范的法律问题。对于同一制来说,面临着如何保护本国继承人对于不动产的继承利益、如何保护本国非继承利益以及如何面对外国区别制国家的既有判决等问题;对于区别制来说,则面临着如何进行跨国遗产债务的分配、如何在法定遗产权等问题上面对境外继承结果以及如何取舍反致制度等问题。

《涉外民事关系法律适用法》既然同时容纳了区别制与同一制,未来司法实践也将招致上述所有问题。解决上述问题的总体思路是,区别制的制度运行有时需要同一制的思维方式以为补充,同一制的制度运行需要格外注意不动产所在地法的积极作用。

(6) 在迈入21世纪前后,当意思自治在合同冲突法中稳固确立并大肆向其他领域进军时,似乎一切国际私法领域承认意思自治都是可能的,《涉外民事关系法律适用法》第4条无疑就传递了这种乐观态度。

同一制在19世纪中叶全面取代了之前的区别制,不论动产还是不动产,统一适用物之所在地法,这成为物权冲突法的基本规则。物之所在地法规则符合物权的对世属性,具有稳定性、明确性和可预见性的优点。但是,物之所在地法规则过分强调了物权的独立性和对世属性,掩盖了物权更多时候是从债权中分割出来并与债权有千丝万缕关系的特点,忽略了对双方物权争议和三方物权争议的不同情形的区分。无论是双方之间的物权争议的特殊所在,还是物权与债权的密切联系,都为物权冲突法承认意思自治奠定了合理基础。然而,只有动产的法律适用才关乎意思自治,而不动产物权关系,无论是双方之间的争议还是三方之间的争议,都不可能承认意思自治。因此,面对意思自治,今日的物权冲突法又隐然回到了古老的区别制时代。

当双方之间的动产物权争议引入意思自治时,物权冲突法本质上是将双方之间的绝对的物权关系还原为相对的债权关系,与其说是物权冲突法承认意思自治,不如说是还原而成的那部分特殊的双边债权关系适用意思自治。当出现第三人时,被还原而成的相对债权关系就不复存在了,物权关系又全部恢复了它的对世属性,此时不再有理由允许意思自治,而只应恢复适用物权冲突法的一般规则,即物之所在地法规则。因此,物权冲突法虽可承认意思自治,但意思自治不得对抗第三人。在物权冲突法中,涉及第三人的情形也很普遍,三方之间的物权争议并不少见,更兼意思自治极易受到物权法中的直接适用规则或强制性规则的限制,因此,物权冲突法虽可承认意思自治,但不应高估其地位和作用。物权冲突法中的意思自治,和合同冲突法中的意思自治,归根结底是无法相提并论的。

《涉外民事关系法律适用法》第3条宣告性地将意思自治提高到了基本原则的地位,继而在第37条中规定意思自治作为动产法律适用问题的首要规则,这些都难以摆脱盲目冒进之嫌疑。因而在司法实务中,我们应对第37条进行限制性解释:意思自治只应限定于双方之间的动产物权争议,而不能对抗第三人。物之所在地法规则仍然是物权冲突法的基本规则,意思自治只是其有益补充。

(7) 债权转让既具有合同内容,又具有物权内容,债权转让法律适用的核心是其物权内容的法律适用。若统一适用最具竞争力的几个系属之一,包括适用转让人与受让人意思自治的法律、债权准据法或转让人的住所地法,皆有其醒目的优势,又有明显的软肋。债权转让似乎根本不能采纳单一和统一的系属,而应根据不同的问题适用不同的法律。这种将问题分割的方法,表面上发挥了不同系属的长处,同时回避了不同系属的缺陷,但是,这种方法只是表面上掩盖了矛盾,而骨子里仍然没有解决问题。如果诉争涉及债权转让中的所有利害关系人,包括转让人、受让人、债务人、转让人的债权人和受让人的债权人,各个主张适用不同的法律,那么不同的准据法产生矛盾和冲突,哪个应该优先适用呢?这个深层次的矛盾是无法解决的。

意思自治最能促进债权转让的商业效率,适用转让人的住所地法最能创设静态安定的物权秩序,而适用被转让债权的准据法介于效率和秩序安定这两个价值目标之间,因此,综合各主体之利益保护和诸物权问题的法律适用的分析,如果一定要从这三个最具竞争力的系属中选择一个,那么非被转让债权的准据法这个系属莫属。诚然,适用被转让债权的准据法可能会伴随法律适用的不确定性,但也不能高估这种不确定性,因为在现代跨国商业交易中,绝大多数合同之债都在合同中通过意思自治约定了准据法,债权的准据法由此就是确定的,即使在少数合同中,当事人没有约定准据法,但随着合同客观准据法方法的完善,被转让债权的准据法在很大程度上也是可以预先判断的。同时不可否认的是,适用被转让债权的准据法更适合单个债权的转让,而不能满足打包转让的商业需要,打包转让和国际资产证券化的发展就不能寄望于冲突法,而只能寄望于各国内法和国际统一实体法的发展。

在涉外债权转让的法律适用问题上,最为现实和合理的选择是适用被转让债权的准据法,而在《涉外民事关系法律适用法》的框架中,这恰恰是可以通过法律解释方法实现的。法官在处理涉外债权法律适用的个案时,首先可以将涉外债权的法律适用解释成合同层面的法律适用和物权层面的法律适用,前者适用合同的冲突规则,后者适用被转让债权的准据法。无论被转让债权为合同之债、侵权之债、无因管理之债或不当得利之债,《涉外民事关系法律适用法》都作出了相应的规定,这就意味着法官可以全部在法解释的框架内解决涉外债权的法律适用问题。

(8) 国际合同的客观法律适用问题的理论与实践难点,在于是否采纳或如何运用特征履行方法问题。特征履行方法是欧洲大陆国际私法传统的产物,直接源于萨维尼学说,是瑞士国际私法学说与判例的产物。现代社会的交易通常是以货币为媒介的,即一方支付金钱,另一方交付货物或提供服务,特征履行方一般是非支付金钱的另一方,据此特征履行方较易认定,没有必要建立在具体合同分类的基础之上,否则会引发结构性重复与累赘,并带来更加棘手的识别困难。依据特征履行理论,合同应进一步场所化于特征履行方的惯常居所地法,欧盟 2008 年《合同之债法律适用条例(Rome Ⅰ)》(以下简称《罗马Ⅰ条例》)较之 1980 年欧共体《合同之债法律适用公约》(以下简称《罗马公约》),特征履行的场所化法方法向属人连接点进一步推进,无疑是值得肯定的。

特征履行方法基本上是一种空间法律选择方法,致力于实现冲突正义,却不能很好地实现实体正义。当特征履行方法上升为合同客观法律适用的一般规则,为了实现法院地国家在合同领域的特定的实体目标和实体政策,就应有意识地在特征履行方法的一般规则之外,去制定实现特定实体政策的合同法律适用规则。如何具体处理特征履行方法和最密切联系原则之间的关系,这对于合同的客观法律适用规则的构建至关重要。《罗马公约》及其影响下的我国 1987 年《最高人民法院关于适用〈涉外经济合同法〉若干问题的解答》和 2007 年《关于审理涉外民事或商事合同纠纷案件法律适用若干问题的规定》,将特征履行方法附属于最密切联系原则,过分损害了法律适用的确定性和可预见性,并非是科学合理的安排方式。

我国《涉外民事关系法律适用法》以和稀泥方式规定可以适用特征履行

方法或最密切联系原则,这等于放弃了对两者关系的探索,回避了最不应回避的问题。相比之下,《罗马Ⅰ条例》将特征履行方法上升为一般规则,最密切联系原则降至补充性质的撤销规则的地位,这是迄今对两者关系的最合理安排,理应成为我国未来合同国际私法发展的指南。总之,特征履行方法尽管有许多缺陷,但对于成文法国家来说,它仍是解决合同客观法律适用问题的最好选择。

(9) 如果我们要在多边主义的冲突法框架内寻求侵权冲突法问题的解决之道,就不可避免地会纠缠于侵权行为地法、法院地法和最密切联系原则这三个系属公式之间。双重可诉规则及其例外规则无非是以一种独特的方法来调和这三个系属公式。无论是双重可诉规则在普通法世界中走向主导地位,还是在20世纪末期趋于普遍的衰落,还是在诸如诽谤领域的坚守阵地,还是通过程序与实体的识别技术以实现双重可诉规则目的的暗渡陈仓,还是双重可诉规则在中国国际私法中的进退问题,实质上都反映了上述三个系属公式在侵权冲突法领域此消彼长的互动过程。

双重可诉规则在侵权冲突法体系中的兴衰、沉浮与进退,几乎全由法院地法这一系属公式在侵权冲突法中的地位升降引发的。涉外侵权成立与否适用双重可诉规则,实际上重叠适用法院地法和侵权行为地法,过分偏袒了被告而极其不利于原告,这是不符合现代平等保护的法律原则的。在普通法的双重可诉规则中,法院地法除了在侵权成立问题上发挥作用之外,还全面地支配了以损害赔偿为中心内容的侵权效果问题。但是,现代侵权法的功能主要是补偿和风险分配,而非规诫与惩罚,为实现惩罚性质的政策控制而在涉外侵权领域适用法院地法,这就愈来愈不合理了;相反,侵权行为地法是双方可以共同预见到的,据此来实现风险分配和侵权补偿相对就更为合理了。

因此,无论是对于涉外侵权的成立,还是对于涉外侵权的效果,侵权行为地法都应上升为全面支配涉外侵权的一般规则。然而,尽管侵权法的功能愈益接近合同法的风险分配和利益补偿功能,但客观上侵权法所包含的公共政策较之合同法所包含的公共政策要浓烈得多,这就意味着法院地法或双重可诉规则不可能全部退出涉外侵权领域。目前有两个领域,其一是涉外诽谤侵权,其二是赔偿最高限额问题,应继续适用双重可诉规则,使被告不至于承担完全不可预见的外国准据法所规定的赔偿数额。

无论是适用双重可诉规则,还是适用侵权行为地法,只要依据空间意义的法律事实设定连结点,就不可避免地会在某些情况下导致规则的僵化。因此,即使国际私法立法将侵权行为地法确立为侵权冲突法的基本规则,我们仍需依据最密切联系原则设定例外规则,但作为例外规则的最密切联系原则不能上升为侵权冲突法的基本规则,否则将会极大损害成文法的安全价值。我国《涉外民事关系法律适用法》虽然正确地废除了双重可诉规则,但对其保护公共政策的功能,以及对于克服侵权行为地这一系属的机械性,却又忽略了。

(10)欧盟2007年《非合同之债法律适用条例(Rome Ⅱ)》(以下简称《罗马Ⅱ条例》)在侵权冲突法的一般规则中,将侵权行为地法、共同住所地法、最密切联系的法律以及意思自治这四个系属公式有机地结合起来,取规则形式而弃灵活方法,追求法律的确定性,处处体现了平衡、理性与中庸的特点,这一切共同将侵权冲突法的立法推向了新的境界,为他国包括我国的侵权冲突法立法成功地开辟了一条稳健的道路。

我国《涉外民事关系法律适用法》第44条关于侵权冲突法一般规则之构建,可以说最主要借鉴了《罗马Ⅱ条例》,但与之相比,我国立法主要有如下三个不同之处:第一,我国没有在侵权行为实施地法律和损害发生地法律两者之间作出最后抉择,导致规则具有很大的不确定性;第二,我国意思自治规则只是一种事先选择,而不承认事后选择,过多顾及民事的平等,而一定程度上忽略了商业的实践需要;第三,我国为了维护法律适用的稳定性,拒绝规定基于最密切联系原则的例外规则,这又剥夺了侵权冲突法一般规则所应具有的灵活性。

综合而言,《罗马Ⅱ条例》立法在前,《涉外民事关系法律适用法》立法在后,我们尽管努力借鉴了《罗马Ⅱ条例》的规定,但总体立法质量似乎仍然不如《罗马Ⅱ条例》,更遑论我们本应有"后发"的优势,本应在某些方面超越《罗马Ⅱ条例》,这是非常值得我们深思的。

(11)《涉外民事关系法律适用法》是1949年之后我国第一部单行国际私法立法,甚至是标志我国私法体系初步建成的点睛之作。但是,我们应清醒地正视它的历史局限性。它似乎和我们整个国家一样,正在惊涛骇浪的"历史三峡"之中转型和转进。以历史眼光来看,《涉外民事关系法律适用法》终究只是一部过渡时代的过渡作品。

中国国际私法的立法和司法,在过去不成熟时期的"怕"与"爱",正是一受外界影响就产生夸张反映的表现,这说明中国国际私法尚未完全找到立足之地,尚未完全走上自主、独立的发展道路。中国国际私法的自主独立的发展道路,要求它一方面以批判性的精神积极吸纳西方的学术理论和比较法成果,正视中国国际私法的舶来现实,不以学习和借鉴为耻;另一方面则根植于中国的实践土壤,总结中国日益丰富的涉外民商事审判的司法实践,深入一个个案件的细节之处,在中国实践的基础上大胆提出中国的理论构建和立法构建,不以人无我有为忧。两方面结合并进,中国国际私法才能摆脱"怕"与"爱"的过激情绪,才能走上冷静客观、稳健中道的自主发展道路。

中国国际私法在解决涉外私人纠纷和维护私人权益的同时,应超越私法层面去迎接未来的政治使命。这项政治使命或是已经或是即将来临,那就是承担类似欧盟国际私法的政治使命。不同法域的私法统一,或是遥不可及的终极目标,但是,在维护各法域的私法特色时,国际私法的统一能够带来统一的法律文化,增进彼此的人员往来和构建统一大市场,共同促进经济繁荣。如此一来,国际私法就成了不同法律体系的共同的"上层建筑"。如今中国正面临区域法律的整合,区域里层为中国内地和港澳台地区的法律整合,区域外层为东亚及东南亚的法律整合,如中国想要恢复曾经的东亚地位,则像欧盟那样,首先利用国际私法去实现法律整合,就是必不可少的。

我国学界以往过多的宏大叙事,恰恰也表露了中国学界深度的"怕"和"爱"。如今,《涉外民事关系法律适用法》为我们提供了一个契机和起点,呼唤更多细节性的和务实性的研究,一点一滴地夯实中国国际私法自尊独立的发展基础。

我特别需要指出,除了序言,本书各章的初稿已在相关杂志上刊出,我在每章开篇第一个脚注中都做了准确的说明。回想每篇论文发表之际,杂志编辑都提出了许多深刻的修改意见,令我受益无穷,至今感铭于心。本书完成八成左右,在北大出版社的帮助下,我成功获得了国家哲学社会科学基金后期项目的资助,得此有利条件,我完成了剩余部分的研究和写作,并根据相关法律的新发展以及新的研究现状,对之前完成的内容进行了与时俱进的修改。十年"苦吟",总算有一本书可以做交代。最后,我要感谢恩师黄进教授、肖永平教授和郭玉军教授在我毕业多年之后,仍然一如既往地指导、关心、支持我的人生和学术;感谢宋连斌教授、许庆坤教授、曾涛教授、吴卡教授、邓朝晖博士等师友,在我孤寂前行的学术路上给予我的教益和慰藉;感谢北大出版社编辑王晶老师,以其耐心和专业,与我一同"培育"这本书。本书真可谓"得道多助"了,只是我学术道行尚浅,希望得到更多学界朋友的指正。

第一章 冲突规则的适用模式[*]

一、引　言

冲突规则应由法官依职权适用,还是在当事人主导下任意性适用,这是国际私法(冲突法)的一个基础理论问题,这个问题的答案也是解释我国《涉外民事关系法律适用法》中的全部冲突规则的基石。所谓冲突规则的任意性适用,是指在涉外民商事案件中,只有在当事人主动请求适用冲突规则或外国法时,法官才适用冲突规则,否则法官将直接适用法院地法。[①] 法官依职权适用法律以裁判当事人的纠纷,乃是司法固有属性之要求,但在法学世界中,唯独国际私法风景独异,两大法系中支持冲突规则依职权适用的立法或司法实践,与支持任意性适用的立法或司法实践,各占半壁江山,理论纷争不断,几乎成了国际私法的学术"公案"。

数世纪以来,英国普通法主张任意性适用模式,其他普通法国家也效仿了这一模式。[②] 但是,普通法世界对其任意性适用模式,未有自觉的逻辑分析和理论建构,它是建立在司法惯例和实用主义的基础上的,与其说是圆满周密的理论,不如说是英国法官群体和律师群体的偏好,最终塑造了它。[③] 大陆法系国家与普通法实践模式相反,普遍认为冲突规则与一般的法律规则无异,应由法官依职权适用。但是,在20世纪50年代末,法国最高法院出现了任意性适用的判例,并在此后的半个世纪中,在依职权适用与任意性适用之间反复摇摆,最近认为在当事人不能自由处分的领域,法官应依职权适用

---

[*] 本章系在《论冲突规则的依职权适用性质》(《中国国际私法与比较法年刊》2007年卷)和《程序法视野中冲突规则的适用模式》(《法学研究》2010年第5期)两文的基础上修改而成。

[①] 这源于对英美模式的概括,是任意性适用的"经典模式"。有些国家的立法或司法实践大体上也采用了任意性适用的模式,但与"经典模式"有所偏差。例如,1979年《匈牙利国际私法》第9条规定:"当事人协商一致,可请求不适用本法指定的外国法,转而适用匈牙利法或当事人有权选择的其他法律。"又如,法国区分自由处分领域和非自由处分领域,只在自由处分领域承认冲突规则的任意性适用;再如,下文所概括的中国上诉审的适用模式。关于有些国家对任意性适用的"经典模式"的各种变调,参见 Maarit Jantera-Jareborg, "Foreign Law in National Court: A Comparative Perspective", 304 Recueil des dours 277—285 (2003)。本章所分析的任意性适用模式,若无特殊说明,是指此处正文所概括的"经典模式"。

[②] 对英国模式的详细阐述,参见 Lawrence Collins (with Specialist Editors), Dicey, Morris and Collins on the Conflict of Laws (14th ed., 2006), Sweet & Maxwell, p.255。

[③] See Richard Fentiman, Foreign Law in English Courts (1998), Oxford, p.141.

冲突规则,而在当事人可以自由处分的领域,法官享有自由裁量权以决定依职权适用抑或任意性适用。① 法国模式至少在观念上极大冲击了大陆法系依职权适用的传统立场。②

对于冲突规则的适用模式,德国立法和司法实践向来坚定地站在英美模式的对立面。然而,德国著名学者弗莱斯纳(Flessner)在 1970 年著文主张任意性适用模式③,在大陆法系国家激发了广泛而热烈的争议。1990 年代,荷兰著名学者德波尔(De Boer)以"任意性冲突法"为题,在海牙国际私法会议发表专题演讲,将任意性适用模式的观点和理论论证发挥到了顶点。④ 欧洲大陆学者对于冲突规则的适用模式的理论探索,又激发普通法系国家的学者从实用主义的基点出发,努力用理论来证成他们任意性适用的实践立场。⑤ 至此,冲突规则的适用模式问题成为两大法系国际私法学者共同瞩目的焦点问题。

我国国际私法立法至今并没有明确规定冲突规则应依职权适用还是任意性适用。⑥ 法院在每个涉外民商事案件的法律适用过程中均无法回避这一问题,《涉外民事关系法律适用法》颁布前,个案判决之间分歧重重:坚持依职权适用的有之,主张任意性适用的也有之。⑦ 一审法院主张任意性适用的

---

① 关于法国最高法院的实践立场在过去半个世纪的曲折演进,参见 Maarit Jantera-Jareborg, "Foreign Law in National Court: A Comparative Perspective", 304 *Recueil des dours* 273—276 (2003)。

② 其他欧洲国家,诸如德国、奥地利、瑞士和意大利的成文立法坚持传统立场,拉丁美洲国家亦主张依职权适用。斯堪的纳维亚国家接近法国现今的立场。参见 Maarit Jantera-Jareborg, "Foreign Law in National Court: A Comparative Perspective", 304 *Recueil des dours* 284—285 (2003)。

③ See Alex Flessner, "Fakultatives Kollisionsrecht", 34 *RabelZ* 547—584. 对该文详细的英文解读,参见 De Boer, "Facultative Choice of Law: The Procedural Status of Choice-of-Law Rules and Foreign Law", 257 *Recueil des cours* 317—322(1995)。

④ See De Boer, "Facultative Choice of Law: The Procedural Status of Choice-of-Law Rules and Foreign Law", 257 *Recueil des cours* 223—427 (1995)。

⑤ 其中,Fentiman 教授的著作最引人注,参见 Richard Fentiman, *Foreign Law in English Courts* (1998), Oxford。

⑥ 《中华人民共和国民法通则》第 142 条第 1 款规定:"涉外民事关系的法律适用,依照本章的规定确定。"该规定并未清楚表明《民法通则》的冲突规则是否应依职权适用的。《中华人民共和国涉外民事关系法律适用法》第 2 条:"涉外民事关系适用的法律,依照本法确定。其他法律对涉外民事关系法律适用另有特别规定的,依照其规定。本法和其他法律对涉外民事关系法律适用没有规定的,适用与该涉外民事关系有最密切联系的法律。"该规定同样并没有清楚表明《涉外民事关系法律适用法》的冲突规则是否应依职权适用,并没有完全堵截任意性适用的一切解释通道。

⑦ 关于我国司法实践的分歧,可以参见黄进教授近几年对中国国际私法司法实践所进行的卓有成效的总结。参见黄进、李庆明:《2006 年中国国际私法司法实践述评》,载《中国国际私法与比较法年刊》2007 年卷(第十卷),北京大学出版社 2007 年版,第 371—414 页;黄进、胡炜、王青松:《2007 年中国国际私法司法实践述评》,载《中国国际私法与比较法年刊》2008 年卷(第十一卷),北京大学出版社 2008 年版,第 433—481 页;黄进、胡炜、杜焕芳:《2008 年中国国际私法司法实践述评》,载《中国国际私法与比较法年刊》2009 年卷(第十二卷),北京大学出版社 2009 年版,第 415—475 页。

判决表述通常是:"各方都未提出适用外国法,本案适用中华人民共和国法律。"①二审或再审法院主张任意性适用的判决表述通常是:"当事人在一审(或一审、二审)中对适用中华人民共和国法律未表示异议,故认定本案适用中华人民共和国法律。"②我国司法实践在冲突规则的适用模式上一度莫衷一是,极度混乱。然而,《涉外民事关系法律适用法》颁布之后,司法实践中采用任意性适用的案例,在可公开检索的范围内,几乎不见了,似乎司法实务界已经接受了冲突规则应依职权适用的观点。

部分由于我国司法实践的分歧,也部分由于外国学者的启发,我国学界新千年之后始慎重对待该问题。讨论伊始,就形成了针锋相对的两派观点:一派回应了大陆法系依职权适用的正统立场,从国际私法现有的逻辑体系和理论体系出发,围绕着国际私法的目的和宗旨、意思自治理论以及国际条约义务等方面,力证冲突规则应由法官依职权适用,否则现有理论体系就会滋生巨大裂缝而岌岌可危;③另一派回应了普通法系的正统立场以及弗莱斯纳、德波尔等人的学术观点,从民事诉讼程序的性质和功能出发,尤其以程序处分权、辩论主义和保障当事人的程序利益为理论基础,认为在当事人享有自由处分权利的法律范畴如合同、侵权等主要涉及金钱事项的领域,冲突规则应是任意性适用的,但在当事人不享有自由处分权利的法律关系领域,如婚姻、扶养等范畴,法院应依职权主动适用冲突规则及其指向的外国法。④

然而,迄今为止,无论中外,两派结论虽然针锋相对,但彼此并没有给予对方足够的同情与理解,一者从国际私法的内部理论体系出发,另者从国际私法的外部体系即程序法的视角出发,在各自的论证展开过程中并没有实现真正的交锋。坚持依职权适用模式的学者,并没有从对方的程序法视角出发,成功说服对方为什么程序法原理不足以支持任意性适用模式;主张任意

---

① 例如,"河北圣仑进出口股份有限公司与津川国际客货航运有限公司、津川国际客货航运(天津)有限公司无单放货纠纷案",天津海事法院民事判决书(2002)海商初字第144号。
② 例如,"富春航业股份有限公司、胜惟航业股份有限公司与鞍钢集团国际经济贸易公司海上运输无单放货纠纷再审案",最高人民法院民事判决书(2000)交提字第6号。
③ 代表性论文,参见宋晓:《论冲突规则的依职权适用性质》,载《中国国际私法与比较法年刊》2007年卷(第十卷),北京大学出版社2007年版,第142—158页;郭玉军:《近年有关外国法查明与适用的理论与实践》,载《武大国际法评论》(第七卷),武汉大学出版社2007年版,第4—5页。
④ 代表性论文,参见徐鹏:《论冲突规则的任意性适用——以民事诉讼程序为视角》,载《现代法学》2008年第4期,第141—147页;杜涛:《"任意性冲突法"理论研究》,载孙南申、杜涛主编:《当代国际私法研究——21世纪的中国与国际私法》,上海人民出版社2006年版,第121—135页;杜涛:《法律适用规则的强制性抑或选择性——我国涉外民事法律适用法的立法选择》,载《清华法学》2010年第3期,第94—109页。杜涛博士在其2006年的论文中主张彻底的任意性适用模式,但在2010年发表的论文中修正了其原有立场,除了主张区分自由处分领域和非自由处分领域之外,还强调任意性适用和法官释明相结合。

性适用模式的学者,也没有从对方的逻辑体系出发,成功说服对方为什么以萨维尼理论为基础的国际私法体系不必拘泥于依职权适用模式。各派只有从根本上推倒对方结论据以形成的理论基础,才能最大限度的夯实己方的论证过程和结论;如果不能推倒对方的理论基础,就必须承认其合理性,反躬自省并修正自己的论证过程和结论。最终无论何种结果,都能促进学界在这一基础性问题上取得更多的共识。

任意性适用理论将程序法这一"外部视角"引入国际私法,以此决定冲突规则的适用模式,对此,有个疑问首先就会跃然而起:在民商事纠纷解决的过程中,所有私法规则都不能脱离特定的民事诉讼程序而独立实现,都可以引入这一"外部视角",难道说所有私法规则或绝大多数私法规则都应是任意性适用的?对照现实这显然十分荒谬。① 但为何唯独国际私法一经引入程序法视角,大部分甚至全部冲突规则就应是任意性适用的?除非国际私法和民事诉讼程序之间存在本质的联系,远非一般的私法和民事诉讼程序之间的联系所可比拟。即使国际私法和民事诉讼程序之间存在非同寻常的实质联系,难道冲突规则就应偏离依职权适用的正常轨道?遗憾的是,任意性适用理论从未正面回答这一疑问,而要回答该问题,就需要深入考察国际私法和民事诉讼程序之间的关联。

没有辩论与交锋的学界是一潭沉寂的死水,无法取得共识的学界是一盘可悲的散沙。本章立足于国内的理论争议,同时也以与中国理论争议"骨肉相连"的西方理论争议为背景,首先从国际私法的内部体系出发,即从批判实体处分论和意思自治的观点出发,以证成冲突规则应依职权适用的观点,其次重点选择从程序法的视角出发,对依程序法视角得出的任意性适用的观点,进行系统的检讨和反驳,并最终认为程序法这一外部视角,虽可极大深化我们对冲突规则适用模式这一理论难题的认识,但无法从根本上颠覆依据国际私法的逻辑体系所得出的冲突规则应依职权适用的结论。

二、实体处分论和意思自治

从实体自由处分权利出发,似乎可以认为,在国际私法案件中,如果当事

---

① 一般私法规则都是依职权适用的,只存在极个别有争议的例外,例如时效规则。2008年最高人民法院《关于审理民事案件适用诉讼时效制度若干问题的规定》第3条:"当事人未提出诉讼时效抗辩,人民法院不应对诉讼时效问题进行释明及主动适用诉讼时效的规定进行裁判。"据此,诉讼时效规则在我国是任意性适用的。但是,时效规则的任意性适用,是为了保障当事人依据实体法所享有的权利,而冲突规则的任意性适用,将会使当事人依据国际私法所享有的权利得不到保障。

人之间的权利义务是当事人可以自由处分的,那么规定此类权利义务应适用何种法律的冲突规则便是非依职权适用的;反之,如果当事人之间的权利义务是当事人之间不可以自由处分的,那么规定此类权利义务应适用何种法律的冲突规则便须由法官依职权适用。对于冲突规则的依职权适用问题,实体处分论其实是一种折中方法,指出部分冲突规则是依职权适用的,而部分冲突规则却由当事人主张适用,有不少国家在实践中采用了这种主张。[1]

实体自由处分权是私法自治在实体法领域的直接表现,赋予私人实体自由处分权的规则是任意性规则。例如,我国《合同法》第 61 条规定了合同履行地的确定方法,但该规则是典型的任意性规则,因为双方可以通过合意另行约定合同履行地,从而改变了第 61 条的规范内容。从抽象意义上说,私法的任意性规则的数量和重要程度超过私法的强制性规则,因为私法自治是私法的核心价值,而私法自治的精神更多体现在任意性规则上,而非体现在强制性规则上。一方当事人的意志或多方当事人的合意可以改变任意性规则的规范内容,但却不可以改变强制性规则的规范内容,如果当事人缺乏改变规范内容的意思,那么任意性规则的适用方式和强制性规则的适用方式完全一致,即直接适用于当事人的私法关系。例如,当双方当事人未就合同履行地作出特别的约定,那么《合同法》第 61 条就直接适用于双方当事人的合同关系,为当事人的合同确定了合同履行地。

强制性规则由法官依职权适用,这是没有疑义的,但任意性规则却常被等同于非依职权适用规则或任意性适用规则,因为从表面上看,任意性规则意味着当事人有权利排除其规范内容,而非依职权适用规则或任意性规则,也意味着当事人最终可以通过自己的意志以排除其适用,更不用说排除其规范内容。因此,从表面上看,当事人均可排除这两类规则的规范内容,但是,在当事人沉默而无意改变任意性规则的规范内容时,法官固然须依职权适用任意性规则,而在当事人主动变更任意性规则的规范内容时,法官对其变更内容的认可,这其实也是在依职权适用任意性规则,因为变更的效力即源于任意性规则。如果任意性规则是非依职权适用的,那就意味着当事人沉默时,法官就不应适用任意性规则,这与任意性规则的实际适用情形刚好相反,

---

[1] 法国、瑞士是为典型,他们通常认为,在财产法律领域,当事人一般享有自由处分权,因此该领域的冲突规则是非依职权适用的;反之,在涉及民事地位、民事身份等领域,当事人一般没有自由处分权,因此这些领域的冲突规则是依职权适用的。参见 Maarit Jantera-Jareborg, "Foreign Law in National Court: A Comparative Perspective", 304 *Recueil des dours* 179 (2003). 关于实体自由处分权对依职权适用问题的影响,近期论述还可参见 P. M. M. Mostermans, "Optional (Facultative) Choice of Law? Reflections From a Dutch Perspective", 51 *N. I. L. R.* 393 (2004).

因此任意性规则归根结底也是依职权适用的规则。

因此,当事人拥有实体自由处分权,本质上是当事人拥有改变规则的规范内容的权利,而非改变规则是否应依职权适用的适用方式的权利。况且,当事人在国际私法案件中的实体处分权利,最终针对直接规定权利义务的准据法而言,而非针对冲突规则而言。当事人一般不能改变冲突规则的规范内容,因此,冲突规则一般是强制性规则,应由法官依职权适用。只有在赋予当事人意思自治的冲突规则中,以及需要当事人作出选择的选择性冲突规则中,当事人才有自由处分权利,但即使将它们视为任意性冲突规则,这也不能改变任意性规则一般所具有的依职权适用的性质。

与实体自由处分论相关联,有些学者直接从当事人的意思自治出发,将冲突规则的依职权适用或任意性适用的问题和意思自治联系起来,认为冲突规则的任意性适用是意思自治方法的自然结果,从而具有正当性,或者认为冲突规则的任意性适用最终扩大了当事人意思自治的范围,从而具有合理性。[①]

在国际私法的法律选择的诸种方法中,意思自治方法目前是最无争议的一种方法,鉴于其在各国国际私法中普遍适用的程度,可以说意思自治方法已经非常接近于一项国际习惯法规则[②],而且经验表明,意思自治在各具体领域的深入发展及其适用领域的扩展,总是受到理论界与实务界的好评。[③] 意思自治在国际私法中可谓崇高之至,如果能够支持冲突规则的非依职权适用理论,那么该理论在很大程度上便是成立的。

依据任意性适用理论,是否适用冲突规则及其指引的准据法,这最终由当事人控制,而意思自治也同样赋予当事人是否适用某个法律的最终控制权,这是两者的最大共同点。那么,任意性适用理论是否就是意思自治的其中一种表现形式? 在当事人对冲突规则及其指引的外国法保持沉默时,如果法官据此径直适用法院地法,这似乎意味着当事人用自己的意思表示否定了冲突规则指引的准据法,而选择了法院地法为准据法。但是,在这个过程中,当事人只是对冲突规则的适用保持沉默,并没有"明示"选择法院地法,因此,法院地法的适用绝不能说是当事人明示意思自治的结果。

但我们似乎可以说在这个过程中,当事人"默示地"选择适用法院地法。

---

① 例如,参见 De Boer, "Facultative Choice of Law: The Procedural Status of Choice-of-Law Rules and Foreign Law", 257 *Recueil des cours* 352 (1995)。
② See Andreas F. Lowenfeld, *International Litigation and the Quest for Reasonableness* (1996), Clarendon Press, pp. 208—209.
③ 对于意思自治方法的系统论述,参见 Peter Nygh, *Autonomy in International Contracts* (1999), Clarendon Press。

当事人未能主动请求适用冲突规则,而对冲突规则及外国法问题保持沉默,这既可能是由于当事人并不知晓国际私法,也可能是当事人惧怕外国法的证明问题,也可能是当事人确实是在间接地表达希望适用法院地法的意愿。由此可见,即使我们承认当事人的沉默构成默示选择,但这种默示选择并非可以"综合各种情况而实际推断出来"的①,既不肯定,又不明确,也就是说,意思的拟制成份很有可能大于意思的实际成份,这与当前默示法律选择的一般理论与实践非常不合。②

那么,如果当事人双方在案件中直接依据中国法对实体问题提出权利主张或提出抗辩,这是否构成肯定或明确的默示选择呢?当然,相对于当事人对冲突规则及法律适用我完全保持沉默而言,这似乎更能表露他们的真实意图,似乎可以认为当事人选择了法院地法,只是我们尚须对这种意思自治的理论基础作进一步探讨。

当事人均未积极主动援引冲突规则与外国法,而直接以法院地法为权利主张或抗辩的依据,如果这构成当事人基于意思自治而对法院地法作出的选择,其实是等于在国际私法的"总则"篇中增列了如下一条规则:"当事人可以直接援引法院地法,以排除本法规定的任何冲突规则,此时法院地法即为案件准据法。"如此一来,意思自治便大大超越了它在国际私法中本有的界线范围。

意思自治方法是契约自由在国际私法中的自然反映,最初主要适用于合同国际私法领域,目前已积极向其他领域渗透扩展,适用范围之广可谓今非昔比,《涉外民事关系法律适用法》中的意思自治的适用范围之广,即可见一斑。但是,意思自治方法在所有国际私法领域并没有排斥其他法律选择方法而成为唯一的、至高无上的方法,它在许多新扩展的领域中只具有补充的、辅助的作用③;同时,意思自治方法虽急剧扩张,但并没有扩展到所有领域,例如,以《涉外民事关系法律适用法》为例,婚姻家庭继承领域的绝大多数事项,并没有承认当事人的意思自治,意思自治仍和各个具体领域联系在一起,向

---

① 1980年《罗马合同之债法律适用公约》第3条(2008年欧盟《合同之债法律适用条例》(罗马Ⅰ条例)第3条),1986年海牙《国际货物买卖法律适用公约》第2条,1994年《美洲国家间国际合同法律适用公约》第7条,上述有代表性的公约对默示意思推定的要件规定都趋于严格,都致力于寻求当事人的"真实的意思表示",而不是强加给当事人"拟制的意思表示"。
② 当代国际私法虽在合同、夫妻财产制诸领域保留了默示选择理论,但总体趋势是在尽量缩小默示法律选择的适用空间,参见 Peter Nygh, *Autonomy in International Contracts* (1999), Clarendon Press, p. 110。
③ 例如,意思自治在侵权国际私法领域中只具有补充的、辅助的作用,德国1999年国际私法立法即是典型例子,参见 Peter Hay, "From Rule-Orientation to 'Approach' in German Conflicts Law: the Effect of the 1986 and 1999 Codifications", 47 *Am. J. Comp. L.* 633—645 (1999)。

非无条件地可以适用于一切涉外民事法律关系。据此可以认为,如将冲突规则的任意性适用视为意思自治的结果,最终是对意思自治本身的背反,这主要体现在下述三个方面:

第一,如果当事人未主动援引冲突规则,便是认为当事人排斥冲突规则而选择适用法院地法,这无异于将意思自治放到至高无上的地位,排斥所有其他法律选择方法,而对所有冲突规则构成潜在的否定,使全部冲突规则陷于不安定的境地。意思自治原是局部的、具体的,现在却演变成全局的、抽象的,具有类似于公共秩序般的否定功能,这无疑是意思自治走火入魔般的发展。而且,部分冲突规则指向的准据法本就是法院地法,现今却主张当事人由于未主动援引冲突规则而事实上重新选择了法院地法,这不是逻辑上无谓的重复吗?

第二,意思自治方法虽已涉及合同国际私法之外的诸多领域,但有些领域至今尚不承认意思自治方法,典型如婚姻家庭继承领域的大多数事项。如果当事人没有主动婚姻家庭继承的冲突规则,而认为是当事人选择适用法院地法,这岂不是违反具体领域的冲突法政策,而将意思自治方法强行引入这些领域吗?如此做法缺乏真正的法律基础。如果通过冲突规则的任意性适用理论,承认当事人在本不承认意思自治的领域选择适用法院地法,那么为何不能认为当事人默示选择了冲突规则指引的准据法之外的另一个外国法呢,为何偏偏就是法院地法呢?如果当事人未援引冲突规则,直接依据相关冲突规则指引的准据法之外的某个外国法,对实体问题进行权利主张和抗辩,此时能否认为当事人默示选择了该外国法呢?显然,如果认为任意性适用理论只允许当事人默示选择法院地法,而不允许当事人默示选择外国法,这就摆脱不了狭隘的法院地法优先主义之嫌疑。

第三,任何适用意思自治方法的具体领域均对意思自治施加了或大或小的限制,在当事人处分权较大的合同法领域,对意思自治的限制有逐渐放松的趋势;在当事人处分权较小的领域,对意思自治的限制仍然广泛存在,诸如要求当事人选择的法律与案件有实际联系,或者只允许当事人在数目极其有限的几个法律中选择其一。① 但是,如果承认基于意思自治的任意性适用理论,便是承认当事人可以在所有法律领域不受任何条件限制地、随心所欲地选择适用法院地法,这不仅违背了意思自治的一般原理,而且和绝大多数领域受限制的意思自治方法相冲突。

---

① 对意思自治限制较多的领域,是意思自治新扩展的领域,诸如侵权国际私法领域和夫妻财产制国际私法领域,参见宋晓:《论法律选择的意思自治方法》,载《民商法论丛》2004 年第 4 号(总第 32 卷),第 430—440 页。

综上所言,将冲突规则的任意性适用理论,无论是建立实体自由处分权理论上,还是建立在类似的明示或默示的意思自治方法的基础上,最终均难以成立。

三、程序处分权或辩论主义不能证成任意性适用模式

中外主张任意性适用的学者,都以程序处分权和辩论主义为最根本的理论依据。程序处分权是民事诉讼法的头号原则[①],与实体处分权一道源于私法自治原则,但程序处分权与实体处分权不是简单的对应关系,程序处分权有其独立的内容。[②] 在当事人没有实体处分权的民事领域,当事人在诉讼中仍然享有程序处分权,例如决定是否起诉。因此,在论述程序处分权是否构成冲突规则任意性适用的法律基础时,是不能将程序处分权与实体处分权混同在一起的。所以如果认为程序处分权构成冲突规则任意性适用的法律基础,就应主张所有领域的冲突规则都是任意性适用的,而不管具体领域是否承认实体处分权。[③] 但是,如果主张只有在当事人有实体处分权的领域,冲突规则才是任意性适用的,那么这究竟是以实体处分权为其立论基础呢,还是以程序处分权为其立论基础呢?[④]

即使承认在有实体处分权的领域,冲突规则应任意性适用,也难以在个案中确定实体处分权的边界。各国私法对于实体处分权的边界划分并不统一[⑤],

---

① 我国法律对程序处分权的集中规定,参见《中华人民共和国民事诉讼法》第13条:"民事诉讼应当遵循诚实信用原则。当事人有权在法律规定的范围内处分自己的民事权利和诉讼权利。"
② 在不存在完整的实体私法的时候,社会仍通过民事诉讼的程序解决纠纷,在纠纷解决的过程中推动了相关实体法的发展,从这个意义上可说"程序法是实体法之母",参见〔日〕谷口安平:《程序的正义与诉讼》(增补本),王亚新、刘荣军译,中国政法大学出版社2002年版,第63页。
③ 德波尔从程序处分权出发,认为所有领域的冲突规则都是任意性适用的,这与区分自由处分领域和非自由处分领域的理论相比,德波尔的任意性适用理论更为彻底,逻辑上更为周密。参见 De Boer, "Facultative Choice of Law: The Procedural Status of Choice-of-Law Rules and Foreign Law", 257 *Recueil des cours* 335—339(1995)。
④ 例如,法国现今的司法实践、芬兰学者 Maarit Jantera-Jareborg、我国学者杜涛和徐鹏均主张区分两个领域,并认为在可自由裁量领域应采用任意性适用模式。参见 Maarit Jantera-Jareborg, "Foreign Law in National Court: A Comparative Perspective", 304 *Recueil des dours* 258—262 (2003);杜涛:《法律适用规则的强制性抑或选择性——我国涉外民事法律适用法的立法选择》,载《清华法学》2010年第3期,第106—108页;徐鹏:《论冲突规则的任意性适用——以民事诉讼程序为视角》,载《现代法学》2008年第4期,第147页。
⑤ 强制规则与任意规则的边界之争是各国私法面临的最为棘手的问题之一。《国际商事合同通则》尝试在合同领域对强制性规则与任意性规则进行分类,但也只能从总则的层面进行,无法就具体规则进行界定。参见国际统一私法协会:《国际商事合同通则》,第1.4条(强制性规则),商务部条约法律司编译,法律出版社2004年版,第19—20页。强制规则与任意规则的边界在商事合同领域尚不确定,在其他私法领域就更不明朗了。

那么在涉外民商事诉讼中,在决定是否应依职权适用冲突规则之前,应该依据哪国法律来判定案件所涉领域有无实体处分权呢?此时准据法在待定之中,似乎只能依据法院地法,但各国法律不仅未能清晰划定强制规则与任意规则的界线,而且这条界线随着社会条件的变迁而变迁,甚至随着个案的变化而变化,最终只能依赖于法官的自由裁量。在一个强调法律确定性的成文法国家如中国者,要将如此关键事项全部委任给法官的自由裁量,实在是不合适的。① 况且,身份领域的所有冲突规则是否都是依职权适用的?其中的夫妻财产制或扶养协议的冲突规则是否也是依职权适用的?② 可见这种区分方法将会引发一系列难以克服的技术难题。

如果不拘泥于实体处分权和程序处分权的划分,规定所有领域的冲突规则都是任意性适用的,如同英国普通法,那么程序处分权理论是否可以为其理论基础?德波尔正是这样主张的,他认为,当事人没有提及冲突规则和外国法的适用问题,表明当事人对此已经作出了程序性的处分,法官应着眼于当事人之间明确提出的争议,而不必顾及冲突规则和外国法的问题,否则就违反了当事人自行处分的结果。③ 我国有学者以更加抽象和概念化的方式表达了与德波尔同样的观点,认为当事人是否提出涉外事实,以及是否主张适用外国法,涉及当事人对特定诉讼资料的控制权和对法律适用的参与权,属于程序处分权的范畴,据此,冲突规则最终适用与否应在当事人的处分范围内。④ 这些观点涉及两个程序法上的问题,其一为诉讼资料的控制权,其二为法律适用的参与权,我们需要分别探讨它们与程序处分权的关系及其对冲突规则适用模式的影响。

依据一般观念,程序处分权是指原告享有可以要求审判、特定并限定审判对象的权能,以及当事人可以按照自己的意思不经判决,通过撤诉、放弃请

---

① 法国之所以能在冲突规则适用模式问题上区分自由处分领域与非自由处分领域,这和法国国际私法高度依赖法院判例是分不开的。法国虽为成文法国家,但法国国际私法的主要渊源至今还是最高法院及其下属法院的判例。参见〔法〕亨利·巴蒂福尔、保罗·拉加德:《国际私法总论》,陈洪武等译,中国对外翻译出版公司1989年版,第22页。判例法可以有效约束法官的自由裁量,在判断具体案件是否属于实体处分权领域问题上,可以逐步形成相对稳定的判例规则。中国不承认判例为国际私法的渊源,因而法国方法不足借鉴。
② 杜涛博士认为整个身份领域不应采用任意性适用模式,参见杜涛:《法律适用规则的强制性抑或选择性——我国涉外民事法律适用法的立法选择》,载《清华法学》2010年第3期,第108页。但是,夫妻财产制和扶养协议领域都在相当程度上承认当事人的实体处分权,该领域的冲突规则似乎应是任意性适用的。关于涉外夫妻财产制的法律适用问题,参见焦燕:《婚姻冲突法问题研究》,法律出版社2007年版,第138页以下。
③ 参见 De Boer, "Facultative Choice of Law: The Procedural Status of Choice-of-Law Rules and Foreign Law", 257 Recueil des cours 336—337 (1995)。
④ 参见徐鹏:《论冲突规则的任意性适用——以民事诉讼程序为视角》,载《现代法学》2008年第4期,第143—144页。

求、认诺请求、诉讼和解、撤销上诉以及放弃上诉权等方法终结诉讼的权能。① 程序处分权的对象是"请求",而非"请求"所依据的"事实",后者落于辩论主义范畴。② 处分权主义是一项赋予当事人在"请求"方面特定审判对象权能的原则,而辩论主义是一项从"事实"方面限定审判对象权能的原则。③ 当事人有权控制诉讼资料,表明应由当事人而非法官"为裁判创造事实基础"④,诉讼资料关乎"事实"问题,显然属于辩论主义的范畴而非程序处分原则的范畴。因此,在当事人诉讼资料控制权的问题上,与其说是程序处分权的问题,不如说是辩论主义的问题;与其说程序处分权是否决定任意性适用的问题,不如说辩论主义是否决定任意性适用的问题。

在一个客观上具有涉外事实因素的案件中,涉外事实因素是辩论主义涵盖的"主要事实",而非法官可以不经当事人的主张而直接用作判决基础的"间接事实"与"辅助事实",因为涉外因素是所有冲突规则的法条构成要件所列举的不可或缺的要件事实之一。⑤ 例如,依据我国法律,凡案件所涉法律关系的所有要素中的任何一个要素具有涉外因素的,就是冲突规则调整范围内的国际私法案件。⑥ 因此,涉外事实是决定适用冲突规则与否这一法律效果发生或消灭的必要事实,除非涉及公共政策问题,依据辩论主义原则,它们只有出现在当事人所提供的诉讼资料中才能作为适用冲突规则的基础。未经当事人主张,法官不能依据职权探知主义查明涉外事实因素,并据此适用冲突规则。

如果涉外事实因素不是出现在诉讼资料中,而是出现在证据资料中,结论是否相同?例如,在一个货物买卖合同纠纷中,当事人双方在提供诉讼资料和辩论中没有提及涉外事实因素,而在一方当事人用来证明货物不存在瑕疵的一份清洁提单中,法官发现了标的物运自外国这一涉外事实因素,法官

---

① 参见〔日〕新堂幸司:《新民事诉讼法》,林剑锋译,法律出版社 2008 年版,第 229—238 页。
② 依据 2002 年最高人民法院《关于民事诉讼证据的若干规定》,尤其根据其中的第 8 条、第 15 条,辩论主义原则在我国民事诉讼法中人体确立下来了。
③ 参见〔日〕新堂幸司:《新民事诉讼法》,林剑锋译,法律出版社 2008 年版,第 239 页。
④ 参见〔德〕奥特马·尧厄尼希:《民事诉讼法》,周翠译,法律出版社 2003 年版,第 123 页。
⑤ 关于主要事实与间接事实的区分,参见〔日〕高桥宏志:《民事诉讼法——制度与理论的深层分析》,林剑锋译,法律出版社 2003 年版,第 340 页以下。
⑥ 参见 2012 年最高人民法院《关于适用〈中华人民共和国涉外民事关系法律适用法〉若干问题的解释(一)》(以下简称《涉外民事关系法律适用法司法解释(一)》)第 1 条:"民事关系具有下列情形之一的,人民法院可以认定为涉外民事关系:(一) 当事人一方或双方是外国公民、外国法人或者其他组织、无国籍人;(二) 当事人一方或双方的经常居所地在中华人民共和国领域外;(三) 标的物在中华人民共和国领域外;(四) 产生、变更或者消灭民事关系的法律事实发生在中华人民共和国领域外;(五) 可以认定为涉外民事关系的其他情形。"另外,2014 年最高人民法院《关于适用〈中华人民共和国民事诉讼法〉的解释》第 522 条作了基本相同的规定。

是否仍需遵循辩论主义原则而将案件定性为纯国内案件？如果双方当事人都未依据该份提单主张这一涉外事实因素,并且双方都未对这一事实展开攻击防御措施,那么法官如果将此证据资料用来补充诉讼资料,武断地作出涉外案件的事实认定,毫无疑问会对双方当事人造成突然袭击。① 因此,在证据资料而非诉讼资料中出现的涉外事实,法官不能违反辩论主义原则,不能主动地予以认定。

在一个客观上具有涉外因素的民商事案件中,当事人基于辩论主义原则,不管出于无知、无能或懈怠,还是出于绕开国际私法问题的真实本意,当然都可以在诉讼资料和辩论的过程中将涉外事实因素从整个案件中剥离出来,从而使案件完全等同于一般的纯国内案件,法官也不能基于职权探知主义从证据资料中认定涉外事实,此时冲突规则是否适用的问题根本无从引发。因此,当事人控制诉讼资料中的涉外事实的问题,本质上涉及辩论主义与职权探知主义的对立问题,是一切民事诉讼的共通的问题,而非国际私法独然,此时没有适用冲突规则的前提,无从探讨冲突规则的适用模式问题。辩论主义与冲突规则的依职权适用问题没有直接关联,当我们基于辩论主义讨论涉外事实的提出问题时,冲突规则还正待浮出地平线。

任意性适用论者常认为,只有在当事人提出适用外国法时,法官才适用外国法,这是程序处分权的表现和结果,法官应尊重这一结果；同时这也是当事人对于涉外法律适用的参与权,可借此促进法官和当事人在法律适用上的协同合作②；若从反面说,当事人在涉外案件中主动提出何种诉讼请求,主动提供哪些证据资料,这些主导权实际上是在特定法律观点的支配下展开的,如果法院独占冲突规则的确定、解释和适用,当事人在涉外案件中的程序处分权就会落空。③ 诚然,在高度复杂的现代社会,法律已经融入社会生活,描绘真实世界而不借助法律和法律概念并不总是可能的。④ 但是,当事人依据程序处分权提出具体诉讼请求,同时依据辩论主义原则提供裁判的事实基础,这一切确实很有可能是在法律观点的支配下展开的,但也很有可能是在当事人对法律知之甚少的情况下展开的,程序处分权和辩论主义无论从逻辑

---

① 参见〔日〕新堂幸司：《新民事诉讼法》,林剑锋译,法律出版社2008年版,第308—309页。
② 参见 De Boer, "Facultative Choice of Law: The Procedural Status of Choice-of-Law Rules and Foreign Law", 257 *Recueil des cours* 336—337 (1995)；参见 Maarit Jantera-Jareborg, "Foreign Law in National Court: A Comparative Perspective", 304 *Recueil des dours* 259—260 (2003)。
③ 参见徐鹏：《论冲突规则的任意性适用——以民事诉讼程序为视角》,载《现代法学》2008年第4期,第144页。
④ 参见〔英〕J. A. 乔罗威茨：《民事诉讼程序研究》,吴泽勇译,中国政法大学出版社2008年版,第146页。

上还是经验上都可以独立于法律或法律概念。

即使当事人完全在特定法律观点的支配下行使程序处分权，以及提供裁判的诉讼资料，这也只是表明他意欲通过限定请求和限定事实来间接地限定法官适用法律的范围，但面对特定化的请求和事实，法官应该考虑哪些具体的法律条文，应当怎样解释这些法律条文，具体案件事实是否满足法条抽象的事实构成，这一"法律发现的过程"是专属于法院的事务，并不受当事人法律观点的约束。① 因此，特定法律或法律概念影响下的程序处分权，并不能被视为是一种法律适用的参与权。当事人主张或不主张适用冲突规则，也不能看成是程序处分权所对应的"请求"，因为当事人指示审判对象的请求，即使是依据特定法律形成的，也和它所依据的法律相分离，否则当事人直接处分的就不仅是审判对象而且还包括了审判法律，就根本违背了用以特定化和限定审判对象的程序处分权的基本法律功能了。因此，当事人主张或不主张适用冲突规则，这既非程序处分权的表现和结果，严格说此时也不存在当事人和法院在法律适用上的协同合作关系，不能据此限制法院依职权适用冲突规则。

简言之，除了国际私法赋予双方当事人合意选择法律的情形②，无论在国内案件中还是在涉外案件中，法官对于法律适用都有决定意义的主导权。因此，当事人的程序处分权并不能决定国际私法的法律适用问题，更不能决定冲突规则是否依职权适用的问题。无论是程序处分权，还是辩论主义，均不能构成冲突规则任意性适用的法律基础，甚至可以说，两者与冲突规则的适用模式问题并没有直接的关联。

四、依职权适用冲突规则的突袭裁判风险及法官释明

民事诉讼程序中奠基性的两大原则，即程序处分主义和辩论主义，既然都不能有效地证成冲突规则是依职权适用的抑或任意性适用的，程序法视角对分析冲突规则的适用模式问题是否就是多余的？为深入分析，先来假设涉

---

① 参见〔德〕奥特马·尧厄尼希：《民事诉讼法》，周翠译，法律出版社 2003 年版，第 123 页。
② 我国国际私法除了承认当事人明示的意思自治之外，2012 年《涉外民事关系法律适用法司法解释（一）》第 8 条规定："当事人在一审法庭辩论终结前协议选择或者变更选择适用的法律的，人民法院应予准许。各方当事人援引相同国家的法律且未提出法律适用异议的，人民法院可以认定当事人已经就涉外民事关系适用的法律作出了选择。"该条规定源自 2007 年最高人民法院《关于审理涉外民事或商事合同纠纷案件法律适用若干问题的规定》第 4 条第 2 款，还规定："当事人未选择合同争议应适用的法律，但均援引同一国家的法律或者地区的法律且未提出法律适用异议的，应当视为当事人已经就合同争议适用的法律作出选择。"上述两条规定是有关默示选择的特殊规定，不能视为是任意性适用的规定。

外民商事诉讼中的下述三种情形:

情形一:当事人向法院呈交诉讼资料时,不经意间将案件所具有的涉外因素纳入其中,不论是国籍、住所、标的物所在地、合同履行地还是侵权行为地,但双方当事人均未意识到涉外因素构成冲突规则的法条构成要素,更没有预见到依据相关冲突规则案件可能适用外国法,而且在整个诉讼进行过程中,直至法官作出裁判之前,当事人双方既未依据外国法也未明确依据法院地法进行权利主张与抗辩,只是依据各自的公平观念和有限的法律常识来阐明他们的主张和请求,法官也未明确地指明法律适用问题。最后法官认定了涉外事实因素的存在,依职权适用了冲突规则,并依据冲突规则指引的外国法,在当事人的请求范围内对双方实体权利与义务作出了判决。

情形二:当事人呈交的诉讼资料中包含了涉外事实因素,不论是国籍、住所、标的物所在地、合同履行地还是侵权行为地,但双方当事人均未提及相关冲突规则的适用与否,更未涉及相关冲突规则指向的准据法,在整个案件诉讼过程中,直至法官作出裁判之前,双方当事人均明确援引法院地法进行权利的主张和抗辩,法官对双方当事人援引法院地法的行为也未作出任何反对指示,甚至法官在庭审过程中还要求当事人进一步阐明其权利主张或抗辩与法院地法中的具体规则的关系。最后法官认定了涉外事实因素的存在,依职权适用了冲突规则,并依据冲突规则指引的外国法,在当事人的请求范围内对双方实体权利与义务作出了判决。

情形三:情形三大致等同于情形二,只是要将情形二设定为初审过程,并且法官没有依职权适用冲突规则及其指向的外国法,而是径直适用了法院地法。随后当事人向终审法院提起上诉,在终审过程中同样没有主张适用冲突规则及其指向的准据法,并且仍然依据法院地法进行权利的主张或抗辩,终审法官也未提及冲突规则的问题。最后终审法官认定了涉外事实因素的存在,依职权适用了冲突规则,并依据冲突规则指引的外国法,在当事人的请求范围内对初审法院的实体判决作出了改判。

在上述三种情形中,法官裁判没有超出当事人的请求范围,因此没有违反程序处分主义原则;法官依职权适用冲突规则也建立在当事人在诉讼资料中所提供的涉外事实因素的基础之上,因此没有违反辩论主义原则。但是,任何一个稍具理性的人,都会对法官在上述三种情形下的法律适用的判决表达强烈的异议;法官的最终裁判构成了突袭裁判!而构成突袭裁判的直接导火线就是法官依职权适用了冲突规则。于是中外主张任意性适用的学者认为,为降低突袭审判的风险,冲突规则原则上应任意性适用而非依职权适用。① 对此，我们直面两个问题：其一，国际私法案件较之国内民商事案件，在法律适用环节遭遇突袭裁判的风险是否尤重？其二，假设风险尤重，改变法律的依职权适用的一般属性，而采用任意性适用的方法"对症下药"了吗？

冲突规则较之于内国实体私法规则，只是指明了具体涉外民商事法律关系应该适用的法律，并不直接决定当事人的实体权利与义务，因而是一种间接的法律规则。② 传统冲突规则的弊端集中于其"盲眼规则"的特征，过多注重冲突正义而忽视了实体正义。③ 当代国际私法在扬弃传统国际私法的基础上强化了实体取向的特征，大量冲突规则不再是一单纯的"媒介"，而是主动融入了实体政策的考量。④ 尽管如此，冲突规则虽向实体规则的方向迈进了一步，但其本质依然是间接规则。当事人即使预见到相关冲突规则的适用，也未必能够预见到其指引的准据法对案件的调整结果。⑤ 然而在国内民事诉讼中，当事人只要预见到相关实体规则的适用，一般也就自然预见到了其适用的结果。因此，即使在当事人预见到相关冲突规则的适用的情形下，法官依职权适用冲突规则，进而依据冲突规则所指引的外国准据法裁判案件，也会带来突袭裁判的风险，那么在当事人没有遇见到相关冲突规则的适用，法官依职权适用冲突规则所带来的突袭裁判的风险更是成倍地增加了，前述三种情形就集中说明了这一点。

冲突规则的间接性质确实增添了突袭裁判的风险，但是，如果同时指责冲突规则的确定性也必然增添了突袭裁判的风险⑥，那就似是而非了。诚然，冲突规则大量引入了选择性连结点、弹性连结点等工具，冲突规则在提高灵活性的同时也伴生了不确定性的风险，然而灵活性与确定性的矛盾与斗

---

① 站在任意性适用的立场上对依职权适用冲突规则所造成的突袭裁判的指责，参见 De Boer, "Facultative Choice of Law: The Procedural Status of Choice-of-Law Rules and Foreign Law", 257 *Recueil des cours* 324 (1995). 参见徐鹏：《论冲突规则的任意性适用——以民事诉讼程序为视角》，载《现代法学》2008 年第 4 期，第 145 页；杜涛：《法律适用规则的强制性抑或选择性——我国涉外民事法律适用法的立法选择》，载《清华法学》2010 年第 3 期，第 107 页。
② 冲突规则的间接性质源于国际私法的多边主义思想，关于多边主义方法以及冲突规则的结构的详细分析，参见宋晓：《当代国际私法的实体取向》，武汉大学出版社 2004 年版，第 36—41 页。
③ 对冲突规则的"盲眼规则"的弊端的分析，最为深刻的当属美国的卡弗斯，参见〔美〕卡弗斯：《法律选择问题批判》，宋晓译、宋连斌校，载《民商法论丛》2003 年第 2 号（总第 27 卷），金桥文化出版（香港）有限公司 2003 年版，第 418—458 页。
④ 参见宋晓：《当代国际私法的实体取向》，武汉大学出版社 2004 年版，第 139 页以下。
⑤ 在许多涉外案件中，当事人在主张适用冲突规则之前，就已经依据外国法作为权利主张或抗辩的依据。
⑥ 参见徐鹏：《论冲突规则的任意性适用——以民事诉讼程序为视角》，载《现代法学》2008 年第 4 期，第 145 页。

争,贯穿了整部法律史,横跨了所有法律领域①,为何唯独在国际私法领域,一旦面临不确定性的风险,就要让冲突规则偏离法律的依职权适用的一般轨道,而通过任意性适用的方法加以化解呢?更何况近二十年国际社会的国际私法的立法史表明,国际私法在处理冲突规则的灵活性与确定性的紧张关系方面已经更加成熟,更加得心应手,这对紧张关系不再是美国冲突法革命的冲击岁月里那样困扰人心了。

因此,国际民商事诉讼中隐含着更大的突袭裁判的风险,这种风险是由冲突规则的固有的间接性质引发的。国际私法无论如何自我完善和发展,都不可能改变冲突规则的间接规则的属性,因而国际私法归根结底无法在其自身体系中克服这一缺陷,必须从国际私法体系外寻求技术支持。单从国际私法体系出发论证冲突规则的依职权适用,就不可能进一步解决由此造成的突袭裁判的风险问题。相反,从程序法视角出发,可以将冲突规则的依职权适用性质在国际私法体系中潜伏的内在缺陷充分地揭露出来,这就是程序法视角最大的价值之所在。因此,程序法视角对于探讨冲突规则的依职权适用问题是必不可少的,国际私法较之国内私法和程序法之间存在更为本质的联系。

为了降低突袭裁判的风险,如果诉之于"冲突规则的任意性适用",在双方当事人均未明确主张适用冲突规则或相关外国法时,法官径直适用法院地法,这一制度安排确实在最大限度内避免了突袭裁判的风险,尤其是在前述情形二和情形三之中。但是,为了降低冲突规则潜伏的突袭裁判的风险,最后采取的方法是抛弃它们,这不仅根本偏离了法的依职权适用的一般轨道,而且完全毁损了冲突规则的价值基础。②况且,依据法国式的处理方法,在当事人不享有实体自由处分权的领域,冲突规则必须由法官依职权适用,那么此时又该如何降低突袭裁判的风险呢?因此,从程序法视角出发,"症状"找对了,但任意性适用的"用药"太猛了,近乎采用了"休克疗法"。

在程序法框架中清晰暴露出来的问题,在程序法框架中解决最为适宜。在民事诉讼程序中,造成突袭裁判的,主要是由两个原因引发的,其一是事实层面的,即法官违反辩论主义原则,将当事人均未主张的事实作为裁判基础;其二是法律适用层面的,即裁判所依据的法律观点是当事人从未主张过的,而法官亦未事先告知当事人。从前述三种情形来看,造成突袭裁判的"元凶"

---

① 关于法律灵活性与确定性的精致而深刻的分析,参见 H. L. A. Hart, *The Concept of Law* (2nd ed. 1994), Clarendon Press, pp. 124—147.
② 国际私法价值基础源于其对"冲突正义"与"实质正义"的追求与践行,相关分析参见〔美〕西蒙尼德斯:《20世纪末的国际私法——进步还是退步?》,宋晓译、黄进校,载《民商法论丛》2002年第3号(总第24卷),金桥文化出版(香港)有限公司2002年版,第395—409页。

显然是后者。依据各国民事诉讼法的一般法理,为避免法律适用的突袭裁判,最普遍的方法是强化法官对于法律适用的释明义务,或者说是法律观点的指出义务①,而绝非动辄偏离一般法理而采取"休克疗法",无情地将相关规则拟制为"任意性适用"规则。当法官在涉外民商事诉讼的法律适用过程中被科以释明义务,如果在当事人所呈交的诉讼资料中发现了涉外事实因素,而双方当事人均未提出适用冲突规则或相关外国法的请求,法官就有义务及时告知当事人应该适用冲突规则及其指向的准据法,并初步阐明适用相关冲突规则的意见,同时要求双方当事人就此展开评论。

为什么法官负有这项释明义务呢?在当事人均未主张适用冲突规则或者相关外国法时,我们可以对比两种结果:第一种结果是法官适用了法院地法;第二种结果是法官释明了,当事人转而提出适用冲突规则或相关外国法的主张,最后法官适用了冲突规则及其指向的外国准据法。显然,适用外国法的结果很可能不同于适用法院地法的结果,当法官释明将使判决结果发生逆转之盖然性较高的时候,法院就有义务进行释明。② 而且,法官在涉外民商事诉讼中对法律适用问题进行释明,一般不会存在过度释明的情况③,因为法官只是指出了相关冲突规则的适用与否,鉴于冲突规则的间接性质,准据法远未查明,支配案件的具体规则尚在视线之外,冲突规则指引的准据法既可能有利于原告,也可能有利于被告,所以释明不存在对一方当事人不公平的情形。不像在纯国内案件中,法官就法律适用问题稍作释明,就有可能为一方指明了胜诉的道路,从而打破了释明前双方当事人的平衡。因此,法官在涉外民商事诉讼中对法律适用进行释明,其正当性远超国内民事诉讼中对法律适用的释明。

在前述三种情形中,诉讼资料中虽然出现了涉外事实因素,但当事人均未主张适用冲突规则或相关外国法,也无意使这些涉外事实因素构成适用冲突规则的事实基础,所以当事人均不会致力于证明这些涉外事实因素的真实性和完整性,但如果法官要依职权适用相关冲突规则,就应当建立在这些事实因素的真实性和完整性的基础之上。为此,法官可以进行必要的释明,敦促当事人更为完整和充分的主张涉外事实并进行相应的举证活动。只有基

---

① 本书将"法律适用的释明"和"法律观点的指出义务"等同处理,部分学者倾向于将后者从前者中独立出来,参见〔日〕高桥宏志:《民事诉讼法——制度与理论的深层分析》,林剑锋译,法律出版社2003年版,第368页。
② 参见同上书,第360页。
③ 关于法官有效行使释明权的一般探讨,参见〔日〕新堂幸司:《新民事诉讼法》,林剑锋译,法律出版社2008年版,第314—317页。

于完整而真实的事实陈述,才能够确认真实的权利状态。① 当然,法官必须意识到,在这一事实层面的释明只是对辩论主义的补充和修正,不得违反辩论主义。此时法官的释明不仅针对事实问题,同时也针对冲突规则的事实构成要件,其目的就是为了依职权适用冲突规则。②

在双方当事人均未主张适用冲突规则或相关外国法时,法官为了依职权适用冲突规则,应当及时向当事人开示相关冲突规则的可适用情况,以及这些冲突规则可能指向的准据法。③ 同时,法官必须维护当事人就此展开辩论的权利,让当事人之间、当事人与法院之间就冲突规则的适用问题展开充分的讨论。这无论对于法官还是对于当事人都是大有益处的:当事人在辩论时就已经知道了法官的法律意见,不必在不知情的情况下作无谓争辩;法官也可以从当事人那里得到建议,其法律适用的观点可以在判决前就经受批判式的检验,有助于取得当事人的理解。④ 法院就法律适用作出释明,其重心在于"法院指出法的观点并与当事人进行讨论",但法院并不受其与当事人讨论结果的约束。⑤ 因此,法官是否适用冲突规则,适用何种冲突规则,最后仍取决于法官而非当事人。即使当事人在法官释明过程中的作用可以被拔高为"法律适用参与权",这种参与权绝不能被进一步拔高到主宰冲突规则适用模式的程度。

在前述第一种情形中,当事人未提出冲突规则的适用问题,其原因大半是出于当事人的无知、无能或懈怠,此时法官进行冲突规则的适用情况的释

---

① 〔德〕奥特马·尧厄尼希:《民事诉讼法》,周翠译,法律出版社 2003 年版,第 134 页。
② 高桥宏志教授指出,释明与其说是针对事实本身作出的,毋宁说与法的观点构成问题紧密相关。参见〔日〕高桥宏志:《民事诉讼法——制度与理论的深层分析》,林剑锋译,法律出版社 2003 年版,第 365—366 页。
③ 我国学者杜涛博士在主张任意性适用模式的大前提下,也认为法院有释明义务:"如果双方当事人在起诉和答辩中均未提出适用何国法的问题,此时,法官必须即时履行释明义务。……法院履行释明义务,就是告知当事人该纠纷涉及不同国家的法律,需要根据法律适用规则确定准据法,从而促使当事人在起诉书或答辩书中援引相关国家的法律支持自己的诉讼请求。"参见杜涛:《法律适用规则的强制性抑或选择性——我国涉外民事法律适用法的立法选择》,载《清华法学》2010 年第 3 期,第 107 页。这一论点向依职权适用模式趋近了一步,但在任意性适用模式的大前提下它似乎是自相矛盾的。释明义务是法官依职权适用冲突规则的产物,法官既然没有依职权适用冲突规则的义务,怎么会有释明的义务? 普通法国家和其他采用任意性适用模式的国家的司法实践,无一不相矛盾的对法官科以释明的义务。在任意性适用模式中,法官"巴不得"当事人不去主张冲突规则或外国法的适用,又怎么会如此"矫情"地通过释明以促使当事人提出冲突规则或外国法的适用问题呢?
④ 〔德〕奥特马·尧厄尼希:《民事诉讼法》,周翠译,法律出版社 2003 年版,第 123 页。
⑤ 〔日〕高桥宏志:《民事诉讼法——制度与理论的深层分析》,林剑锋译,法律出版社 2003 年版,第 367 页。

明，无疑是雪中送炭，提供了当事人渴求的法律知识和法律经验。① 在前述第二种情形中，即使双方当事人不约而同地援引法院地法进行权利主张和抗辩，法官也必须以法律体系的整体指令（其中就包括了国际私法的指令）为基础，不应以当事人援引的某些法律或法律规则为基础②，也就是说，法官必须依职权适用冲突规则并进行释明。至于前述第三种情形，初审法官未依职权适用冲突规则，其判决属于法律适用的错误，终审法官当然不受其错误判决的约束，应当在终审中依职权适用冲突规则并进行及时的释明。在后两种情形中，法官释明之后，当事人既可以坚持主张适用法院地法，也可以改变之前的观点，转而主张适用冲突规则及其指引的外国法。经过法官对法律适用的释明，无论法官最后适用法院地法还是冲突规则指引的外国法，都不再超出当事人关于法律适用的预见范围。

总之，在涉外民商事诉讼中，只要法院对法律适用进行正确的释明，依职权适用冲突规则就不会招致突袭裁判的风险。2002 年最高人民法院《关于民事诉讼证据的若干规定》第 35 条第 1 款规定："诉讼过程中，当事人主张的法律关系的性质或者民事行为的效力与人民法院根据案件事实作出的认定不一致的，不受本规定第 34 条的限制，人民法院应当告知当事人可以变更诉讼请求。"据此，我国法官在涉外民商事诉讼中完全可以合法地对法律适用问题进行释明，即使当事人共同援引同一法律，我国法官也可以根据我国冲突规则作出相反的法律适用的释明。③

五、外国法查明的实践难题与当事人程序利益的保障

除了突袭裁判的风险之外，任意性适用论者还会指责冲突规则的依职权适用损害了当事人的"程序利益"，严重降低了诉讼的"程序效率"。对程序效率的关切，是中外所有任意性适用论者用来反对依职权适用模式的共同理由。如果冲突规则指向外国法，按照他们的观点，依职权适用模式就会无谓地增加法官的释明义务，使诉讼直面外国法查明的实践难题，延耗诉讼时间

---

① 英国学者 Hartley 也特别指出，在当事人无以获得高质量的法律服务和法律代理时，依职权适用和任意性适用会带来案件结果的不同。参见 T. C. Hartley, "Pleading and Proof of Foreign Law: The Major European Systems Compared", 45 *I. C. L. Q.* 292 (1996).
② 〔英〕J. A. 乔罗威茨：《民事诉讼程序研究》，吴泽勇译，中国政法大学出版社 2008 年版，第 147 页。
③ 法官最佳的释明时间应是在当事人答辩期届满后、开庭审理前；如果外国法由当事人举证，法官可以适当延长举证期限。

和增加诉讼成本;①而采用冲突规则的任意性适用模式,可以鼓励当事人主动降低诉讼成本,促使当事人衡量"外国法适用获得的收益"和"为外国法查明所支付的成本",当成本大于收益时,当事人就可以放弃请求适用冲突规则而直接依据法院地法提出诉求②;如果法官依职权适用外国法,当事人一般就丧失了将案件上诉至一国最高法院的机会,因为一国最高法院一般拒绝审查外国法的错误适用问题。③ 总之,在他们看来,冲突规则的任意性适用较之依职权适用能够更好的保障当事人的程序利益。

民事诉讼程序应最大限度地保障当事人的程序利益,这是毋庸置疑的。为保障当事人的程序利益,就应简化诉讼程序,避免繁琐和缺乏实益的程序以节省劳力、时间和费用,如果反其道而行之造成劳力、时间和费用之浪费,就会使当事人蒙受程序上的不利益。保障当事人的程序利益,重在赋予当事人优先选择追求程序利益以达成迅速而经济的裁判之机会,并非仅指赋予当事人优先选择追求系争实体利益以达成公平裁判之机会而已。④ 涉外民商事案件适用外国法,必然会造成劳力、时间与费用的耗费,但这是否一定损害了当事人的程序利益?另外,外国法的实践难题是否是冲突规则依职权适用的必然产物?当事人基于个案的程序利益与冲突规则的依职权适用所要追求的国际私法的宗旨、目的之间就不能最终取得平衡吗?

外国法查明问题初始被认为是程序性质和附属性质的,但在实践需求和学界的推动之下,外国法查明已经成为国际私法的另一基础性问题。⑤ 如果该问题不能满意地得到解决,那么国际私法的法律选择方法就会失去基础,国际私法孜孜以求的理想就会宣告破产。⑥ 尽管现代社会已进入信息时代,但外国法的查明和适用仍然是国际私法案件所面临的难题:"法官适用外国法时难免畏畏缩缩,像个一知半解的初学者,而法官适用法院地法时却是信

---

① See De Boer, "Facultative Choice of Law: The Procedural Status of Choice-of-Law Rules and Foreign Law", 257 *Recueil des cours* 324 (1995).
② See Richard Fentiman, *Foreign Law in English Courts* (1998), Oxford, p.293;徐鹏:《论冲突规则的任意性适用——以民事诉讼程序为视角》,载《现代法学》2008 年第 4 期,第 145 页。
③ See Frank Vischer, "General Course on Private International Law", 232 *Recueil des cours* 88 (1992).
④ 参见邱联恭:《程序利益保护论》,台湾三民书局 2005 年第 2 版,第 5—6 页。
⑤ 对此问题的推动,在学术界贡献最大的,当属英国 Fentiman 教授,参见 Richard Fentiman, *Foreign Law in English Courts* (1998), Oxford Press。
⑥ See Fentiman, "English Private International Law at the End of the 20th Century: Progress or Regress?", in Symeon C. Symeonides, *Private International Law at the End of the 20th Century: Progress or Regress?* (2000), Kluwer Law International, pp.187—188.

心百倍的专家和主权者。"① 在有限的将来,外国法的实践难题都不能得到根本的解决,尤其是对中国这样法治有待完善的国家来说。因此,外国法的实践难题源于外国法自身的性质,而非源于冲突规则;外国法是冲突规则指引的对象,如果冲突规则是任意性适用的,确实可以在当事人没有主张适用冲突规则的情形下避开了外国法的实践难题,但这仅仅是避开难题而已,而对解决难题本身没有任何贡献。

外国法的实践难题与冲突规则的依职权适用确实紧密关联,但两者是两个不同层面的问题,完全可以分开处理。② 如果外国法的实践难题在其自身制度范围内无论如何都不能解决,无论如何都会损害当事人的程序利益,那么通过扭曲冲突规则的依职权适用性质,借助任意性适用方法以回避外国法的实践难题就具有一定的合理性。但是,如果通过外国法查明制度的完善,能够在很大程度上有效缓解外国法的实践难题,那么冲突规则的任意性适用就失去基础了。纵览各国立法和实践,外国法查明无非出于两种基本模式,即法官查明和当事人证明③,那么就让我们进一步分析,在冲突规则依职权适用的前提下,两种查明模式对于当事人程序利益的保障各是如何的。

如果冲突规则指向外国法,而外国法由法官负责查明,那么相应的查明的劳力和费用自然由法院承担,当事人不会因劳力和费用的问题遭受程序上的不利益。但是,法院查明外国法,或多或少会延长诉讼时间。在等待法院查明的过程中,如果当事人既不能达成和解,又期待法官尽早作出裁决,急于结束诉讼程序,那么较之国内民事诉讼而言,当事人确实在时间效率方面遭受了程序的不利益。基于法官依职权适用冲突规则和主动查明外国法的制度前提,当事人即使请求法官终止外国法的查明程序转而适用法院地法,也不会得到法官的允许,在这种情况下,当事人确实不能自主地摆脱诉讼效率

---

① See Zweigert, "Some Reflections on the Sociological Dimensions of Private International Law: What Is Justice in the Conflict of Laws?", 4 *U. Colo. L. Rev.* 283—293 (1973).
② 我国学者杜涛博士认为,冲突规则的适用模式与外国法的查明模式是一个硬币的两个方面,外国法的"事实"或"法律"的性质决定了冲突规则的适用模式,"事实"性质对应于任意性适用模式,"法律"性质对应于依职权适用模式。参见杜涛:《法律适用规则的强制性抑或选择性——我国涉外民事法律适用法的立法选择》,载《清华法学》2010 年第 3 期,第 104—105 页。但是,外国法的"事实"性质或"法律"性质只能有限地推导出外国法的查明模式(法官查明抑或当事人证明),但并不能推导出冲突规则的适用模式、外国法错误适用的救济方法和外国法无法查明时的法律适用方法等一系列问题,也就是说,外国法的"抽象性质"及其所决定的查明方法与其它系列相关问题都是可以分离的,关于此命题的详细展开,参见宋晓:《外国法:"事实"与"法律"之辨》,载《环球法律评论》2010 年第 1 期,第 14—21 页。事实上,拘泥于外国法拟制的、抽象的性质来探讨和外国法相关的问题,似乎是教条主义的。
③ See T. C. Hartley, "Pleading and Proof of Foreign Law: The Major European Systems Compared", 45 *I. C. L. Q.* 271 (1996).

方面的程序不利益。

在冲突规则指向外国法时,如果外国法由当事人负责证明,那么查明的劳力和费用自然由当事人自己承担,至于诉讼时间拖延的长短则取决于当事人的证明工作的努力程度。对那些主张适用冲突规则以及相关外国法的当事人,这种劳力、费用和时间的耗费是他们自主选择的结果,因此不存在程序利益受损的情形。同理,在当事人因无知、无能或懈怠而没有主张适用冲突规则或相关外国法时,在法官对法律适用进行释明之后,如果他们开始积极主张适用冲突规则并进而主动地证明外国法,这种情形亦不会对他们的程序利益构成损害。如果当事人不约而同地依据法院地法进行权利的主张和抗辩,在法官对冲突规则或相关外国法的适用进行释明之后,如果当事人积极主动地迎合法官的释明,主动证明外国法,那么同样也不会导致当事人的程序利益受损;但是,在法官释明之后,如果当事人对法官的释明无动于衷,仍然希望适用法院地法,而法官此时还要将查明外国法的任务强加于当事人,那么当事人为此所付出的劳力、费用和时间就违背了他们的自由意愿,其程序利益就受到了极大的损害。

为了确保当事人的程序利益,就必须确保当事人在证明外国法事项上的自主选择权利:无论当事人从诉讼一开始就主张适用外国法,还是在法官就法律适用问题进行释明之后主张适用外国法,他们都可以选择去证明外国法,也可以从一开始就拒绝证明外国法,也可以半途而废,在从事证明的一段时间之后放弃证明,并撤回已经提交给法院的部分证明资料。① 无论当事人从一开始还是在进行过程中放弃证明外国法,都视为当事人没有证明外国法,法官接下来就应当适用法院地法。② 由此可见,只要保障当事人的选择权利,外国法由当事人证明较之由法官查明,更能够全面地保障当事人的程

---

① 事实上,在规定外国法由当事人证明的国家,当事人都享有选择证明或放弃证明的权利,参见 Lawrence Collins (with Specialist Editors), *Dicey, Morris and Collins on the Conflict of Laws* (14th ed. 2006), Sweet & Maxwell, pp. 255—269.
② 在当事人不能证明外国法和法官不能查明外国法的情形下,各国法律一般均适用法院地法,我国亦复如是,2010 年《涉外民事关系法律适用法》第 10 条规定:"涉外民事关系适用的外国法律,由人民法院、仲裁机构或者行政机关查明。当事人选择适用外国法律的,应当提供该国法律。不能查明外国法律或者该国法律没有规定的,适用中华人民共和国法律。"1988 年最高人民法院《关于贯彻执行〈中华人民共和国民法通则〉若干问题的意见(试行)》(以下简称《民法通则司法解释》)第 193 条规定:"对于应当适用的外国法律,可通过下列途径查明:① 由当事人提供;② 由与我国订立司法协助协定的缔约对方的中央机关提供;③ 由我国驻该国使领馆提供;④ 由该国驻我国使馆提供;⑤ 由中外法律专家提供。通过以上途径仍不能查明的,适用中华人民共和国法律。"

序利益。① 当事人是否要完成证明最终取决于当事人自己，取决于当事人对"证明外国法的成本"和"适用外国法的收益"两者之间的核算。

因此，在冲突规则依职权适用的制度前提下，当事人一样可以对外国法的证明成本和适用收益两者进行核算，享有据此核算结果作出选择的机会。主张冲突规则的任意性适用方法，实际上是通过直接赋予当事人对冲突规则适用与否的选择权利，以间接实现当事人对是否证明外国法的选择权利，而主张冲突规则依职权适用方法，实际上是通过外国法证明的制度安排，直接赋予当事人对是否证明外国法的选择权利。两相对照，任意性适用的方法是迂回的，扭曲了冲突规则本应依职权适用的性质，付出了沉重的代价；而依职权适用的方法正道直行，又不必付出制度扭曲的代价。

任意性适用论者也许会反驳道："既然我们都重视保障当事人的程序利益，既然我们都赋予当事人是否要证明外国法的选择权利，为什么不将当事人在外国法证明问题上的选择权利隐含在对冲突规则适用模式的选择权利中呢？为何还要多此一举地强调冲突规则的依职权适用呢？"从结果上看，如果当事人最终放弃了对外国法的证明，那么冲突规则无论依职权适用还是任意性适用，都导致了同样的结果，即适用法院地法，但是，此时两种适用模式的展开过程却存在实质的不同：因冲突规则是任意性适用的，案件所含国际私法问题就全略去了，当事人因无知、无能、懈怠或草率而未主张适用冲突规则的，就会错失行使国际私法所赋予其法律适用权利的机会；相反，在依职权适用的制度下，案件的涉外性质得以真实地浮现出来，法官须慎重考虑冲突规则及相关外国法的适用可能，并通过释明敦促当事人认真对待法律选择问题，当事人得以圆满行使国际私法所赋予他们的法律适用的权利。

诚然，各国最高法院通常拒绝审查外国法的适用②，从表面上看，法官依职权适用国内法，当事人最终可以寻求最高法院审查法律适用问题，而相形之下，法官依职权适用冲突规则，进而依职权查明和适用外国法，而该外国法

---

① 遗憾的是，1988年《民法通则司法解释》第193条并没有确立当事人证明模式，而且当事人与法院之间的查明责任不明，构成司法实践中的最大问题。2007年最高人民法院《关于审理涉外民事或商事合同纠纷案件法律适用若干问题的规定》第9条在明晰当事人与法院的查明责任问题上有进步，但并未确立当事人证明模式。2010年《涉外民事关系法律适用法》第10条大致沿袭了《2007年司法解释》的立法思路，以法官依职权查明外国法为基本模式，但在当事人意思自治领域，当事人有提供法国法的义务。对《涉外民事关系法律适用法》第10条的批判性分析，参见焦燕：《我国外国法查明新规之检视——评〈涉外民事关系法律适用法〉第10条》，载《清华法学》2013年第2期。当然，若我国要全面确立当事人证明模式，必须完善我国的专家证人制度为前提条件。另外，为促进区法律之间的的沟通与融合，区际案件所涉域外法应由法官依职权查明。
② 站在法理层面，从一国最高法院应有的政治职能和法律职能出发，最高法院确实不宜审查外国法的错误适用问题，详细理由参见本书第三章"最高法院对外国法适用的上诉审查"。

的适用问题却最终无法上诉至最高法院,这岂不是减损了当事人的上诉利益?但是,我们不能认同这种似是而非的指责。各国最高法院因其政治职能和司法职能,普遍拒绝审查下级法院关于外国法的适用,而不管外国法是依职权适用冲突规则所指引的,还是任意性适用冲突规则所指引的。任意性适用冲突规则,并不是说在所有情况下都会适用法院地法,只要当事人提出适用冲突规则或外国法,最后还是很有可能适用外国法。因此,任意性适用冲突规则固然能够扩大法院地法的适用概率,进而扩大一国最高法院审查法律适用的几率,但不能根本上改变一国最高法院对于外国法的态度。

况且,现阶段我国最高法院不同于西方国家的最高法院,常常积极主动的审查下级法院关于外国法的适用[1],因此,依职权适用模式减损当事人的上诉利益的表面现象在我国并不存在。即使我国最高法院未来向着正确的司法改革的方向迈进,将重心转向"疑难案件"或涉及重大政策因素案件的"法律审"上面,但只要外国法查明制度采取当事人证明模式,最高法院还是可以变相地审查外国法的适用问题。最高法院虽不宜直接宣布下级法院错误地适用了外国法,但可以宣布下级法院对当事人所提供的外国法的文本材料和解释材料认定有误,从而将外国法的适用错误问题,转变为外国法的证明错误问题,后者是国内程序法的问题,最高法院自然可以审查,由此可以实现对外国法错误适用的纠正。

因此,在当事人证明外国法的制度前提下,法官依职权适用冲突规则并不会减损诉讼的程序效率和当事人的程序利益,任意性适用论者的相关指责均不成立。即使在当事人最终放弃外国法证明的情形下,法官依职权适用冲突规则和释明的过程造成了一定程度的程序浪费,但用这点小小的代价换取国际私法对当事人法律适用利益的全面保护,无论如何也够不上是对当事人程序利益的减损。而且,它昭示和指引更多的当事人在未来案件中去认真对待国际私法所赋予他们的法律选择的权利,从一开始就积极主张相关冲突规则和准据法的适用,国际私法的目的和宗旨也就最大限度地得到了伸张,如此,法院就可以将个案的纠纷解决和透过个案以捍卫法律的整体秩序、发展法律这两个目标完美地统一于涉外民事诉讼之中。[2]

---

[1] 例如,"富春航业股份有限公司、胜惟航业股份有限公司与鞍钢集团国际经济贸易公司海上运输无单放货纠纷再审案",最高人民法院民事判决书(2000)交提字第 6 号,最高人民法院对下级法院适用巴拿马商法进行了审查;又如,"美国总统轮船公司与菲达电器厂、菲利公司、长城公司无单放货纠纷再审案",载《最高人民法院公报》2002 年第 5 期,第 175—178 页,最高人民法院对下级法院没有适用美国《海上货物运输法》和《联邦提单法》进行审查。

[2] 对于纠纷解决与发展法律这两大目标在民事诉讼程序法中的关系问题,参见〔英〕J. A. 乔罗威茨:《民事诉讼程序研究》,吴泽勇译,中国政法大学出版社 2008 年版,第 319—320 页。

六、结　　论

　　国际私法是各国法律体系不可分割的一部分,同等地享有法的尊严和价值,不应由当事人"呼之即来,挥之即去",冲突规则应由法官依职权适用。从实体自由处分权或意思自治出发的推导,或从程序处分权或辩论主义出发的抽象演绎,以及对当事人程序利益的现实关怀,都不能证成冲突规则应是任意性适用的。然而程序法之维昭示我们,民事诉讼程序的视角必须内在于冲突规则适用模式问题的分析过程之中。在规定法官依职权适用冲突规则的同时,必须强化法官对冲突规则以及相关法律适用问题的释明义务;同时,为保障当事人的程序利益,最好由当事人自己负责证明外国法,并保障当事人在证明外国法过程中的选择权利。

　　法官依职权适用冲突规则,并非完全弃当事人法律适用的意愿于不顾,弃当事人对外国法查明成本与外国法适用收益的权衡于不顾,而一味强制性地适用冲突规则所指引的外国法。冲突规则的依职权适用,归根结底近乎一种"程序设计",其根本的制度功能和目的,是在当事人没有积极主动地援引冲突规则或相关外国法时,法官积极主动地对法律适用的问题进行释明,敦促当事人对法律适用问题作出深思熟虑的决断,以防止当事人因无知、无能或懈怠而错失了援引冲突规则及其指引的准据法的权利,以防止他们因草率而放弃了援引冲突规则及其指引的准据法的权利。冲突规则只有在依职权适用而非任意性适用的情况下,才能最大限度地维护当事人依据国际私法体系所享有的法律适用的权利,从而最大限度地维护当事人在涉外民商事案件中的实体权利。

　　那些在司法实践中至今坚持冲突规则任意性适用的国家,典型如英国者,一方面固然是为了扩大当事人的处分权利,另一方面,也是为了扩大法院地法的适用范围;他们抱持对自己国家法律传统的优越感,将法院地法和外国法置于不平等的地位,视法院地法优等于外国法,有意无意地折射了他们长期形成的异常狭隘的殖民主义心态。与此同时,大量与这些国家不存在实质联系的案件的外国当事人,仍频繁地将争议诉之于这些国家的法院[①],不管是源于他们被长期殖民的心态作祟,还是源于他们对这些国家法律的内心信服,这最终的确反映了他们服从这些国家法律支配的意愿。因此,在这些

[①] 我国香港杨良宜先生在他的系列著作中反复提到了当事人将与英国缺乏实质联系的案件提交英国法院或英国仲裁,很大原因是出于对英国法的信任,例如,参见杨良宜:《国际商务仲裁》,中国政法大学出版社1997年版,第4—6页。

国家,冲突规则的任意性适用在一定程度上确实拥有当事人的心理基础。

我国并不具备这些国家的历史条件和法律条件,以主张冲突规则的任意性适用。我们既应为我国不存在对他国的殖民心态而欣慰,同时也应正视我国法治尚未成熟的现实。在可预见的将来,在我国法院进行涉外民商事诉讼的当事人,尤其是外国当事人,很难说他们对我国法律存在信服的心理基础。相反,我们开宗明义地承认冲突规则的依职权适用的性质,视各国私法体系为平等的存在,依托国际私法而非更多地依托法院地法去维护国际的私法秩序,这将会是我国的大国雅量之象征。

第二章 识别的对象与识别理论的展开[*]

萨维尼创建现代国际私法体系之后不久,法国学者巴坦(Bartin)和德国学者库恩(Kahn)几乎在同一时间各自独立地发现了潜伏在萨维尼体系深处的难题,即识别问题。[①] 一百多年以来,面对同一问题,一流的国际私法学者几乎都深涉其中,各自阐明了看法,也提出了解决之道。但令人惊异的是,几乎没有两位学者的识别理论是完全相同的。该说的话似乎都说尽了,普遍共识却仍然遥远。本章无意于乱中添乱,提出什么新的识别理论,而是要对各家学说抱以最大限度的"同情之理解",在仔细梳理的基础上发掘致乱之根源,并适时澄清我国学界对识别问题的诸多误判,以及恰当评判我国《涉外民事关系法律适用法》第8条:"涉外民事关系的定性,适用法院地法律。"

一、识别问题的界定

识别问题提出业已百年,解决方法虽然各不相同,但对识别问题的界定大同小异。最初提出者认为,即使各国国际私法完全依循萨维尼体系,制定相同的冲突规则,但由于各国对冲突规则的"范围"中的法律关系或法律概念的定义不同,表面完全一致的冲突规则隐含着"潜在的冲突",最终使各国追求判决一致性的希望落空。[②] 这是普遍认同的识别问题的起点,绝大多数学者亦是从此出发去探索解决之道的。

然而,还是有少数中外学者对识别问题提出别样的界定方法。对一个早已提出并有公认内涵的问题,如果改变问题的提出方式或其主要内涵,就需要仔细论证。诚然,新式界定可能导出别开生面的解决方法,但如果新式界定本质上源于对已有问题的错误认识,就应断然否定,重回旧式界定的轨道,排除新式界定徒然增添的混乱。在此集中探讨对我国学界影响甚深的两种

---

[*] 本章系在《识别的对象与识别理论的展开》(《法学研究》2009年第6期)一文的基础上修改而成。

[①] 参见〔法〕亨利·巴蒂福尔、保罗·拉加德:《国际私法总论》,陈洪武等译,中国对外翻译出版公司1989年版,第398页。

[②] See Friedrich K. Juenger, *Choice of Law and Multistate Justice* (1993), Martinus Nijhoff Publishers, pp.71—72.

新式界定,其一兴起于我国,其二本存在于国外。

(一) 识别始于管辖权阶段还是始于法律适用阶段?

识别问题是引发各国冲突法体系冲突的两大原因之一①,毫无疑问是法律适用阶段的问题,与诉讼管辖权并没有直接的关联。在我国国际私法学界,主流观点长期以来也坚持识别是"适用冲突规范的问题"②,但近年涌现一种颇有影响的观点认为:"识别是法院在处理国际私法案件时首先碰到的一个问题,它决定着法院具体援引哪一条管辖权规则和冲突规范,因而直接影响着案件的处理结果。"③这就将识别问题从法律适用阶段上溯到了管辖权阶段,从根本上改变了识别问题的界定方法。

在涉外民商事诉讼中,法官首先遇到的问题是管辖权问题(本国法院是否有管辖权?),其次才是法律适用问题(实体争议适用哪国法律?)。如果在管辖权阶段将案件定性为"合同",依据"合同履行地"或"合同缔结地"行使管辖权,那么在法律适用阶段似乎也应将案件定性为"合同",适用合同冲突规则;但如果在法律适用阶段将案件重新识别为"侵权",并适用侵权的相关冲突规则,那么法律适用阶段的定性岂不与管辖权阶段的定性不一致,岂不违反常理又违背基本的公正观念?既然管辖权阶段与法律适用阶段都涉及案件的定性问题,那就应当将两个阶段的案件定性问题统一起来,统一谓之为"识别问题"——"一旦作出定性,法院在决定管辖权、法律选择以及实体法的适用时必须保持连贯性"。④ 以上就是主张识别问题应上溯到管辖权阶段的基本理由。

然而,上述理由似是而非,歪曲了管辖权问题的本质。管辖权的确定首先依据人的因素,这主要指被告住所地,而非具体案件的性质;只有在不能依据人的因素确立一般管辖权时,才依据案件的具体性质以为补充,确立特殊管辖权,例如对合同案件的管辖权、对侵权案件的管辖权等。⑤ 当法院依据人的因素确立管辖权时,例如依据被告住所地行使管辖权时,就无需对案件进行定性,而只待法律适用阶段才有必要。当法院决定有无特殊管辖权时,

---

① 各国冲突法体系的冲突,包括各国冲突规则的"范围"的冲突,以及"系属"的冲突。
② 参见韩德培主编:《国际私法》(第 3 版),高等教育出版社、北京大学出版社 2014 年版,第 126 页。
③ 肖永平:《国际私法原理》,法律出版社 2007 年版,第 115 页。
④ 同上书,第 123 页。
⑤ 关于一般管辖权与特殊管辖权的一般原理,参见 A. T. von Mehren, "Theory and Practice of Adjudicatory Authority in Private International Law: A Comparative Study of the Doctrine, Policies and Practices of Common and Civil-Law Systems", 295 *Recueil des cours* 63—67 (2002).

确实需要对案件进行定性,但是,此时的案件定性只是一种初步定性,或是一种初步审查。一方面,管辖权规则中的法律概念,较之实体法中的同一概念通常更为宽泛,外延并不需要完全一致;另一方面,管辖权阶段对案件只进行初步审查和初步定性,法院在法律适用的实质审查阶段可以改变管辖权阶段的初步定性,两个阶段的定性不必强求统一。①

管辖权阶段的定性关乎当事人的程序利益,不能直接决定当事人的实体权利义务;而法律适用阶段的定性是为了实体目的,将直接决定当事人的权利义务。两种定性的法律目的不同,无需统一。国际私法为了兼顾国际的判决一致性,因此才重视各国相同冲突规则背后"潜在的法律冲突",才提出识别问题;而各国管辖权规则从本质上说是公法规则,自始不存在法律冲突的问题,遑论"潜在的法律冲突"。

识别问题的中心与识别冲突或外国法规则有关,由此才发展出"法院地法说""准据法说""比较法说"和"新法院地法说"这几种主要的识别理论;而各国在解释自己的管辖权规则中的法律概念时,只需依据法院地法,而和外国管辖权规则中的同类法律概念无关。我们能想象"准据法说"和"比较法说"适用于对本国管辖权规则的解释吗?在确定管辖权阶段,大部分案件无需定性,小部分案件即使需要定性,也和法律适用阶段的定性或识别没有必然联系。因此,法律适用阶段的识别问题不能上溯到管辖权阶段。

(二) 识别仅涉及对"范围"的解释还是对包括"系属"在内的整个冲突规则的解释?

冲突规则的结构包含"范围"和"系属"两部分,而"系属"的核心则为连接点。著名国际私法学者劳伦森(Lorenzen)认为,识别问题不仅包括对"范围"的解释,还包括对连接点的解释②,而主流观点则认为,识别问题仅涉及对"范围"的解释,而不包括对连接点的解释。之所以产生这种非主流的界定方法,是因为倡导者认为,各国国际私法不仅对"范围"的解释产生冲突,而且对同一连接点的解释也存在冲突。如果"范围"引发了依据法院地法还是外国法进行解释的问题,那么连接点同样如此。又假如特定冲突规则的"范围"依据相关外国法进行解释的,那么连接点也应该依据相关外国法进行解释,这

---

① 从程序法视角出发,法官如果改变对案件的定性,需要对当事人进行释明,当事人也应相应地变更诉讼请求。
② See Ernest G. Lorenzen, "The Qualification, Classification, or Characterization Problem in the Conflict of Laws", 50 *Yale. L. J.* 744 (1941).

样才能保证对整条冲突规则的解释的统一性。①

那些反对将连接点的解释纳入识别问题的人士可能认为：一国制定的冲突规则是该国国内法的一部分，对连接点的解释自然应该依据国内法进行，而不涉及任何相关的外国法。但是，这种观点却不能反击如下诘问："范围"何尝不是作为国内法的冲突规则的一部分，为何唯独"范围"的解释引发识别问题呢？因此，不能依据冲突规则的国内法属性将连接点的解释排斥在识别问题之外。

不管依据什么方法对"范围"进行解释，其目的是要准确适用本国的冲突规则，即本国冲突法体系中有两条甚至两条以上的冲突规则可能适用于具体案件，需要从中准确地遴选其一。从形式上看，即使依据相关外国法的概念解释本国冲突规则的"范围"，最终适用的仍是本国的冲突规则，而非外国的冲突规则。但如果连接点也面临识别问题，也可能依据外国法进行解释，则是从根本上放弃了本国的冲突规则，而赤裸裸地适用了外国的冲突规则，这就违背了一国法院应该适用本国冲突法体系以解决涉外民商事案件的基本主权原则。

在"范围"的解释问题深陷理论泥沼的今天，连接点的解释应该依据什么法律已经有了确定而广泛的共识。学者都认为，一国国际私法不仅能决定在冲突规则中选择哪个连接点，而且有权决定这个连接点的解释问题，也就是说，连接点的解释应该依据法院地法。② 其中只存在一个例外，那就是对作为连接点的国籍的解释，一国只能决定一个自然人是否具有本国国籍，但不能决定一个自然人是否具有外国国籍，否则视为是对外国主权的侵犯。③

因此，将识别问题上溯到管辖权阶段，或将识别问题不仅视为是对冲突规则的范围的解释，还包括对冲突规则的连接点的解释，都是对固有识别问题的扭曲，无助于深化对识别问题的研究，徒然增添理论的混乱罢了。

(三) 识别冲突问题是识别理论中最复杂、最艰深的问题

识别问题本质上是对冲突规则的"范围"的解释，其目的是为了适用一国冲突法体系中合适的冲突规则。"范围"一般是由各类大大小小的法律关系所构成的，冲突规则就是规定各类法律关系应该适用哪国或哪个地区的法律的法律选择规则，识别的最终结果就是要将某一具体涉外民商事案件系属于

---

① See Ernest G. Lorenzen, "The Qualification, Classification, or Characterization Problem in the Conflict of Laws", 50 *Yale. L. J.* 744 (1941).
② 如果承认反致而适用外国冲突规则，那么外国冲突规则中的连接点的解释依据其所属的法律体系。
③ See J. G. Collier, *Conflict of Laws* (3rd ed., 2001), Cambridge University Press, p. 13.

特定法律关系,从而适用特定法律关系的冲突规则。一个法律发展相对成熟的国家,其私法必然构成一个较为完整的体系,而该体系则建立在法律关系的分类的基础之上。相对而言,大陆法系更加注重法律关系分类的科学性、逻辑性和内部的协调一致,而英美法系则更加注重法律关系分类的实用性、实践性,即更加依赖经验而非逻辑。不管如何,各国均有较为复杂的私法法律关系的分类体系,而国际私法一般正是建立在私法分类体系的基础之上,国际私法的识别问题就是由私法法律关系的分类体系所引发的。

在具体涉外民商事案件的诉讼起始阶段,如果双方当事人并未依据特定的外国法提出权利主张或抗辩,只是依据法院地法,或模糊的法律观念、法律原则提出权利主张或抗辩,而丝毫不涉及任何外国法,法官一般只会注意到本国法律的分类体系,未必会去注意与案件相关的外国的法律分类体系,这个时候的国际私法的识别问题只发生在本国法律体系之中,实际上就不会引发本国与外国的识别冲突问题。

相反,如果一方或双方当事人在诉讼起始阶段,就明确地依据特定外国法提出权利主张或抗辩,而本国或外国的法律关系的分类体系存在冲突,依据法院地法的分类体系,或依据该特定外国法的分类体系,就会将案件系属于不同的法律关系,最终就会适用不同的冲突规范,而不同的冲突规范可能指向不同的准据法,案件的最终处理结果就会不同,这个时候我们说发生了识别冲突,即本国的法律关系的分类体系不同于外国的法律关系的分类体系,应该依据本国分类体系将案件系属于某一法律关系,还是依据外国分类体系将案件系属于某一法律关系?

国际私法的识别问题,自然同时包含了上述两种情形,即只涉及一国法律的分类体系(本国法律体系)的识别问题,以及同时涉及两个或两个以上国家的法律分类体系的识别问题,或可概括为无识别冲突的识别问题和有识别冲突的识别问题。对于无识别冲突的识别问题,只需依据法院地法的法律体系进行识别;而对于有识别冲突的识别问题,至少从逻辑上说,首先需要解决依据外国法、法院地法或其它方法来进行识别的问题。显然,有识别冲突的识别问题,较之无识别冲突的识别问题,在理论上更为复杂艰深。过去一百多年来关于国际私法识别问题的讨论和争议,大部分情形都是围绕着识别冲突问题展开的。

但是,这并不是说,无识别冲突的识别问题就不重要了。在各国司法实践中,尤其是在我国过去近三十年的司法实践中,引发识别冲突的情形并不像我们想象中的那么多,绝大多数关于识别的司法实践的争议都是在法院地法的一个法律体系中展开的。例如,在我国,外国公司的董事长签字的效力问题,应被识别为法人行为能力问题,从而适用《涉外民事关系法律适用法》第 14 条①,还是应被识别为代理问题,从而适用《涉外民事关系法律适用法》第 16 条?② 又如,涉外离婚时的财产分割,应被识别为夫妻财产制问题,从而适用《涉外民事关系法律法律适用法》第 24 条③,还是应被识别为离婚问题,从而适用《涉外民事关系法律适用法》第 26 条或第 27 条?④ 此类司法实践的难题频繁发生,双方当事人在诉讼起始阶段并未援引任何外国法或外国法的原则、观念,法官一般只依据法院地法的法律关系的分类方法,来最终解决识别问题。

因为有识别冲突的识别问题,理论上更为复杂艰深,所以更多成为我们讨论和分析的中心和落脚点。本章最后也将揭示,如果我们能深刻理解有识别冲突的识别问题并寻获合理的解决方法,那么我们同时也能更深入地理解无识别冲突的识别问题,而且会发现两者最终并无本质之区别。

二、识别的对象:事实、诉因、法律关系抑或法律规则?

识别的对象究竟是什么? 是事实、诉争、法律关系还是法律规则? 迄今各种识别理论的重心大多放在识别方法上面,而普遍忽略了对识别对象的深入探讨。英国戴赛(Dicey)的权威著作可谓代表:"识别对象究竟是什么——一个问题、一组事实还是一条法律规则? 显然,识别的对象可能是其中的任何一者,这取决于法院探讨识别问题的方式。"⑤ 为了便利,法院可以自由认定识别对象,甚至不去准确认定,这种和稀泥的论断阻碍了对识别对象的深入研究。界定识别对象是提出识别方法的逻辑前提,若是识别对象不同,很

---

① 2010 年《中华人民共和国涉外民事关系法律适用法》第 14 条规定:"法人及其分支机构的民事权利能力、民事行为能力、组织机构、股东权利义务等事项,适用登记地法律。法人的主营业地与登记地不一致的,可以适用主营业地法律。法人的经常居所地,为其主营业地。"
② 2010 年《中华人民共和国涉外民事关系法律适用法》第 16 条规定:"代理适用代理行为地法律,但被代理人与代理人的民事关系,适用代理关系发生地法律。当事人可以协议选择委托代理适用的法律。"
③ 2010 年《中华人民共和国涉外民事关系法律适用法》第 24 条规定:"夫妻财产关系,当事人可以协议选择适用一方当事人经常居所地法律、国籍国法律或者主要财产所在地法律。当事人没有选择的,适用共同经常居所地法律;没有共同经常居所地的,适用共同国籍国法律。"
④ 2010 年《中华人民共和国涉外民事关系法律适用法》第 26 条规定:"协议离婚,当事人可以协议选择适用一方当事人经常居所地法律或者国籍国法律。当事人没有选择的,适用共同经常居所地法律;没有共同经常居所地的,适用共同国籍国法律;没有共同国籍的,适用办理离婚手续机构所在地法律。"2010 年《中华人民共和国涉外民事关系法律适用法》第 27 条规定:"诉讼离婚,适用法院地法律。"
⑤ See Lawrence Collins with Specialist Editors, *Dicey, Morris and Collins on the Conflict of Laws* (14th ed., 2006), Sweet & Maxwell, p. 39.

可能导致识别方法不同。不能准确把握识别对象,就难以理解各种识别理论展开的内在肌理,因此必须澄清戴赛式的介于有意与无意间的混沌状态。

我国主流观点认为,识别是"依据一定的法律观念,对有关的事实构成作出定性或分类",即认为识别的对象是"事实构成"。[①] 在无数变动不居的事实洪流中,当事人所陈述的事实构成,定是当事人经过整理和选择的事实。案件的事实构成建立在两个基础之上,一是客观事实,二是剪裁案件事实的具体依据。[②] 当事人所陈述的案件事实之终局形成,取决于可能适用于案件的法(律)规范的选择,而这项选择一方面取决于判断者已知的情境,另一方面取决于他对于案件事实所属的规范整体之认识。[③] 无论是内国案件还是涉外案件,案件事实都是建立在客观事实与规范选择这两个基础之上的。

在内国案件中,当事人依据内国法律规范陈述和裁剪案件事实并据此提出权利主张时,法官依据证据规则确认该事实之后,必须重新考察当事人所陈述的事实与该事实所仰赖的法律规范之间的契合关系。如果两者契合,则可直接定性为该规范所属的分类概念之中,并进而援引该分类概念所对应的法律制度的规范整体;如果两者不契合,法官必须重新发现当事人所陈述的事实和其他法律制度的对应关系。

例如,原告依据违约规范陈述案件事实并主张违约赔偿,法官通过证据规则确认该事实之后,如果认为违约规范与"违约事实"是契合的,就可将此案件定性为"合同"案件,并进而适用合同法的规范整体,如果法官发现"违约事实"与违约规范并不契合,而与侵权规范相契合,就应将案件定性为侵权案件,并进而适用侵权法的规范整体。内国案件中的这种定性或识别过程,所展现的是事实与法律之间的关系,反映了事实与相关法律规范之间的循环往复的互动过程,反映了这两者之间的对向交流关系。

但在涉外案件中,情形有了本质的不同。假如当事人依据法院地法规则陈述和裁剪案件事实并据此提出权利主张,法官通过本国证据规则确认该事实之后,并非像在内国案件中那样直接去认定该事实与其所仰赖的法律规则的契合关系,而是需要去确定应该适用哪条冲突规则以便寻找准据法。[④] 那么,法官应寻求事实与特定冲突规则的"范围"的对应关系,还是应寻求该事实所依赖的法律规则与特定冲突规则的"范围"的对应关系呢?例如,当事人

[①] 参见韩德培主编:《国际私法》(第3版),高等教育出版社、北京大学出版社2014年版,第126页。
[②] 参见〔德〕卡尔·拉伦茨:《法学方法论》,陈爱娥译,商务印书馆2003年版,第160页。
[③] 同上书,第164页。
[④] 这是以法官依职权适用国际私法规则为前提条件的,对此,参见本书第一章:"冲突规则的适用模式"。

依据我国《海商法》第 61 条关于无单放货的法律规定,陈述与裁剪案件事实并主张损害赔偿时①,法官依据我国证据规则确认事实之后,因我国国际私法没有为无单放货单独制定冲突规则,法官首先应进行定性,然后再准确地去适用冲突规则。这时,法官是在探讨无单放货的事实嵌入哪个冲突规则的"范围",还是在探讨无单放货的法律规则属于哪个冲突规则的"范围"呢?

从表面上看,无单放货的规则和依据该规则所陈述与裁剪的事实是合一的,但是,一方面,无单放货的事实形成其实是无单放货的规则的"产物",另一方面,单纯对事实进行识别,并不能有效地得出分类或定性的结论,只有通过探索无单放货法律规则的法律结构、功能和性质,才能最终决定无单放货的规则究竟反映了合同法律关系还是侵权法律关系。因此,法官真正需要识别的对象不是无单放货的事实,而是无单放货的法律规则。识别无单放货规则的过程,本质上是一个法院地法的实体规则与本国冲突规则的循环往复的互动过程,反映了两者之间的对向交流关系。

国际私法识别的识别对象是法律规则这一结论②,在当事人以外国法规则陈述与裁剪案件事实并据此提出权利主张的情形中展现得更为清晰。以识别问题的经典案例"马耳他案"为例,遗孀依据外国法即马耳他法主张"贫穷配偶取得四分之一遗产权"(法院地法即法属阿尔及利亚法没有此类规则)③,此时固然可以将"贫穷配偶""遗产"等信息视为事实问题,但这些都是破碎的、割裂的事实,完整的事实离不开"贫穷配偶取得四分之一遗产权"这一规则。对于识别的目的来说,该规则显然是整个案件的核心因素,其他案件信息是围绕着该规则展开的,是辅助的、服务的角色。因此,法官识别的对象本质上是诸如"贫穷配偶取得四分之一遗产权"这一外国法规则,而非诸如"贫穷配偶""遗产"等事实信息,这些事实信息一旦离开该外国法规则就失去了独立存在的意义。

在内国案件的识别过程中,只存在两个因素,即案件事实和该案件事实据以终局形成的法律规范,识别过程反映了这两个因素的互动过程。在这个过程中,案件事实和法律规范始终是交融在一起的,如果要从中区分一者为识别的对象,另一者为识别的依据,则毫无疑问,案件事实是识别的对象,而

---

① 例如,"富春航业股份有限公司、胜惟航业股份有限公司与鞍钢集团国际经济贸易公司海上运输无单放货纠纷再审案",载《最高人民法院公报》2002 年第 1 期,第 35—37 页。但该案法官对无单放货问题,并没有依职权适用冲突规则,因而没有引发识别问题。
② Forsyth 教授在他的论文中明确指明识别的对象是法律规则,本文这一结论深受其启发,参见 Christopher Forsyth, "Characterization Revisited: An Essay in the Theory and Practice of the English Conflict Laws ", 114 *L. Q. R.* 152 (1998).
③ 〔法〕亨利·巴蒂福尔、保罗·拉加德:《国际私法总论》,陈洪武等译,中国对外翻译出版公司 1989 年版,第 398—399 页。

最终决定该案件事实构成的法律规范则是识别的规范依据。但在国际私法案件的识别过程中，却存在三个因素，即案件事实、该案件事实据以终局形成的法律规范以及冲突规则。内国案件识别，只涉及前两个因素，是前两个因素的互动过程；而国际私法案件的识别，则同时涉及三个因素，而且重心在于后两个因素的互动过程，国际私法的识别过程本质上反映了后两个因素的互动过程，因而识别的对象就从第一个因素转移到了第二个因素，即相关的法律规则。内国案件的识别和国际私法案件的识别从更广泛意义上说都属于法律解释的过程，共享法律解释的普遍性思维方式，但识别对象的不同反映了两者本质的区别，国际私法案件的识别更为复杂，正是这种复杂性催生了形形色色的识别理论或方法。

在当事人只依据法院地法规则陈述或裁剪涉外案件事实并据此提出权利主张的情形下，法官只需依据本国法律体系对法院地法的具体规则进行识别，而不管相关的外国法体系对该规则是否作出了不同的定性或分类。在这个过程中，适用哪条冲突规则尚未确定，外国法尚未浮出地平线，因此不存在依据外国法识别的问题。法官在识别法院地法规则时，只涉及本国法律体系，是在封闭框架内进行的。一个有机的法律体系必然将法律概念之间或法律规则之间的冲突降到了最低的限度，该体系内一切法律规则（包括冲突规则）的解释，都是以不存在概念冲突或规则冲突为分析的逻辑起点的，尽管实际会发生冲突的情形，即存在大量的无识别冲突的识别问题。

在当事人依据外国法规则陈述和裁剪案件事实并据此提出权利主张的情形下，识别的对象是外国法规则。因不同法律体系很可能存在概念冲突或规则冲突，法院地法体系对外国法规则的定性或分类可能有别于它所属的法律体系，法院地法体系甚至根本不存在同一或类似规则，这就发生了识别冲突。那么识别到底依据法院地法的法律体系，还是依据该外国法规则所属的法律体系，还是别的法律体系？在司法实践中，几乎所有国际私法的识别问题都关乎两个法律体系对特定法律规则的定性或分类的冲突。识别冲突只有在识别外国法规则时才有可能发生，而在识别法院地法规则时却不可能。国际私法识别问题的中心就是解决识别冲突问题，也就是说，中心是识别外国法规则问题。

再以"马耳他案"为例，原告依据马耳他规则——"贫穷配偶取得四分之一遗产权"——陈述事实和主张权利，法官为了适用冲突规则，需要对该外国法规则进行识别。马耳他法将此规则定性为夫妻财产制问题，而法国法将此规则定性为继承法问题。依据法国国际私法，夫妻财产制问题适用夫妻最初婚姻住所地法即马耳他法，据此原告胜诉；依据法国国际私法，动产继承适用被继承人最后住所地法,不动产继承适用不动产所在地法,最后都是法国法,据此原告败诉。① 以马耳他规则为识别对象,马耳他法和法国法发生了识别冲突,不同的识别就导致截然相反的结果,识别难题由此而生。

如果认为识别的对象是诉因(cause of action),那么几乎等于说识别对象是构成诉因所依据的法律规则,因为较之事实与法律规则的关系,诉因更是由法律规则直接形成和派生的,更不能独立于特定的法律规则。"二级识别说"认为,识别分为两个阶段,第一阶段以诉因为识别对象,适用法院地法;第二阶段以法律规则为识别对象,适用法律规则所属的法律体系。② 该理论的错误之处在于:诉因是以法律规则为基础的,两者是一个硬币的两个方面,将本质上的一个对象硬生生地拆分为两个对象,并寻求不同的解决方法,这是对识别实践与识别理论的双重扭曲。③

同时,也不能认为识别的对象是法律关系。法律关系包含两个本质要素:一为"法律的调整";二为"现实生活的一部分",如何撷取有限数量的现实生活,则依赖于法律规则所规定的事实构成。④ 法律关系是具体而非抽象的,不能独立于特定的法律体系。当事人依据法律规则陈述和裁剪案件事实并据此主张权利时,如果认为识别的对象是某一法律关系,那么这一法律关系必然是依据特定法律规则所构成的法律关系,也等于说识别的对象就是该特定法律规则。况且,冲突规则主要以萨维尼的"法律关系本座说"为理论基础,其"范围"是对各类法律关系的表述,识别的目的正是要探究对象属于何种法律关系,以便适用相应的冲突规则,如果说识别的对象也是法律关系,岂非要把甲法律关系识别为乙法律关系? 如此,识别的对象和识别的目的就混为一谈了。

或许有人提出质疑:当一个具有涉外因素的争议发生之后,当事人双方只依据模糊的法律观念,甚或只依据朴素的道德观念提出权利主张或进行抗辩,也就是说,双方当事人并没有依据任何内国法中或外国法中的既有法律规则来阐明观点,此时如何能说识别的对象是法律规则呢?

---

① 〔法〕亨利·巴蒂福尔、保罗·拉加德:《国际私法总论》,陈洪武等译,中国对外翻译出版公司 1989 年版,第 398—399 页。
② See Peter North and J. J. Fawcett, *Cheshire and North's Private International Law* (13th ed. 1999), Butterworths, pp. 34—35.
③ 肖永平教授认为"二级识别"理论的缺点是:"人为分割识别的不同阶段;二级识别实质上是准据法内容的查明问题",参见肖永平:《国际私法原理》(第 2 版),法律出版社 2007 年版,第 118 页。二级识别理论本身并不涉及外国法查明问题,其错误的根源是分割识别对象,因此肖永平教授的批评方向错了。
④ 参见〔德〕迪特尔·梅迪库斯:《德国民法总论》(第 2 版),法律出版社 2001 年版,第 55—59 页。

如果当事人双方只依据模糊的法律观念或道德观念提出主张,那么摆在法官面前的,似乎只有一堆凌乱的纯粹的事实,没有经过任何法律规则的裁剪和修饰,此时识别的对象好像只剩下"事实",而不可能是法律规则。从表面上看,确实如此。但是我们不能忘了,即使这种情形发生在内国法案件中,法官为了给案件定性,也需要将此纯粹的事实和特定的法律规则或法律规则中的特定概念对接起来,识别的完成,也就是纯粹事实和特定法律规则或法律规则中的特定概念实现了顺畅的对向交流。

回到涉外案件情形,如果当事人据以提出主张的模糊的法律观念或道德观念来自于内国法,那么法官首先会大致遵循内国法的识别思路,将当事人之间纯粹的事实或诉求和内国实体法律体系中的特定法律规则联系起来,然后再将此内国的法律规则归入某个冲突规则的"范围"之中,以此完成识别的全过程。当此之时,我们仍然可以说,识别的对象是法律规则,无非是此法律规则不是当事人在描述事实和提出诉求时明确依据的,而是法官代替当事人完成了提出法律规则或法律依据的初步要求。例如,如果当事人只是描述了双方合同争议的事实,一方要求另一方作出损害赔偿,没有提及任何内、外国的法律规则的依据,那么法官首先会依据内国法律体系的观念,将此归入合同违约损害赔偿的范畴(当然,也有可能是别的合同争议),然后就将合同违约损害赔偿问题归入相关合同冲突规则的"范围"之内,因此可以说,识别的对象就是合同违约损害赔偿规则。

此时或许会有人提出进一步的质疑:《涉外民事关系法律适用法》第 41 条规定了涉外合同的法律适用规则①,如果双方当事人没有提及具体法律规则的依据,只是描述了纯粹的事实,那么只要将此纯粹的事实归入到第 41 条的"合同"这个法律概念之中,识别的任务也就完成了,这个时候可以说识别的对象就是纯粹的事实,无需以内国法中的法律规则诸如合同违约损害赔偿规则为媒介,以法律规则为识别对象的分析过程是多余的,是一种累赘。

这种质疑从逻辑上看似乎是成立的,但是,问题关键在于,《涉外民事关系法律适用法》第 41 条的"合同"概念能够独立于内国法律体系中所有合同法规则所共同构建的"合同"这一个概念吗?如果第 41 条中的"合同"概念,完全是一个独立于内国法律体系的法律概念,那么可以说,将纯粹的事实归入这个概念之中,识别的任务就完成了,识别的对象可以是纯粹的事实;相反,如果这个概念并不能独立于内国法律体系而存在,那么法官就不能不以

---

① 《中华人民共和国涉外民事关系法律适用法》第 41 条规定:"当事人可以协议选择合同适用的法律。当事人没有选择的,适用履行义务最能体现该合同特征的一方当事人经常居所地法律或者其他与该合同有最密切联系的法律。"

内国法律体系中相关的合同法规则诸如违约损害赔偿规则为媒介,识别的对象本质上就是相关的法律规则。正如下文所要进一步展开分析的,当前各国国际私法体系,包括我国国际私法体系,除了极少数局部例外之外,总体上并不存在独立于内国法体系的概念体系(例如,第41条并没有对其"范围"中的"合同"概念,给出任何特别的定义),因而识别的对象本质上还是相关的实体法律规则。只有当国际私法的所有法律适用规则中的"范围"中的法律概念,构成了一个独立的概念体系,那么当事人之间纯粹的事实,才可能直接成为识别的对象。

同理,如果当事人据以提出主张的模糊的法律观念或道德观念来自于外国法,那么法官在识别的过程中,是无法绕开相关的外国法中的具体法律规则的,识别的对象就是相关的外国法规则。

三、"法院地法说""准据法说"的合理逻辑与理论困境

在国际私法案件中,识别的对象是法律规则,而非似是而非的事实、诉因和法律关系,而且识别问题的最艰深复杂之处在于解决对外国法规则的识别问题,或者说是解决识别冲突问题。如果昧于此义,错误地界定识别对象,那么所提出的识别方法必然是缘木求鱼,例如所谓的"最密切联系识别方法"。① 如果明乎此义,那么就能对"法院地法说"和"准据法说"这两大学说阵营抱以最大限度的"同情之理解",就能进一步洞察各自的合理逻辑与理论困境。

(一)"法院地法说"的合理逻辑与理论困境

"法院地法说"主张识别应依据法院地法。诚然,当识别法院地法规则时,识别的依据自然是法院地法。但是,识别问题的中心毕竟是识别外国法规则和解决识别冲突问题,对此"法院地法说"是否还有生命力?

"法院地法说"的展开基于两个彼此紧密关联的核心理由。其中一个认为,识别过程是对本国冲突规则的"范围"的解释,解释国内法规则怎能依据

---

① 参见谢石松:《国际私法中的识别问题新论》,载《中国国际私法与比较法年刊》(第二卷),法律出版社1999年版,第102—103页。肖永平教授也认为:"如果依上述标准(法院地法)不能恰当地解决识别问题,则依与案件有密切联系的法律制度来识别。"肖永平:《国际私法原理》(第2版),法律出版社2007年版,第118页。最密切联系识别方法的错误根源就是机械地认定识别的对象是事实,所以"顺理成章"地提出识别适用与事实有最密切联系的法律。如果认识到识别的对象是法律规则,那么与特定法律规则有最密切联系的法律必定是其所属的法律体系,因此最密切联系识别方法最终无非是变相的"准据法说"。

法院地法以外的外国法呢？① 若识别单纯是对外国法规则进行抽象的定性和分类，而不顾及冲突规则的"范围"的解释，则不能说识别是对冲突规则的解释，但是，识别外国法规则的最终目的是为了准确适用冲突规则，不论通过何种方法或技术对外国法规则进行定性和分类，其结果必须嵌入"范围"的法律概念之中，识别外国法规则的过程就和冲突规则的解释过程融为一体了。因此，对外国法规则的识别确实可视为是对本国冲突规则的解释，而本国冲突规则的解释依据法院地法，这不是很"自然"的逻辑吗？

但是，识别阶段的冲突规则的解释，和内国法规则的解释，还是存在实质差异的。在内国法中，法律解释的任务是清除可能的规范矛盾，回答规范竞合问题，划定每项规范的效力范围及其界限。② 在外国法规则和识别问题浮现之前，法官很可能认为本国各冲突规则的适用界限相对清晰，不存在矛盾或竞合问题；但如果法院地法对外国法规则的定性和该规则所属法律体系对它的定性产生冲突，法官就面临着协调两者的压力。内国法解释过程完全在封闭体系内依据内国法展开，而识别阶段冲突规则的解释客观上牵扯本国法律体系外的外国法规则，外国法规则应嵌入那条冲突规则的"范围"内，这是单纯的内国法解释方法所不能回答的。

主张"法院地法说"的另一个核心理由认为，国际私法是本国法律体系尤其是本国私法体系的一部分，许多国家的国际私法规范就规定在民法典中，冲突规则"范围"中的法律概念和内国民法中的法律概念是一致的，除非国际私法作了特殊的规定。识别应依据法院地法，以保持一国国际私法体系和该国私法体系的协调与一致。如果依据外国法进行识别，就破坏了同一概念体系的一致性。③ 国际私法的发展趋势虽是摆脱民法典走向单行法典，但它毕竟是各国私法体系大家庭中的一员，确有义务维护大家庭的概念体系的统一。但是，这个雄辩的理由仍然面临如下两个诘难：

第一个诘难是，识别的对象既为外国法规则，本国私法体系中很可能没有对应的规则，例如，"贫穷配偶取得四分之一财产权利"这一马耳他规则，在作为法院地法的法国法体系中就没有对应的规则，又例如，普通法系中的信托法律关系，在大陆法系中就通常没有对应的概念④，此时该如何依据法院

---

① See Veronique Allarousse, "A Comparative Approach to the conflict of Characterization in Private International Law", 23 *Case. W. Res. J. Int'l L.* 482 (1991).
② 〔德〕卡尔·拉伦茨：《法学方法论》，陈爱娥译，商务印书馆 2003 年版，第 194 页。
③ See Veronique Allarousse, "A Comparative Approach to the conflict of Characterization in Private International Law", 23 *Case. W. Res. J. Int'l L.* 483 (1991).
④ 当然，包括中国在内，许多成文法国家在局部的商事法领域引入了信托概念，但作为整体的信托制度仍为英美法系所独有。参见 Zweigert & Hein Kötz, *Introduction to Comparative Law* (3rd ed. 1998), Clarendon Press, p. 37.

地国的私法体系进行识别？对此诘难，"法院地法说"确实难以自圆其说。

以沃尔夫为代表的学者提出了第二个诘难：考究外国法是否适用而不斟酌它的分类，这是不按照外国法的本来面目来看待外国法①；依据法院地法对外国法规则进行定性和分类，无异于扭曲了外国法——外国法体系中的"一副精美的画像"被法院地法扭曲成了"一套漫画"。②

依据法院地法对外国法规则的识别结论适用相应的冲突规则，最后发现该外国法规则应作为准据法予以适用，那么依据外国法规则所属法律体系的不同的识别结论，就可能适用法院地国的另一冲突规则，该外国法规则就可能成为不了准据法；或者相反，依照外国法规则所属体系的识别结论，该外国法规则最后应予适用，而依据法院地法的识别结论，该外国法规则却可能成为不了准据法。由此可见，"法院地法说"并没有扭曲外国法规则的内容本身，只是很有可能扭曲了该外国法规则所属法律体系对它的分类和定性，从而扭曲了决定该外国法规则的适用范围的外国冲突规则。

法官识别的目的只为了准确适用本国的冲突规则，在依法院地法进行识别的时候只要不歪曲外国法规则的内容，即使扭曲了外国法规则所属法律体系对它的分类或定性以及该体系的冲突规则，也无损于法官准确适用本国的冲突规则。而且，法官在依据法院地法进行识别时虽然扭曲了外国的冲突规则，但这并没有违反什么国际法，在实践中也不可能引发外国的抗议。③ 因此，从识别的目的来看，沃尔夫关于扭曲了外国法的诘难有些夸大其辞了。

（二）"准据法说"的合理逻辑与理论困境

"准据法说"的最有代表性的倡导者是沃尔夫。"准据法说"从文义上就被认为是一种逻辑的恶性循环：识别是为了准确适用冲突规则，适用冲突规则是为了寻找合适的准据法，识别怎么反而依据准据法进行呢？④ 其实，这种大行其道的质疑只是对沃尔夫学说的误解。沃尔夫是这样陈述自己的观点的："每个法律规则依照它所属的那个法律体系来分类。法国法对法国的法律规则进行分类，意大利法对意大利的法律规则进行分类，而英格兰法院

---

① 参见〔德〕马丁·沃尔夫：《国际私法》，李浩培、汤宗舜译，北京大学出版社2009年版，第177—178页。
② 同上书，第178页。
③ 当然，在承认反致而适用外国冲突规则时例外。
④ 以"恶性循环"为由指责沃尔夫识别理论的中外皆有，我国学界更甚，例如，韩德培主编：《国际私法》（第3版），高等教育出版社、北京大学出版社2014年版，第129页；肖永平：《国际私法原理》，法律出版社2007年版，第118页。

在考究法国的法律规则究竟是否适用时,须斟酌法国的分类。"①

当事人以特定外国法规则陈述案件事实和提出权利主张时,法官的识别对象是外国法规则,外国法规则已经摆在了法官的面前,而非反对者所认为的那样此时外国法还没有现身。沃尔夫的识别方法其实不能概括为"准据法说",而应概括为"自身体系识别说",惜乎一种不准确的概括招来大量只作表面理解的人的误解。但因"准据法说"的称呼已经约定俗成,如今只好继续沿用。

识别的对象是法律规则,识别依据法律规则所属的法律体系进行,这不也是一种"自然"的顺理成章的事情吗?当识别外国法规则时,依据该规则自身所属的法律体系进行识别,这是"按照外国法的本来面目来看待外国法"的方法②,如果该外国法规则最终成为准据法得以适用,这也是按照该外国法规则原有的分类和定性方法进行识别的结果,识别阶段对该外国法规则的定性和准据法适用阶段对该外国法规则的解释由此得以统一,而不会造成依法院地法识别时对该外国法规则的定性是一种结论,而准据法适用时对该外国法规则的定性又是另一种结论。

当面临识别冲突时,如依据外国法规则所属法律体系进行识别,法院地法对本国冲突规则的"范围"的解释方法,最后将被外国法规则所属体系的解释方法所取代,结果是"范围"的解释依据外国法,而"系属"的解释则仍然依据法院地法,法院地国冲突规则于是成了类似于"狮身人面"的混合体。反对者认为,法院地国因此失去了对本国冲突规则的主权控制③,然而这种反对意见似是而非:只要法院地国允许识别依据相关外国法,就不会违反法律适用的主权原则,一如国际私法从根本上本就允许涉外法律关系适用外国法。

其实,"准据法说"的根本缺陷既不在于逻辑的恶性循环,也不在于失去法律适用的主权控制,而是在于它所带来的识别的积极冲突和消极冲突。例如,在英国法院审理的著名的科恩(Re Cohn)案中,德国籍的母女两人不幸同时死于伦敦空难,无法判断谁先死亡。英国法推定年长者先死,而德国法则推定同时死亡。推定规则在英国被识别为程序规则,而在德国被识别为实体规则,如果两个规则均按照各自所属的法律体系进行识别,那么将导致识别的积极冲突,根据英国的国际私法,程序问题适用英国法,所以英国的推定规

---

① 沃尔夫进而认为,只有当外国法的分类违反本国公共秩序时,才不采用外国法的分类。参见〔德〕马丁·沃尔夫:《国际私法》,李浩培、汤宗舜译,北京大学出版社2009年版,第177页。
② 参见同上书,第178页。
③ See Veronique Allarousse, "A Comparative Approach to the conflict of Characterization in Private International Law ", 23 *Case. W. Res. J. Int'l L.* 482 (1991).

则应予适用;而实体继承问题适用被继承人的住所地法,所以德国的推定规则也应适用。① 相反,如果发生识别的消极冲突,相互矛盾的两个规则都将得不到适用。无论是识别的积极冲突,还是消极冲突,没有理由只采纳其中一种识别而否定另一种识别,法律冲突问题因而无法解决,沃尔夫对此也并没有给出令人信服的答案。②

四、超越"法院地法说"与"准据法说"

法官在识别外国法规则的过程中,往返于本国的冲突规则和外国法规则之间,识别成为冲突规则与外国法规则的对向交流关系。如将关注点集中于冲突规则这一端,所主张的识别方法自然是"法院地法说";相反,如将关注点集中于外国法规则这一端,所主张的识别方法自然是"准据法说"。然而,两种方法均过多地关注对向交流关系中的一端,而忽视了另一端,具备一定的合理性却又都有致命的缺陷。这就引发了致力于调和两者、揉合两者而又超越两者的方法——"比较法与分析法学说"和"新法院地法说"。

(一) 用分析法学或比较法方法建构全新的识别体系

识别过程致力于协调不同国家的识别冲突,"比较法与分析法学说"于是认为,国际私法的分类方法应超越维系于对向交流关系中的一端,应超越于立基于国内法识别方法的法院地法或准据法,应以比较法方法或分析法学方法建构独立的更高层次的概念体系。这一思想的倡导者主要是德国学者拉贝尔(Rabel)。他认为:"国际私法规则的概念应是绝对地具有一般性质的概念,这些概念源于分析法学,即一般的法律科学,基于比较法研究的结论,从比较法研究中抽取的概念实质上是具有普遍适用意义的一般原则——而非只源于或适用于单个国家的法律体系的概念。"③

萨维尼并不希望将其国际私法体系建立在一国或少数国家的基础之上;相反,他致力于将其体系建立在普遍主义的基础之上,诸如人的身份、物法、债法、继承、家庭等法律关系的基本概念,都是建立在他自己所认为的普遍适用的法律科学的基础之上的。萨维尼对这些法律关系的概念分析,虽具有历史法学色彩,但在技术层面上利用了逻辑的、抽象的、体系化的方法,与法律

---

① See Lawrence Collins with Specialist Editors, *Dicey, Morris and Collins on the Conflict of Laws* (14th ed., 2006), Sweet & Maxwell, pp. 41—52.
② See Christopher Forsyth, "Characterization Revisited: An Essay in the Theory and Practice of the English Conflict Laws", 114 *L. Q. R.* 152 (1998).
③ See J. G. Collier, *Conflict of Laws* (3rd ed., 2001), Cambridge University Press, p. 17.

科学和分析法学所追求的法律科学在精神实质上是一致的。① 尽管萨维尼的国际私法体系总体成就辉煌,但他关于法律关系的分类的"法律科学"并没有取得成功,各国根深蒂固的概念差别使萨维尼的普遍主义出现了裂痕,巴坦和库恩正是发现了萨维尼体系的这一裂痕才提出识别或识别冲突问题。

"国际私法应当创设自己的概念体系"②,这是拉贝尔论点的中心所在。"比较法与分析法学说"从某种意义上是在"重建"萨维尼关于法律关系分类的"法律科学",建构一种国际私法的概念体系,根据比较法与分析法学的方法形成各种分类,构成一种独立于法院地法并具有普遍适用意义的对各种不同立法的综合。③ 分析法学和比较法的发展,在揭示各国法律制度和法律规则的差异,在促进彼此之间的理解,甚至在促进局部法律的融合与统一方面,确实日渐重要。如果存在国际私法的独立的识别体系,各国共享同样的分类和定性方法,"法院地法说"与"准据法说"的困境也就迎刃而解了。

但是,一个独立的国际私法识别的概念体系,至今仍然只是一个理想的诱人的体系。④ 在国际层面,"具有普遍适用意义的一般原则"很少存在,即使存在,解释也充满武断和主观。主流的比较法方法是功能主义比较法方法,比较各国法律规则或同或异的社会功能与法律功能,或者在比较的基础上构建最能实现某项社会功能或法律功能的法律规则,这是一种规则取向的比较法方法,而非注重于分类或体系比较的方法。⑤ 比较法方法有助于规则实质内容的发展,却无助于协调各国对特定规则的分类方法的冲突。对于构建各国统一的识别的概念体系,比较法和分析法学方法的意义其实是非常有限的。

即使利用比较法和分析法学方法能够构建统一的识别体系,这在司法实践中也很难运用。对于国际私法的立法者和法官来说,他们不仅需要熟练掌握本国法律的概念体系,同时也需要熟练掌握独立的国际私法的概念体系,这从法学教育的角度来说,几乎是不可能完成的任务。如由法官利用比较法方法或分析法学的相关结论,在个案中独自去发展和探寻超越国内法之上的

---

① 参见萨维尼对抽象方法与体系化方法的论述:萨维尼:《〈当代罗马法体系〉第一卷前言》,载《论统一民法对于德意志的必要性——蒂堡与萨维尼论战文选》,朱虎译,中国法制出版社2009年版,第128—164页。
② 〔德〕拉贝尔:《识别问题》,薛童译,载《比较法研究》2014年第4期,第178页。
③ 〔法〕亨利·巴蒂福尔、保罗·拉加德:《国际私法总论》,陈洪武等译,中国对外翻译出版公司1989年版,第411页。
④ 我国有学者提出冲突法中存在独立的实体法体系,并应据此建构自体识别理论,这不仅误解了冲突法与实体法的关系,目前也是一种不切实际的幻想,参见李旺:《冲突法上的实体法导论》,载《法商研究》2003年第2期,第102—108页。
⑤ 关于规则取向的功能主义的比较法方法,参见 Zweigert & Hein Kötz, *Introduction to Comparative Law* (3rd ed., 1998), Clarendon Press, pp.33—47。

独立自治的识别体系,这更是不可能完成的司法任务。其实,当比较法和分析法学能够消弭各国识别体系的冲突、建构统一的识别体系时,各国实体规则的完全统一已经不远了,国际私法几乎就失去了存在的意义。

(二)"新法院地法说"

"比较法与分析法学说"从理想的角度而"新法院地法说"则从现实的角度致力于超越"法院地法说"和"准据法说"的矛盾和困境。"新法院地法说"的方向是从"法院地法说"这一端出发,向"准据法说"那一端迈近,代表人物主要有三位学者:卡恩—弗罗恩德(O. Kahn-Freund)、福尔肯布里奇(Falconbridge)和巴蒂福尔(Batiffol),三人学说共享"新法院地法说"的基本特征时,彼此又有微妙的分歧。

福尔肯布里奇主张,识别应从可能适用的准据法规则出发,依据该规则所属的法律体系对其定性并探求该规则所支配的"具体法律问题",然后再考察该规则及其所支配的具体法律问题能否嵌入法院地冲突规则所规定的"抽象法律概念"之中,嵌入与否须依据法院地法,但应从普遍的、世界性的视角来解释法院地冲突规则,外国法规则不应狭隘地依据法院地法的同类规则的识别方法进行识别。[①] 福尔肯布里奇倡导从普遍主义的视角重新审视"范围"中的法律概念,而不应狭隘地从内国法出发来解释。

卡恩—弗罗恩德称其识别方法为"开明法院地法说"(enlightened lex fori);建构全面的分析法学的识别概念体系虽是一种乌托邦,但并不妨碍局部地、个别地去建构一些普遍适用的冲突规则的概念,它们相对于内国法中的概念是"开明的"。[②] 他注重区分内国法的概念和冲突规则的概念,倡导立法者和法官在本国国际私法体系中适当放弃一些内国法的分类方法,例如英国放弃了财产法中属人动产和属物动产的区分方法,而采用了其他国家更为普遍的动产和不动产的分类方法。他进而认为,只要各国渐进地在立法与司法实践中去扩大共同的法律概念的数量,识别冲突的规模就会日渐缩小。[③]

福尔肯布里奇和卡恩—弗罗恩德都表达了对内国法概念体系的识别功能的不信任,所以都主张超越内国法的概念体系,相反,巴蒂福尔对内国法概念体系的识别功能投以了最大信任。巴蒂福尔主张在识别过程中认真考虑外国法的性质的同时,认为识别不应该依据外国法的分类方法,而是要将外

[①] See Falconbridge, "Conflicts Rule and Characterization of Question", 30 *Can. Bar Rev.* 113—118 (1952).

[②] See O. Kahn-Freund, *General Problems of Private International Law* (1980), Sijthoff and Noordhoff, pp. 227—228.

[③] Ibid., pp. 227—231.

国的"法律衣料"放进本国体系的抽屉中。协调识别冲突的方法是将外国法规则准确"翻译"为本国的概念,尽管他认识到翻译免不了歪曲外国法的危险。① 他认为任何一个充分发展的实在法体系从根本上说属于普遍性问题的一种特定解决办法,没有一个外国法制度能够超出内国法的范畴。②

不管三位学者分歧如何,可被纳入同一个学说即"新法院地法说"之中,共同揭示了"新法院地法说"的如下基本特征:

第一,三位学者充分注意到在识别过程中应从外国法规则入手,而不能将识别对象界定为事实,机械地适用法院地法,也就是说,他们都反对机械地适用内国法的概念体系进行识别。

第二、无论是福尔肯布里奇所主张的"普遍地、世界性的"解释方法,还是卡恩—弗罗恩德所建构的"开明的"概念,还是巴蒂福尔的"翻译",它们都需建立在对外国法规则的功能、性质和法律政策的深入研究的基础之上。相对于巴蒂福尔来说,福尔肯布里奇和卡恩—弗罗恩德向沃尔夫与"准据法说"的距离更近。这种对可能适用的法律规则的功能、性质和法律政策的分析,多少有些类似于美国冲突法革命中涌现的单边主义的法律适用方法,也与当代国际私法的实体取向的特征相吻合。③

第三,尽管他们主张从外国法规则出发,但是,都认为国际私法识别最终应回到法院地法的框架中,因而他们的学说被概括为"新法院地法说"而非"新准据法说"。福尔肯布里奇之"新",体现在对冲突规则的概念的灵活解释方面;卡恩—弗罗恩德之"新",是区分内国法概念体系和冲突法的概念体系,在冲突法体系中引入不同于内国法的概念;巴蒂福尔之"新",则体现在一个追求准确"翻译"的过程。对于前两位学者而言,为便利识别,最终需改造法院地法体系,而对巴蒂福尔来说,识别不必改造法院地法体系,因而相对保守,更接近"法院地法说"。

第四、相对于"法院地法说"和"准据法说",三位学者倡导的识别方法更加灵活,更有弹性,是关于识别的指导性方法,而非具体机械的规则。他们虽然放弃了"比较法说"的建构一个全面而全新的识别体系的努力,放弃了体系比较的方法,但是他们骨子里都以功能主义的规则比较方法为基础,努力探讨外国法规则与相关法院地法规则的功能差异,注重微观的规则比较而不注重宏观的体系比较。相对来说,卡恩—弗罗恩德主张渐进地走向"比较法

---

① 〔法〕亨利·巴蒂福尔、保罗·拉加德:《国际私法总论》,陈洪武等译,中国对外翻译出版公司1989年版,第404—405页。
② 同上书,第412页。
③ 关于单边主义方法和国际私法的实体取向,参见宋晓:《当代国际私法的实体取向》,武汉大学出版社2004年版,第14—29、133—148页。

说",与"比较法说"距离最近。

因此,"新法院地法说"只是一种灵活的识别方法,以功能主义的规则比较方法为技术核心,摇摆于"法院地法说"和"准据法说"这两种学说所构成的谱系中,不同的学者摆动停留于不同的地方。尽管从理论上研究钟摆究竟应停留在哪个准确的位置,能够无限地深化对识别问题的认识,但应注意,实践中不同个案的钟摆可能需要停留在不同的地方。无论如何,"新法院地法说"准确反映了国际私法识别过程的实质——外国法规则与冲突规则的对向交流关系,游动于两对立的识别结论之间,有望成为识别理论的主流。

五、识别制度的重负:原初目的之外

识别的目的是为了准确适用冲突规则,上述讨论的诸种识别方法都是为此目的服务的。但是,英美理论界的一些权威学者,却指出识别不能仅服务于此狭隘的目的,而同时应服务于其它甚至更重要的目的。其中,最引人注目的是"完善冲突法体系"和"结果选择"两种观点,对此需要予以清醒的批判的认识。

戴赛修订者认为:识别本质上是精确界定冲突规则以完善冲突规则的过程,如果认为"范围"中的法律概念具有客观独立的意义,那就犯了概念主义的错误,识别过程就是法院重审冲突规则的正当性的过程,是考察实体规则的目的,以判断冲突规则是否涵盖它的过程,在某些情形下,如果法院认为相近的冲突规则均不能涵盖特定的实体规则,就应为其创制新的冲突规则。[1]他们借用曼恩斯(Mance)法官的话说:"识别的总的目的是寻找适用于特定问题的最适当的法律,冲突法最初承认的分类是人为不自然的,这些分类除了帮助寻找最适当的法律之外别无自身价值。机械地适用分类而不考虑其适用结果,这与分类的目的背道而驰。我们需要对分类重新阐释、修正或承认新的分类。"[2]

他们举了例子:英国法规定,立遗嘱人的嗣后婚姻可以撤销结婚之前的遗嘱,除非立遗嘱时已经表明遗嘱不受嗣后婚姻的影响,法国法规则与此不同。那么英国法应适用于哪些立遗嘱人呢?那就要问哪些立遗嘱人在结婚时有意使其遗嘱不受自动撤销遗嘱的法律的约束,答案必然是那些结婚时想到他们的事务将要适用英国法的那些人。这就意味着不管对于动产还是不

---

[1] See Lawrence Collins with Specialist Editors, *Dicey, Morris and Collins on the Conflict of Laws* (14th ed., 2006), Sweet & Maxwell, pp. 48—49.
[2] Ibid., p. 39.

动产,该问题应适用结婚时的住所地法。但是,英国的继承规则只规定动产适用住所地法(不动产继承适用不动产所在地法),而传统的夫妻财产制问题适用结婚时丈夫的住所地法(对处理妻子的遗嘱问题不合理),因此,该规则或该问题无论识别为继承问题还是夫妻财产制问题均不合理,最好的方法是将此作为独立的分类,为此制定独立的冲突规则。①

法官在解释法律时,为适应时代的变迁,必要时将会发挥司法能动,重新阐释或修正原有的法律概念,但是司法能动是有限制的,只能适用于法律概念的模糊的空间,而不能变更概念的中心含义,中心含义只能通过立法而不能通过法律解释加以改变。② 戴赛修订者的识别方法过分逾越了法律解释的限度,实际上是将冲突法体系视为寻找最合适的法律素材而已,而不是将它们视为权威之渊源。这种识别方法对判例法国家来说都走得太远了,遑论对成文法国家。识别的本质只能是解释冲突规则的过程,而不能成为完善或创新冲突规则的过程。

从上述释例来看,他们的出发点是探寻特定的规则应该支配哪些人,这其实是一种典型的单边主义分析方法,而非多边主义的分析方法。他们利用单边主义的分析方法寻找到了最合适的法律,然后再进行识别,识别结果的合理与否取决于能否寻找到恰当的冲突规则以指向单边主义方法已经锁定的法律。从中可以看出,此时不仅是识别,甚至是识别赖以存身的多边主义的冲突法体系,已成为单边主义的附庸,几乎成了一种装饰。识别问题是多边主义的产物,戴赛修订者的识别方法却放逐了识别问题赖以存身的多边主义体系,这是一个巨大的不可调和的矛盾。

美国法院受"冲突法革命"的影响,对多边主义冲突法体系一直持有深刻的怀疑,认为传统方法只注重冲突正义而忽视了实质正义。当美国法院在适用多边主义的冲突法体系时,经常利用识别制度来追求实质正义。在许多案件中,当最初的识别结果导致的准据法带来了不公正的后果,就重新将案件识别为其它类新的案件,适用另冲突规则以得到法院想要的结果。③ 这无疑是一种结果定向的方法,是诸多逃避方法(escape devise)中的一种。④ 通过操纵识别制度以追求公正的案件结果,这对于某些个案来说是公正的,但

---

① See Lawrence Collins with Specialist Editors, *Dicey, Morris and Collins on the Conflict of Laws* (14th ed., 2006), Sweet & Maxwell, pp. 49—50.
② 参见〔英〕H. L. A. 哈特:《法律的概念》,许家馨、李冠宜译,法律出版社 2006 年版,第 119—131 页。
③ 关于美国法院将识别作为逃避方法的实践,参见 Peter Hay, R. J. Weintraub and P. J. Borchers, *Conflict of Laws: Cases and Materials* (13th ed., 2009), Foundation Press, pp. 507—515.
④ 识别、反致、分割和公共秩序保留等方法均可以成为逃避方法。

付出了惨重的制度代价,不仅牺牲了司法应有的诚实品质,也使复杂的识别问题变得更加扑朔迷离。①

无论是戴赛修订者所倡导的通过识别以完善冲突法体系的理论,还是美国法院利用识别以追求个案公正的逃避方法,主观上都想要进一步完善多边主义的冲突法体系,或者缓和多边主义体系的僵固性。诚然,20世纪的国际私法发展历史表明,传统多边主义体系确实弊端丛生,但是,多边主义体系的完善,只能综合地通过立法方式加以修正,而不能通过扭曲识别制度来达到临时的目的。识别只是对冲突规则的解释过程,追求其他的功能和目的最终将扭曲识别制度,是识别制度的无法承受之重。

六、结论:理论应进取,立法当无为

以《涉外民事关系法律适用法》为代表的我国国际私法立法,仍是坚持以多边主义方法为主体,识别问题无从回避。识别问题只和涉外民商事案件的法律适用有关,而和涉外民商事案件的管辖权问题无关。识别问题是一切冲突规则适用过程中的普遍性的问题,其最复杂与艰深处是识别外国法规则与解决识别冲突问题,尽管在大多数国际私法案件中并不存在识别冲突。

国际私法的识别尤其是识别冲突几乎成了令人望而生畏的理论难题,但是,只要抓住识别的对象是实体法律规则(包括外国法规则),即当事人据以陈述或裁剪事实并据以提出权利主张的法律规则,只要深刻认识到识别过程本质上是法律规则(包括外国法规则)和法院地国的冲突规则的对向交流关系,就能较容易地理解各种识别理论或方法的展开逻辑及其力量与弱点。

"法院地法说"执着于对向交流关系中的冲突规则的一端,而"准据法说"执着于实体法律规则(主要是外国法规则)的另一端,各自反映了真理的一面而忽略了另一面。"比较法与分析法学说",以及新法院地法说,努力涵摄对向交流关系中的两端,试图超越"法院地法说"和"准据法说"。相比之下,"比较法与分析法学说"过于浪漫理想,"新法院地法说"最能反映识别问题的本质,最为深切著明。依据"新法院地法说",无论是有识别冲突的识别问题,还是无识别冲突的识别问题,识别对象均表现为法律规则,且最终都在法院地法的法律关系的分类体系中寻获答案,因而两者并无实质之区别,无非在识别冲突情形下,法官需要主动考察外国法的识别体系。

解决识别问题必须游动在冲突规则和实体法律规则(包括外国法规则)

---

① See Friedrich K. Juenger, *Choice of Law and Multistate Justice* (1993), Martinus Nijhoff Publishers, pp. 73—74.

之间,对于不同的案件,钟摆最后应当停在两端之间的哪个位置,这依然是一个灵活的难以确定的问题。因此,识别问题天然不应通过立法方法来解决,只应强化理论、原则和方法对法官的指导。① 理论应进取,立法当无为,这一结论其实早就在警示我国国际私法的立法者了,可惜《涉外民事关系法律适用法》第 8 条还是机械地规定了识别适用法院地法。但愿通过司法实践和司法解释,第 8 条能够发展成"新法院地法说"的法律渊源。

---

① 当然,我们不去制定关于识别的一般性规则,但这并不妨碍我们必要时在冲突法立法体系中引入一些"开明的"概念,以别于内国法的概念,例如我国《涉外民事关系法律适用法》第 17 条关于信托法律适用的"信托"概念,应不囿于我国内国法体系中的"商业信托",而应同时包含内国法体系之外的"人身信托";另外,第 29 条关于扶养法律适用的扶养这一概念,不仅包括内国法体系中夫妻之间的扶养,还应包括父母子女之间以及其他有扶养关系人之间的扶养。对于我国国际私法中扶养概念较之内国法中扶养概念的扩展,我国早前的司法解释早就规定了,参见 1988 年《民法通则司法解释》第 189 条规定:"父母子女相互之间的扶养、夫妻相互之间的扶养以及其他有扶养关系的人之间的扶养,应当适用与被扶养人有最密切联系国家的法律。扶养人和被扶养人的国籍、住所以及供养被扶养人的财产所在地,均可视为与被扶养人有最密切的关系。"

第三章 最高法院对外国法适用的上诉审查*

一、序　　言

　　最高法院在一国司法体系中有着特殊地位,既是私权救济的终审裁判机关,又肩负透过个案裁判以澄清、解释、统一和发展一国法律的公共使命。最高法院服务于私权救济的私人目的,与服务于法律发展的公共目的,两者共生一体却又处于彼此拉锯的紧张关系之中。当最高法院审理涉外民商事案件时,尤其是当最高法院对外国法的适用展开上诉审查时,上述两种职能所形成的拉锯关系,较之最高法院审理内国案件和审查内国法律适用,程度更为激烈。而且,最高法院作为终审司法机关,象征一国司法主权,当面对外国法问题时,国际私法体系中潜存的一对永恒的矛盾,即国家主权与外国法适用之间的矛盾,便在此时更加容易浮现出来。

　　最高法院直面外国法,通常是其作为上诉裁判机关而非一审裁判机关,对下级法院适用外国法的过程和结果进行上诉审查(包括我国的再审审查)。其中存在着两种可能。第一种可能是,当事人认为下级法院错误地适用了本国冲突规则,从而适用了本不应适用的外国法,或没有适用应当适用的外国法,因而上诉至最高法院请求纠正下级法院的错误。例如,在我国最高人民法院再审审理的"美国总统轮船公司无单放货纠纷案"中,广东省高级人民法院依据我国侵权冲突规则适用了中国法律,再审申请人认为,广东省高级人民法院适用我国侵权冲突规则是错误的,而应适用我国合同冲突规则,并应据此适用美国 1936 年《海上货物运输法》和海牙规则。最高人民法院最终采纳了再审申请人的意见,适用了我国合同冲突规则所指引的外国法,即美国 1936 年《海上货物运输法》。①

　　第二种可能是,当事人认为下级法院对本国冲突规则所指引的外国准据法进行了错误的解释,从而扭曲了当事人双方的权利义务,因而上诉至最高

---

* 本章系在《最高法院对外国法适用的上诉审查》(《法律科学》2013 年第 3 期)一文基础上修改而成。

① "美国总统轮船公司与菲达电器厂、菲利公司、长城公司无单放货纠纷再审案",载《最高人民法院公报》2002 年第 5 期,第 175—178 页。

法院请求对外国法作出正确的解释和适用。例如,我国最高人民法院再审审理的"富春航业股份有限公司无单放货纠纷再审案",涉及被法院扣押船舶的所有权问题,当事人对适用我国《海商法》第 270 条这一冲突规则并无异议,据此适用船旗国法即巴拿马法律,但一方当事人认为大连海事法院和辽宁省高级人民法院错误地解释了巴拿马法律,而如果依据巴拿马法律的正确解释,船舶所有权已经转移,法院扣押不当。最高人民法院在再审判决书中简单回应了对巴拿马法律错误解释的质疑,最后仍维持下级法院对巴拿马法律的解释和适用的结论。①

上述两种情形偶尔虽有可能彼此转化,但分类大体清晰。第一种情形并不涉及外国法的内容和解释,归根结底只关乎本国冲突规则的错误适用问题,这与其它国内法的错误适用问题并无本质区别,最高法院在上诉审或再审中一般均会予以审查,因此并不需要我们将此作为特殊问题予以讨论。但第二种外国法错误适用的情形引发了许多特殊而复杂的问题,各国最高法院对其态度莫衷一是,所采取的不同模式构成一条动态和连续的光谱,在光谱一端是对外国法的错误适用拒绝进行上诉审查;在光谱另一端是对外国法的错误适用进行全面的上诉审查,几乎等同于对国内法的错误适用的审查程度和范围;介于其中的是对外国法的错误适用进行有限的上诉审查。面对完全一致的问题,各国最高法院的实践分歧为何如此之大?各自的正当性何在?能否从中发现一种最为合理的方法?第二种情形引发的问题正是本文所要穷究的。

以"富春航业股份有限公司无单放货纠纷再审案"为例,我国最高人民法院的实践所采取的模式位于光谱的一端,即不区分外国法的错误适用问题和国内法的错误适用问题,一概采取全面上诉审查模式。然而,我国立法对此从未明确涉及,而最高人民法院如此行事时并没有作出应有的阐释和论证。最高人民法院对外国法适用进行的上诉审查,与其说是出于一种深思熟虑的"自觉行为",还不如说是发乎一种类似本能的"自发行为"。最高人民法院该如何对外国法的错误适用进行上诉审查,这不仅是关乎外国法适用的根本目的的问题,也是触及最高人民法院的基本职能和使命的问题,两者相互交叉,决定了这一问题在国际私法和司法制度中的重要意义。我国学界对此几乎从未作深入探讨,偶一触及便一笔带过,与国外学者动辄大篇幅的论述相比,

---

① "富春航业股份有限公司、胜惟航业股份有限公司与鞍钢集团国际经济贸易公司海上运输无单放货纠纷再审案",最高人民法院民事判决书(2000)交提字第 6 号,载《最高人民法院公报》2002 年第 1 期,第 35—37 页。

我国学界的研究程度更显不足。① 本书主旨是希望一边唤醒最高人民法院的自觉意识,一边促进我国学界加大对此问题的理论投入。

二、三种审查模式

最高法院对于外国法适用的上诉审查,可以概括出三种基本模式,分别是拒绝审查模式、有限审查模式和全面审查模式。每种基本模式,并非是简单的逻辑构造,也不是先有先验的或理论上的各种不同模式,然后才有相应的实践;而是先有各种充分发展的实践,然后才有从中总结出的不同模式。因此,各种不同的审查模式是与代表国家的实践模型相对应的,大致来说,拒绝审查模式对应于法国、德国实践;有限审查模式对应于英国实践;而全面审查模式则对应于美国实践。中国现行实践模式较接近于美国。我们先对三种模式做一番比较法的考察,描绘各种模式的具体运行,然后在此基础上深入挖掘各种模式背后的制度根源和现实成因。

(一) 拒绝审查模式

法国和德国是大陆法系最主要的两个代表国家,其最高法院,即法国最高法院和德国联邦最高法院,在上诉案件中对外国法错误适用的态度基本一致,那就是它们均认为自己无权管辖下级法院对于外国法的错误适用问题,从而拒绝审查。两者所不同的是,法国的拒绝审查模式是从法国最高法院的判例中发展形成的,而德国的拒绝审查模式则源于德国制定法,德国联邦最高法院在解释德国制定法过程中也一再确认了对外国法适用的拒绝审查模式。

法国最高法院是法国大革命时代的产物,建院之初也曾有意愿审查下级法院关于外国法的错误解释问题。例如,法国最高法院于 1813 年撤销了下级法院的一个判决,只因其错误地解释了意大利法律,而且在 1879 年还曾主动解释过比利时法律。但是,自从 1880 年之后,法国最高法院再也没有审查

---

① 我国学界主要在教材中简单提及这一问题,例如,参见韩德培主编:《国际私法》(第 3 版),高等教育出版社、北京大学出版社 2014 年版,第 156 页。外国学界有代表性的论著,例如,参见〔法〕亨利·巴蒂福尔、保罗·拉加德:《国际私法总论》,陈洪武等译,中国对外翻译出版公司 1989 年版,第 466—477 页;Sofie Ceeroms, *Foreign Law in Civil Litigation: A Comparative and Functional Analysis* (2004), Oxford, Chapter 4—6; T. C. Hartley, "Pleading and Proof of Foreign Law: The Major European Systems Compared", 45 *I. C. L. Q.* 271 (1996)。

过外国法的错误适用问题,新近判例一再确认了自那时以后形成的传统立场。① 例如,在1999年法国最高法院审理的"摩洛(Moureau)案"中,比利时法的解释问题成为案件争点,上诉人诉称巴黎上诉法院没有参照比利时关于通知期限的相关判例,致使对比利时关于违约的成文法规定作出了错误的解释。法国最高法院驳回了当事人的请求,判定下级法院对于外国法的适用,无论其渊源为成文法抑或判例法,均不在最高法院上诉审查的范围之内。②

然而,法国最高法院采行的拒绝审查模式并没有堵塞当事人寻求间接审查的一切道路。第一种对外国法的适用作出间接审查的方法就是审查下级法院对案件的识别。③ 法国法院长期视外国法为事实,事实虽不能上诉到最高法院,但对事实的定性则为法律问题,法国最高法院可以展开上诉审查。当事人主张适用外国法时,对涉外案件的识别,与其说是对案件事实的识别,不如说是对形塑该案件事实的外国法的识别,因而识别既牵涉事实,又不可避免地牵涉外国法。④ 法国最高法院虽不能直接审查下级法院对外国法的解释是否正确合理,但如果认为下级法院的识别是错误的,那就意味着下级法院很有可能错误地适用了冲突规则,从而适用了不应该适用的外国法。一旦法官最高法院改正了整个案件的识别,那就意味着很有可能不再适用下级法院所认定的外国准据法。因此,当法国最高法院纠正下级法院的识别错误时,实际上也对下级法院的外国法解释和适用作出了间接审查。

第二种间接审查外国法适用的方法就是审查下级法院对外国法适用的推理或理由阐释。⑤ 大陆法系国家的法官,法国就是其典型代表,通常有义务阐释判决理由,上诉法院相应地也有义务审查下级法院的判决理由在形式和逻辑上是否充分合理。如果下级法院对外国法的解释与双方当事人不一致,或与外国法来源国法院对该外国法的主流解释方法不一致,而下级法院又没有充分阐述其中理由,或没有回答当事人的合理质疑,或没有保障当事人的程序抗辩权,则法国最高法院就有可能撤销下级法院的判决。法官最高司法法院无论通过上述哪种方法间接审查下级法院对外国法的适用,都在一定程度上弥补了法国最高法院因不能直接审查外国法的适用而有可能损害

---

① 参见〔法〕亨利·巴蒂福尔、保罗·拉加德:《国际私法总论》,陈洪武等译,中国对外翻译出版公司1989年版,第466—467页。
② See Sofie Geeroms, *Foreign Law in Civil Litigation: A Comparative and Functional Analysis* (2004), Oxford, p. 283.
③ 参见〔法〕亨利·巴蒂福尔、保罗·拉加德:《国际私法总论》,陈洪武等译,中国对外翻译出版公司1989年版,第470页。
④ 参见本书第二章:"识别的对象与识别理论的展开"。
⑤ 参见〔法〕亨利·巴蒂福尔、保罗·拉加德:《国际私法总论》,陈洪武等译,中国对外翻译出版公司1989年版,第472—473页。

个案正义的缺憾。

如同法国,德国联邦最高法院,包括其前身——帝国最高法院,对下级法院的外国法适用均无上诉管辖权,这是源于德国制定法的规定。① 学者认为,德国的拒绝审查模式也存在两项例外,其一是当德国国际私法指引适用外国法,如果德国法官直接适用该外国法,而不顾该外国的冲突规则反致向德国法,那么最高法院有可能作出改判,但这种情形本质上是德国国际私法规则的错误适用,而非外国法的错误适用;其二是下级法院虽然正确地按照德国国际私法适用了特定外国法,但在当事人向德国联邦最高法院上诉时,该外国法已经修改并规定具有溯及力,德国联邦最高法院则认为它有义务确保上诉判决符合修改后的外国准据法,从而会对下级法院的外国法适用作出改判,但此时德国最高法院并不认为下级法院发生了外国法的错误适用,自己也不是对其作出审查。②

依据德国法,德国法官对于外国法的查明,系采法官依职权查明模式,即法官有义务独立查明外国法③,因而德国联邦最高法院一方面不能审查下级法院的外国法适用,另一方面可以审查下级法院的法官是否尽到了法律所规定的外国法查明义务。然而。联邦最高法院严格区分外国法查明的程序问题和外国法错误适用的实质问题,小心翼翼地将上诉审查范围限于程序问题而不去触及实质问题,以此来贯彻对实质问题的拒绝审查模式。德国联邦最高法院和法国最高法院不同,对于下级法院的识别错误而导致的外国法错误适用,以及对于下级法院关于外国法适用的形式推理和理由阐释,一概认其为涉及外国法错误适用的实质问题而拒绝进行上诉审查。可见,德国的拒绝审查模式较之法国更为严厉和彻底。

(二) 有限审查模式

英国是施行有限审查模式的典型国家。英国普通法久已确立了一项规则,即外国法乃是事实问题,无需法官依职权主动适用,而是由当事人申请适用并加以证明,具体证明责任由依据该外国法提出主张或抗辩的一方当事人承担。④ 如果英国上诉制度严格区分事实审和法律审,则显然英国上诉法院和上议院(最高法院)就没有对外国法适用的上诉管辖权,然而英国并非如

---

① 参见德国《民事诉讼法》第 545 条和第 560 条。
② See Sofie Ceeroms, *Foreign Law in Civil Litigation: A Comparative and Functional Analysis* (2004), Oxford, pp. 339—340.
③ See De Boer, "Facultative Choice of Law: The Procedural Status of Choice-of-Law Rules and Foreign Law", 257 *Recueil des cours* 317—322 (1995).
④ See Richard Fentiman, *Foreign Law in English Courts* (1998), Oxford, pp. 3—6.

此,英国上诉法院和上议院(最高法院)均可审查事实问题,因而历来可以审查外国法的适用,而问题关键则在于审查的范围究竟有多广,是偏向于一种程序性质的审查还是偏向于一种纠正错误适用的实质审查?

大体而言,英国对外国法适用的上诉审查主要有两种方式。第一种审查方式是重估证据,审查下级法院对外国法的查明和解释结论是否遵循了证据和程序规则,而非审查下级法院是否依据外国法得出了正确的判决结论。在英国,外国法通常需由当事人聘请专家证人证明,仅提供外国法立法文本或仅援引外国判例或权威著作,不足以证明外国法。无专家证人之辅助,法院几乎无法评价和解释外国法。同时,初审法院无权逾越当事人及其专家证人提交的证据范围,法官在当事人提供的证据之外无权咨询其他途径,更无权对外国法展开独立研究。初审法官如贸然依据自己对外国法的知识来源而独立作出关于外国法内容的决定的,就有被上诉改判的风险。[1]

第二种审查方式是审查下级法院对外国法的解释。外国法主要系由专家证人证明,专家证人所提供的证据通常不仅包括对外国法内容的证明意见,也包括对外国法的解释意见,内容意见和解释意见常常是交融而不可区分的。如果双方专家证人的内容和解释意见并不矛盾,下级法院一般无权拒绝采信,除非这些意见是显然错误和荒谬的。当双方所提供的内容和解释意见相冲突时,法院只能自己得出关于外国法的解释结论。[2] 这些就是下级法院所应遵循的外国法解释方法。上诉审法官对初审的审查空间正逐步得到拓展,这主要表现为,只要上诉审法官形式上囿于当事人提供的证据范围,有权依据自己的观点对外国法进行解释。在 1998 年的"麦克米兰(Macmillan)案"中,上议院法官详细探讨了上诉审法官能否独立解释外国法的问题,区分了法官对外国法的熟悉领域和不熟悉领域,对于熟悉领域,诸如来自另一普通法国家的法律,判决认为法官可以运用自己的普通法知识和解释方法来解释外国法,而对于不熟悉的领域,判决认为法官只应限于衡量证据的证明力大小。[3]

由上可知,英国对外国法的上诉审查主要限于对外国法证明和解释的程序审查,特别是审查下级法院的法官在认定外国法内容和解释外国法时是否逾越了当事人所提供的证据范围,而不允许上诉审法官逾越当事人所提供的证据范围,依据自己的外国法知识和能力,直接纠正下级法院适用外国法的

---

[1] See Lawrence Collins (with Specialist Editors), *Dicey, Morris and Collins on the Conflict of Laws* (14th ed., 2006), Sweet & Maxwell, p. 260.
[2] Ibid., pp. 263—264.
[3] See Sofie Ceeroms, *Foreign Law in Civil Litigation: A Comparative and Functional Analysis* (2004), Oxford, p. 318.

实质错误。因此,英国对外国法的上诉审查构成了一种有限审查的典型模式。然而,我们也应注意到,在英国普通法中正在发展着一种趋势,那就是逐渐肯定上诉审法院可以在当事人所提供的证据范围内独立解释外国法,面对相同的证明外国法内容的证据,上诉审法官的解释结论因而也就可能异于初审法官,这已经在一定程度上构成了对下级法院的外国法适用的实质审查。英国似乎正在小心翼翼地迈出有限审查模式的范围。

(三) 全面审查模式

美国司法实践发展出了一种可称之为全面审查模式的上诉审查方法。1966年《联邦民事程序规则》第44条的制定可谓是美国转变外国法上诉审查模式的分水岭。在此之前,关于外国法的性质、查明方式以及上诉审查模式等,美国基本上沿袭了英国普通法方法。美国一如英国,上诉审亦可审查事实问题,在将外国法视为事实的传统之中,美国上诉法院从未怀疑过自身对外国法错误适用的上诉审查权。然而,对于外国法适用的上诉审查的范围,各州上诉法院的意见不一,有的严格依据事实说观点,仅对下级法院的外国法适用的程序性事项做有限审查,有的突破了有限审查的范围,迈向了全面审查。各州的分歧使外国法适用的上诉审查问题陷入了混乱和无序之中。①

1966年《联邦民事程序规则》第44.1条为统一外国法的上诉审查方式奠定了基础,该条规定:"当事人意欲提出关涉外国法的问题,应主动申请或采取其它合理的书面通知方式。法院为决定外国法问题,可以考虑任何相关材料,不论其是否为当事人所提供,也不囿于《联邦诉讼规则》所规定的可接受的证据范围。法院对外国法问题之决定,应被视为对法律问题的裁决。"这条规定大大突破了关于外国法的英国普通法,外国法的基本性质已由"事实"转变为"法律";英国法至今仍然将外国法的查明和解释问题很大程度上视为是一个关乎证据的程序问题,而美国法自此之后明确规定用以证明外国法的材料,已不限于当事人提供的证据范围,甚至不受证据法的严格约束。这一立场的转变已使美国不再能够固守英国的有限审查模式。

第44.1条最后一句,即"法院对外国法问题之决定,应被视为对法律问题的裁决",其中许多意味是针对上诉环节的。依据《联邦民事程序规则》第52条,只有当下级法院对事实的认定发生"明显错误"时,上诉法院才能对事实问题作出改判或发回重审,而如今外国法问题是法律问题而非事实问题,

---

① See Sofie Ceeroms, *Foreign Law in Civil Litigation: A Comparative and Functional Analysis* (2004), Oxford, pp. 324—325.

那么上诉法院的审查标准就不再是"明显错误"标准,而是采用与其它法律问题相同的审查标准,即由上诉法院作出独立的、全面的审查。① 依据第44.1条,美国初审法院法官认定外国法的内容和解释外国法,既可依据当事人及其专家证人提交的证据,也可依据自己主动收集的证据,那么上诉法院对于外国法问题的上诉审查,当然也是既可依据下级法院所送交的外国法的材料信息,也可以像初审法院那样,享有主动收集外国法信息材料的自由。在上诉审阶段,当事人甚至可以提交关于外国法内容的新证据。②

当上诉法院不囿于一审关于外国法的证据范围,并以独立、自由的姿态对外国法问题展开上诉审查时,其对外国法问题的审查已经非常接近于对一般法律问题的上诉审查,其对下级法院的外国法解释结论的更正,就如同对下级法院其它法律裁决结论的更正。美国的全面审查模式,较之英国的有限审查模式,更为自由和开放,更是法、德诸国的拒绝审查模式所无法比拟的。中国法官对外国法的内容的确定和解释,也不必囿于当事人提交的证据范围③,而中国各上诉审法院对外国法的上诉审查,亦和对一般法律问题的上诉审查无异,因而中国对外国法的上诉审查模式与美国的全面审查模式最为接近。

三、最高法院作为上诉裁判机构对外国法适用的审查

我们对三种基本的审查模式进行了初步的比较法考察之后,接下来就应深入探讨三种模式的各自的正当性和优劣之别。各个模式在其各自代表国家的长久的国家历史和广阔的制度背景中,也许都具有不容置疑的正当性,但是,只有在注意到不同历史和国情的前提条件下,抽取若干共同的标准,以之衡量不同法律制度的优劣,这样才有比较的价值,才能得出若干可以为我们中国这样的法治后发国家所能借鉴的结论。从一般意义上说,最高法院最主要具有两种功能,一为实现个案正义的上诉裁判功能,二为澄清、解释、统一和发展法律的功能,一般统称为发展法律的功能。这一部分和下一部分就

---

① See Arthur R. Miller, "Federal Rule 44.1 and the 'Fact' Approach to Determining Foreign Law: Death Knell for a Die-Hard Doctrine", 65 *Michi. L. R.* 690 (1967).
② Ibid.
③ 《中华人民共和国涉外民事关系法律适用法》第10条规定:"涉外民事关系适用的外国法律,由人民法院、仲裁机构或者行政机关查明。当事人选择适用外国法律的,应当提供该国法律。不能查明外国法律或者该国法律没有规定的,适用中华人民共和国法律。"该条规定主要确立了外国法的法官查明模式,即使在当事人选择适用外国法的情形中,当事人只是"提供该国法律",而内容的最后确定仍依赖法官,这就表明法官不囿于当事人提交的证据范围。

分别以这两种功能为出发点,来比较最高法院的三种审查模式各自的正当性和优劣程度。我们必须综合两个角度的分析,才能最后获得最高法院对外国法错误适用的上诉审查问题的基本结论。

最高法院的上诉裁判功能,和一般上诉法院的上诉裁判功能,本质上并无二致。当一方当事人认为下级法院的裁判不当,致使其利益受损,于是向上诉法院提出上诉,寻求撤销或变更下级法院的裁判,此时上诉法院为发挥上诉裁判功能,需兼顾两种法律目标:其一是给予败诉方充分的救济机会,实现个案公正;其二是注重司法效率,快速解决社会纠纷,同时防止败诉方滥用上诉权利而损害对方权益。为同时实现上述两种法律目标,不论何种上诉制度,都对上诉中的法律问题和事实问题作出不同程度的区分。一般来说,上诉法院更愿意通过法律的正确适用为维护维护当事人的利益,因而更愿意全面审查法律问题,但对事实问题的上诉审查则作出不同程度的限制,最严厉地是完全将事实问题排除于上诉范围之外,次则禁止在上诉阶段提交事实问题的新证据。据此,外国法是事实问题还是法律问题,将直接影响到外国法在多大程度上应该进入上诉审查的范围,然而恰恰在外国法的定性问题上,存在事实说和法律说的尖锐对立。

外国法究竟是事实,还是法律,不同的国家对此有不同的定性。同样属于普通法系的代表国家,英国传统至今认为外国法是事实,而美国在20世纪中叶以后渐渐抛弃英国立场,开始承认外国法的法律属性;同样属于大陆法系的代表国家,德国认为外国法一般是法律,而法国却认为外国法一般是事实。因此,外国法属性认识的对立,并非缘于法系文化的对立,我们并不能像在许多场合那样,可以基于法系文化的分野来阐述两种制度的对立。那么,各国究竟基于何种理由对外国法作出性质的认定,是基于规范分析的逻辑推导,还是基于司法实践的便利?我们能否采取外在客观视角,对法律说与事实说两种相反的认识进行择优判断,或在更高层次上寻求统一?

德国国际私法秉承了萨维尼的理论和风格,从多边主义出发,探求各类法律关系应该适用的法律。多边主义假定内外法律体系平等,法官可以同等地适用外国法和内国法。① 从这个逻辑前提出发,既然内国法是法律,外国法也应是法律。在很大程度上,德国国际私法贯彻了这一逻辑,其中最显著的表现是,德国国际私法规则应由法官依职权适用,外国法和国内法一样属于法官司法认知的范畴,因而外国法原则上应由法官依职权查明而非由当事人查明。据此逻辑,外国法的错误适用按理可以一直上诉到联邦最高法院,

---

① 关于萨维尼国际私法理论和多边主义的分析,参见宋晓:《当代国际私法的实体取向》,武汉大学出版社2004年版,第30—51页。

但是情形恰恰相反。德国对此区分两种上诉,即中间上诉和联邦最高法院上诉,外国法的错误适用只能上诉到中间上诉环节,而不能上诉到联邦最高法院环节。① 如前所述,联邦最高法院对外国法的错误适用采取拒绝审查模式。因此,在德国,外国法是法律的逻辑,在上诉问题上发生了根本的断裂。

法国最高法院是法国大革命时代对法官不信任的产物。为防止法官恣意解释法律和侵蚀立法权,立法机关创设了撤销法院,其功能在于撤销普通法院对法律的错误解释,维护立法权威,但它本身是非司法的性质,不能直接解释法律和更正判决,而只能将案件发回重审。但是,经过发展,撤销法院渐渐发展为普通最高法院,不仅能撤销下级法院的错误适用法律的判决,而且还能直接对法律作出正确的解释。② 因而法国最高法院一直致力于法律的正确适用,只进行法律审而不进行事实审。法国最高法院认为外国法是事实问题,而非法律问题,因而拒绝审查外国法的错误适用问题,外国法的错误适用只能上诉到上诉法院,而不能上诉到最高法院,但法国最高法院似乎不曾为自己的立场作出全面说明。但在与外国法相关的其他领域,法国最高法院的立场却摇摆不定,经常区分当事人可自由处分领域和不可自由处分领域,前者依据事实说逻辑,主张由当事人申请适用并查明外国法,后者依据法律说逻辑,主张法院依职权适用外国法并主动查明外国法,外国法开始被更多地认为具有法律性质。③

英国将外国法视为事实,该规则早在 17 世纪前后就已确立。当时英国孤悬海外,普通法方法爱从经验出发,自然而然将外国法排除在法官司法认知范畴之外,而将其归类于事实范畴。但是,外国法性质上虽是事实,却是"特殊类型事实",内容由法官而非陪审团决定④,上诉法院对外国法审查的权力,要大于对普通事实审查的权力。美国法奠基于普通法,最初深受事实说的影响,但美国冲突法的首要任务是解决州际法律冲突而非国际法律冲突,而各州法律之间极有亲缘,并不像早期英国法和外国法那样彼此隔离,"事实说"在美国因而难以维系。1966 年《联邦民事程序规则》第 44.1 条终结了普通法"事实说"的传统,开始趋近"法律说"。在此基础上,第 44.1 条授权上诉法院扩大了对外国法的上诉审查权。

---

① See T. C. Hartley, "Pleading and Proof of Foreign Law: The Major European Systems Compared", 45 *I. C. L. Q.* 276 (1996).
② 对法国最高法院历史的简述,参见〔美〕约翰·亨利·梅里曼:《大陆法系》,顾培东、禄正平译,法律出版社 2007 年版,第 39—40 页。
③ See Sofie Ceeroms, *Foreign Law in Civil Litigation: A Comparative and Functional Analysis* (2004), Oxford, pp. 369—370.
④ See Lawrence Collins (with Specialist Editors), *Dicey, Morris and Collins on the Conflict of Laws* (14th ed., 2006), Sweet & Maxwell, p. 259.

综上所述,德国法主要从理论逻辑出发来认定外国法的性质,而英国和美国则主要从经验和实际需要来认定外国法的性质,法国似乎介于其间。可见外国法本无公认的、统一的抽象性质,我们不能简单地去寻求外国法的统一性质,然后据此逻辑前提再去推导上诉法院或最高法院对外国法的上诉审查权。在面对外国法的系列问题上,事实说与法律说在很大程度上是拟制的,它们充其量只能为各种外国法查明模式提供部分合理性证明,但它们所能证明的内容却远远少于所不能证明的内容。① 各国最高法院对外国法的上诉审查模式的抉择,虽然或多或少受到事实说或法律说的影响,但归根结底并不是从事实说或法律说的逻辑前提出发的,因而我们无法一劳永逸地从外国法统一的抽象性质出发来探讨上诉法院对外国法的上诉审查权。既不能说外国法是事实,就限制乃至拒绝对外国法的上诉审查权;反之,也不能简单说外国法是法律,就极力扩大对外国法的上诉审查权。我们需要另辟蹊径从上诉裁判的现实功能和一国的上诉结构来寻求答案。

当下级法院错误地解释和适用了外国法,当事人的私人利益为此受损,于是向上诉法院寻求救济,以期撤销或更正下级法院的裁判,如果上诉法院拒绝审查外国法的错误适用,无异于剥夺了当事人寻求上诉救济的机会,个案公正就难以实现。因此,从当事人角度而言,无论是哪一级上诉法院,只要下级法院错误地解释和适用了外国法,就应给予败诉方上诉救济的机会,以最终实现个案公正。当一国最高法院承担上诉裁判功能时,为实现个案公正,就没有理由拒绝审查下级法院对外国法的错误适用问题。然而,各国对最高法院在上诉结构中的定位不尽相同。例如,法国最高法院严格说来并非普通的上诉法院,而是维护法律统一适用的撤销法院,其所需要维护的统一适用的法律只是法国法,不包括外国法,于是外国法的错误适用问题自然被排除在法国最高法院审查范围之外。与此相反,德国联邦最高法院并非是撤销法院,而是承担上诉裁判功能的终审法院,仅从当事人的上诉救济角度出发,德国联邦最高法院拒绝审查外国法的错误适用是不合理的。

上诉审查的目的是为了撤销和更正下级法院的错误决定,如果下级法院对某一事项的决定范围越广,上诉法院对下级法院在此事项上的审查范围就应相应地越广;反之,如果下级法院对某一事项的决定范围越窄,上诉法院对此事项的审查范围相应地就应越窄。这是因为,下级法院的决定权越大,其发生错误的概率就越高,滥用职权的可能性就越大,上级法院因而需要相应

---

① 宋晓:《外国法:"事实"与"法律"之辩》,载《环球法律评论》2010年第1期,第21页。

地强化监督力度。① 就民事上诉程序中的事实和法律的区分而言,因事实问题主要取决于当事人自己,法官只有限地享有适用证据规则的权利,因而上诉法院对证据问题的审查范围和审查权力相应地就极为有限;反之,法官对法律适用几乎享有无限的权力,因而上诉法院对法律适用的审查范围和权力相应地就几乎不受限制。外国法的上诉审查虽不能简单套用事实和法律的区分模式,但就上下级法院决定权的大小问题仍可作类似分析。

如果一国的外国法查明系采当事人查明模式,如同英国普通法,法官虽对外国法内容具有最终决定权,但外国法内容主要由双方当事人所提交的证据决定的,法官的最终决定权毕竟有限。相应地,上诉法院对外国法的上诉审查权也应限制在有限的范围内,中间上诉法院是如此,最高法院也是如此,这样就形成了对外国法适用的有限审查模式。如果下级法院在当事人提交的证据之外,对外国法内容的决定权有增大的趋势,那么上诉法院包括最高法院对外国法的上诉审查也就应随之增大。当此增大的程度达到很大的比例时,有限审查模式就应相应地转化为全面审查模式。例如,美国《联邦程序规则》第44.1条全面扩大了初审法院的法官对外国法的决定权,法官在决定外国法的内容时,可以自行研究,可以查阅当事人提交证据之外的信息。为与法官急剧增加的职权相适应,美国上诉法院和最高法院均可对下级法院的外国法适用进行全面的上诉审查。

具体到我国最高人民法院,依据上述分析结论,情形就较为明朗了。我国实行二审制,最高人民法院主要受理各高级人民法院的二审上诉案件,尽管再审案件量近年有所扩大。因此,我国最高人民法院与其说是全国各级人民法院的终审最高法院,不如说是各高级法院的二审终审法院,最高人民法院的上诉裁判功能,本质上几乎完全等同于作为二审上诉法院的各高级法院和中级法院。当一国实行三审制时,最高法院即使拒绝对外国法的错误适用作出审查,也有中间上诉法院对外国法的错误适用提供基本的上诉救济。但在如同中国这样的二审制国家,如果最高法院拒绝审查下级法院对外国法的错误适用,这就等于根本上剥夺了败诉方当事人的上诉救济权利。因此,作为二审终审的最高人民法院,为赋予败诉方当事人的基本救济权利,应该审查外国法的错误适用问题。况且我国最高法院作为上诉法院,并非是撤销法院,而是接近全面复审的上诉法院,没有事实审与法律审的概念区分,事实与法律问题均可得到最高法院的重新审理。即使拘泥于外国法的事实抑或法律的性质之辩,也不能因此而否定最高人民法院对外国法错误适用的审查

---

① See Arthur R. Miller, "Federal Rule 44.1 and the 'Fact' Approach to Determining Foreign Law: Death Knell for a Die-Hard Doctrine", 65 *Michi. L. R.* 690 (1967).

权力。

我国《民法通则司法解释》第 193 条曾规定了五种外国法查明方法,但对法官与当事人之间的权责划分这一最基本的问题没有加以明确,因而在外国法查明问题上导致了司法实践的混乱无序。① 有鉴于此,《涉外民事关系法律适用法》第 10 条特别明确了法官和当事人的查明权责,确立了法院查明的基本查明模式,只有在例外情况下,即当事人选择适用外国法的,负有提供外国法的义务。我国外国法查明模式赋予法官在外国法查明事项上的极大的权力,包括自行收集外国法信息的权力和自行决定外国法内容的权力。我国法院既然对外国法的内容和解释适用几乎享有全面的权力,那么上级法院就应扩大对下级法院的外国法适用的上诉审查,以防止和监督下级法院发生错误和滥用职权。从这个角度说,我国最高人民法院不仅不应拒绝审查下级法院对外国法的错误适用,还应对外国法的错误适用采取全面上诉审查模式。

四、最高法院作为法律发展机构对外国法适用的审查

各国最高法院,虽然各自的历史起源和组织结构不尽相同,但几乎都不约而同地向着同一个方向迈进,那就是在提供个案权利救济的同时,更加重视自身解释和发展法律的功能的发展。② 法国最高法院起源于撤销法院,主旨是确保各级法院正确地解释和适用法律,发展法律的使命自然强过个案权利救济的使命。当然,法国最高法院始终固守司法属性,并未脱离个案去解释和发展法律,这就使其在个案中无法不考虑私人利益和权利救济。诸如德国、英国和美国的最高法院,它们更多地以最高上诉法院为历史起点,许多时候表面上关注当事人的权利和义务,但其实更重视透过个案去澄清、解释和发展相关的法律。在此方面,美国最高法院的历史发展最为典型;英国上议院法律委员会也将重心逐步转向法律发展,当其名义上开始独立于上议院而成立最高法院之后,其职能和角色已经几乎完全等同于美国最高法院了。

各国最高法院为强化发展法律的公共使命,均或多或少地采纳了下述三种方法:第一,专注于审查案件中的法律问题,而非事实问题;第二,施行上诉许可制度,最高法院倾向于选择受理和审查其中对本国法律发展有重大意义

---

① 参见 1988 年《民法通则司法解释》第 193 条:"对于应当适用的外国法律,可通过下列途径查明:① 由当事人提供;② 由与我国订立司法协助协定的缔约对方的中央机关提供;③ 由我国驻该国使领馆提供;④ 由该国驻我国使馆提供;⑤ 由中外法律专家提供。通过以上途径仍不能查明的,适用中华人民共和国法律。"

② 参见〔英〕J. A. 乔罗威茨:《民事诉讼程序研究》,吴泽勇译,中国政法大学出版社 2008 年版,第 258 页。

的个案;第三,采用高精尖的人事组织结构,法官人数少,权威足,以利最高法院判例法的统一。各国司法体系千差万别,各最高法院都深嵌于本国的司法传统中而表现各异,但在透过个案以发展法律方面表现出了最大的共性。作为撤销法院的最高法院也不能超越司法,也需要考虑私人利益;作为上诉法院的最高法院的重心也慢慢移向发展法律。因此,纯粹的撤销之诉与纯粹的上诉之间,没有一个截然的断裂,而是一系列的中间状态。最高法院作为实现公共目的与实现私人目的的结合体,对两者比重影响最大的是该法院在法院体系中的级别,而不是对他们所适用程序的描述。①

然而,中国最高人民法院却缺乏发展法律方面的普遍共性。最高人民法院作为终审上诉机构,并没有专注于法律审,甚至没有法律审与事实审的概念区分;最高人民法院也没有施行上诉许可制度(当然,上诉许可制度应适用于三审制,而不应适用于二审制),更没有采用高精尖的人事组织结构。因此,最高人民法院并无透过裁判个案以发展法律的目的。事实上,最高人民法院的判决并没有像大陆法系的代表国家那样,成为事实上的判例,其判决权威并没有受到地方各级人民法院的尊重。当然,最高人民法院虽无意透过个案以发展法律,但却通过其它途径来实现发展法律的目的,其中最重要的手段是发布抽象司法解释。抽象司法解释几乎等同于立法,发布抽象司法解释的行为更接近立法而非司法,最高人民法院为此饱受诟病。② 另一个手段是近期推行的案例指导制度,但是,指导性案例主要是由最高人民法院从全国法院的判决中遴选出来的,最高人民法院遴选指导性案例的行为也远离了司法的本质。③

最高人民法院既然不必透过个案以发展法律,那么从最高法院发展法律的角度来评判其是否应该审查外国法的错误适用问题,似乎就是多余的。这种观点针对中国的现实情形来说,无疑具有一定道理。但是,学术研究要求我们具备开放的视野,去研究外国最高法院基于发展法律的目的对外国法错误适用问题的态度,这可以深化我们对国际私法和外国法问题的理解。而且,在日益全球化的今天,将会有更多的中国当事人出现在外国最高法院审理的案件中,因此这一角度的研究也具有一定的实践意义。不管最高人民法院未来是否会改革现行以非司法方式来发展法律的模式,而逐步融入透过个案以发展法律的普遍模式,只要最高人民法院的法官在个案中意识到其在司

---

① 〔英〕J. A. 乔罗威茨:《民事诉讼程序研究》,吴泽勇译,中国政法大学出版社 2008 年版,第 257 页。
② 对最高人民法院抽象司法解释的批评,例如,参见金振豹:《论最高人民法院的抽象司法解释权》,载《比较法研究》2010 年第 2 期,第 64—66 页。
③ 参见宋晓:《判例生成与中国案例指导制度》,载《法学研究》2011 年第 4 期,第 58—73 页。

法体系中的地位和价值,他们就必然会去主动追求超越个案的法律价值,为此我们仍有必要从发展法律的角度来分析最高法院是否应审查外国法的错误适用。

西方许多学者从最高法院发展法律的职能出发,认为最高法院不应审查外国法的错误适用。具体理由主要可以概括为三项:第一,最高法院发展法律的使命自然是澄清、解释和发展本国的法律,并促进本国所有法律形成高度协调一致的、融贯的法律体系,但外国法并非本国法律,最高法院对外国法的零星解释和适用无助于本国法律体系的发展,因而最高法院不应分心于外国法的解释和适用①;第二,法律的解释和适用离不开特定法律体系的宏大背景,法官适用内国法,就像是建筑师,既依内国法律体系形成裁判结论,又反过来促进内国法律体系的发展,而法官适用外国法,充其量只像个摄影师,最高法院法官终究难以像外国最高法院法官那样精确地理解和适用外国法,因而适用外国法可能会频繁出错,最终削弱了最高法院的司法权威②;第三,即使一国最高法院能以自己满意的方式适用外国法,也不一定能让外国法的来源国满意,它只应对本国法律作出终极权威解释,同时出于国际礼让的需要,应避免利用自己的最高司法权威,去解释和适用外国法,而应将之留给外国法的来源国的最高法院。③

诚然,一国最高法院并无义务去发展外国法律体系,如果适用外国法和适用内国法像表面呈现的那样是两回事,那么一国最高法院确实不应涉足外国法的解释和发展,而应倾注于本国法律体系的解释和发展。上述第一种反对理由其实隐含着这样一种常见的观点:在国际私法案件中,依据冲突规则如应适用外国法,法官就应像外国法来源国的法官那样适用外国法,并且获致和外国法官同样的裁判结论。据此,当一国法官适用外国法时,与其说他是自己国家的法官,还不如说他是一个临时的外国法官。在层级较低的法院中,为了平衡当事人利益和实现个案公正,法官可以暂时抛下本国法官的身份角色而扮演一个临时的外国法官,但最高法院法官肩负着发展整个法律体系的使命,不能纯粹为了个案公正而哪怕是暂时放弃自己的使命。如此说来,最高法院又怎能分心去审查外国法的错误适用呢?

然而,将适用外国法和适用内国法完全割裂开来,并推导出最高法院不

---

① Sofie Ceeroms, *Foreign Law in Civil Litigation: A Comparative and Functional Analysis* (2004), Oxford, pp. 376—377.
② See Friedrich K. Juenger, *Choice of Law and Multistate Justice* (1993), Martinus Nijhoff Publishers, p. 86.
③ 参见〔法〕亨利·巴蒂福尔、保罗·拉加德:《国际私法总论》,陈洪武等译,中国对外翻译出版公司 1989 年版,第 467—468 页。

应审查外国法的错误适用,这种观点最终难以成立,其中的问题不在于推导过程,而在于前提之谬误,它完全曲解了法律发现和法律适用的一般过程。法官适用外国法,仅仅只关涉外国法律体系,而和本国法律体系完全无关吗?一国法官是否能在个案中瞬间转变身份为外国法官,而像外国法官那样适用外国法?从抽象的法学方法论出发,法官并不能直接地发现适用于个案的具体法律规则,而是通过考察整个法律体系并从法律体系中发现适用于个案的具体法律规则,法官将此规则适用于个案时,并非孤立而简单地解释该具体规则,而是在整个法律体系的意义脉络中去寻求该规则的合理解释,获致与整个法律体系相融贯的解释结论。① 在法律发现和法律适用过程中,具体规则始终无法脱离其体系背景,成文法尤其如此。在外国法由当事人查明的模式之中,外国法规则的发现过程虽由当事人主导,对法官来说无由从整个体系中去发现规则,但对外国法的解释和适用,则不可能割裂体系而孤立的进行,法官要么依赖外国法所属的法律体系,要么就依赖本国法律体系。

依据法律诠释学的一般观点,任何法律规则的解释和适用,都离不开对此规则的"前理解",而特定法律体系的结构安排和整体价值判断,就构成了前理解的综合来源。② 如果法官能够完全依赖外国法律体系对外国法规则进行解释和适用,那么法官无疑就完全等同于外国法官了。从理想出发,这或许是可能的,但现实中几乎不可能。无论一国法官经历了多么良好的外国法教育,但如果他们不能像外国法官那样每日浸淫于变动不居的外国法体系之中,他们和外国法律体系就终隔一层,所以他们所能最终依据的法律体系,只能是自己国家的法律体系。不管一国法官如何提醒自己是在适用外国法而非本国法律,他终究避免不了将外国法规则置于本国法律体系中加以理解,本国法律体系每时每刻都构成了他们对外国法规则的挥之不去的"前理解"。因此,要排除本国法律体系对外国法规则的解释的影响,那几乎是枉然的。反过来说,对外国法的解释和适用过程,也在一定程度上反映了法官对本国法律体系的理解和发展。

以上是从抽象角度来说明外国法的适用和本国法律体系无法完全割裂。我们还可以更具体的探讨外国法的解释和适用是如何和本国法律体系结合在一起的。第一个显著环节是识别。当一方当事人依据外国法规则提出权利主张或抗辩,然而该外国法规则在其所属法律体系中的性质和分类,和其在法院地法体系中的性质和分类,产生了识别冲突,为了准确适用法院地国

---

① 参见〔德〕卡尔·拉伦茨:《法学方法论》,陈爱娥译,商务印书馆 2003 年版,第 204—207 页。
② 对法律诠释学的简要分析,参见〔德〕阿图尔·考夫曼:《法律哲学》,刘幸义等译,法律出版社 2011 年版,第 50—52 页。

家的冲突规则,该如何识别呢？例如,在涉外遗产分割案件中,一方当事人依据外国法中的法定遗产权规则主张权利,但该外国法体系将其视为夫妻财产制规则,而法院地法体系则视其为继承规则,那么究竟应适用法院地的夫妻财产制冲突规则还是继承冲突规则呢？现代国际私法的主流观点认为应依据法院地法进行识别,但此法院地法通常并非狭义的法院地法,而是"新法院地法",它要求法官充分考虑外国法的性质、分类和功能,最终是将外国法的"衣料"放入本国法律体系的"衣柜"中。① 因此,从识别这个涉外法律适用的最初环节出发,法官事实上已经将外国法律规则放入了本国法律体系之中。

第二个显著环节是法律解释方法的运用。外国法如由当事人证明,当事人(特别是当事人聘请的专家证人)在证明外国法内容时,通常会同时涉及具体规则的解释。规则的内容和解释这两者毕竟在许多时候泾渭难分,尤其是在当事人通过权威著作和法院判决来证明外国法内容的时候。当事人证明外国法内容时,很少同时证明外国法所属法律体系的解释方法和解释规则。法官理论上当然可以、甚至应当适用外国法所属法律体系的解释方法和解释规则,但在当事人查明模式中,如果当事人不主动提供,法官则不可能逾越当事人提供的信息范围去主动查明外国解释规则,即使在法官查明模式中,法官也罕见去查明外国法的解释规则,因而法官最终总是有意无意地运用本国的法律解释规则来解释外国法规则,尤其是当本国法律体系中存在和外国法规则相同或类似的法律规则。例如,英国上议院在"新西兰案"(New Zealand)中,就是按照英国法的解释方法来解释和分析外国准据法,即新西兰法。② 在我国"富春行业公司无单放货纠纷案"中,关于船舶所有权的转移方法,我国和巴拿马法至少表面上是一致的,很难说最高人民法院对巴拿马法的解释没有受到我国同类规则的解释方法的影响。

第三个显著环节是法律发现过程的价值判断。无论是在涉外诉讼还是在内国诉讼中,我们经常遇见双方当事人主张适用不同的规则,在法律发现过程就产生了最终决定双方胜败的争议。法律发现过程,通常伴随着价值判断。如果案件事实均符合竞争适用的两条规则的适用要件,此时法官常常就需要启动价值判断,从本国法律体系和宪法秩序中抽取合适的价值规范,用以指导自己选择适用哪条规则。③ 在涉外案件中,当对适用特定的外国法无

---

① 〔法〕亨利·巴蒂福尔、保罗·拉加德：《国际私法总论》,陈洪武等译,中国对外翻译出版公司1989年版,第404页。
② T. C. Hartley, "Pleading and Proof of Foreign Law: The Major European Systems Compared", 45 *I. C. L. Q.* 284—285 (1996)。
③ 关于规则的竞争适用与价值判断的关系,参见 Ronald Dworkin, *Law' Empire*, China Social Sciences Publishing House, 1999, Chapter 2.

争议,但对适用该外国法中的哪条规则产生争议时,两条竞争适用的外国法规则实际上已经脱离了其所属的法律体系,而孤零零地呈现在法官面前,法官根本不可能从整个外国法律体系及其宪法秩序中去寻获所需要的价值规范,而其价值判断最终只能依赖本国法律体系和本国宪法秩序。因此,法官在涉外案件中虽然适用了外国法,但外国法规则背后的价值取向通常是本国的价值取向。

综合上述三个显著环节可知,法官适用外国法,并非和本国法律体系无关,相反,它关涉本国法律体系的基本结构和分类、本国法律解释方法,乃至关涉本国法律体系和宪法秩序的价值判断。这些都是一国法律体系中至关重要的问题,也就是一国最高法院的法官应该念兹在兹、须臾不可忽视的问题,因而不能望文生义地认为外国法和本国法律体系无关,就否定最高法院审查外国法错误适用的必要。一国法官最终适用的外国法,可能并非外国同行眼中的纯正的外国法,当然更非纯正的内国法,它在一定比例上混合了两者。在不同的个案中,就会有不同的混合比例。因此,无论是适用内国法的法官,还是适用外国法的法官,均是一定比例的摄影师和建筑师的混合体。当然,法官在适用外国法时,应尽可能尊重外国法,不能忘了摄影师的角色而武断地将国内法的解释方法和价值分析强加给外国法,最终成为随意逾越建筑图纸的建筑师。

美国学者荣格批评道:"法官在现实中适用的外国法,只是外国法的一个低劣的复制品。将外国法因素融入本国法律体系中,结果既非外国法,也非内国法,可谓不伦不类。"[1]荣格道出了法官适用外国法的真相,却给予了错误的评价。荣格的批评仍然建立在"法官应像外国法官那样适用外国法"的前提之上,他甚至认为如果法官现实中不能实现这一前提,就应抛弃国际私法而另觅出路。[2] 这一前提根本上误解了国际私法的目的和使命。法官适用外国法时,确实需要尽可能尊重外国法,但并不排除法官最终以自己的方式来对待外国法;法官适用外国法所追求的法律正义,并非是外国法官所追求的法律正义,而是自己国家的法官所追求的法律正义,最终将汇入本国法律正义的洪流之中。当然,法官借助适用外国法所获取的法律正义,却是不能单纯地通过适用内国法所能获取的,这就是国际私法的全部价值之所在。因此,法官适用外国法是在追求本国的法律正义,而非外国的法律正义,不能

---

[1] See Friedrich K. Juenger, *Choice of Law and Multistate Justice* (1993), Martinus Nijhoff Publishers, p.158.
[2] 这是荣格的名著 *Choice of Law and Multistate Justice* (1993)的主题之一,他倡导超越冲突法而迈向现代商人法。

以外国法官的适用标准来评价本国法官适用外国法的"对与错"。

　　一国最高法院对外国法的错误适用进行审查,归根结底发展的是自己的法律正义观念,而非外国的法律正义观念,它对外国法的解释是本国司法活动的一部分,是在行使本国最高的司法权威,和解释国内法的司法活动并无实质区别。最高法院对外国法的解释,并不以追求外国法来源国的最高法院的满意为目标,况且在各国国际私法实践中,也从未听说一国最高法院对外国最高法院的解释结果表示不满。国际私法既然允许法官适用外国法,就应该允许法官以本国的司法方式和法律正义观念来证成外国法的解释结论。反之,一国最高法院对外国法的解释结果对外国法来源国的最高法院并无任何约束力,因而丝毫不会损及外国最高法院在其国家的最高司法权威。既然无损外国最高法院的司法权威,那就不存在将外国法解释留待来源国最高法院的国际礼让问题。综上所言,我们对上述三种反对最高法院审查外国法错误适用的驳斥理由,同时也从反向构成了我们主张最高法院从其发展法律的职能出发应该审查外国法错误适用的理由。

五、结　　语

　　最高法院在国际私法的上诉案件中,应否审查外国法的错误适用,这不仅关乎对外国法适用的本质的理解,也关乎最高法院在一国司法结构中的地位及其透显的司法理念。如果将国际私法中外国法的适用,仅视为平衡双方当事人权利义务的权宜之计,并且认为法官只是暂时中断自己的固有角色,去完成一项对当事人意义重大却无关本国法律体系发展的艰巨任务,那么作为司法金字塔顶端的最高法院,正当汲汲投身于透过个案去发展本国的法律体系,确实不必抽身去从事外国法适用的上诉审查。这一观念为拒绝审查模式铺平了道路,然而它主要是19世纪国际私法发展的产物。19世纪国际私法视各国法律体系为平等的存在,树立了多边主义的伟大传统,然而也过分迷信法律的实证主义和法律的客观性,似乎法官完全可以抛开国内法律体系所赋予他们的主观性,完全可以获取外国法的客观结论,从而实现完全意义上的适用外国法。

　　然而,时至21世纪的今天,我们已不再固守极端的法律实证主义,我们已经认识到,法官无论是适用国内法还是适用外国法,其中蕴含的法律主观性是客观存在的,而且它对于法律发展来说也有着积极意义。法官适用外国法所具有的主观性,归根结底就是他沐浴其中的本国法律体系的基本结构、基本概念以及整个体系透射和追求的法律正义观念所赋予的。法官适用外国法,需要调和外国法律体系所赋予外国法的客观意义和本国法律体系所赋予外国法的主观意义。具体调和的比例和方法,正是一国国际私法应该重点关注和发展的对象。因而无论从最高法院的上诉裁判功能出发,还是从其发展法律的功能出发,最高法院都应像审查国内法的适用那样,去审查外国法的适用,其中并不存在两国司法权威乃至国家主权的冲突。相反,最高法院在国际私法案件中解释和适用外国法,正可趁机深入外国法的肌理,摄取外国法的形式技艺和精神价值,将它们有机地融入本国法律体系中,丰富和发展本国法律体系。这将有助于一国最高法院增进包容和开放的精神,对于略显封闭的中国最高法院来说,其中意义尤为重大。

第四章 属人法的主义之争与中国道路*

一、序　　言

在过去一百多年里,一道"铁幕"始终横亘在两大法系的国际私法之间,那就是属人法的主义之争。① 属人法的基本含义,是指支配自然人的民事身份与地位的法律,也即支配自然人的法律人格、婚姻、家庭和继承等属人法律关系的法律;反过来说,属人法是自然人的民事身份与地位的属人法律关系所应适用的法律。② 大陆法系国家普遍认为,属人法是自然人的本国法,以自然人的国籍为连接点;而英美法系国家则普遍认为,属人法是自然人的住所地法,以自然人的住所为连接点。于是,本国法主义与住所地法主义两相对峙,各自成为两大法系国际私法的传统。在国际私法的传统四大系属之中,物之所在地法、行为地法和法院地法各自的支配范围主要集中在一、两个领域,而属人法的支配领域则广阔得多,牵动法律适用的全局,其他三大系属无法与之相比。③ 属人法的道路殊别,因此成为两大法系国际私法最主要的区分标志。

属人法的主义之争形成于 19 世纪。在 19 世纪之前,民族国家和国籍观念尚未成熟,住所是属人法连接点的唯一选择,因而属人法就是自然人的住所地法。1804 年《法国民法典》首度采用国籍连接点,揭开了本国法主义的序幕,但《法国民法典》是否完全放弃了住所地法主义而全面转向了本国法主义,尚有疑问。19 世纪中期以后,意大利法学家兼政治家孟西尼(Mancini)成为本国法主义的鼓手,在其学说影响下,意大利、德国等大陆法系国家普遍从住所地法主义转向本国法主义,大陆法系本国法主义时代来临。然而,英美

---

* 本章系在《属人法的主义之争与中国道路》(《法学研究》2013 年第 3 期)一文基础上修改而成。
① See De Winter, "Nationality or Domicile: The Present State of Affairs", 128 *Recueil des cours* 357 (1969-II).
② 本书致力于对属人法的原理分析,因而不涉及未成年人属人法的特殊问题,更不涉及法人属人法。法人属人法具有法律拟制成分,与自然人属人法本质不同。
③ 以我国《涉外民事关系法律适用法》为例,在总共 40 条(第 11—50 条)法律适用条文中,涉及自然人属人法(经常居所地法)的共有 24 条,属人法适用范围远超其他系属。

法系国家对大陆法系国家的全面转向几乎无动于衷,仍然固守住所地法主义。① 本国法主义与住所地法主义自此两分天下,成为两大法系国际私法交流和统一的最大障碍。其他自主借鉴或移植西方法律的国家,典型如中国,也被裹挟进这一争议中,面临着两条道路的艰难抉择。

20 世纪前后,本国法主义的影响力达到历史顶点,大陆法系各国国内法普遍采用本国法主义,更有海牙国际私法会议这一旨在统一各国国际私法的国际组织,也将国际私法统一的重心放在婚姻、家庭等属人法领域,并清一色采用本国法主义。② 然而 20 世纪中叶以后,历史似乎有了转折迹象,海牙国际私法会议开始大量采用新的属人法连接点——"惯常居所(habitual residence)"③,在本国法主义与住所地法主义对峙的基本格局下,似乎出现了缓和两者对立的中间道路或第三条道路。惯常居所原则越来越多地受到了各国国际私法学者的青睐和赞誉。迈入 21 世纪,德国、意大利等大陆法系的代表国家虽仍坚持本国法主义,但欧盟国际私法,却在近期重要的属人法领域,例如离婚领域和继承领域,转而以惯常居所为最基本的属人法连接点。④ 无论如何,惯常居所至少从字面含义上接近住所而远离国籍,因而惯常居所这一连接点的兴起,无疑削弱了本国法主义的势力。

1918 年北洋政府制定了我国历史上首部国际私法《法律适用条例》,受日本法影响,依循大陆法系传统,亦采本国法主义。⑤ 新中国成立后,1986 年

---

① 关于本国法主义与住所地法主义的历史发展,基础文献包括:De Winter, "Nationality or Domicile: The Present State of Affairs", 128 *Recueil des cours* 357 (1969-II).;G. S. Reed, "Domicile and Nationality in Comparative Conflict of Laws", 23 *U. Pitt. L. Rev.* 979 (1961—1962);董海洲:《从"身份"到"场所"——属人法连接点的历史与发展》,载《法学家》2010 年第 1 期,第 154—166 页。
② 这些海牙公约主要包括:1902 年《婚姻法律冲突公约》、1902 年《离婚及分居的法律与管辖冲突公约》、1902 年《未成年人监护公约》、1905 年《关于禁治产及类似的保护措施公约》、1905 年《婚姻效力涉及夫妻身份关系和财产权利义务法律冲突公约》。
③ 20 世纪 50 年代至今,海牙公约普遍以惯常居所为属人法连接点,最初采用惯常居所连接点的几部公约是 1956 年《儿童扶养义务法律适用公约》、1961 年《关于未成年人保护的管辖权和法律适用公约》、1970 年《关于承认离婚与司法别居的公约》等。
④ 例如,2010 年《离婚与司法别居法律适用领域强化合作条例》(Regulation(EU) NO 1259/2010);2012 年《继承事项管辖权、法律适用、判决与权威文书的承认与执行以及建立欧洲继承认证条例》(Regulation(EU) NO 650/2012)
⑤ 参见 1918 年《法律适用条例》第二章"关于人之法律"、第三章"关于亲族之法律"以及第四章"关于继承之法律"。

《民法通则》中集中制定了国际私法规范,属人法也以本国法主义为基调。①清末继受西方法律以来的近一百年中,我国国际私法紧随大陆法系,本国法主义似乎也构成了我国国际私法的传统。然而在2010年单行国际私法立法《涉外民事关系法律适用法》中,属人法的百年传统发生了根本转变,本国法主义几乎被抛弃殆尽,而代之以经常居所原则。"经常居所"为这部新法的独造之语,整部法律并未给出确切的定义。② 因此,《涉外民事关系法律适用法》的属人法立法,只是带来了一次全新的开端,却远未结束,为司法解释和司法实践留下了一大片有待填补的空白。

终于,2013年初施行的《涉外民事关系法律适用法司法解释(一)》第15条初步界定了经常居所的含义。从表面上看,我国属人法系属的进一步确定,似乎只是"经常居所"这一概念的具体解释问题,但如果将它放在两大法系属人法的主义之争及其演化的背景下,放在我国属人法传统发生巨变的背景下,它触动了属人法的全部理论的神经。只有进入属人法主义之争的理论深处,不为其表象所惑,不囿于历史演进的简单叙述,深入发掘本国法主义与住所地法主义各异的思想基础和价值取向,并考察两种主义解决属人法问题的现实政策和实践功能——只有做足了这些研究,我们才能结合中国的国情现实,恰如其分的评价我国属人法的根本转向,才能完成经常居所的概念分析,最后开辟"经常居所地法"这一系属在我国国际私法中的价值维度。这些就是本文的努力方向和主旨所在。

二、本国法主义与住所地法主义的思想基础

法律制度与规则在因应现实需要的同时,必有其价值追求,对此价值追

---

① 1986年《民法通则》第143条规定:"中华人民共和国公民定居国外的,他的民事行为能力可以适用定居国法律。"1988年《民法通则司法解释》第179条规定:"定居国外的我国公民的民事行为能力,如其行为是在我国境内所为,适用我国法律;在定居国所为,可以适用其定居国法律。"结合上述两条规定可知,我国属人法采本国法主义,只是《民法通则》第49条动产继承效仿英国区别制,以住所为连接点,构成例外。1986年《民法通则》第49条规定:"遗产的法定继承,动产适用被继承人死亡时住所地法律,不动产适用不动产所在地法律。"另外,我国《票据法》第96条关于行为能力之规定也可佐证我国原是本国法主义国家。1995年《票据法》第96条规定:"票据债务人的民事行为能力,适用其本国法律。票据债务人的民事行为能力,依照其本国法律为无民事行为能力或者为限制民事行为能力而依照行为地法律为完全民事行为能力的,适用行为地法律。"

② 我国学界将"habitual residence"一词通译为"惯常居所",中国国际私法学会完成的《国际私法示范法》(2000年)和《涉外民事关系法律适用法(建议稿)》(2010年),放弃了本国法主义,代之以惯常居所原则。《涉外民事关系法律适用法》认可了学界主流,同时将"惯常居所"的通用语改成更为通俗的"经常居所"。因而,"经常居所"就是"惯常居所"的中国表达,严格说并非独造之语。本书在进行一般理论分析时,仍用"惯常居所"。

求进行理论归纳和系统表述,便构成了法律制度与规则的思想基础。法律制度和规则的价值追求或思想基础通常不会浮现于表面,而是隐藏于文本深处,只有深潜其中才能探其究竟。探求法律制度的思想基础的过程,不止是对法律制度的分析描述,更是对其合理性或正当性的重新证明。法律制度只有先确立其价值追求,才能有的放矢地去追求具体规则的技术建构和完善。为此,本文首先探讨本国法主义和住所地法主义的价值追求和思想基础。

本国法主义与住所地法主义的竞争关系始于19世纪。之前属人法的唯一选择是住所地法,然而,住所概念并未得到细致发展,住所地法主义的价值追求更未得精确表达。事实上,这种较为混沌的状态,是与法则区别学说整体粗疏的背景相适应的。① 而且,在商业时代到来之前,人口流动极少,自然人离开住所,往往短期就返回,住所一般等同于祖国之邦,因而也无两种主义对立的社会经济基础。② 19世纪中期以后,商业时代完全到来,人口流动剧增,当事人的住所国与国籍国经常分离,这就提出了两种主义的对立问题。与此同时,国际私法也告别了法则区别时代,迈入了系统与科学发展的新阶段③,而就在属人法领域,住所地法主义与新兴的本国法主义不断竞争,逐步丰富了各自的规则并充实了各自的精神内涵。因此,本国法主义与住所地法主义的价值确立,并非先后出现,而是几乎在相互竞争的过程中同步完成的。本国法主义完成于大陆法系国家,而住所地法主义实则完成于19世纪后的普通法系国家。

(一) 本国法主义的思想基础

本国法主义立法,始于1804年《法国民法典》第3条之规定:"法国关于人的身份与地位的法律,仍支配居住外国的法国人"④,一改欧洲大陆属人法以住所为连接点的传统。那么,《法国民法典》为什么要改变住所原则而采用国籍原则呢?

法国本国法主义的萌芽,更多源于法国大革命的时代精神。法国大革命旨在消灭往昔的封建制度,倡导财产安全、契约自由和平等继承等系列自然法思想。《法国民法典》统一了往昔分裂的法国私法,虽多大程度上是法国法

---

① 关于法则区别学说的粗疏与含糊,参见〔德〕马丁·沃尔夫:《国际私法》,李浩培、汤宗舜译,北京大学出版社2009年版,第35页。
② See De Winter, "Nationality or Domicile: The Present State of Affairs", 128 *Recueil des cours* 366 (1969-II).
③ 1849年萨维尼著作《法律冲突与法律规则的地域和时间范围》的出版为其标志。
④ 对《法国民法典》第3条的立法形成和司法演变的详细分析,参见〔法〕亨利·巴蒂福尔、保罗·拉加德:《国际私法总论》,陈洪武等译,中国对外翻译出版公司1989年版,第376—382页。

学历史发展的产物,或多大程度上是大革命思想催化所致,学者对两者的比例构成或有不同认识,但离开大革命时代关于自由、平等、博爱的自然法思想,《法国民法典》无论如何难以诞生。① 《法国民法典》承载了大革命时代新兴喷薄的民族精神,激起了法国人的民族自豪感,为了传播和宣扬新兴民族精神,立法者的使命不仅在于确保民法典统一适用于法国全境,还在于使民法典(特别是民事身份与地位的法律)扩张适用于位于外国的法国人,即"让所有法国人同享法国大革命的成果,而不论其位于何处"。于是,法国人引以为傲的《法国民法典》,"就像慈母关爱之双眼,紧随远赴外国的法国人"。② 在这种立法精神的激励下,《法国民法典》第 3 条之国籍原则产生了。

然而,《法国民法典》第 3 条是否完全确立了本国法主义,尚有疑问,这主要表现在两个问题上:第一,第 3 条是否只考虑到短期位于外国而非住所位于外国的法国人,如果只考虑前者,则不能说《法国民法典》确立了本国法主义③;第二,第 3 条并非是双边冲突规范,对于住所位于法国的外国人来说,其属人法仍是其住所地法而非本国法,萨维尼(Savigny)据此认为第 3 条只构成传统住所地法原则的例外,而没有推翻之。④ 总之,《法国民法典》确实不足以被认为创造了全新的本国法主义,并彻底取代了传统的住所地法原则。况且,《法国民法典》虽然初步表露了民族主义这一本国法主义的精神源泉,但还是留下了过多的政治激情的痕迹。《法国民法典》以及那时代学者还没有奠定本国法主义的精神底蕴。本国法主义的全面确立及其精神价值的深刻表达,几乎赖于稍后 19 世纪中期的孟西尼的一己之力。

孟西尼将国籍视为国际法和国际私法的基础,一如《法国民法典》,因应了意大利的国家统一和法律统一的政治需要。然而在构建属人法的理论方面,孟西尼远超《法国民法典》,他将本国法主义深深植根于民族主义和精神解放思想。他认为法律是根据民族的风俗和性格制定的,而法律在现代民主国家中同时又是整个民族普遍意志的表现,因而一国法律具有民族性,应适用于位于任何地方的该国国民;自然人扎根于国家,其人格是通过国籍而得

---

① 参见〔德〕茨威格特、克茨:《比较法总论》,潘汉典等译,法律出版社 2003 年版,第 118—120 页。
② See De Winter, "Nationality or Domicile: The Present State of Affairs", 128 *Recueil des cours* 369 (1969-II).
③ 参见〔法〕亨利·巴蒂福尔、保罗·拉加德:《国际私法总论》,陈洪武等译,中国对外翻译出版公司 1989 年版,第 380 页。
④ 萨维尼甚至认为,法国法是对罗马时代区别对待罗马市民和外邦人的权利能力的理论翻版,参见〔德〕萨维尼:《法律冲突与法律规则的地域和时间范围》,李双元等译,法律出版社 1999 年版,第 55—56 页。

到承认的,如果一个人走出国门而不放弃国籍,则表明仍服从本国法律。①孟西尼学派进而认为,法律具有民族性,体现了该民族的民族精神,本国法主义正是要让民族精神冲破地域限制;相比之下,住所是原始的、封建的概念,视人为土地的附属物,因而国籍相对于住所是崇高的、精神的概念,展现了自由解放的精神。②

因此,本国法主义的思想基础可以概括为民族主义、人格完成和精神解放这三项,其核心是民族主义:法律是民族的,是民族精神和民族意志的集中表达,适用于民族中的任一成员;民族精神是个人人格和精神发展的最高追求,人格完成意味着个人人格与民族精神实现了贯通;位于国外的国民只要仍沐浴在母国自由、平等的民族法律的光芒之中,就能冲破封建的、保守的所在国法律的网罗而获得精神解放。据此,关乎人格尊严和精神情感的属人法事项,自然应受其本国法支配,而不管个人身处何地。而且,本国法主义认为,国籍是个人与民族国家间清晰、恒久的联系,本国法可以确定地、稳定地支配着个人的属人法律关系,而不管个人在国际间如何流动,这正符合法律对于确定性和稳定性的目标追求。本国法主义一经孟西尼倡导,就迅速风靡欧洲大陆,不仅新立法如《意大利民法典》和《德国民法典施行法》等采行了本国法主义,而且,旧立法如《法国民法典》第3条在实践中也依据本国法主义双边化了,成了彻底的本国法主义的代表。③

(二) 住所地法主义的思想基础

住所是比国籍远为复杂的概念。国籍的取得要件在不同国家虽不尽相同,主要表现为各国以不同的方法和比例去调和出生地和血统这两个要件,但各国对国籍本质的认识却是相同的,即国籍是民族国家的产物,是个人隶属于特定国家的隶属关系。正是这种被统一认识的国籍概念的本质,奠定了本国法主义的基础。相比之下,对于住所,各国不仅在具体的认定方法上不尽相同,而且还缺乏对住所的法律功能的统一认识。④ 因此,阐述本国法主义原理,几乎可以脱离特定国家或法系,但分析住所地法主义原理,则须囿于

---

① 参见〔法〕亨利·巴蒂福尔、保罗·拉加德:《国际私法总论》,陈洪武等译,中国对外翻译出版公司1989年版,第322页。
② See De Winter, "Nationality or Domicile: The Present State of Affairs", 128 *Recueil des cours* 374—375 (1969-II).
③ 孟西尼及其追随者推动本国法主义及其立法的详细过程,参见 K. H. Nadelmann, "Mancini's Nationality Rule and Non-Unified Legal Systems: Nationality versus Domicile", 17 *Am. J. Comp. L.* 418 (1969).
④ See E. Rabel, *The Conflict of Laws* (2nd ed. 1958), Vol. 1, University of Michigan Law Press, p. 150.

具体国家或法系的特殊语境。

住所地法主义是普通法系属人法方法的标签,探究住所地法主义原理,最直接的方法莫过于从普通法系的住所概念出发。英国的住所概念成熟于 19 世纪的维多利亚时代,虽与大陆法系国家的住所概念同享罗马法渊源,但却在罗马法的基础上有了极大的发展,并且融入了维多利亚时代的特殊需求。① 英国住所概念的核心要义,所同于罗马法之处,是要求自然人的住所需结合主、客观要件,即成年人住所的成立,必须同时具备居住事实这一客观要件,以及居住意图这一主观要件,两者缺一不可;所不同于罗马法之处,是英国住所概念强调主观要件的法律重要性甚于客观要件,住所是自然人的"永久之家"所在,如果当事人在某地的永久居住或无限期居住的意思表示非常充分,那么他在该地的居住时间的长短就不是很重要了。② 相反,在法、德等大陆法系国家,因其属人法采用国籍原则,住所在私法体系中的意义主要局限于司法管辖权领域,而管辖权领域强调法院地国家与当事人的客观联系,而非当事人的主观意图,因此他们的住所概念即使以主客观要件的结合为前提,也趋向于强调客观要件,而逐渐沦落为一个事实性概念。

英国维多利亚时代是英国对外殖民的强盛时代,许多英国人被派往海外殖民地担任公职或从事各种经商活动,虽有在海外长期居住的事实却无永久居住的意图,总想有朝一日返回祖国。因此,英国住所概念强调主观意图,就能有效阻止海外英国人获得海外国家的住所,而助其保留英国住所,维系其与祖国的紧密联系。③ 抛开这一时代因素不论,正是英国住所概念对主观意图的强调,致使法律与经验相分离,展现了住所地法主义的价值追求。当事人在某国居住多年,从外观经验上似乎已在该国安家了,但只要心存未来某时刻离开的意图,就不能在该国取得住所;反之,当事人在某国居住时间并不长,从外观经验上似乎还未在该国安家,但只要充分表达了在该国永久居住的意思,就在该国取得了住所。法律超越于经验之处,正展现了法律刻意的精神追求。"永久之家"或住所之设立,虽离不开客观的物质要件,但更是个人心灵的产物。自然人的住所最终取决于其自由意志,自然人也就享有了在任何时候改变其住所的自由。

法律将自然人的属人法维系于其住所地法,等于间接赋予了自然人通过

---

① 两大法系住所概念的罗马法渊源,参见〔德〕萨维尼:《法律冲突与法律规则的地域和时间范围》,李双元等译,法律出版社 1999 年版,第 50—59 页。
② See Lawrence Collins (with Specialist Editors), *Dicey, Morris and Collins on the Conflict of Laws* (14th ed. 2006), Sweet & Maxwell, pp.122—123.
③ 参见焦燕:《变动中的英国住所法》,载《民商法论丛》2004 年(总第 31 卷),法律出版社 2004 年版,第 431 页。

选择住所而选择其属人法的权利,自然人在民事身份与地位的广阔领域,也因此在相当程度上获得了私法自治的权利。住所地法主义的精神追求,正是赋予个人通过选择住所而选择属人法的自由,以及与之伴随的私法自治的权利,因而住所地法主义奠基于个人自由主义的基石之上。20世纪50年代,英国著名国际私法学者安顿(Anton),一番脍炙人口的陈述,正是以住所地法主义蕴含的个人自由主义,驳斥了本国法主义:"国籍原则赢得了法律上的稳定,但采用国籍原则的代价是牺牲了自然人选择管辖自己的法律体系的个人自由。我们反对国籍原则的根本理由,在于国籍原则要求适用于自然人的国内法,可能是自然人冒着生命危险才逃离的法律。现要将此法律适用于自然人,那是违背其愿望与希求的。"①

(三) 两种思想基础的进一步比较

两种主义立场相异,但也不可忽视两者深藏的共性。无论是本国法主义,还是住所地法主义,都坚持同一出发点:属人法关乎个人的人格和尊严,为促进和尊重个人人格的统一,为个人生活的各种身份的统一,人的民事身份与地位所涉及的大量法律问题,诸如婚姻关系、家庭关系和继承关系等,应最大限度地适用同一个法律。② 一个统一的属人法,应是那个与个人具有本质联系甚或永恒联系的法律。然而,那个法律究竟应该是什么,本国法主义与住所地法主义对此产生了分歧,一个认为是自然人的本国法,而另一个则认为是自然人的住所地法。

两种主义既然都追求属人法的统一性,自然也都重视属人法的稳定性。国籍原则具有高度的确定性和稳定性,正是本国法主义的捍卫者所持的理由之一。住所一方面允许当事人选择,另一方面又取决于当事人的主观意思,似乎远不如国籍那样具有确定性和稳定性。③ 诚然,在属人法的确定性和稳定性方面,住所地法主义确实不如本国法主义,但也不能过分夸大两者的差距。以英国住所地法主义为例,个人一般出生于母国,出生时取得母国的原始住所,成年后虽然可以自由改变原始住所,但在法律上极其严格,也相当困

---

① See Lawrence Collins (with Specialist Editors), *Dicey, Morris and Collins on the Conflict of Laws* (14th ed. 2006), Sweet & Maxwell, p.173.
② See G. S. Reed, "Domicile and Nationality in Comparative Conflict of Laws", 23 *U. Pitt. L. Rev.* 980 (1961—1962).
③ 萨维尼对本国法主义无动于衷,仍坚持住所地法主义,但他认为,为维持属人法的统一和稳定,即使当事人改变了住所,也应适用其最初确立的住所地法。参见〔德〕萨维尼:《法律冲突与法律规则的地域和时间范围》,李双元等译,法律出版社1999年版,第57页。我们钦佩他不为风潮所动的独立风骨时,也需认识到,如果属人法不随住所的变动而变动,住所地法主义的优点将丧失全无。

难,因为设立新住所的意图不能为了特定的目的,诸如完成特定工作任务或求学,而必须出于一般的、全面的目的,其结果是个人几乎需与母国斩断联系,才能在他国取得新住所。英国上议院截至 2009 年关于住所的 13 个案件中,只有 2 个被认定改变了英国的原始住所。① 因此,若以法律的确定性和稳定性标准来取舍两种主义,其意义并不如初步设想那么大。

无论是国籍,还是住所,虽都以一定的事实为基础,但均非事实概念,而是法律概念。本国法主义与住所地法主义,各自通过对国籍或住所的法律建构,来阐发各自的精神内涵。本国法主义认为人扎根于其生长的母国,个人人格的成长和完善,正是禀受了国家或民族的精神,离开国家或民族精神的熏陶,个人人格是无法完成的;只有当个人精神与民族精神融合一起时,个人人格才获得了充分的、最高的发展。在任何国家的私法体系中,最能体现该国民族精神与道德风俗的法律,正是关于民事身份与地位的人法,而非财产法或债法。只要一个人保有母国国籍,就表明其内心仍然服从并追求母国的民族精神,属人法就应是其本国法,而不论其住所位于哪个国家。相反,住所地法主义认为,人更多地扎根于家庭而非国家,在国家的私法体系中,调整人身关系的属人法本质仍为私法而非公法,私人享有改变住所进而改变属人法的自由,国家不能干涉生活在外国因而住所位于外国的那些国民的个人事务。②

因此,属人法的两种不同主义,站到了人类的政治或法律思想的两端,一端为国家主义与民族主义,另一端为个人主义与自由主义。若问哪一端是对的,或者哪一端更为正确,在人类的过往历史与未来中,恐怕永无定论。无怪乎德国学者克格尔(Kegel)感叹道,属人法的两种主义之争,已经超越了学术之争,而进入了信仰之争的范畴。③ 既然如此,一国国际私法是选择本国法主义,抑或选择住所地法主义,似乎都是正当的,属人法研究早该戛然而止了。然而结论还为时过早,现在让我们从价值比较,转入两种主义的现实政策与功能之考量。

---

① 参见 J. H. C. Morris, D. McClean and K. Beevers, *The Conflict of Laws* (7th ed. 2009), Sweet & Maxwell, p. 35. 在英国法中,原始住所是法定住所,其功能非常接近大陆法系的国籍,若从原始住所观念出发,本国法主义与住所地法主义并不对立;而且,当个人放弃原住所而尚未获得新住所时,原始住所恢复成住所,就此而论,原始住所比国籍更具有韧性。当然,住所地法主义的核心是选择住所,而非原始住所,正是选择住所生发的思想与本国法主义形成根本对立。

② 类似概括,参见〔德〕马丁·沃尔夫:《国际私法》,李浩培、汤宗舜译,北京大学出版社 2009 年版,第 120—121 页。

③ 德国学者克格尔语,参见杜涛:《学术之争还是信仰之争?——对〈涉外民事关系法律适用法〉中属人法原则的几点反思》,载《中国国际私法与比较法年刊》2011(第 14)卷,北京大学出版社 2002 年版,第 39 页。

三、本国法主义与住所地法主义的政策与功能

任何重要法律制度的形成,既离不开那些对人类社会具有根本意义的政治或法律思想的激发,也离不开基于特定时代和国情所采纳的立法政策的驱动。许多时候,究竟是思想激发的成份更多,还是政策驱动的因素更加重要,几乎让人无法辨明,只好小心翼翼地做等量分析。然而,当思想基础的探讨几乎陷入相对论的泥潭时,正如上文的价值分析所呈现的情景,政策分析或许就更有助于一国进行制度取舍了。因此,下文将分析立法者采纳本国法主义或住所地法主义时最重要的三项政策考量:第一为扩张本国属人法的支配范围抑或促进族群融合;第二为属人法的道德衡量;第三为促进国际私法体系的协调与融贯。

本国法主义国家和住所地法主义国家,一般都认为自然人在特定时刻只应有唯一的国籍或住所,以确保属人法的唯一性。改变国籍需获国家同意,改变住所尽管依赖于个人行为,但也非轻易就能实现,因而本国法与住所地法均能保持相当程度之稳定。对于国际社会的绝大多数人来说,国籍与住所不仅易于确定,而且通常位于同一个国家,本国法与住所地法合而为一,此时探讨两种主义之争在现实层面也就失去了意义。但随着国际人口流动的加剧,国籍国与住所国常从重叠的状态中相互分离,自然人虽仍保留母国国籍,但已居住在另一国家并取得该国住所,此时属人法的两种主义之争最为尖锐。下文关于两种主义的政策与功能的分析,就以国籍与住所明显分离的尖锐情形为出发点。

(一) 扩张本国属人法的支配范围抑或促进族群融合

各国为公平公正地解决涉外民商事争议,就需在一定条件下放弃适用法院地法,并转而适用外国法,国际私法由此而生。然而,综观国际私法近千年历史,各国立法都不同程度地表现出法院地法优先的倾向,尽可能扩大法院地法的支配范围和适用机会,同时减少外国法的支配范围和适用机会。在国际私法最基本的两种方法之中,单边主义方法公开表达了法院地法优先的态度,而多边(双边)主义方法尊重各国法律的平等地位,追求国际间判决的一致性,依其方法制定的冲突规范,在形式上平等地指引内、外国法律。[①] 然而,目前居于统治地位的多边主义方法,虽在最大限度地克制法院地法优先

---

① 关于单边主义与多边主义的基本原理,参见 Frank Vischer, "General Course on Private International Law", 232 *Recueil des cours* 35—37 (1992)。

倾向,但各国立法仍不时地在多边主义的形式平等的掩护下,曲尽各种隐晦方法去扩大法院地法的支配范围和适用机会。属人法的双边冲突规范即是如此。

在法则区别的单边主义时代,属人法属于人法范畴并具有域外效力,不动产法属于物法范畴并只具有域内效力,两者形成鲜明对立。属人法律关系容许适用外国法,这一开明思想贯穿至今。到了多边主义方法的时代,属人法方法从单边主义转向了多边主义,或以国籍,或以住所,为其冲突规范的连接点,因而形式上既不偏袒法院地法,也不过分尊崇外国法,一切以自然人的国籍或住所的偶然所在为依归。然而,现代属人法的规范形式所表现的平等观念,至少从本国法主义的历史形成过程来看,恐怕就应大打折扣。《法国民法典》第3条的立法初衷是一个法国人短期位于外国,甚至长期居住在外国,其民事身份与地位问题应继续适用法国法,但却没有过多考虑一个外国人居住在法国,其民事身份与地位问题应否同样适用其本国法。同样,孟西尼也以意大利人的民事身份与地位问题应该适用何国法律,为其学说之出发点。①

如严格依据多边主义方法,就应依据法律关系的抽象性质来构建冲突规范,但本国法主义的历史起源并非从属人法律关系的抽象性质出发,而是从本国人的民事身份与地位的法律适用问题出发,因而就不可避免地趋向于扩张本国属人法支配范围。欧洲大陆本国法主义的兴起,完全印证了这一政策取向:法国的本国法主义是在尽可能地扩大法国属人法的支配范围;而意大利和德国的本国法主义是在尽可能地扩大意大利和德国属人法的支配范围。然而,本国法主义最后毕竟完全采取了双边的规范方法,对于居住在外国的本国人适用本国法,固然扩大了本国法的支配范围;但对于居住在法院地国的外国人适用其本国法,岂不是缩小了法院地法的支配范围?如此正反计算必然导致一种纯粹功利的权衡:如果自己国家为人口的净移出国,立法者就以国籍为属人法的连接点;反之,如果自己国家为人口的净移入国,立法者就以住所为属人法的连接点,这样方能保证扩大法院地法支配范围的净盈余。②

欧洲大陆本国法主义的发展历程,就暗合了上述纯粹功利的权衡结果。欧洲大陆主要国家在19世纪处于历史巅峰,其在世界范围内的殖民主义扩张,使其各国成为人口的净移出国,因此,这些国家在19世纪普遍采行本国

---

① See E. Rabel, *The Conflict of Laws* (2nd ed. 1958), Vol. 1, University of Michigan Law Press, pp. 162—163.
② Ibid., pp. 163—164.

法主义,不仅符合其崇高的民族主义思想,也契合欧洲人口流动的现实,理想和现实两者实现了完满结合。然而,欧洲在 20 世纪从历史顶峰下落,殖民主义走向历史终结,同时因其良好的福利保障,第二次世界大战之后,欧洲大陆从人口的净移出国转为净移入国,于是在属人法问题上,传统民族主义的崇高理想与人口流动的严峻现实之间,产生了张力。① 因此,近半世纪以来的欧洲大陆,对本国法主义的执着似乎有些松动了,尽管法国、德国等国的国际私法并没有放弃本国法主义,但属人法领域的欧盟国际私法,已经开始以接近于住所的惯常居所作为属人法的主导连接点了②,越来越多的欧洲学者也开始青睐住所地法主义了。

一国立法者如果功利地权衡本国人口流动的现实,那么无论是本国法主义,还是住所地法主义,都可以成为扩张法院地法支配范围的政策工具。但住所地法主义与本国法主义不同,其历史形成并无强烈扩张法院地法支配范围的欲望。相反,住所地法主义带有属地主义的印记,主张生活在同一片土地上的不同国家的人适用同一个法律,以消除彼此民事身份与地位法律适用的差异,最终促使他们的民事身份与地位趋于平等和一致,这就在客观上促进了同一国家内的族群融合。③ 相比之下,英国的住所地法主义在 19 世纪尚无促进族群融合的政策考量,但美国的住所地法主义则鲜明地表达了这一愿望,因为美国是个典型的移民国家,促进族群融合自然成为其国际私法的价值追求。④

当今任何国家,只要像美国那样是人口净移入国,就不能不考虑促进族群融合的政策目标。促进族群融合的政策目标,与扩大法院地法支配范围的政策目标相比,前者更具有正当性,而后者还尚未脱离自私与片面的局限性。但是,只要国际私法仍然是国内法,扩大法院地法的支配范围,仍将是一国立法者的天性与本能,只能抑制,而难以泯灭。在国际人员流动频繁的今天,任

---

① See G. S. Reed,"Domicile and Nationality in Comparative Conflict of Laws",23 *U. Pitt. L. Rev.* 988(1961—1962).
② 参见 2010 年《离婚与司法别居法律适用领域强化合作条例》(Regulation(EU) NO 1259/2010);2012 年《继承事项管辖权、法律适用、判决与权威文书的承认与执行以及建立欧洲继承认证条例》(Regulation(EU)NO 650/2012)。
③ See De Winter,"Nationality or Domicile:The Present State of Affairs",128 *Recueil des cours* 417—418(1969-II).
④ 美国较之英国更加鼓励移民流动和促进族群融合,这从英美两国的住所概念的差异也可以反映出来,美国住所概念虽然源自英国,但有两点不同于英国:第一,当自然人放弃原住所而未获新住所时,原住所为住所,而不是像英国那样还原为原始住所;第二,英国对主观意图的要求是"无限期或永久居住的意思表示",而美国则相对宽松,仅从反面要求"没有确定离开的意图"。英美两国住所概念的差异,参见 G. S. Reed,"Domicile and Nationality in Comparative Conflict of Laws",23 *U. Pitt. L. Rev.* 986(1961—1962)。

何国家都有移入人口和移出人口,对于人口净移入国来说,采取住所地法主义,可以同步实现扩大法院地法支配范围和促进族群融合这两项政策目标;但对于人口净移出国来说,这两项政策目标就有了冲突,那就需要综合其他考量来取舍了。

(二) 内、外国法律的道德衡量

在国际私法的法律选择方法之中,优法方法(the better law approach)开宗明义地将内、外国法律的正当性的道德衡量纳入了法律选择过程中;单边主义方法,尤其是作为新单边主义方法的政府利益分析说,在判断内、外国法律适用于个案能否实现相关法律政策并具有政府利益时,也将相关法律政策明示或暗含的道德判断纳入了法律选择过程中;意思自治方法则将相关法律的道德判断,最终赋予了当事人自己;唯有多边主义方法,至少在形式上赋予内、外国法律以平等地位,摒弃对内、外国法律的道德衡量。纯粹的多边主义方法,只关心案件客观上与哪国法律发生了本质联系或最密切联系,而不论案件涉及大国法律、小国法律,抑或东方法律、西方法律,均不作道德优劣之衡量。[①]

本国法主义或住所地法主义,从根本上说都是多边主义方法,按理应平等对待内、外国法律,摒弃道德判断。然而,如前所述,本国法主义在历史初期的思考起点是:"当本国人位于外国,其民事身份与地位是否应继续适用本国法。"以此为逻辑起点,本国法主义带有浓厚的单边主义方法的思维特征,尽管本国法主义最后在形式上被双边化了。因此,本国法主义的历史形成过程,伴有鲜明的道德判断。当《法国民法典》的制定者急于将人的身份与地位的法国法继续适用于位于外国的法国人时,其内心正经历了一场法国法与外国法的胜负分明的道德衡量:法国人已因大革命获得了自由和解放,民事地位实现了人人平等,并高度享有离婚自由、遗嘱自由和平等继承等权利,法国人在法律身份与地位方面所实现的自由与解放程度,远胜他国,因此所有法国人不论身在何国,都应同享法国大革命的成果,其属人法应为法国法。

近半世纪后,德国、意大利等欧洲大国接踵采纳本国法主义,将法国人对法国法的道德优越感,上升为欧洲人对欧洲法律的道德优越感。欧洲人对欧洲法律的道德优越感,主要是针对欧洲之外的国家感发的,尤其是针对其殖民地国家,其中伴随着殖民主义思想。欧洲大国普遍认为本国法律在道德上优越于他国法律,尤其是欧洲外国家的法律,本国法主义可使其国民的属人

[①] 关于法律选择的各种基本方法中的道德判断与政策判断,参见宋晓:《当代国际私法的实体取向》,武汉大学出版社 2004 年版,第 139—147 页。

法不随住所的变动而变动,有利于母国保护其国民的基本民事权利,使之免受母国之外的"道德低劣"的法律——诸如一夫多妻、童婚、歧视妇女、继承权嫡庶有别的法律的统治。① 于是,衡量不同国家法律的道德优劣,保护本国国民的基本权利,成了19世纪欧洲大陆国家选择本国法主义的重要的政策基础。

住所地法主义不可能拘泥于内、外国法律的道德衡量,因为它归根结底允许自然人通过改变住所而改变属人法,属人法既然可能变动,衡量不同属人法的道德优劣就失去了意义。相反,住所地法主义鼓励自然人的民事生活融入住所地国家,尽管这更多是出于一种便利的实际考虑,但客观上促进了相关国家法律的平等地位,使之在道德上失去优劣之别。在英国保守的原始住所概念中,充其量只是隐含着扩张法院地法支配范围的原始欲望,其中道德衡量的意味远不如本国法主义那么强烈。当然,自然人通过改变住所而"适彼乐土",或许就出于个人对相关国家法律进行道德衡量的结果,但这与立法者的道德判断无关。总之,本国法主义与住所地法主义相比,一者离不开对各国法律的道德衡量及其附随的保护政策,一者避开了对各国法律的道德判断并对自然人的属人法采取了放任政策,住所地法主义要比本国法主义更具有多边主义的精神特质。

当今国际社会鼓励价值多元和彼此包容,对不同国家法律进行道德的优劣衡量,无论如何批评都不为过。尤其是19世纪欧洲大陆的本国法主义,其中隐含的欧洲中心主义、对欧洲法律的优越感、对殖民地国家法律的歧视,更难以为西方世界之外的国家所能接受。虽然如此,如果我们客观看待眼前世界,就会发现各国对自然人基本民事权利的保护程度仍有很大差异,如果一国立法者面对的一个外国法,至今仍充斥着多配偶制、童婚、妇女歧视和不平等继承等法律制度,或仍带有大量原始部落法的特征,而且这个国家又是该国国民为开拓市场等原因纷纷涌入居住的国家,试问该国立法者会采纳本国法主义还是住所地法主义? 答案自然是本国法主义。各国属人法律制度存有差异,许多时候固然是以不同方式在践行人类普遍的价值追求,不宜武断进行价值优劣的道德判断,但许多时候若以基本自然法为衡量标准,有些国家的法律制度也确实难以摆脱价值优劣的道德拷问。

因此,对本国法主义的法律优劣衡量做简单的道德指责是容易的,但如果冷静面对国际社会基本民事权利保护的差异和不平衡,各国采行本国法主义,并同步扩大以国籍为依据的司法管辖权,以期在世界范围内保护其国民

---

① See De Winter, "Nationality or Domicile: The Present State of Affairs", 128 *Recueil des cours* 402—403 (1969-Ⅱ).

的基本民事权利,其中的正当性又岂可轻易否定?① 法国学者巴蒂福尔(Batiffol)犀利地指出,住所地法主义适用于国内法彼此差异不大的国家群体之间,而本国法主义则适用于国内法差别较大的国家群体之间。② 今日欧洲各国的民事权利保护和社会福利程度渐趋接近,欧盟在涉及属人法的统一国际私法中,冷落本国法主义而青睐住所地法主义,这丝毫不令人奇怪。然而一旦面对欧洲之外的世界,一方面根源于 19 世纪的欧洲中心主义,另一方面由于各国法律制度的巨大差异,欧洲大陆国家要在国内法中像欧盟国际私法那样放弃本国法主义,并全面转向住所地法主义,似乎还很遥远。

(三) 体系性功能比较

上述两项政策分析主要限于属人法所支配的民事身份与地位领域,现在扩展到整个国际私法体系,以体系性视角来分析本国法主义与住所地法主义的优劣。从体系性视角出发,需要探讨两方面问题:第一,在民事身份与地位领域之外的其他国际私法领域,特别是涉外合同与涉外侵权领域,特殊情形也会采用自然人的属人法连接点,如果其他国际私法领域优先以国籍或住所为属人法连接点,那么为了促进整个国际私法体系的协调与统一,似乎应择定其他领域优先采用的属人法连接点为整部国际私法的属人法连接点;第二,本国法主义与住所地法主义,对国际私法的一般制度的制度空间,尤其对反致和公共秩序保留的制度空间,各有何种影响?

传统合同冲突法和侵权冲突法无关属人法,但当代发展虽不以属人法为主要系属,却都以此为必要的辅助系属。在当代合同冲突法中,如果双方当事人缺乏意思自治,大多数国家采用了欧洲大陆的特征履行方法。20 世纪 50 年代,欧洲大陆学者主张,双务合同在一般情形下存在体现合同特征的一方履行,即货物卖方或服务提供方之履行,是为特征履行,而交付金钱一方为非特征履行方,合同最后应适用特征履行地法。③ 1980 年《合同之债法律适用公约》的制定者进而认为,现代合同交易更趋复杂,特征履行方的履行地常有数个之多,因而合同不应维系于特征履行地,而应维系于稳定的特征履行方的属人法。那么是本国法还是住所地法呢? 当住所与国籍不一致时,住所更能够反映一个人的生活中心,合同当事人组织和实施交易的场所一般是住

---

① 在财产关系案件中,国籍作为管辖权的依据,已被国际社会普遍否定;但是,在人身关系案件中,诸如离婚案件与扶养案件等,国籍仍是正当的管辖依据。
② 参见〔法〕亨利·巴蒂福尔、保罗·拉加德:《国际私法总论》,陈洪武等译,中国对外翻译出版公司 1989 年版,第 382 页。
③ See H. U. J. D'Oliveira, "'Characteristic Obligation' in the Draft EEC Obligation Convention", 25 *Am. J. Comp. L.* 303(1977).

所地,住所较之国籍与合同交易更为密切。合同法律关系不同于属人法律关系,前者的法律适用摒弃了精神价值方面的考量,只需探求合同与具体场所的客观联系。因此,在合同法律适用领域,住所胜过了国籍,接近事实概念的惯常居所,进一步胜过了含有主观意图的住所。在当事人无意思自治的情况下,作为推定规则或一般规则,合同适用特征履行方的住所地法,甚至是惯常居所地法,已被当今包括中国在内的大量国家所采用。①

当代侵权冲突法以适用侵权行为地法为一般规则,如果当事人双方的共同属人法不同于行为地法,那么作为例外应适用双方的共同属人法。双方的共同属人法同时包含共同本国法和共同住所地法,还是单指其一? 共同属人法之例外规则主要肇始于美国,美国单指共同住所地法之例外;采行本国法主义的欧洲大陆国家,也只是承认共同住所地法之例外,而很少规定共同本国法之例外。② 双方具有共同国籍,不一定生活于同一社会,而双方具有共同住所,则一般生活于同一社会。共同住所地法规则之所以构成例外,不仅因为侵权行为地可能是偶然之产物,更因为共同住所地法是双方当事人共同熟悉的,侵权损害赔偿及各种社会效果,最终归属于双方共同生活的社会。可见,合同冲突法与侵权冲突法,在以属人法规则为辅助规则时,都在寻求法律关系与特定场所的客观联系,聚焦于当事人的生活和生产中心,因而都以住所或直接以惯常居所为属人法之连接点。我国《民法通则》同时承认共同本国法和共同住所地法之例外,而《涉外民事关系法律适用法》只承认共同经常居所地法之例外,后者无疑更为合理。③

国际私法的一般制度,其中反致和公共秩序保留两项,主要应用于属人法领域,因而属人法的不同道路,对它们的制度空间的影响最大。从各国关于反致的司法实践看,当一国以国籍为属人法连接点时,若当事人为外国人

---

① 特征履行方法的盛行始于1980年《合同之债法律适用公约》(《罗马公约》),负责"推定"与合同有最密切联系的国家的法律。2008年《罗马公约》发展为《罗马Ⅰ条例》时,为强化法律的确定性,特征履行方法从附属于最密切联系原则的推定方法,上升为独立于最密切联系原则的一般规则。我国合同冲突法最初也采用推定规则形式,但我国《涉外民事关系法律适用法》第41条将适用特征履行方的经常居所地法和最密切联系地法共同并列为一般规则。
② 美国侵权冲突法适用当事人共同住所地法的经典案例是"Bobcock v. Jackson(1963)",参见〔美〕布里梅耶、戈德史密斯:《冲突法——案例与资料》(影印本),中信出版社2003年版,第188—192页。欧盟侵权冲突法适用当事人共同惯常居所地法的立法,参见2007年欧盟《非合同之债法律适用条例》(罗马Ⅱ条例)第4条第2款。
③ 1986年《民法通则》第146条规定:"侵权行为的损害赔偿,适用侵权行为地法律。当事人双方国籍相同或者在同一国家有住所的,也可以适用当事人本国法律或者住所地法律。中华人民共和国法律不认为在中华人民共和国领域外发生的行为是侵权行为的,不作为侵权行为处理。"2010年《中华人民共和国涉外民事关系法律适用法》第44条:"侵权责任,适用侵权行为地法律,但当事人有共同经常居所地的,适用共同经常居所地法律。侵权行为发生后,当事人协议选择适用法律的,按照其协议。"

而住所位于法院地国,则常接受从本国法向住所地法的反致;反之,当一国以住所为属人法连接点时,若当事人为本国人但住所位于外国,则常接受从住所地法向本国法的反致。因此,一国无论采本国法主义还是住所地法主义,总是希望利用反致制度,必要时改变当事人的属人法。反致制度与其说是在协调不同国家属人法体系的冲突,毋宁说是一国相机扩大本国属人法支配范围的工具。法院并非在每个可以反致的案件中都运用反致,而是更多着眼于个案实体结果,才最终接受反致的。反致制度的随机性、不确定性以及片面扩大法院地法支配范围的自私属性,招致许多学者严厉的批评。① 但是,只要属人法两种主义的对立无法消除,一国只能选择其一时,反致制度就难以废除。②

　　属人法的主义对立对反致制度的存亡有决定意义,对其制度空间却无不同影响,但对公共秩序保留制度则不然。国籍和住所,均可成为属人法律关系争议的司法管辖的依据,但依据住所行使管辖权的情形,现实中毕竟超过依据国籍行使管辖权的情形。对于住所位于境内的外国人,本国法主义国家和住所地法主义国家虽都有司法管辖权,但本国法主义国家需要适用外国属人法,而住所地法主义国家只需适用法院地法。因而在司法实践中,本国法主义国家适用外国法的几率,远超住所地法主义国家。本国法主义国家的初衷本是希望本国属人法继续支配住所位于外国的本国人,现在为了贯彻本国法主义,却被迫要在国内法院大量适用外国属人法。于是,本国法主义国家只好扩大公共秩序保留的制度空间,频繁启用公共秩序保留,以减少和回避外国法的适用。例如,欧洲国家曾经在离婚案件中,频繁利用公共秩序保留制度,以避免适用夫妻双方的共同本国法,转而适用双方的共同住所地法,即法院地法。③

　　因此,一国若采本国法主义,就会相应扩大公共秩序保留的制度空间;但若采住所地法主义,则可相应缩减公共秩序保留的制度空间。在孟西尼的理论体系中,公共秩序保留制度扩张成为整个理论体系的支柱之一,就是极力抬升本国法主义不可避免的结果。④ 然而,一边从正面确立本国法主义规

---

① 例如,可以参见泰特雷教授对反致制度的尖锐批评,〔加拿大〕泰特雷:《国际冲突法:普通法、大陆法及海事法》,刘兴莉译、黄进校,法律出版社 2003 年版,第 59—60 页。

② 然而,依据我国《涉外民事关系法律适用法》第 9 条,"涉外民事关系适用的外国法律,不包括该国的法律适用法",我国完全拒绝了反致,我国法官为追求个案公正,想在属人法的两种主义之间进行转换,也就失去了任何余地。

③ See De Winter, "Nationality or Domicile: The Present State of Affairs", 128 *Recueil des cours* 381 (1969-II).

④ See K. H. Nadelmann, "Mancini's Nationality Rule and Non-Unified Legal Systems: Nationality versus Domicile", 17 *Am. J. Comp. L.* 424—425 (1969).

范,一边又从反面扩大公共秩序保留的制度空间,这样的国际私法体系无疑是自相矛盾的。在国际私法体系中,公共秩序保留制度只应是例外存在,如果确立一种法律选择规范,需要同步扩大公共秩序保留的制度空间以作矫正,那么从法律体系性角度出发,这种法律选择规范就难谓合理。一国如果执着于本国法主义,就应同步增加适用外国属人法的雅量,一如既往地限制公共秩序保留,这样才不致引发整个国际私法体系的不谐和矛盾。可是本国法主义的总体司法现实表明,本国法主义强化一分,公共秩序保留制度也随之强化一分,体系性也就相应减弱了。

综上,无论从合同或侵权的法律适用问题出发,还是从公共秩序保留制度出发,本国法主义的体系性功能总体不如住所地法主义。但是,合同和侵权领域法律适用的住所规则,强调住所的客观要件甚于强调其主观要件,与民事身份和地位领域适成相反,因此住所地法主义虽能更好地维系所有法律适用领域的属人法的统一,但其体系性功能也存有缺陷。

四、惯常居所原则:第三条道路?

20世纪50年代以来,大陆法系国家虽仍坚持本国法主义,但本国法主义所受批评却日益加重,而批评本国法主义的学者,却又未必完全赞同住所地法主义,尤其是强化原始住所和主观意图的英国住所地法主义。于是,一个新的属人法连接点——惯常居所,日渐风靡,它似乎从住所地法主义演化而来,与本国法主义相对立,却又不同于住所地法主义,隐然超越了本国法主义与住所地法主义的对立而迈出了第三条道路。在过去二十年中,中国国际私法学界对惯常居所更是赞叹有加,难闻批评之声。[①] 然而,惯常居所能否真正超越本国法主义与住所地法主义而成为属人法的第三条道路,只有冷静反思其兴起过程与利弊后,才能有确定的答案。

(一) 惯常居所原则的兴起

惯常居所的兴起与海牙国际私法会议是分不开的。20世纪初,海牙国际私法会议由大陆法系国家主导,因而在系列涉及属人法的公约中均以国籍为连接点。但是,本国法主义却使系列婚姻家庭方面的公约陷入困境,其原

[①] 我国学界批评本国法主义并赞成代之以惯常居所的代表性论文,主要有:肖永平:《国际私法中的属人法及其发展趋势》,载《法学杂志》1994年第1期;刘益灯:《惯常居所:属人法趋同化的必然选择》,载《中南工业大学学报(社科版)》2002年第3期;杜焕芳:《论惯常居所地法及其在中国的适用》,载《政法论丛》2007年第5期;董海洲:《从"身份"到"场所"——属人法连接点的历史与发展》,载《法学家》2010年第1期,第154—166页。

因主要包括如下三个方面:第一,只有同步扩大以国籍为依据的司法管辖权,才能贯彻本国法主义,但由此加剧了国籍国和住所地国在争夺司法管辖权方面的矛盾;第二,如果夫妻双方国籍不同,离婚应适用哪方法律呢?1902年《离婚及分居的法律与管辖冲突公约》始终无法提供圆满答案;第三,欧洲国家法院依据公约的本国法主义适用外国法时,动辄启用公共秩序保留制度,以致公约实效锐减。另外,两次世界大战催生了难民潮,难民往往国籍不明,并引发许多多重国籍问题,本国法主义的确定性优点也减损了。① 本国法主义在海牙国际私法会议终于难以为继。

然而,海牙国际私法会议并不能轻易转向住所地法主义,因为强化原始住所和主观意愿的英国住所概念,难以为大陆法系国家所接受,而且大陆法系国家之间的住所概念也多有分歧。只有另行寻找一个不依赖于特定国家法律体系的概念,海牙国际私法会议才能吸引更多国家缔结或加入公约。为此,海牙国际私法会议开始大量启用惯常居所,作为属人法的连接点。那么,惯常居所所指是何?第七届海牙国际私法会议的委员会主席宣称:"惯常居所是一个事实概念,无需与任何特定的法律体系相联系。"② 惯常居所既被宣称是事实概念,也就不再是一个法律建构,海牙国际私法会议就不必对惯常居所下一确切定义。20 世纪 50 年代至今,事实确是如此,该国际组织清楚,各国本就无法对惯常居所形成统一定义,海牙公约如强行统一,只会使缔约国重新陷入分裂。③

一个接近事实的、刻意保持模糊的概念,才有利于各国在缔结条约时形成妥协,因为各国可以从中各取所需;相反,一个精确的、纯粹法律建构的概念,会使那些法律见解不同的国家敬而远之,不利于条约缔结。因此,惯常居所在海牙公约体系中的兴起,主要因为它提供了有效的妥协方法,而非从国内法中发展出来并被普遍接受的。欧盟统一的国际私法在属人法问题上也开始青睐惯常居所,除了上文分析的原因之外,同样因为它可以最大限度促进欧洲各国国际私法的妥协和统一。但在各国国际私法体系中,除了中国之外,惯常居所至今尚未取得独立主导的地位:普通法系国家仍拒绝以惯常居所来全面取代住所,而大陆法系国家,典型如德国《民法典施行法》第 5 条,惯

---

① 对本国法主义引发的现实困难的详尽分析,参见 De Winter, "Nationality or Domicile: The Present State of Affairs", 128 *Recueil des cours* 381—398 (1969-II)。
② See De Winter, "Nationality or Domicile: The Present State of Affairs", 128 *Recueil des cours* 428 (1969-II).
③ See Lawrence Collins (with Specialist Editors), *Dicey, Morris and Collins on the Conflict of Laws* (14th ed., 2006), Sweet & Maxwell, p.168.

常居所虽被接纳,但至多只是自然人国籍不确定时的辅助连接点。① 由此可见,惯常居所的兴起,更多限于统一国际私法领域,远未全面及于国内法。

(二) 惯常居所的认定

海牙国际私法会议一则认为惯常居所是事实性概念,无需法律定义;另则为防止僵化,好给各国国内法留有余地,也避免进行定义。欧盟统一国际私法在身份领域也极力避免精确界定,例如,2012年欧盟继承冲突法条例只规定了惯常居所的认定指南:"权威机关认定惯常居所时,应全面衡量被继承人死亡时及之前数年的生活状况,考虑所有相关事实,特别是被继承人在相关国家的居住强度以及居住条件和目的。鉴于本条例宗旨,惯常居所应反映个人与所在国家密切的、稳定的联系。"②相反,在非身份领域,欧盟统一国际私法则力求精确,欧盟《罗马Ⅰ条例》和《罗马Ⅱ条例》均规定:"个人在从事业务时的惯常居所是其主营业地。"③

一般认为,住所之外之所以别立惯常居所,是因为惯常居所强调住所概念中客观居住事实,而弱化住所概念中的主观意图;当有长期居住事实时,无需推定主观意图,就可成立惯常居所。如同欧盟继承条例的认定指南所言,惯常居所强调个人与国家的密切与稳定的联系。以属人法研究见长的温特(Winter)教授甚至认为,惯常居所重在考察个人融入特定社会的情形,反映自然人和特定国家的社会联系,其本质是"社会住所";如明确界定居住时间长短,则过于形式主义,不能反映社会住所的本质。④ 惯常居所较之住所,似乎更重视个人与特定国家的客观联系,但何种客观联系才构成惯常居所,仍然离不开一定的法律标准,远非能够按其"通常的、自然的意义"来解释。⑤ 因此,惯常居所确是比住所更加接近客观事实的概念,但如认为惯常居所只是纯粹的事实概念,恐怕更多是一种幻觉。

惯常居所无疑降低了主观意图的重要性,但惯常居所真能离开主观意图

---

① 参见德国《民法典施行法》第5条。
② 参见2012年《继承事项管辖权、法律适用、判决与权威文书的承认与执行以及建立欧洲继承认证条例》(Regulation(EU) NO 650/2012)序言第23款。
③ 欧盟2008年《合同之债法律适用条例》(罗马Ⅰ条例)第19条第1款规定:"For the purposes of this Regulation, the habitual residenceof companies and other bodies, corporate or unincorporated, shall be the place of central administration.";2007年欧盟《非合同之债法律适用条例》(罗马Ⅱ条例)第23条第2款规定:"For the purposes of this Rugulation, the habitual residence of a natural person acting in the course of his or her business activity shall be his or her principal place of business."
④ See De Winter, "Nationality or Domicile: The Present State of Affairs", 128 *Recueil des cours* 432—435 (1969-II).
⑤ See P. Rogerson, "Habitual Residence: The New Domicile?", 49 *I. C. l. Q.* 89 (2001).

的证明吗？在法律选择领域，英国迄今为止的判例法给出了否定的答案：惯常居所同样需要主、客观相结合，客观上要求居住相当长时间，只是时间长短要求不固定，取决于具体法律背景；主观上仍需判断个人的居住目的和意图。① 许多时候，惯常居所与住所并无二致，只是住所要求个人意图是全面的意图，而惯常居所可以容纳有限的意图和目的，因而住所在法律上只能是唯一的，而惯常居所则可以有两个甚至两个以上。② 无论如何，只要不能单纯依据客观居住事实来认定惯常居所，就不能回避主观意图的问题。只有当法律机械规定以居住时间长短来认定惯常居所时，才有可能摆脱主观认定问题。在管辖权、合同和侵权等国际私法领域，因不涉及个人的精神价值，如需认定惯常居所，确实只需探寻个人与特定国家或地区间的客观联系，而不必涉及个人的主观意图。③

婚姻、家庭等身份领域，涉及个人之尊严和精神价值，如其属人法维系于惯常居所地国家，就不能单纯依据居住时间长短和营业地等客观因素来认定惯常居所。惯常居所弱化住所概念中的主观要件，旨在强化个人和特定国家间的实质联系，或者旨在强调温特教授所言的社会融入，但是在民事身份和地位领域，不管是实质联系，还是社会融入，能够离开个人的心理状态吗？当个人"身在曹营心在汉"时，我们能说个人和"曹营"已经具有实质联系，或个人已实质融入"曹营"了吗？因此，作为属人法连接点的惯常居所，尽管可以强化客观因素的重要程度，但最终无法避免对个人主观因素的认定，主观要件与客观要件最后还需结合一起，就像在住所概念中那样。当然，在民事地位与身份领域之外，确实可以只凭客观要件来认定惯常居所。因而在国际私法的不同领域，惯常居所的实质其实并不完全相同；相反，同一术语下隐含着相当大的弹性。④

(三) 惯常居所原则批判

惯常居所原则兴起于海牙公约体系，但任何国家的国际私法均无法照搬

---

① See P. Rogerson, "Habitual Residence: The New Domicile?", 49 *I. C. l. Q.* 92—92 (2001).
② 卡弗斯指出，住所行使的是自然人的"法律总部"的功能，而惯常居所可以为有限目的而存在，See D. F. Cavers, "Habitual Residence: A Useful Concept?", 21 *Am. U. L. Rev.* 483—484 (1971—1972).
③ 例如，在将欧盟2000年《管辖权及判决的承认与执行条例》(布鲁塞尔条例 I)转化为国内法时，英国2001年《民事管辖与判决法令》第1章第9条第6款规定，自然人在英国最后连续居住3个月以上，一般即可认为在英国有了惯常居所，英国法院可以据此行使管辖权。
④ "如果不同种类的冲突法规则采用惯常居所为连接点，那么惯常居所的实际含义将会构成一个系谱，从最严格的住所，到最易成立的居所"，参见 D. F. Cavers, "Habitual Residence: A Useful Concept? ", 21 *Am. U. L. Rev.* 484 (1971—1972).

海牙公约,因为海牙公约体系为了各国实现妥协之目的,刻意对惯常居所保持模糊而赋予各国内法以发展自由,但国内法却需要一个相对精确的、清晰的属人法连接点。即使惯常居所是一个事实概念,国内法也需要清楚地规定事实认定方法或证明方法,更何况惯常居所作为纯粹事实只是一种幻觉。可见,在属人法连接点的选择问题上,一国如盲从海牙公约体系,无疑混淆了国际体制与国内法体系的不同需要。因此,国内法最终能否择定惯常居所作为属人法的连接点,需要摆脱海牙公约体系去做独立的探索和证明。

在整个法律体系中,为了不同的法律目的,例如为了税收、社会保障、管辖权、涉外法律适用等,到处需要判定个人和国家间的实际联系。理想情形是不同法律领域寻找到一个统一的概念,例如,可以是国籍、住所、居所或惯常居所,其中,惯常居所似乎是最理想的选择,因为它较之其他概念,最接近事实却又包含更多的弹性,可以满足不同法律领域之所需。但是,如果不同法律部门对惯常居所实际上作出了不同的定义①,我们又何必维持一个虚幻的统一呢?具体到国际私法,管辖权、属人法律关系、合同和侵权等法律适用,同样都需要判定个人和国家间的实际联系,惯常居所因其所持弹性,似乎提供了一个比住所还理想的统一概念。为了国际私法体系的协调和统一,一国有何理由不择定惯常居所作为属人法的连接点呢?

无论如何定义,惯常居所比之住所,更加接近事实,更加强调个人与国家间的客观联系。管辖权和非身份法律适用领域,注重个人和国家间的客观联系,甚至需要对客观联系作出精确的量化规定,诸如连续居住六个月或一年以上时间。因此,惯常居所较之国籍和住所,更能胜任管辖权和非身份领域法律适用的需要。② 但是,以婚姻、家庭为核心的身份领域的法律适用,在强调个人和国家间客观联系的基础之上,更加强调个人和国家间的主观联系所体现的精神价值,正如国籍反映的民族主义精神、住所反映的自由主义精神。如果惯常居所旨在最大限度的剥离个人的主观意图,那么它作为属人法的连接点,就完全不能实现属人法律适用所追求的精神价值。甚至完全可以说,惯常居所追求的客观性、事实性,与属人法的法律本质是背道而驰的。而且,不同于住所和国籍的唯一性,自然人可以同时拥有两个甚至更多的惯常居所,这固然可为管辖权领域的平行管辖原理所许,但却违背了法律适用的确定性要求。因此,惯常居所更适宜作为司法管辖权的连接点,却不宜作为法律适用特别是属人法的连接点。

---

① 例如在社会保障法领域,一国为降低财政支出,最难成立惯常居所;相反,一国为增加税收和保护儿童,在税收法领域和儿童保护法领域,最易成立惯常居所。
② See P. Rogerson, "Habitual Residence: The New Domicile?", 49 *I. C. l. Q.* 106 (2001).

惯常居所虽契合侵权、合同等非身份领域法律适用的非精神属性,但非身份领域采用属人法连接点的情形,只是很少的例外,因此不能为了顾及少数例外情形而牺牲全部属人法律适用的正当性。在传统住所地法主义国家,典型如英国,当其适用欧盟统一国际私法来决定自然人属人法时,惯常居所事实上又重新回到传统住所地法主义之中,可见惯常居所并不能超越本国法主义和住所地法主义而提供第三条道路。在大陆法系国家,当国籍难以确定,本国法主义包含的精神价值无从实现时,以惯常居所为补充连接点来确定个人的属人法,就是现实选择了,此时只需强调惯常居所的事实因素,而不必深究个人的主观意图,否则会与主导的本国法主义发生价值冲突。[①] 因此,无论是住所地法主义的国家在少数情形下采用惯常居所,还是本国法主义的国家在例外情形采用惯常居所,都不会损及各自属人法传统早已确立的精神原则。但是,如同中国这样原本是本国法主义的国家,一旦放弃本国法主义,在法律适用领域全盘采用惯常居所(经常居所),其法律后果恐怕就不那么令人乐观了。

五、中国道路之抉择

上文关于本国法主义、住所地法主义以及惯常居所的一般分析,其结论已经可以决定我国属人法方法的道路抉择。我国自清末民初开启法律现代化以来,继受了欧陆和日本的大陆法系传统,属人法自然也依循了大陆法系的本国法主义。而且,本国法主义蕴含的国家主义和民族主义,也与我国国民长期养成的深厚浓烈的家国情怀深相契合。直至 20 世纪 80 年代,我国本国法主义似乎并未受到严重挑战。然而,短短二十年之后,我国国际私法学界几乎一面倒地支持住所地法主义,尤其是作为住所地法主义"改进版"的惯常居所原则。2010 年《涉外民事法律关系法》顺应学界风潮,明确以经常居所为属人法的基本连接点,本国法主义仅剩微弱的支持声音。[②]

我国属人法方法之所以在短短二十年中发生根本变革,原因主要有三:第一,自从 20 世纪 80 年代恢复法学学术以来,我国国际私法学界谙熟英语的学者远逾谙熟德语、法语的学者,整个学界更深地领悟了住所地法主义的精义之所在,却与本国法主义日渐隔阂,于是对住所地法主义产生了路径依

[①] 在大陆法系国家,自从本国法主义兴起之后,如前文所述,住所就越来越趋向事实性概念,与惯常居所已经相差无几了。

[②] 近年我国学界支持本国法主义的论著极少,代表性论文是,杜涛:《学术之争还是信仰之争?——对〈涉外民事关系法律适用法〉中属人法原则的几点反思》,载《中国国际私法与比较法年刊》2011(第 14)卷,北京大学出版社 2002 年版,第 22—54 页。

赖;第二,20世纪中叶以来,本国法主义与其鼎盛时代的20世纪初叶相比,确实呈现了一定程度的衰落之势,我国学界捕捉了这一趋势并将其放大,更由于过分信赖以海牙国际私法会议为代表的国际体制,在缺乏深刻反思与批判的情况下,就开始推崇惯常居所了;第三,我国学界普遍认为,国籍反映了国家和个人之间的公法关系,具有过多的政治内涵,而住所尤其是惯常居所构成个人事务和家庭生活的中心,属人法主要关乎私人事务,理应冷却政治激情,放弃本国法主义,直接以惯常居所为连接点。①

上述三个原因,原因一关乎时代机运,影响巨大,但非学术所能左右;原因二上文已多有剖析,我国国际私法学界如一日缺乏独立自由的批判精神,就一日难以驱除迷信国际体制的崇洋心理;原因三如今几成定论,却有许多似是而非之处尚待辨析。国籍是个人隶属于具体国家的身份标志,确实容有政治内涵和浓厚的公法色彩,但不能先验认为公法概念就不能成为国际私法的连接点。住所或惯常居所除了作为属人法连接点之外,也广泛运用于福利保障法、社会管理法、税法等公法领域,既是私法概念,也可说是公法概念,却为何不见异议呢? 可见,国籍、住所或惯常居所三者,不管它们在其他法律领域的功能如何,也不管它们是公法概念还是私法概念,何者最能体现属人法律关系的本质,何者最能满足属人法律适用的需求,就最有资格被择定为属人法的连接点。

属人法律关系一般只涉及自然人法律人格或家庭成员之间的法律关系,是内部型法律关系,有别于以合同、侵权为代表的外部型法律关系。外部型法律关系建立在不特定第三人间的关系的基础之上,其法律适用不涉及个人的精神情感,只要求选择可供外部识别的、确定的连接点。因此,如果合同、侵权等外部型法律关系需要以属人法连接点作为辅助连接点的,那么国籍显然不如住所,住所显然不如惯常居所,在注重流通的商事关系中,惯常居所甚至不如更具确定性、更易被外部识别的"实际所在地"。② 但是,属人法律关系不同于陌生人之间的商业关系和物质关系,虽具有社会的、物质的一面,但更是人与人之间的精神与情感关系。属人法律关系最终应维系于哪国法律,不仅应考察个人与特定国家间的社会联系、物质联系等客观方面,更要考察

---

① 代表性论述,参见董海洲:《从"身份"到"场所"——属人法连接点的历史与发展》,载《法学家》2010年第1期,第161—162页。
② 例如,2001年联合国《国际贸易中应收账款转让公约》第30条第1款规定,受让人是否享有应收账款的权利优先性,适用转让人转让时的实际所在地法。这是为了保护商业流转中受让人的善意和可预见性。此处"实际所在地"的应用只限于高流通的商业关系中,无关属人法律关系的法律适用。我国有学者据此认为"当事人所在地"代表了属人法的发展方向,这犯了以例外代替一般的错误,参见袁发强:《属人法的新发展:当事人所在地法》,载《法律科学》2008年第1期,第110—114页。

个人对特定国家的精神依赖或精神向往。

当个人的国籍国与住所国不一致时,本国法主义只好割裂属人法与个人的客观联系,将其合理性全部寄托于主观价值追求。住所地法主义不论在何种情况下,都要求个人与住所地国有最低限度的客观联系,尽管在主观要件充分的前提下,客观联系可以极为微弱。① 从保证自然人与其属人法具有最低限度的客观联系的角度出发,住所地法主义优越于本国法主义,然而这不足以最终论定两种主义何者更优,因为属人法律适用更加注重个人与特定国家间的精神联系。上文关于两者思想基础的分析表明,它们从不同方向表达了个人和国家间的高度精神联系:本国法主义表达了部分人心中的国家主义和民族主义,而住所地法主义则表达了另一部分人心中的个人主义和自由主义。在文化多元和精神自由的今天,我们不应厚此薄彼。

惯常居所与国籍、住所相比,强调个人和特定国家间的客观联系,同时努力剥离两者间的精神联系,意图使个人和特定国家间只剩下赤裸的事实关系,因而散发出浓重的物质气息和商业气息,偏离了属人法律关系及其法律适用的本质。《涉外民事关系法律适用法》如放弃国籍原则而改用住所原则,无非是开启一次全新的精神追求,从民族主义迈向自由主义,亦无不可;但不幸它偏偏选择了三个连接点中最不宜作为属人法连接点的惯常居所——经常居所。如前所述,在大陆法系的德国、奥地利等国,惯常居所只是作为属人法的辅助连接点,并不会损及本国法主义的精神追求;在英美法系国家,法官在确定属人法过程中仍然探求居住的主观意图,几乎重新将惯常居所原则导入了住所地法主义。然而在我国,经常居所全面取代了国籍,而非本国法主义的辅助连接点,而且我国并无住所地法主义传统,难以直接将其导入住所地法主义,因而我国惯常居所原则的弊端或许更大。

一言以蔽之,惯常居所作为属人法连接点的最大弊端,就是割裂了个人与特定国家间的精神联系,销蚀了属人法的精神属性。试想,某外国人因服膺中华文化,举家迁入中国,充分表达了终老于中国的意思,却因刚到中国不久,不满足经常居所的居住时间要求,无法以中国法为其属人法;相反,某中国人多年求学于外国,一心归国报效,却因在外国成立经常居所,其属人法已为外国法,上述两种情形都过分执着于客观事实,以致无法传达个人对属人法的信服和精神依归。我国《涉外民事关系法律适用法》如同海牙公约,对经

---

① 这里只就一般住所(选择住所)而言,依据英国法律,自然人与英国从未有实际联系,仍可能从其父辈那里继受原始住所,对此,参见 Lawrence Collins (with Specialist Editors), *Dicey, Morris and Collins on the Conflict of Laws* (14th ed., 2006), Sweet & Maxwell, pp. 130—132。

常居所未作界定。《涉外民事关系法律适用法司法解释（一）》则清醒认识到，经常居所在国内法中，根本无法作为一个纯粹事实，必须赋以法律定义，于是第15条规定："自然人在涉外民事关系产生或者变更、终止时已经连续居住一年以上且作为其生活中心的地方，人民法院可以认定为涉外民事关系法律适用法规定的自然人的经常居所地，但就医、劳务派遣、公务等情形除外。"

这一规定借鉴了民法通则司法解释和早前民事诉讼法司法解释关于"经常居住地"的规定[①]，与学界对惯常居所的一般理解相比，具有两个中国特色：第一，惯常居所比之住所，强调更长期的居住事实，但在属人法律适用领域，几乎没有他国如同我国司法解释，会如此机械地规定"一年"时间，相反，他国一般留待法官综合案件情况加以判断。我国如此片面追求法律确定性，剥夺了惯常居所概念可以拥有的弹性，不给法官留下丝毫自由裁量的空间，实则更加背离了属人法的精神属性。第二，"但书"中的"就医、劳务派遣、公务等情形"似乎表明，当事人在一国如没有无限居住的意思表示，就不能成立经常居所，在一定程度上又重新开始考虑当事人的主观意图了。然而，当事人缺乏无限期居住的意思表示，或只为了有限目的的居住，还有许多情形，例如在外国求学、投资、经商、伴读等等，主观状态难以穷尽，远不止"但书"中的三种情形。"但书"虽有"等"字兜底，但如果不明确规定意思表示的判断方法，用以判断当事人主观意图的功能就终究有限。

第一个中国特色追求精确的客观事实，第二个中国特色又试图在一定程度上恢复属人法连接点的精神属性，两者事实上发生了矛盾：如果第15条强调当事人的主观意图，当主观意图充分时，何需机械地要求"一年"居住时间？如果第15条重视客观的连续一年的居住时间，当事人既已满足客观条件，何必又去探寻其主观意图？经常居所虽是惯常居所的中国表达，但依据第15条，似乎又偏离了惯常居所强调客观要件的轨道；反之，若要说经常居所已接近住所，但主观要件只限于狭隘的三种情形，总体仍然遮掩不明。因此，在我国《涉外民事关系法律适用法司法解释（一）》中，经常居所似乎介于惯常居所和住所之间，然而这种中间状态立刻会引来更严重的质疑：自然人一般可有两个甚至两个以上的惯常居所，但只能有一个住所，《涉外民事关系法律适用法》及其司法解释是否允许当事人同时有两个甚至两个以上的经常居所呢？

[①] 1988年《民法通则司法解释》第9条规定："公民离开住所地最后连续居住一年以上的地方，为经常居住地。但住医院治病的除外。公民由其户籍所在地迁出后至迁入另一地之前，无经常居住地的，仍以其原户籍所在地为住所。"1992年最高人民法院《关于适用《关于适用中华人民共和国民事诉讼法》若干问题的意见》（以下简称"1992年《民事诉讼法司法解释》"）第5条规定："公民的经常居住地是指公民离开住所地至起诉时已连续居住1年以上的地方。但公民住院就医的地方除外。"

从第 15 条"连续居住"和"生活中心"的措辞来看,司法解释似乎倾向于认为当事人只应有一个经常居所,这不是进一步使经常居所"住所化"吗?如果真是如此,《涉外民事关系法律适用法》直接以住所为属人法连接点,岂不更加省事?

我国目前久居外国的中国人数量,远超久居中国的外国人数量,因而适当扩大我国属人法支配范围的政策需求,远逾促进国内族群融合的政策需求。而且,对亚非拉发展中国家,近年我国加大了资本输出和劳务输出,大量中国人奔涌前往,但那些国家的法治发展和人权保护程度还有种种不如人意之处,因而为保护居住外国的中国人的基本民事权利,我国法院现阶段还需对内、外国法律进行道德衡量。从这两方面来说,本国法主义似乎更适合当下中国。但是,《涉外民事关系法律适用法》既已放弃本国法主义,也就意味着我国从此走向了一条不归之路,留恋本国法主义已是枉然。然而,何处是归程?归程只能是与本国法主义相对立的住所地法主义,我们没有中间道路可走。如果经常居所只是纯粹的事实概念,我国属人法方法将无关自然人的人格尊严和自由意志,将失去一切应有的价值追求。只有将经常居所尽可能地"住所化",才能在放弃本国法主义的精神价值时,去获取住所地法主义的精神价值。最坏的结局便是两头落空,无所归依。

《涉外民事关系法律适用法司法解释(一)》中经常居所概念,尽管存在内部不谐,但毕竟向"住所化"的正确方向迈进了一步,只是程度还远远不够。我国是缺乏住所地法主义传统的国家,民法至今尚未提出健全的住所概念,当下只能依靠学理和司法实践去重塑住所概念了。[①] 罗马法传统生发的住所概念,同时包含居住事实的客观要件,以及无限期居住意思的主观要件,构成了各国普遍认可的住所制度的核心思想[②],也应成为我国重塑住所概念的基础和出发点。同时,鉴于我国国民跨国流动的现实,为迎合这一现实所提出的政策需求,经常居所在迈向住所的方向上,应更多借鉴英国的住所制度,借鉴其强调原始住所和主观意图的保守态度。一个住所位于中国的中国人,在其跨境流动过程中,只要没有充分的放弃中国住所和获取外国住所的主观意图,就不能轻易认定其放弃了中国住所并获得了外国住所,如此才能在张扬住所地法主义的精神价值时,适当扩大我国属人法的支配范围,并有效保障异国他乡的中国人的基本民事权利。

[①] 依据我国《民法通则》第 15 条,"公民以他的户籍所在地的居住地为住所,经常居住地与住所不一致的,经常居住地视为住所。"我国公民住所的逻辑起点是"户籍所在地",对其严重违离民法精神的分析,参见李永军、王伟伟:《民法上的住所制度考》,载《政法论坛》2009 年第 6 期,第 49—68 页。

[②] See E. Rabel, *The Conflict of Laws* (2nd ed., 1958), Vol. 1, University of Michigan Law Press, p.151.

第五章 同一制与区别制的对立及解释*

《涉外民事关系法律适用法》制定前,在涉外继承法律适用领域,摆在立法者和学者面前的一个最大难题是:新法究竟应采同一制还是区别制?所谓同一制,是指不区分遗产为动产和不动产,不论遗产位于何处,继承统一适用被继承人死亡时的属人法;所谓区别制,是指区分遗产为动产和不动产,动产不论位于何处,动产继承适用被继承人死亡时的属人法(一般是住所地法),不动产继承适用不动产所在地法。1986年《民法通则》只规定了法定继承采用区别制,但没有直接规定遗嘱继承的法律适用。① 中国国际私法学会在草拟"学会建议稿"的过程中,草拟人就同一制与区别制的抉择问题激辩多时,分歧严重。② 《涉外民事关系法律适用法》最后区分法定继承和遗嘱继承,法定继承的法律适用延续《民法通则》,采用区别制③,遗嘱继承的法律适用采用同一制。④

有代表性国家的立法同样表明,涉外遗产继承的法律适用存在同一制与区别制的根本对立:大陆法系为一方阵营(法国例外),涉外遗产继承大多采用同一制;相反,英美法系为另一方阵营,涉外遗产继承大多采用区别制。⑤ 同一制与区别制在世界范围内分庭抗礼,似乎可以推定各自利弊并存。我国

---

* 本章系在《同一制与区别制的对立及解释》(《中国法学》2011年第6期)一文基础上修改而成。
① 《民法通则》第149条规定:"遗产的法定继承,动产适用被继承人死亡时的住所地法律,不动产适用不动产所在地法律。"
② "学会建议稿"最终主要采用了区别制,区分法定继承和遗嘱继承,《涉外民事关系法律适用法》只对其进行了局部改动。参见黄进主编:《中华人民共和国涉外民事关系法律适用法建议稿及说明》,中国人民大学出版社2011年版,第17页。
③ 《涉外民事关系法律适用法》第31条规定:"法定继承,适用被继承人死亡时经常居所地法律,但不动产法定继承,适用不动产所在地法律。"
④ 《涉外民事关系法律适用法》第33条规定:"遗嘱效力,适用遗嘱人立遗嘱时或者死亡时经常居所地法律或者国籍国法律。"
⑤ 参见 Lawrence Collins (with Specialist Editors), *Dicey, Morris and Collins on the Conflict of Laws* (14th ed. 2006), Sweet & Maxwell, p.1238. 海牙国际私法会议于1989年通过了《死者遗产继承法律适用公约》,以同一制为基调,表明国际社会更多地青睐同一制。但该公约至今未生效,仅有1个缔约国即荷兰,阿根廷、卢森堡和瑞士签署了该公约,但未批准。该公约在实践中不受欢迎的原因,不是因为它倾向于同一制,而是因为它为协调本国法主义与住所地法主义而设计了极为繁琐的规则,最后却为两边不接受。参见://www.hcch.net/index_en.php? act=conventions.status&cid=62,访问日期:2016年9月5日。

立法为何要划分法定继承和遗嘱继承,法定继承为何要弃同一制而取区别制,遗嘱继承为何又弃区别制而取同一制,法律适用和解释过程中将会产生哪些问题,法律颁布之时似乎并没有附以权威说明。与此同时,对于同一制与区别制各自的力量与弱点,以及两者在实践中引发的各种问题,我国学界长期以来缺乏全面和细致的探讨。

借助《涉外民事关系法律适用法》颁布之契机,我国学界应重新思考:该法对于涉外继承之规定,有无充分的理论论证,有无深沉的本土原因?为此,我们应去深入探讨同一制和区别制两种制度之对立,一方面可以弥补过去研究之不足,另一方面更加重要的是,揭示两种制度在司法过程中隐藏的问题,指陈各自的利弊得失,借此可以为未来最高人民法院出台司法解释和法官的个案适用开辟一条稳健的道路。

一、区别制与同一制的历史根源

我国国际私法继受西方而来,制度建构,规则制定,几乎无一不是源于对西方的借鉴或移植。只有全面理解西方国际私法制度或规则的历史根源,才能深刻理解它们在当代社会所发挥的法律功能。就涉外遗产继承而言,如果我国与区别制国家或同一制国家具有相似的历史情境,那么区别制或同一制一经引入我国,或许就能有效植入我国国际私法的未来历史;但是,如果区别制国家或同一制国家的自身历史条件已然改变,而我国从未具有相似的历史情境,那么我们一旦借鉴或移植之后,就应相应改变其内涵或原有发展轨迹,使之契合我国的实践需要。

在西方国际私法历史中,涉外遗产继承的法律适用先后出现过三种观点或实践,分别是统一适用物之所在地法、区别制和同一制。最早一种观点认为,遗产继承,包括动产和不动产,统一适用物之所在地法。其中最极端的一种规定是本国境内的财产不允许由外国人继承,而是移交给本国最高统治者——作为外国继承人的替代者,如同现代社会中无人继承财产的处理。[①]另一种较为温和的规定是虽承认外国继承人可以继承本国境内的财产,但必须无条件地适用物之所在地法。[②]统一适用物之所在地法的观点其实拒绝了一切外国法适用的可能,是一种严格的属地法时代的产物,如今已成历史,因而我们只需考察统治今日的两种制度即区别制与同一制的历史根源。

---

① 参见〔德〕萨维尼:《法律冲突与法律规则的地域和时间范围》,李双元等译,法律出版社 1999 年版,第 163 页。
② 同上。

(一) 区别制的历史根源

区别制从16世纪开始盛行于西欧。18世纪以来，在德国等大陆法系国家，区别制渐被同一制所取代①，但区别制在英国和美国等英美法系国家顽强地延续至今。另外，法国，以及深受法国法影响的奥地利和比利时，至今仍采区别制，构成以同一制为主要特色的大陆法系传统的例外。② 区别制主要是西欧封建制度的产物，确切说，是西欧封建土地制度所决定的继承制度的产物。其中，英国涉外继承制度清晰地展现了区别制的历史形成过程。

在早期英国法中，继承概念和继承法全是针对纯国内继承而发展起来的，几乎未曾考虑过涉外继承因素。③ 英国各项国际私法制度普遍落后于国内各领域实体法的发展，产生之初都是各领域实体法的产物，而各领域实体法的发展却鲜有受到国际私法规则的反作用，英国涉外遗产继承的区别制亦不例外。④ 因此，我们追踪区别制的形成轨迹，就需从早期英国继承实体法入手。早期英国继承实体法严格区分不动产和动产，不动产继承受封建原则调整，而动产继承受教会法调整，区别制就是在这种区分不动产和动产的实体法背景中酝酿成熟的。

依据英国不动产继承的封建原则，即长子继承制，只有最年长的男性继承人才能继承不动产。长子继承制迎合了封建制度，便于在土地产权人死后立即确定履行封建税捐义务的人选；同时，长子继承制可以避免家族不动产的分散，借此延续整个家族的权力和声望。⑤ 与不动产继承不同，英国的动产继承传统上受教会法调整，而教会法又深受罗马法影响，英国1670年的《遗产分配法》为其典型，它规定依据血缘关系，不分性别，由近而疏，在被继承人的亲属之间分配动产。例如，如死者留有配偶、一个儿子和两个女儿，则由配偶取得1/3的动产，三个子女在剩余的2/3的动产中享有相同的份

---

① 〔德〕萨维尼：《法律冲突与法律规则的地域和时间范围》，李双元等译，法律出版社1999年版，第163—164页。
② See Lawrence Collins (with Specialist Editors), *Dicey, Morris and Collins on the Conflict of Laws* (14th ed., 2006), Sweet & Maxwell, p. 1238.
③ See Eugene F. Scoles & Peter Hay, *Conflict of Laws* (2nd ed., 2000), West Publishing, p. 796.
④ 有关英国国际私法的早期发展，参见 Friedrich K. Juenger, *Choice of Law and Multistate Justice* (1993), Martinus Nijhoff Publishers, pp. 22—28.
⑤ 长子在完整地传承家庭实力之后，也应像前辈那样为贫困的亲属提供生活来源，参见〔美〕约翰. G. 斯普兰克林：《美国财产法精解》，钟书峰译，北京大学出版社2009年版，第462页。

额。① 封建时代尚未迈入商业社会,不动产占据了社会财富的绝大部分,而动产的财富价值相对次要,因而不动产继承是封建时代继承制度的重心之所在。

英国国际私法受继承实体法结构的影响,亦相应地强调不动产继承和动产继承之间的区分,形成了法律适用的区别制,既适用于遗嘱继承,又同时适用于无遗嘱继承。区别制在涉外继承领域,如同继承实体法,也捍卫了封建关系。在封建关系中,封建领主将土地分封给封臣,封臣虽拥有土地产权,却不拥有土地的完全所有权。土地是一国封建关系的载体,封建原则要求土地权利的继承首先应保护封建关系的延续,因此,支配涉外土地继承的法律,自然是不动产的所在地法,而非是封臣的住所地法。如非如此,封臣一旦取得外国的住所,封臣土地上的封建关系岂不因适用外国继承法而易受破坏?②因此,不动产继承适用不动产所在地法,在封建时代自然是不可动摇了。

依据英国封建时代所形成的区别制,动产不论分散在几个国家,动产继承都统一适用被继承人死亡时的住所地法。不动产继承法律适用规则的内在理据是封建原则,但动产继承法律适用规则的内在理据又是什么呢?几乎出人意料的是,区别制在其形成之初并未对动产继承规则作出有力解释,学者和法官后来大致给出了三种不同的理由:动产随人原则、被继承人住所地法的域外效力和动产的概括继承③,然而这三种理由归根结底都难以成立。

动产随人原则主要出现在动产物权的法律适用领域,是指动产即使散落不同国家,动产物权应适用动产所有人或占有人的住所地法。动产随人原则如能扩展适用于动产继承领域,就需证明动产物权和动产继承这两种法律关系在本质上是一致的。然而,物权是对世权问题,而继承主要是家庭和身份领域的问题,两者本质并不相同。萨维尼在动产物权领域极其雄辩地推翻了动产随人原则,并怀疑动产随人原则实际上源于对区别制中的动产继承规则的抽象概括。④ 如果真是如此,用动产随人原则来证明区别制中的动产继承规则,就等于同义反复了。

美国法官曾在判例中认为,动产继承统一适用被继承人的住所地法,这

---

① 参见〔美〕约翰·G. 斯普兰克林:《美国财产法精解》,钟书峰译,北京大学出版社2009年版,第462页。
② 参见〔德〕马丁·沃尔夫:《国际私法》,李浩培、汤宗舜译,北京大学出版社2009年版,第625页。
③ See Eugene F. Scoles & Peter Hay, *Conflict of Laws* (2nd ed., 2000), West Publishing, pp. 801—803.
④ 参见〔德〕萨维尼:《法律冲突与法律规则的地域和时间范围》,李双元等译,法律出版社1999年版,第94—95页。

是对被继承人住所地法的域外效力的认可。① 但是，为何仅仅认可被继承人的住所地法的域外效力，却不认可每个动产的所在地法或是被继承人的本国法的域外效力呢？被继承人的住所地法之所以具有域外效力，是因为动产继承适用了被继承人的住所地法，法的域外效力是法律适用的结果，以域外效力来证明法律适用规则的合理性，无异于倒果为因。

如果认为位于不同国家的动产，应该作为一个整体由继承人继承，那么这种动产的概括继承观点，固然可以证明所有动产的继承应适用一个统一的法律，但是，正如下文分析同一制的历史根源时所指出的，从概括继承出发，不仅是所有动产遗产，还包括所有不动产遗产，都应作为一个整体适用被继承人死亡时的属人法。因此，如以概括继承原则来证明区别制中动产的法律适用规则，最后难免引火烧身而颠覆了区别制本身。

（二）同一制的历史根源

大陆法系国家的继承制度源于罗马法，它们普遍采用的同一制就是以罗马法的概括继承原则为基础的。作为罗马法继承制度的基石，概括继承原则是指一个人（或者几个人共同）继承另一个人全部的权利和义务。② 当被继承人的财产全部转移给继承人时，继承人在法律人格上取代了被继承人，同时被继承人超越人生命极限的意志效力也得以随之扩张。③ 被继承人既可以用遗嘱形式的明示表达方式，也可以用无遗嘱的法定继承的默示表达方式，在继承法中延续其死后意志。

遗产是死者的人格和意志的外在投射，继承的本质是和被继承人的人格、意志紧密联系在一起的。死者的人格和意志不可分割，是一整体之存在，相应地，作为其外在投射的遗产也是一整体之存在。因此，继承权的对象表现为集合物，其具体组成部分的不同性质和类别，例如不动产遗产和动产遗产之区分，或有形财产遗产和无形财产遗产之区分，在继承法中是不应被强调的。④ 当被继承人在遗嘱中指定数名继承人继承不同份额的遗产时，他们继承的不是已经分割的部分，而是整个遗产的未加分割的份额，概括继承原则此时仍保持不变。⑤

当继承被认为是属人性质的法律关系，遗产被视为一整体，涉外继承自

---

① See Eugene F. Scoles & Peter Hay, *Conflict of Laws* (2nd ed., 2000), West Publishing, p. 802.
② 参见〔英〕巴里·尼古拉斯：《罗马法概论》，黄风译，法律出版社2010年版，第218页。
③ 参见〔德〕萨维尼：《当代罗马法体系 I》，朱虎译，中国法制出版社2010年版，第296页。
④ 同上书，第296—297页。
⑤ 参见〔英〕巴里·尼古拉斯：《罗马法概论》，黄风译，法律出版社2010年版，第220页。

然应依据人的因素统一适用被继承人的属人法,而不应依据财产的因素去适用物之所在地法,不管是多数遗产的所在地法还是单个遗产的所在地法;也不应依据财产的性质,区分遗产为动产和不动产,分别为之制定不同的冲突规则,这就是涉外遗产继承的同一制的精义所在。依据概括继承,无论是遗嘱继承还是无遗嘱继承,都是被继承人的明示或默示意思表示的结果,因而同一制和区别制一样,不仅适用于无遗嘱继承,同时也适用于遗嘱继承。

然而,概括继承原则只证明了涉外继承应适用被继承人的属人法,但并不能进一步证明应适用被继承人的住所地法还是本国法。在属人法问题上,本国法主义和住所地法主义之争已成国际私法的老生常谈。对同一制理论贡献至巨的萨维尼,自始至终赞成住所地法主义[1];但19世纪西欧大陆弥漫的民族主义,推动大陆法系国家在属人法问题上倒向了本国法主义,欧洲大陆许多国家的同一制由此便指向了被继承人的本国法。我国在属人法问题上原本采取大陆法系的本国法主义[2],但《民法通则》第149条规定动产继承适用被继承人的住所地法,可见涉外继承领域早就构成了本国法主义的例外。[3]《涉外民事关系法律适用法》一改我国属人法传统,适用接近住所地法主义的"经常居所地法律",涉外继承领域更加顺势如此。

我国和西方国家不同,属人法连结点的选择无历史包袱可言,今日反而能客观审视两种主义在过去与未来的价值意义。在欧洲大陆的民族国家和民族主义形成和上升时期,民族主义和国家主义作为一种支配性的政治思潮,波及国际私法并导致本国法主义的形成和传播,这是可以理解的。但时至今日,民族国家已然成熟,强烈的民族主义已趋衰退,继续保留这一政治思潮对国际私法的影响已经不合时宜了。住所地法主义更鲜明地反映了国际私法作为私法的实质和要求,其中所蕴含的法律理性精神远超富含政治激情与道德要求的本国法主义,因而住所地法主义在和本国法主义的漫长角逐过

---

[1] 萨维尼之所以自始至终赞成住所地法主义,这和他的"自愿服从"的基本思想有关,参见〔德〕萨维尼:《法律冲突与法律规则的地域和时间范围》,李双元等译,法律出版社1999年版,第61—63页。

[2] 1918年中华民国北洋政府制定的我国历史上第一部国际私法立法,即《法律适用条例》,在属人法问题上采行本国法主义。我国《民法通则》及其司法解释总体上也延续了本国法主义的传统,参见1988年《民法通则司法解释》第179、180、190条。我国台湾地区2010年"涉外民事法律适用法"在属人法问题上也是以本国法主义为基调的。

[3] 一说认为动产继承适用住所地法,是为了便利侨居在外的华侨回国继承遗产,因华侨住所地继承法所规定的继承范围一般较国内继承法更为宽广,更有利于华侨。参见黄进、姜茹娇主编:《〈中华人民共和国涉外民事关系法律适用法〉释义与分析》,法律出版社2011年版,第184—185页。

程中渐渐胜出,乃是一种十分自然的趋势。①

继承关乎被继承人家庭内各成员的利益,当被继承人死亡时的国籍和住所不同时,被继承人的家庭一般位于被继承人的住所地国而非国籍国,因而继承一般和住所地国家具有更密切的联系。在继承领域,一如在其他民事领域,住所地法主义较之本国法主义具有明显的优势。《涉外民事关系法律适用法》在继承领域的属人法问题上赞成住所地法主义,是住所地法主义的一个成功的例证。

(三) 历史考察的小结

区别制赖以存身的制度环境是土地的封建制度,但封建制度大致从 18 世纪以来就土崩瓦解了,个人在法律上取得了平等、独立和自由的地位,土地上的封建关系也不复存在,而代之以个人对土地的完整的所有权和支配权。在英国,作为封建制度的遗迹的长子继承制也在 1925 年寿终正寝了,英国继承实体法开始平等对待每个继承人,也不再区分不动产继承和动产继承。② 英国继承法整体上已非常接近大陆法系的概括继承。这一切足以昭示我们,区别制的历史基础已然消失殆尽。

况且,封建制度充其量只能说明不动产继承为何适用不动产所在地法,却不能说明动产为何要统一适用被继承人的住所地法。如果注意到英国动产继承的实体法规则深受教会法规则的影响,而教会法又源于罗马法,那么完全可以推测动产继承的冲突规则其实受到了概括继承观念的影响;或者说,英国的涉外继承本质上也是采取同一制的,只是出于封建制度的政治需要,不动产的涉外继承构成了同一制的例外,这一例外最终被强化成了区别制。如果这一观点成立的话,那么当封建制度已然消失的时候,区别制就该复归同一制了。

概括继承原则至今仍是大陆法系各国(其实开始包括英美法系国家了)继承法的逻辑起点,因而以概括继承原则为历史基础的同一制,在现代条件下仍然具有稳固的理论基础。而且,这一基础不仅没有弱化,反而有渐趋强化的趋势。因为在现代财产法中,不动产和动产的界线在许多时候开始变得模糊,例如以不动产投资而形成的各种权益;与此同时,各种无形财产,包括股权、知识产权和证券等,在财产法体系中的地位日趋上升。当这些财产成

---

① 一个最典型的表现是,海牙国际私法会议在 20 世纪中叶以来制定的一系列公约,均采用"惯常居所"这一概念,显然趋向于住所地法主义。
② 参见〔英〕F. H. 劳森、伯纳德·冉得:《英国财产法导论》,曹培译,法律出版社 2009 年版,第 175—176 页。

为继承的对象时,实不应去强化不动产和动产的区分,更不应去适用难以认定的无形财产的所在地法,而应让所有遗产作为一个整体适用被继承人的住所地法。①

在继承法漫长的发展历程中,旨在延续个人对其死后财产支配权的自由主义,以及提高被继承人家庭整体福利的社会功利主义,这两种指导思想一直处于角逐和竞争状态。② 各国继承法虽均以不同比例在调和两者,但自由主义于今已然占据了主导地位。涉外继承应从被继承人的人的因素出发,属人法,而非物之所在地法,应处于法律适用的支配地位。即便从功利主义出发,家庭所在地通常也是被继承人的住所地,为家庭整体经济福利计,也应适用被继承人死亡时的住所地法。在涉外继承中,当今时代常见被继承人生前在他国遗有动产和不动产的贸易或投资,但被继承人和其家人始终生活在他们的祖国(被继承人的住所地),继承的所有经济社会后果也仍归于祖国(被继承人的住所地),此时区别制要求境外不动产继承适用不动产所在地法是不合理的。

两相对照,同一制渐渐赢得了对区别制的理论优势。在英美各国区别制的阵营中,法律虽仍在坚持区别制,但许多权威国际私法学者早就投向了同一制的怀抱。③ 然而,正如区别制的捍卫者沃尔夫早就告诫我们的:"分割制度(区别制)起源于封建主义,但是以封建主义消失的历史理由来批评分割制度,那是误解了历史的作用;许多健全的制度在它们的历史根源消失之后仍然保留了下来。"④因此,我们远未到最终下结论的时候,还需深入考察两种制度的实践运行情况。

二、区别制的制度运行

对于涉外继承纠纷,两类法院通常会行使司法管辖权,一是被继承人死亡时的住所地国家的法院,二是不动产所在地法院。⑤ 依据区别制,当被继

---

① See Eugene F. Scoles, "The Hague Convention on Succession", 42 *Am. J. Comp. L.* 106 (1994).
② 参见〔美〕约翰. G. 斯普兰克林:《美国财产法精解》,钟书峰译,北京大学出版社2009年版,第461页。
③ 英国《戴赛与莫里斯论冲突法》的第10版以后的修订者以及美国权威学者Eugene F. Scoles教授可为代表。
④ 参见〔德〕马丁·沃尔夫:《国际私法》,李浩培、汤宗舜译,北京大学出版社2009年版,第627页。
⑤ 我国《民事诉讼法》对于遗产继承的管辖权问题确立了遗产所在地的专属管辖权,对此问题的反思参见刘力:《涉外继承案件专属管辖考》,载《现代法学》2009年第2期,第138—146页。

承人的住所地法院受理了涉外继承纠纷,而此时不动产遗产位于外国的,不动产继承将适用外国法。如果不动产所在地法院也受理该案,两个法院的裁判结果预计将是一致的。区别制最大限度地尊重了不动产所在地法对不动产的权利转让(包括生前转让和继承的死因转让)的优先支配权,有利于住所地法院的判决在不动产所在地得到执行。在国际私法中,不动产法律关系适用不动产所在地法的观念深入人心,承认不动产所在地的主权控制的现实态度,可以说是区别制在现实中的逻辑起点,或许也是《涉外民事关系法律适用法》采用区别制的首要原因。

假设被继承人在住所地国家甲国遗有动产和不动产,在乙国遗有不动产和动产,在丙国遗有不动产,依据区别制,甲国的动产、不动产和乙国动产的继承一同适用甲国法,乙国不动产继承适用乙国法,丙国不动产继承适用丙国法。因此从法律上说,这里一共存在三个彼此独立、互不隶属的继承。三个继承泾渭分明,初看并无不妥,然而三个继承毕竟是围绕着同一个被继承人的遗产展开的,所有继承人的利益彼此交错,其结果很可能特别有利于一部分继承人,而尤为不利于另一部分继承人。采用区别制的国家经常承认反致,又往往使区别制偏离原有轨道。区别制的这些制度运行问题需要认真予以研究。

(一) 遗产的债务分配

以上述假设案子为例,在三部分财产的继承中,如果丙国不动产清偿了被继承人生前全部债务,丙国不动产的继承人能否向其他两部分遗产请求偿还,这个问题应适用甲国法、乙国法抑或丙国法呢?该问题在国内继承中并不存在,因为国内继承的遗产作为一个整体存在,债权人自然可以要求从任何一部分遗产中求偿,遗产如果还未分割,各继承人一般对被继承人的债务承担连带责任,而在分割之后,各继承人对被继承人的债务一般承担按份责任。[①] 同时,该问题在同一制背景下也可以便捷地获得答案,因为所有遗产均适用被继承人死亡时的住所地法,即甲国法,当丙国不动产的继承人(无论是丙国法承认的继承人还是甲国法承认的继承人)向其它两部分遗产请求偿还时,自然是一并适用甲国法。

遗产的债务分配的法律适用难题,是适用区别制的副产品。债务天然对

---

① 我国规定则有所不同,最高人民法院《关于贯彻执行〈中华人民共和国继承法〉若干问题的意见》第62条规定:遗产已被分割而未清偿债务时,如有法定继承又有遗嘱继承和遗赠的,首先由法定继承人用其所得遗产清偿债务;不足清偿时,剩余的债务由遗嘱继承人和受遗赠人按比例用所得遗产偿还;如果只有遗嘱继承和遗赠的,由遗嘱继承人和受遗赠人按比例用所得遗产偿还。

应着整个遗产,而区别制将各部分遗产割裂开来,矛盾自然无法避免。对此,区别制的支持者给出了数种不同的答案。一种观点认为,应按照不动产所在地法决定可不可以请求偿还。① 但是,如果不动产所在地不止一个时,应适用哪个不动产所在地法呢? 还有观点认为,应适用遗产管理地的法律。② 但是,遗产管理主要是英美法系的制度,更何况遗产管理地有时并不能轻易确定。沃尔夫认为,可以推定被继承人总是优先用其动产来偿还债务,当动产不足以偿还债务时,最后才用不动产偿还债务,因此一部分财产对其余部分财产的偿还请求权的重心在于动产,应适用动产继承的法律,即被继承人死亡时的住所地法。③

但是,沃尔夫对用来清偿债务的财产顺序的推测即使成立,其观点也仍然失之武断。无论在被继承人生前,还是在被继承人死后,债权人并不会按照被继承人心中的清偿顺序要求偿还,而是会依据便利程度要求偿还。被继承人遗留在债权人的住所地的财产,用来清偿债务最为便利,而不论是动产还是不动产。因此,重点不在于考虑被继承人的意图,而在于考虑债权人出于便利将会实际采取的求偿行动。当一部分不动产首先用来清偿债务之后,该部分不动产的继承人向其他遗产求偿的问题,如果适用被继承人的住所地法,这也和区别制尊重不动产所在地法的初衷不相符合。总之,区别制所催生的债务分配的法律适用问题,在区别制的框架内几无可解之道。

(二) 境外继承结果

遗产继承若只适用一国法律,各继承人利益一般能有效取得平衡,除非该国法律是不公正的。然而,依据区别制,遗产继承将分割适用数个法律,即使各个法律都是公正的,叠加效果也可能会使部分继承人获得其中任何一个法律都没有允诺的继承利益,而另一部分继承人则相应地失去了或许应得的继承利益,遗产分配因而偏离了公正轨道。下面几个著名案件就是很好的说明。

在 1962 年的瑞尔(Re Rea)案中,被继承人住所位于爱尔兰,无遗嘱,遗孀无子嗣。被继承人在爱尔兰遗有动产和不动产,在英格兰遗有不动产。依据 1890 年适用于爱尔兰的《无遗嘱继承法》,遗孀可得的法定遗产(legal legacy)是 500 英镑,但依据 1896 年适用于英格兰维多利亚地区的类似法案,遗

---

① 英国学者 Westlake 的观点,参见〔德〕马丁·沃尔夫:《国际私法》,李浩培、汤宗舜译,北京大学出版社 2009 年版,第 629 页。
② 英国学者 Dicey 的观点,参见同上。
③ 参见同上。

孀可得的法定遗产是 1000 英镑。英格兰法院依据区别制,分割适用爱尔兰法和英格兰法,遗孀根据爱尔兰法律获得了 500 英镑,又依据英格兰法律获得了 1000 英镑,总共获得 1500 英镑的法定遗产。① 两个法律叠加适用之后,遗孀所获得的法定遗产,超过了其中任何一个法律所允诺的最高限额。

英国 1986 年的考伦斯(Re Collens)案延续了瑞尔案的判决。被继承人住所位于特立尼达和多巴哥,大部分遗产也在那里,同时在英国和巴巴多斯也有遗产,其中在英国有不动产。依据特立尼达和多巴哥的法律,遗孀可以获得的法定遗产是所有遗产的 1/3,其余部分由子女继承;但依据英国 1925 年《遗产管理法》,遗孀可从遗产中优先获得的法定遗产是 5000 英镑。被继承人前妻所生子女认为,遗孀从位于特立尼达和多巴哥的遗产中已经得到超过 5000 英镑的法定遗产,就不能再从英国遗产中主张 5000 英镑的法定遗产。②

考伦斯案审理前夕,英国权威国际私法学者莫里斯(Morris)教授在其权威著作《戴赛与莫里斯论冲突法》(第 10 版)中批评了区别制:"区别制是轻率形成的规则,法官未予清晰界定……今日英国以及所有他国(除百慕大),已经采用统一的无遗嘱继承制度,适用于所有遗产,区别制已经没有意义了。物之所在地法规则已成昨日黄花,英国应弃之并改而统一适用被继承人的住所地法。"③法官在考伦斯案中回应了莫里斯教授的观点:"法律委员会如重新立法,戴赛和莫里斯著作中的观点无疑更为良善。但现行法律就是如此,我的职责是忠于法律的现状去执行法律。"法官最后还是严格适用区别制,承认遗孀可从英国遗产中再次获得 5000 英镑的法定遗产。④

上述两案提出了同一问题:适用区别制时,境内遗产继承是否应合并考虑境外继承结果? 英国法官拒绝合并考虑境外继承结果,但法官在考伦斯案中实已深陷实在法与道德冲突的两难困境。两案遗孀获取的法定遗产超过了任一法律允诺的最高限额,两个法律的立法政策无一得以圆满实现,同时对案中其他继承人也颇为不公。有鉴于此,1987 年加拿大索姆(Re Thom)案作出了不同判决。该案被继承人住所位于萨省(Saskatch-ewan),遗产包括位于萨省的动产和不动产,以及位于麦省(Manitoba)的不动产。两地法律都认可遗孀的法定遗产权:遗孀依萨省法律可得 4 万美元以及剩余遗产的 1/3,

---

① See Lawrence Collins (with Specialist Editors), *Dicey, Morris and Collins on the Conflict of Laws* (14th ed., 2006), Sweet & Maxwell, p. 1238.
② Ibid., pp. 1238—1239.
③ See Janeen M Carruthers, *The Transfer of Property in the Conflict of Laws: Choice of Law Rules Concerning Inter Vivos Transfers of Property* (2005), Oxford, p. 69.
④ Ibid., p. 70.

而依麦省法律可得5万美元和剩余遗产的一半。遗孀已从萨省的遗产中获得4万美元和剩余遗产的1/3,然后她又在麦省法院主张5万美元及剩余遗产的一半。麦省法院认为,她在麦省的法定遗产权必须扣除已在萨省获取的4万美元,因而她只能从麦省的遗产中获得1万美元的法定遗产及剩余遗产之一半。①

索姆案的判决结果表明,在配偶的法定遗产权问题上,法院为个案公正,主动合并考虑境外继承结果,事实上等于放弃了区别制而采用了同一制。除了法定遗产权问题,还有一系列问题,包括归扣问题、遗嘱继承的特留份问题,以及英国遗嘱法中的遗产选择(selection)问题等,均面临是否应合并考虑境外继承结果问题,②然而各国区别制的实践却无明确而统一的结论。法院如每遇此类问题就采用加拿大索姆案的判决方法,无异于在很大程度上弃区别制而取同一制。

(三) 反致

采用区别制的国家,大多在继承领域承认反致。例如,被继承人死亡时的住所位于甲国,在甲国和乙国均遗有动产和不动产,依据甲国区别制,甲国的遗产和乙国的动产继承适用甲国法,而乙国的不动产继承适用乙国法,如果甲国接受不动产所在地法向住所地法的反致,而乙国又恰好是同一制国家,规定继承适用被继承人死亡时的住所地法,那么乙国的不动产继承也将适用甲国法。因此,反致一旦成功,区别制事实上就被同一制取代了。

在国际私法中,反致制度已成百年争议。迄今尽管有少数权威学者赞成之,但绝大多数学者则极力反对之。③ 综观当代各国国际私法的立法与司法实践,虽然谨慎而有限的采用反致制度的实例并不鲜见,但如今抛开理论与逻辑的是非争议,单从功能主义角度出发,则大体可以说,反致制度是传统国际私法体系的产物。当传统国际私法规则在某些领域趋于僵化和机械时,反致制度便能发挥调和的作用,但当代国际私法整体上已可有效克服传统体系所伴随的机械和僵化,反致制度曾经的积极作用就渐趋式微了。

英国反致制度的发展演化,足以说明上述功能主义的结论。英国反致制

---

① See Lawrence Collins (with Specialist Editors), *Dicey, Morris and Collins on the Conflict of Laws* (14th ed., 2006), Sweet & Maxwell, p.1239.
② 这些问题和法定遗产权问题本质相同,在区别制的框架中难以解决,沃尔夫为支持区别制而一一给出了答案,但都不能令人信服,理由和我们对法定遗产权的分析一致。参见〔德〕马丁·沃尔夫:《国际私法》,李浩培、汤宗舜译,北京大学出版社2009年版,第630—633页。
③ See Lawrence Collins (with Specialist Editors), *Dicey, Morris and Collins on the Conflict of Laws* (14th ed., 2006), Sweet & Maxwell, p.89.

度曾经盛行于遗嘱继承领域。在 20 世纪上半叶,许多住所位于法国或其他欧洲大陆国家的英国人,身前依据英国法观念订立由两个证人作证的口头遗嘱。英国法院为判断这类遗嘱的形式有效性,依据英国国际私法规则适用立遗嘱人的最后住所地法,例如法国法,但法国法认为口头遗嘱无效,英国法官为了促使这类遗嘱在形式上为有效,就接受法国国际私法规则的反致,适用被继承人死亡时的本国法,即英国法。1960 年代,英国修改遗嘱法,制定了选择适用的冲突规则,规定遗嘱形式只要符合立遗嘱人的本国法、住所地法或立遗嘱地法任何一者的,遗嘱形式就为有效。在遗嘱形式有效性问题上,反致制度从此功成身退。①

传统国际私法规则从"一个法律关系天然地只隶属于一个法律体系"的观念出发,一般只规定一个连结点,而一旦该连结点所指引的法律有负个案公正时,除了公共秩序保留制度,几乎没有任何回旋余地。有了反致制度,法官在个案中就有了自由裁量,可以适时增加一个连结点,转而适用该连接点所指引的法律(一般为法院地法),借此实现个案公正。例如,当遗嘱的形式有效性问题接受反致时,除原有的立遗嘱人的住所地之外,又可增加立遗嘱人的国籍这个连结点,从而给法官铺设了一条退路,以便绕开立遗嘱人的住所地法转而适用其本国法。但是,反致制度自身也是极端形式主义的,是以另一种极端的形式主义来补救传统国际私法极端形式主义的弊病,虽能在一些个案中纠偏补弊,但它所夹带的问题和困惑远大于它的积极意义。② 当代国际私法已经创设了大量选择适用或重叠适用的冲突规则,开宗明义的追求实体正义,例如促进遗嘱有效以及保护某些社会弱者等,并且在更多领域承认意思自治。在当代国际私法实体取向的大趋势下,反致制度总体上已无存在之必要。③

区别制国家一旦接受并完成反致,同一制便取代区别制,困扰区别制的债务分配问题、合并考虑境外继承结果与否的问题等,就随之消失了。反致制度总体上虽无存在之必要,但对于弥补区别制的缺陷还是有很大意义的。然而对于法院地国来说,如果境外不动产所在地法也采用区别制,反致便不可能发生;只有当境外不动产所在地法采取同一制时,反致才能成功,因此反

---

① 关于英国反致制度的发展,参见 Lawrence Collins (with Specialist Editors), *Dicey, Morris and Collins on the Conflict of Laws* (14th ed., 2006), Sweet & Maxwell, pp.76—80 页。
② 例如,可以参见泰特雷教授对反致制度的尖锐批评,他最后认为,"在冲突法中,反致不具有任何地位",参见[加]特雷:《国际冲突法:普通法、大陆法及海事法》,刘兴莉译、黄进校,法律出版社 2003 年版,第 59—60 页。
③ 关于国际私法的实体取向,参见宋晓:《当代国际私法的实体取向》,武汉大学出版社 2004 年版。

致制度无法从根本上矫正区别制的弊端。一国采用区别制的同时承认反致，其实已经承认同一制比区别制更具制度优势，而之所以还拒绝同一制，或许是不愿境内不动产继承适用外国法，但却希望境外不动产继承适用法院地法，这不免是一种自私狭隘的心理。当反致制度几乎已从其他所有领域退出而只为区别制残存时，区别制阻碍了国际私法彻底终结反致制度的进程。《涉外民事关系法律适用法》顺应历史潮流全面放逐了反致制度[①]，但也放弃了以反致制度来缓和区别制弊端的一切机会。

（四）区别制实践难题的小结

区别制与同一制相比，强调不动产继承适用不动产所在地法律，这是对"不动产适用不动产所在地法"这一普遍公式的回应，也是对不动产所在地国家的主权控制的尊重，其现实主义的考虑胜过一切，哪怕为此催生诸多复杂难解的法律问题也在所不惜。区别制不仅将一个事实层面原本统一的继承分割为动产继承和不动产继承，而且当不动产遗产散落在数个国家时，不动产继承就将进一步被分割，各个准据法很可能规定不同的继承人、不同的继承份额等，于是各个继承叠加交错、杂乱纷繁。

区别制除了造就众多"彼此独立"的继承之外，还造就了众多"独立"的法律适用问题，诸如遗产债务的分配、法定遗产权的重复获取、归扣以及特留份的法律适用问题等，对于这些问题，实践中难有定论。《涉外民事关系法律适用法》在法定继承领域既然采用了区别制，未来实践也就很难回避这些棘手问题，当我们不再指望反致制度发挥缓和作用时，便只能依赖于未来最高人民法院的司法解释或法官的逐案判断。[②] 法官在进行逐案判断时，应尽可能参照加拿大索姆案的判决经验，为了个案公正，可以同一制的思维方式，尽量缓和区别制所造成的分割破裂的弊端。

三、同一制的制度运行

同一制不区分遗产的性质，不论其是动产还是不动产，也不论遗产位于哪个国家，所有遗产统一适用被继承人死亡时的属人法。在被继承人的属人法问题上，部分国家采取本国法主义，部分国家采取住所地法主义。采用同

---

① 《涉外民事关系法律适用法》第9条规定："涉外民事关系适用的外国法律，不包括该国的法律适用法。"

② 法官在进行逐案判断时，可以认为这些问题属于《民事关系法律适用法》第2条第2款所说的"本法和其他法律对涉外民事关系法律适用没有规定"的情形，从而"适用与该涉外民事关系有最密切联系的法律"。

一制的国家如果属人法标准不同,也会割裂继承,最后如同区别制。① 例如,被继承人是甲国人,死亡时住所位于乙国,在甲、乙两国都遗有动产和不动产,并在丙国遗有动产,如甲、乙两国法院都受理了继承纠纷,并且甲国采本国法主义,乙国采住所地法主义,最后结果是甲国的动产和不动产继承适用甲国法,乙国的动产和不动产继承适用乙国法,甲国法院认为丙国的动产继承应适用甲国法,而乙国法院则认为丙国的动产继承应适用乙国法。因此,属人法标准如分裂不变,全世界即使共同采用同一制,也只能在同一属人法的阵营中实现继承的同一,而在属人法标准分裂的国家之间,同一制同样带来继承的分割。

同一制不仅因属人法标准分裂而受破坏,而且还受到区别制的威胁。只要有一国还采用区别制,他国的同一制就会受到该国区别制的破坏。同一制旨在对所有遗产实现立法管辖权的统一,但司法管辖权标准仍是分裂的。一个同一制国家并不能阻止他国对其境内的遗产行使司法管辖权,如果行使司法管辖权的他国也采同一制,那么两个同一制国家的不同的判决有望一致,但如果行使司法管辖权的他国采用区别制,那么同一制国家必须面对来自区别制国家的判决的冲击。冲击问题的核心是同一制国家虽拒绝适用不动产所在地法,但现实中能彻底置之不理吗?同一制的实践难题即源于此。

(一) 同一制面对区别制国家的既有判决

假设被继承人是甲国人,死亡时住所也位于甲国,他在甲国遗有动产和不动产,在乙国遗有不动产。甲国采用同一制,乙国采用区别制。依据甲国法,A、B 两人为继承份额相等的法定继承人,而根据乙国法,只有 A 是法定继承人。A 已在乙国根据乙国的区别制法律继承了乙国的不动产,现在又到甲国法院请求继承甲国遗产的一半。那么甲国法院该如何处理此案呢?

如果甲国法院尊重乙国法院已经作出的判决,就只能放弃依据甲国同一制对乙国不动产原本享有的立法管辖权,只对甲国遗产进行分配,B 据此得到甲国遗产的一半。但甲国如此判决的结果,事实上完全等同于采用了区别制,这和甲国的同一制是背道而驰的,因而甲国必然不能接受。甲国法院如要捍卫本国的同一制,就应弃乙国法院已经作出的判决于不顾,重新将乙国的不动产纳入遗产范畴,视甲、乙两国的遗产为一个整体,依据甲国法律作出统一的遗产分配。但接下来的问题更为复杂了。当甲国法院依据甲国法律对所有遗产进行分配,如果 B 所得的遗产份额超过 B 依据乙国法所获得的

---

① See Atle Grahl-Madsen, "Conflict Between the Principle of Unitary Succession and the System of Scission", 28 *I. C. L. Q* 623 (1979).

遗产份额,那么甲国法院只需从甲国的遗产中将差额部分分配给 B,这样就回避了对乙国不动产的执行问题,也避免了和乙国判决产生正面冲突;如果 B 所得的遗产份额少于 B 依据乙国法所得的遗产份额,甲国法院是否应要求 B 就此差额部分反向补偿 A 呢?

如果甲国法院要求 B 反向补偿,就和乙国法院的判决相冲突了。甲国法院判决之时,如果 B 已将乙国不动产变卖并将所得转入甲国,或者 B 在甲国有其他可供执行的财产,或者 B 是住所位于甲国的甲国人,甲国法院可以随时对 B 行使属人管辖权,那么在这些情况下,甲国法院要求 B 反向补偿的判决或无执行困难;但在其他情形下,甲国法院要求 B 反向补偿的判决,就需要到不动产所在地的乙国请求执行,这种与乙国判决相抵触的判决一般是得不到乙国的承认和执行的。[①] 如果甲国法院不要求 B 反向补偿给 A,这就意味着 B 依据甲国法可获得甲国的遗产,而 A 却要放弃依据甲国法可以获得的乙国不动产,这对 A 来说是不公平的。当乙国不动产的价值要远大于甲国遗产价值的时候,A 所遇的不公正待遇就表现更甚,此时同一制实质上也受到了根本的削弱。

(二) 不动产所在地法定继承人利益的保护

假如我国在《涉外民事关系法律适用法》中全面采用同一制,对无论位于中国境内还是境外的遗产统一适用被继承人死亡时的住所地法,那么当被继承人死亡时的住所位于我国时,我国就会对境外的不动产遗产行使立法管辖权,不管境外不动产所在地国家实行区别制还是同一制;当被继承人的住所位于外国时,即使有不动产遗产位于我国,我国也应放弃对该部分不动产遗产的立法管辖权,转而承认被继承人的住所地国家的立法管辖权,而不管被继承人的住所地国家采用同一制还是区别制。

当被继承人的住所位于外国,如果依据我国继承法,我国境内无法定继承人,那么我国放弃对境内不动产遗产的立法管辖权,并不会损害我国任何继承利益;但是,如果依据我国继承法,我国境内有法定继承人,那么此时我国就具有继承利益了,还能毅然放弃对境内不动产遗产的立法管辖权吗?例如,假设我国一男子携妻带子移民英国,取得英国住所,他名下的中国不动产

[①] 我国更是如此,参见 2015 年最高人民法院《关于适用〈关于适用中华人民共和国民事诉讼法〉的解释》(以下简称"2015 年《民事诉讼法司法解释》")第 533 条:"中华人民共和国法院和外国法院都有管辖权的案件,一方当事人向外国法院起诉,而另一方当事人向中华人民共和国法院起诉的,人民法院可予受理。判决后,外国法院申请或者当事人请求人民法院承认和执行外国法院对本案作出的判决、裁定的,不予准许;但双方共同缔结或者参加的国际条约另有规定的除外。"

供其父母居住,后该名男子病死英国,没有留下任何遗嘱,妻子和子女要求继承中国的不动产遗产。根据英国法,妻子和子女是第一顺序继承人①,而根据中国法,父母、妻子和子女均是第一顺序继承人②,那么采用同一制的中国应该放弃对该不动产遗产的立法管辖权而适用英国法吗?

如果中国采用彻底的同一制,就应该完全适用英国法,不承认父母对中国境内的不动产的继承权利。但是,这不仅损害了父母的继承权益,而且有违一般中国人的道德观念,以及忽略了中英两国国情的差别。中国至今没有建立完善的社会保障体系,成年子女有赡养父母的义务,继承法将父母放在第一顺序继承人位置上,以此促进对老年人的生活保障;相反,像英国这样的发达国家已经对老年人建立了较好的社会保障体系,继承法不需要承担对老年人的社会保障功能,而只需关注遗孀和子女的利益保护。因此,对于采用同一制的国家来说,当境内有不动产遗产,被继承人的住所位于外国,根据本国继承法境内有法定继承人,此时为保护境内法定继承人的继承利益,就应为同一制设置例外规则,规定此时的境内不动产继承适用不动产所在地法③;只有当本国境内不存在任何继承利益时,才能义无反顾地全面适用被继承人的住所地法。

(三) 不动产所在地非继承利益的保护

同一制的反对论者认为,一旦施行同一制,当被继承人的住所位于外国时,本国境内的不动产继承就会被迫适用外国法,违背了"不动产适用不动产所在地法"的经典教条,违背了一国对境内不动产的主权控制利益。④ 抛开

---

① 参见〔英〕F. H. 劳森、伯纳德·冉得:《英国财产法导论》,曹培译,法律出版社2009年版,第176页。
② 《继承法》第10条规定:"遗产按照下列顺序继承:
第一顺序:配偶、子女、父母。
第二顺序:兄弟姐妹、祖父母、外祖父母。
继承开始后,由第一顺序继承人继承,第二顺序继承人不继承。没有第一顺序继承人继承的,由第二顺序继承人继承。
本法所说的子女,包括婚生子女、非婚生子女、养子女和有扶养关系的继子女。
本法所说的父母,包括生父母、养父母和有扶养关系的继父母。
本法所说的兄弟姐妹,包括同父母的兄弟姐妹、同父异母或者同母异父的兄弟姐妹、养兄弟姐妹、有扶养关系的继兄弟姐妹。"
③ 参见 Symeon C. Symeonides, "Exploring the Dismal Swamp: The Revision of Louisiana's Conflicts Law on Successions", 47 La. L. Rev. 1096 (1987). 我国台湾地区2010年"涉外民事法律适用法"第58条规定:"继承,依被继承人死亡时之本国法。但依中华民国法律中华民国国民应为继承人者,得就其中中华民国之遗产继承之。"我国台湾地区国际私法为同一制设置例外规则无疑是正确的,但不仅仅是境内不动产,而是所有境内遗产均构成例外,毕竟给同一制造成了太大的破坏,有违同一制的立法初衷。
④ 关于这个方面近年最强烈的表达,参见 Jeffrey Schoenblum, "Choice of Law and Succession to Wealth: A Critical Analysis of the Ramifications of the Hague Convention on Succession to Decedents' Estates", 32 Va. J. Int'l. L. 83 (1991).

前述不动产所在地的法定继承人的利益保护问题不谈，一国对境内不动产的主权控制利益大致可以表现为如下方面：第一，不动产登记制度和登记的公信力，以及与此相关的不动产物权的确定；第二，不动产的特殊使用政策，比如一块特有的土地不得分割使用，或不得用来投资破坏环境的产业等；第三，促进不动产流通的政策，例如不允许立遗嘱人为确保不动产永续被家族所有而在遗嘱中禁止后代继承人出卖不动产(rule against perpetuity)。

当不动产遗产位于本国境内时，任何一国都不会轻易放弃上述主权控制利益，同一制反对论者的担忧不无道理。区别制主张不动产继承适用不动产所在地法，确实可以一劳永逸地确保上述主权控制利益不受损害。但是，继承的本质和不动产的主权控制利益的本质是不同的，两者是彼此独立的问题。继承问题的本质是决定一个人去世时，遗产应由其家庭中的哪些成员继承以及继承多少份额的问题，归根结底是家庭成员之间的利益平衡问题；而主权控制利益与家庭成员的利益平衡无关，归根结底是家庭外的社会利益的保护问题。

具体说来，法院适用外国法判决境内不动产由谁继承和继承多少之后，不动产是否需要变更登记及其登记的对外效力问题，仍然适用不动产所在地法；数个继承人继承特定不动产之后，如果不动产所在地法为维护它的使用效率而不允许分割，那么数个继承人只能共同所有而不能分割；不管是被继承人生前进行了交易，还是死后占有人或继承人进行了交易，不动产的物权变动问题自然适用不动产所在地法。上述主权控制利益，实质上都是非继承利益，即使不动产继承适用外国法，与该不动产相关的非继承利益也不在外国法的支配范围之内，因而不需要适用外国法，只需适用物之所在地法。

一国可能存在的一些特殊的继承规则或其他与继承相关的制度，诸如西欧古时的封建采邑制度，西欧现今的遗产信托制度，还有我国农民的集体土地承包制度等[1]，这些特殊领域的继承制度已经超越了纯粹的继承法范畴，而具有其它政治目的或法律目的，因而具有强制性的严格的实在法特征，本质上应归入非继承利益的范畴，应该直接予以适用。[2] 正如一般的直接适用的法，很难事先对它们加以全面无遗漏的概括，只能由特定国家的法官在司

---

[1] 在我国，集体土地承包权不能继承，最新案例参见"李维祥诉李格梅继承权纠纷案"，载《最高人民法院公报》(2009年卷)，人民法院出版社2010年版，第534—537页。

[2] 参见〔德〕萨维尼：《法律冲突与法律规则的地域和时间范围》，李双元等译，法律出版社1999年版，第165—166页；另外，Atle Grahl-Madsen 也集中表达了这一观点，参见 Atle Grahl-Madsen, "Conflict Between the Principle of Unitary Succession and the System of Scission", 28 I. C. L. Q 613—617 (1979)。

法中加以认定。① 因而在非继承利益的认定问题上,同一制较之区别制对一国法官的司法素质提出了更高的要求。

(四) 同一制实践难题的小结

在如今同一制与区别制仍然分庭抗礼的世界,在如今属人法标准仍然二分天下的时代,同一制的立法宗旨和立法目的确实很难完全实现,这或许是《涉外民事关系法律适用法》不愿在法定继承领域采用同一制的另一个现实原因。除此之外,一国在涉外继承领域采用同一制,不管是在法定继承领域,还是像在我国《涉外民事关系法律适用法》所限定的遗嘱继承领域,实践中最大的隐忧或难题至少有二:其一,当被继承人的住所位于外国而有不动产遗产位于本国境内时,如何保护与该不动产相关的继承利益或非继承利益? 其二,当被继承人的住所位于本国境内而有不动产遗产位于外国时,如何保证本国的继承判决能够在不动产所在地国得到执行?

对于第一个隐忧,无论是适用哪国继承法,非继承利益都不在继承准据法的支配范围内,涉及非继承利益的相关法律是强制性质的法律,可以在继承案件中直接予以适用。对于采用同一制的国家来说,当境内有不动产遗产,并有境内的法定继承人的利益需要保护时,即使被继承人的住所位于外国,本国境内的不动产继承应构成同一制的例外,适用不动产所在地法。《涉外民事法律适用法》的遗嘱继承采用同一制,但并没有创设这项例外,司法实践中只能进行漏洞填补或必要时求助于公共秩序保留条款,或留待给未来的司法解释,以保护我国境内法定继承人的继承利益。

当同一制与区别制发生碰撞,尤其是当区别制国家早就对境内的不动产继承作出了判决,人们难免会质疑:同一制国家的判决赋予继承人对境外不动产的继承请求权,"在律师的文件夹外边有没有现实的意义呢?"②但是,现实意义仍然存在,因为只有当需要反向补偿的时候才面临执行问题,而其他时候都可以直接扣除不动产所在地法院判决的继承份额,以此方式实现同一制;即使反向补偿面临执行问题,也只有当有义务作出反向补偿的继承人在被继承人的住所地国家没有住所、没有财产、没有将外国不动产继承所得带入被继承人的住所地国家时,才真正面临到不动产所在地去请求执行的问题。最后情形的执行确实难以实现,但现实中其实很少发生。因此,我们不

---

① 《涉外民事关系法律适用法》第 4 条规定:"中华人民共和国法律对涉外民事关系有强制性规定的,直接适用该强制性规定。"关于直接适用规则的基本原理,参见宋晓:《当代国际私法的实体取向》,武汉大学出版社 2004 年版,第 251 页以下。
② 参见〔德〕马丁·沃尔夫:《国际私法》,李浩培、汤宗舜译,北京大学出版社 2009 年版,第 627 页。

必扩大同一制的执行难题。

由此可见,同一制表面上存在的实践难题,要么根本是伪问题(非继承利益的保护),要么是被无端扩大了(执行难题),要么可以通过设置例外规则而轻易化解(不动产所在地的法定继承人利益之保护),这个经常被讥笑为理想主义的制度却大体上能适应现实需要;而与此相反,区别制这个冷峻地从现实出发构建的制度,反而从内部滋生了一系列难以克服的实践难题。

四、涉外遗嘱继承的特殊问题

遗嘱自由是现代各国法律的基本原则,但各国基于自身特定国情,或多或少会对遗嘱进行限制,一个典型例子就是各国形形色色的关于特留份的规定。因此,探讨遗嘱的法律适用问题,最根本的是探讨遗嘱自由应受到哪个法律限制的问题。也就是说,遗嘱的实质有效性的法律适用是涉外遗嘱的根本问题,其答案取决于一国对涉外继承的法律适用所采取的基本政策,即适用同一制或区别制。

绝大多数国家在涉外继承领域并不区分法定继承和遗嘱继承,两者统一适用同一制或区别制。然而,《涉外民事关系法律适用法》却采取了两分做法,在法定继承问题上适用区别制,而在遗嘱继承的核心问题,即遗嘱的实质有效性问题上,采取了同一制,规定统一适用遗嘱人的属人法。如此立法的目的或许是要保护遗嘱人意思表示的完整性,使之免受区别制中不动产所在地法和属人法的分割支配,从而避免一者认为遗嘱有效另者认为遗嘱无效的困境。

然而,不论遗嘱继承采用同一制还是区别制,其中的遗嘱方式问题、遗嘱人的行为能力问题和遗嘱的解释问题,它们或可视为与遗嘱继承是可分割的,或者视为是具有其它的特殊性质,理论上需要另行分析,实践中也一般需要另行对待。

(一) 遗嘱方式

遗嘱方式即遗嘱的形式有效性,主要涉及遗嘱是否应采取书面形式,遗嘱是否需要公证,是否需要证人签名,以及撤销遗嘱或订立新遗嘱要满足什么形式要件等。在传统普通法中,遗嘱方式未被独立对待,统一适用区别制,一个遗嘱中处分不动产的部分适用不动产所在地法,而处分动产的部分适用被继承人死亡时的住所地法。① 一个遗嘱在方式上有可能部分有效,部分无效。因此,遗嘱方式采用区别制,多少有悖常理。在传统大陆法系,遗嘱是典型的法律行为之一,遗嘱方式和其他法律行为的方式经常被抽象为"法律行为的方式问题",依据"场所支配行为"的基本观念,法律行为方式适用行为地法。②

对于遗嘱方式,无论是传统的英美法系还是大陆法系,都规定了单一的连接点,这在许多案件中被证明过于机械,动辄导致遗嘱方式无效,因此许多国际私法体系都想方设法加以缓和。典型例子如上文所述,英国在20世纪上半叶,频繁采用反致制度,以促进遗嘱的形式有效。到了20世纪中叶以后,促进遗嘱形式有效性的观念在国际社会普遍得以确立,一个标志性的法律文件是1961年的海牙《关于遗嘱处分方式的冲突法公约》。该公约第1条为促进遗嘱形式有效,制定了选择适用的冲突规则,连接点史无前例地包括立遗嘱地、立遗嘱人立遗嘱时或死亡时的国籍或住所或惯常居所、不动产所在地,只要其中一个连接点指引的法律认为遗嘱形式有效,遗嘱形式就是有效的。③

遗嘱的形式有效性和遗嘱的实质有效性不同,并不会触及一国继承法中诸如特留份的公共政策问题,在秉持遗嘱自由的理念下,当有表面证据证明被继承人订立了遗嘱时,就应最大限度地促进遗嘱的形式有效,不因遗嘱方式上的些许瑕疵就否定遗嘱人的意思表示。因此,在遗嘱方式上制定实体取向的冲突规则,是符合现代遗嘱法的本质要求的,各国在这个问题上和海牙公约一样,都纷纷制定了选择适用的冲突规则,《涉外民事关系法律适用法》第32条的规定就反映了这一立法趋势。④

(二) 遗嘱人的立遗嘱能力

两大法系都视遗嘱人的立遗嘱能力隶属于人的身份与地位问题,主要指

---

① See Lawrence Collins (with Specialist Editors), *Dicey, Morris and Collins on the Conflict of Laws* (14th ed., 2006), Sweet & Maxwell, p.1240.
② See Symeon C. Symeonides, "Exploring the Dismal Swamp: The Revision of Louisiana's Conflicts Law on Successions", 47 *La. L. Rev.* 1054 (1987).
③ 1961年10月5日海牙《关于遗嘱处分方式的冲突法公约》,1964年1月5日生效,至2010年2月5日止,缔约国数量为39个。该公约也适用于我国的香港特别行政区,因为在香港回归之前,公约缔约国英国宣布该公约扩展适用于香港地区,并于1968年8月23日对香港生效,而在香港回归之后,我国政府宣布该公约继续适用于香港地区。参见http://www.hcch.net/index_en.php?act=conventions.status&cid=40,访问日期:2016年9月5日。
④ 《涉外民事关系法律适用法》第32条规定:"遗嘱方式,符合遗嘱人立遗嘱时或者死亡时经常居所地法律、国籍国法律或者遗嘱行为地法律的,遗嘱均为成立。"

和年龄及精神状态相关的问题,并不涉及遗嘱人在遗嘱中处分特定财产的具体能力,而后者属于遗嘱的实质有效性问题。① 大陆法系国家普遍按照体系化的思维方式,遗嘱人的立遗嘱能力问题是独立于遗嘱继承领域的,它和自然人从事其它法律行为的行为能力问题无异,统一适用自然人的属人法。但在英美法系国家,并无抽象的行为能力的冲突规则,各个领域的行为能力适用各个领域的准据法,因而遗嘱人的立遗嘱能力适用区别制:遗嘱人处分动产的能力适用被继承人死亡时的住所地法,而处分不动产的能力适用不动产所在地法。②

普通法规则难免导致遗嘱人在部分问题上有立遗嘱能力而在部分问题上却无立遗嘱能力,不如大陆法系规则那么合乎情理。《涉外民事关系法律适用法》遵循大陆法系的一般做法,没有特别规定立遗嘱能力问题,而是将之系属于一般行为能力的冲突规则,但该规定仍然存在两个问题有待进一步解释:第一,在民事交易领域,通常认为,如果依据属人法没有行为能力而依据行为地法有行为能力的,则应认定为有行为能力③,这一规则是否同样适用于遗嘱?答案应是否定的,因为交易领域承认行为地法对于属人法的补充意义,是为了维护交易安全,而遗嘱继承不存在交易安全问题,因此不必承认行为地法的补充作用;况且,立遗嘱能力问题无关遗嘱自由,也没有必要引入行为地法来促进遗嘱的有效性。《涉外民事关系法律适用法》第12条第2款对于"婚姻家庭、继承"的除外规定,无疑是非常正确的。第二,如果立遗嘱时的属人法和死亡时的属人法不同,应该适用哪个属人法?当立遗嘱时的属人法认为有立遗嘱能力,而死亡时的属人法认为没有立遗嘱能力,那么出于对既得权的保护,应适用立遗嘱时的属人法。相反,立遗嘱时的属人法认为没有立遗嘱能力,而死亡时的属人法认为有立遗嘱能力,如果立遗嘱人在改变了属人法之后没有撤销和订立新遗嘱,那么完全可以推定立遗嘱人在属人法改变后仍然坚持该遗嘱,甚至可以将该遗嘱视为是在新属人法语境中订立的新遗嘱,因而可以依据改变后的属人法承认遗嘱人的立遗嘱能力。④ 因此,当前、后两个属人法不一致时,立遗嘱能力应可选择适用其中一个属人法。

---

① See Symeon C. Symeonides, "Exploring the Dismal Swamp: The Revision of Louisiana's Conflicts Law on Successions", 47 *La. L. Rev.* 1054 (1987).
② Ibid.
③ 例如,《涉外民事关系法律适用法》第12条规定:"自然人的民事行为能力,适用经常居所地法律。自然人从事民事活动,依照经常居所地法律为无民事行为能力,依照行为地法律为有民事行为能力的,适用行为地法律,但涉及婚姻家庭、继承的除外。"
④ See Symeon C. Symeonides, "Exploring the Dismal Swamp: The Revision of Louisiana's Conflicts Law on Successions", 47 *La. L. Rev.* 1056 (1987).

(三) 遗嘱的解释

遗嘱是立遗嘱人意志的表达,当立遗嘱人的意思表示产生模糊之处,就需要对遗嘱进行解释。遗嘱解释的本质是要探寻遗嘱人的真实意思表示,因此当遗嘱人选择了特定的法律以支配遗嘱的解释时,就应尊重遗嘱人的意思自治。无论采用同一制抑或区别制的国家,大多认为遗嘱解释问题构成了同一制或区别制的例外,首先应适用遗嘱人的意思自治。① 区别制国家虽如此强调不动产所在地法的作用,但也放弃了不动产所在地法对遗嘱解释问题的支配。

然而,我们不能将涉外遗嘱简单地类比于涉外民商事合同,不能轻率地将意思自治方法扩展适用于遗嘱的实质有效性问题。合同准据法除了决定合同的实质有效性之外,更为重要的使命是为当事人的合同补充大量的任意性规则,而任意性规则所对应的领域是当事人可以自由处分的,因而涉外合同的法律适用可以而且应该全面引入当事人的意思自治。相比之下,遗嘱准据法的主要任务是为遗嘱自由合理界定外部的法定界限,法定限制问题显然不是当事人可以自由处分的,因而遗嘱实质有效性问题的法律适用不能引入当事人的意思自治。为了最大限度的尊重立遗嘱人的真实意思表示,只应在遗嘱解释这个有限环节的法律适用问题上,承认当事人的意思自治。

在民商事合同领域,意思自治已经深入人心,而且律师介入程度高,因此只需承认明示的意思自治而无必要承认默示的意思自治。② 但在遗嘱领域,律师介入程度相对低,遗嘱人在遗嘱中明示选择法律以支配遗嘱解释问题的情形是很罕见的,因此应该承认默示意思自治。当没有明示选择时,应允许法官考察整个遗嘱的文字、遗嘱中反映特定国家法律文化的概念或用语等,推断遗嘱人的法律选择的内心意思。当明示或默示的法律选择均不存在时,遗嘱解释最恰当的方法是适用遗嘱人在立遗嘱时的住所地法。

《涉外民事关系法律适用法》并没有特别规定遗嘱解释的法律适用问题,也就没有赋予立遗嘱人对此问题的意思自治的权利。据此,遗嘱解释问题似乎只能适用第 33 条关于遗嘱效力的冲突规则。但如同合同解释问题和合同

---

① See Lawrence Collins (with Specialist Editors), *Dicey, Morris and Collins on the Conflict of Laws* (14th ed., 2006), Sweet & Maxwell, p. 1252.
② 参见 Peter Nygh, *Autonomy in International Contracts* (1999), Clarendon Press, pp. 104—110。《涉外民事关系法律适用法》第 3 条规定:"当事人依照法律规定可以明示选择涉外民事关系适用的法律。"由此可见,我国国际私法拒绝一切形式的默示法律选择。商事领域固应如此,而诸如夫妻财产制等民事身份关系领域,则不合理,因为民事身份关系领域的当事人更多只会默示选择,而很罕见地会进行明示选择。

效力问题存在实质区别,遗嘱解释问题和遗嘱效力问题也存在实质区别,前者探求立遗嘱人的真实意思表示,接近于事实问题,而后者主要关涉对立遗嘱人意思表示的法律限制,属于法律价值判断范畴。因此,遗嘱解释问题应有独立的法律适用规则,有待司法解释进行漏洞填补。

五、结　　论

《涉外民事关系法律适用法》在涉外继承领域既没有全面采用同一制,也没有全面采用区别制,而是牺牲了理论逻辑的一以贯之,富有特色地划分法定继承和遗嘱继承,前者适用区别制,后者适用同一制。两者相比,遗嘱内容取决于立遗嘱人的意思自治,因而同一制主要作用于遗嘱的效力,而法定继承的区别制却几乎作用于法定继承的全部,因此,《涉外民事关系法律适用法》中区别制的比重大于同一制。

无论是对继承法律关系本质的理论分析,还是对同一制与区别制的历史根源的探求,都表明同一制较之区别制更具制度优势。同一制和区别制的立法抉择,归根结底是决定不动产所在地法在涉外继承领域的命运。在涉外物权领域,动产随人观念已被破除,无论对于动产还是不动产,物之所在地法全面战胜了属人法。但在涉外继承领域,"动产随人原则"仍具旺盛的生命力,"随人原则"还继续扩大到了不动产继承领域。属人法而非物之所在地法,将在两大法系继承冲突法的未来发展中取得支配性地位,然而目前《涉外民事关系法律适用法》的涉外继承规则却例外于这一趋势。

无论是同一制还是区别制,立法结构不可谓不简明,但在各自的制度展开和实践运行过程中,简明的立法公式都只是一种表象,表象背后却是一系列复杂的难以具体规范的法律问题。对于同一制来说,面临着如何保护本国继承人对于不动产的继承利益、如何保护本国非继承利益以及如何面对外国区别制国家的既有判决等问题;对于区别制来说,则面临着如何进行跨国遗产债务的分配、如何在法定遗产权等问题上面对境外继承结果以及如何取舍反致制度等问题。

《涉外民事关系法律适用法》既然同时容纳了区别制与同一制,未来司法实践也将招致上述所有问题。解决上述问题的总体思路是,区别制的制度运行有时需要同一制的思维方式以为补充,同一制的制度运行需要格外注意不动产所在地法的积极作用。希望本书对涉外继承法律适用的基本原理的阐释,尤其是对两种制度运行的深入剖析,有助于最高人民法院在不远的将来制定合理明晰的司法解释规则,也有助于法官在个案中提升涉外继承冲突规则的解释技艺。

第六章 意思自治与物权冲突法[*]

一、问题之提出

《中华人民共和国涉外民事关系法律适用法》的制定和生效①,标志着我国国际私法单行立法之完成,其中的物权冲突法立法更是实现了跨越式的发展。1986年《民法通则》及其司法解释对于物权冲突法问题,只简单规定了不动产物权的法律适用②,而未规定动产物权的法律适用。《涉外民事关系法律适用法》不仅规定了有体物(包括不动产和动产)的法律适用,而且规定了无体物(包括权利质权和有价证券)的法律适用,物权冲突法的立法体系大体完备成形了。③

20世纪是"冲突法革命"的世纪,对19世纪的经典理论大厦进行了深刻的反思和批判,涌现了诸多富有创新思想的法律选择方法。两个世纪一正一反的理论辩诘,极大促进了国际私法的理论发展,并于20世纪末、21世纪初催生了众多成熟度较高的国内立法和区域组织立法④,《涉外民事关系法律适用法》正是这一时代潮流的又一产物。然而,"冲突法革命"的实验场地主要是侵权冲突法和合同冲突法,而物权冲突法、婚姻家庭继承冲突法等领域只在静悄悄地延续传统规则,几乎未受冲击。其中,物权冲突法视"物之所在地法规则"为基本教条,20世纪的立法和理论鲜有背离。直至21世纪初,受"冲突法革命"风潮之影响,才始出现对物权冲突法理论的反思和重构。⑤

---

* 本章系在《意思自治与物权冲突法》(《环球法律评论》2012年第2期)一文基础上修改而成。
① 《涉外民事关系法律适用法》于2010年10月28日颁布,2011年4月1日起施行。
② 《民法通则》第144条规定:"不动产的所有权,适用不动产所在地法律。"《民法通则司法解释》第186条规定:"土地、附着于土地的建筑物及其他定着物、建筑物的固定附属设备为不动产。不动产的所有权、买卖、租赁、抵押、使用等民事关系,均应适用不动产所在地法律。"
③ 参见我国《涉外民事关系法律适用法》第36—40条。本章仅讨论有体物的法律适用问题,不涉及无体物的法律适用问题。
④ 著名国内立法包括英国、德国、俄罗斯、日本、澳大利亚等国的国际私法立法;最著名的区域组织立法是欧盟近年的系列罗马条例。部分立法的中译,参见邹国勇译注:《外国国际私法立法精选》,中国政法大学出版社2011年版。
⑤ 例如,Janeen M. Carruthers, *The Transfer of Property in the Conflict of Laws: Choice of Law Rules Concerning Inter Vivos Transfers of Property* (2005), Oxford; J. J. Fawcett, J. M. Harris and M. Bridge, *International Sale of Goods in the Conflict of Laws* (2005), Oxford, Chapter 18.

在这一波的理论反思和重构之中,核心问题是涉外物权在多大程度上可以适用导致物权得、丧、变更的法律行为的准据法,特别是在多大程度上可以适用导致物权变动的合同中的意思自治,而不必一味机械地适用物之所在地法。因此,物权冲突法也引来了"革新"的机遇,"物之所在地法规则"面临松动的可能,意思自治这一弹性的、内容定向的法律选择方法有可能长驱直入物权冲突法这一相对保守的领域。① 然而,新近具有典范意义的国内立法,在物权冲突法领域罕有全面引入当事人的意思自治,或者至多只在一个极为狭小的问题上引入当事人的意思自治,物权冲突法整体上仍视物之所在地法规则为正轨。② 相比之下,《涉外民事关系法律适用法》在物权冲突法领域,尤其是在动产物权的法律适用问题上,全面引入意思自治,几乎走在了各国立法的最前沿。

《涉外民事关系法律适用法》第 37 条规定:"当事人可以协议选择动产物权适用的法律。当事人没有选择的,适用法律事实发生时动产所在地法律。"我国不仅首次从无到有的规定了动产物权法律适用的一般规则,而且还超前的规定意思自治成为动产物权法律适用的首要方法。在国际私法的发展史上,意思自治方法经历一番曲折之后,终于在 20 世纪中叶之后成为合同冲突法的首要方法,并展示了其顽强的生命力,渐趋向其它冲突法领域扩展,例如,侵权冲突法领域和夫妻财产制的法律适用领域。③《涉外民事关系法律适用法》更是将意思自治提高到了基本原则的高度,在相当于总则的"一般规定"的第 3 条规定:"当事人依照法律规定可以明示选择涉外民事关系适用的法律。"我国立法者就是在这种崇尚意思自治的氛围中,在物权冲突法领域阔步引入了意思自治。

然而,问题由此而生:第一,从比较法的角度出发,其他具有典范意义的国内立法,例如德国物权冲突法和荷兰物权冲突法,以传统的物之所在地法规则为基本规则,对意思自治仍持谨慎态度,相比之下,我国的超前立法是否令人不安?当然,我们并非要崇洋媚外地固守比较法结论,但如果我国立法与比较法结论差距较大,就应促使我们学界提供周密、结实的理论支撑,然而恰恰在此环节,现有理论分析犹显贫乏;第二,意思自治之所以能扩展至物权冲突法,必然是因为物权冲突法的传统规则,即物之所在地法规则,在理论上

---

① 关于意思自治方法的弹性特征和内容定向的特征,参见〔美〕西蒙尼德斯:《20 世纪末的国际私法——进步还是退步?》,宋晓译、黄进校,载《民商法论丛》2002 年第 3 号(总第 24 卷),金桥文化出版(香港)有限公司 2002 年版,第 390—391 页。
② 只在一个狭小问题上引入意思自治的,参见本章第四部分对该问题的相关分析。
③ 关于意思自治方法的形成和扩展,参见宋晓:《当代国际私法的实体取向》,武汉大学出版社 2004 年版,第一章第三节、第四章。

存在缺陷并在实践中不能完全满足现代财产交易的需要,那么其具体表现是什么?第三,既然意思自治成为动产法律适用的首要方法,一改传统物之所在地法规则的支配地位,那么为何不动产法律适用问题完全拒绝意思自治而仍固守物之所在地法规则?第四,如果承认意思自治方法适用于物权冲突法的正当性,那么在商业交易的实践中,当事人很少单独为物权问题选择准据法,意思自治又该通过哪些具体方式予以实现?

上述四个问题,便是下文所要回答的。

二、"物之所在地法规则"的确立

物之所在地法规则,即规定无论不动产物权还是动产物权,都统一适用物之所在地法,并非自始就在物权冲突法领域具有统治地位,而是直至19世纪中叶才开始全面支配涉外物权关系。在长达五百年的法则区别时代,物权法律适用问题一直采用区别(分割制),即区分不动产和动产,不动产适用不动产所在地法,而动产依据"动产随人"或"动产附骨"的法律观念,适用动产所有人或权利人的住所地法。[①] 物权法律适用的同一制的确立,即统一适用物之所在地法,是在动产法律适用问题上物之所在地法规则战胜住所地法规则的结果。物之所在地法规则战胜住所地法规则的过程,宣示了住所地法规则的陈腐,更彰显了物之所在地法规则的理性和力量。只有揭示这一过程的内中缘由,才有助于理解为何曾经战胜了住所地法规则的物之所在地法规则,如今又会面临意思自治方法的挑战。

在"法则区别说"对应的西欧封建时代,商业时代尚未到来,社会财富集中于不动产而非动产,财产关系主要表现为财产的继承关系而非交易关系,因而财产继承关系的国际私法问题较之财产交易关系的国际私法更为重要,而财产交易的国际私法又在很大程度上受到了财产继承的国际私法规则的影响。继承法律关系具有属人性质,继承财产的转让是一种概括转让,因而按理不论继承财产分散于多国,都应统一适用被继承人的住所地法;但是,受西方土地的封建制度的影响,封建主不希望本国的土地继承适用外国的继承法而改变该土地上的封建关系,因而特别主张不动产继承适用不动产所在地法。最后,继承领域形成了区别制,不动产继承适用不动产所在地法,而动产继承适用被继承人死亡时的住所地法。物权法律适用的区别制和动产随人

---

① 参见〔德〕马丁·沃尔夫:《国际私法》,李浩培、汤宗舜译,北京大学出版社2009年版,第556页。

原则,其实就是根源于财产继承的国际私法原理。①

继承虽涉及财产因素,但它是一种特殊的财产关系,主要处理财产的概括转让,当财产分散多国而进行概括转让时,适用统一的属人法而不适用物之所在地法,这才是正当合理的,因为多个物之所在地法对概括转让问题很有可能作出彼此矛盾的规定。但是,一般物权问题则针对单个财产的物权转让问题,而非多个财产的概括转让问题,适用于概括转让的属人法原则,即动产随人原则,不应成为以单个财产转让为基本模式的物权法律适用的出发点。在动产相对贫乏的封建时代,动产通常位于所有人的住所地,因而物之所在地与住所地通常合二为一,此时动产的法律适用问题被所有人的属人法所吸附,并不会引发太多争议。②

但是,当商业时代到来之后,动产交易渐趋频繁,动产随人原则就暴露了致命的缺陷。在商业时代,出于投资和贸易的需要,动产和所有人动辄处于分离状态,对此,萨维尼(Savigny)一针见血地指出,在同一个特定物上,多人主张同一内容的物权,而各人住所又不同,又该适用哪一个住所地法呢?③动产随人原则,不仅在多人主张同一内容的物权时无法适用,而且还极大地阻碍了商业交易。例如,在动产交易之时,买受人为降低交易风险,需要依据卖方的住所地法调查卖方是否拥有真正的所有权,以及标的物上是否设立了其他物权负担,这将极大增加商业成本;而且在卖方的住所地法是外国法时,买方作为普通商人就很难依据该法判断标的物的真实的物权状态,更何况有时连卖方的住所地都不是那么容易认定的。④ 因此,继续固守动产随人原则,将使国际贸易寸步难行。

商业时代的物不再紧密地依附于人,物权的法律适用也不应再紧密地依附于属人法,而应追求自己独立的系属。萨维尼为物权冲突法独立系属之构建,作出了开创性的贡献,他认为无论物为不动产还是动产,都应统一适用物之所在地法,因为物权客体占有外在空间,可由感觉感知,物之所在地构成物权法律关系的本座;权利人行使、取得物权,必须到物之所在地,权利人到物

---

① 参见〔德〕萨维尼:《法律冲突与法律规则的地域和时间范围》,李双元等译,法律出版社1999年版,第95页。
② See Lawrence Collins (with Specialist Editors), *Dicey, Morris and Collins on the Conflict of Laws* (14th ed., 2006), Sweet & Maxwell, p. 1165.
③ 参见〔德〕萨维尼:《法律冲突与法律规则的地域和时间范围》,李双元等译,法律出版社1999年版,第94页。
④ See J. J. Fawcett, J. M. Harris and M. Bridge, *International Sale of Goods in the Conflict of Laws* (2005), Oxford, p. 1073.

之所在地参与物权关系,是对物之所在地法的自愿服从。① 萨维尼所倡导的统一的物之所在地法规则,实际上只是扭转了动产物权的法律适用规则,因为不动产适用不动产所在地法自始未变。萨维尼的统一公式因应了商业时代的需求,获得了理论与立法的普遍推崇。然而,萨维尼的理论体系,包括其物权冲突法理论,以"自愿服从"为最终基础②,但"自愿服从"归根结底是一种拟制,无论对于整个国际私法体系,还是对于物权冲突法,拟制都不足以成为最终的理性基础。

德国学者沃尔夫(Wolff)在萨维尼学说的基础上,进一步阐述了物之所在地法规则的理性基础,他认为物之所在地法规则的根据存在于物权的性质,存在于物权对于第三人的效能:物权应尽可能明显以保护意欲取得物权的第三人,使其物权取得不因适用另一个法律而归于无效。③ 沃尔夫为探求物之所在地法规则的根据,是从物权法律关系的基本性质出发的,而不是从自愿服从、主权等抽象概念出发的,这无疑更为雄辩。物权是一种权利人对物所享有的排他的支配性权利,就其一般的对世效力即对第三人效力而言,具有优先的效力、排除妨害的效力和可得对一切人主张的追及效力。物权是如此强大的权利,可以说为所有第三人创设了义务,为了不使之阻碍交易安全,物权法必须以物权法定主义为其基本特征,物的种类和内容由法律规定,当事人不能通过合意随意创设。与此相对应,物权变动以公示主义为基础,即物权变动必须向第三人公示,应有得以从外部识别的表征形式。

物权冲突法正是解决依据哪国法律来决定物权的种类和内容,以及依据哪国法律采取物权变动的公示方法。物权发挥对世效力,物权准据法必须是所有第三人可以预见的,如果依据第三人不能预见的法律来决定物权法定的种类和内容,以及决定物权变动的公示方式,那么本就针对第三人而言的物权法定主义与公示主义便都失去了意义。何国法律是第三人最可预见的?答案自然是物之所在地法。在商业时代,自然人流动日渐频繁,跨国公司动辄多国设立,第三人越来越难以预见动产所有人的住所地法,因而动产随人原则就自然而然被更易预见的物之所在地法所取代了。不动产物权和动产物权都具有统一的物权属性,都适用物权法定主义和物权变动的公示主义,两者的法律适用都应以同一制为逻辑起点,而不应以法则区别时代的分割制为逻辑起点。

---

① 参见〔德〕萨维尼:《法律冲突与法律规则的地域和时间范围》,李双元等译,法律出版社1999年版,第93页。
② 萨维尼对"自愿服从"的集中论述,参见同上书,第62—63页。
③ 参见〔德〕马丁·沃尔夫:《国际私法》,李浩培、汤宗舜译,北京大学出版社2009年版,第559页。

在物权法律关系中,物的客观场所相对来说最易确定,最易为第三人所预见,因此,物权冲突法并非刻意要以地理场所为连接点,而是在物权法律关系中确实难以找出其他比物之所在地更确定、更易预见的法律事实为连接点。据此不难理解,为何在"冲突法革命"时代,诸如侵权行为地、合同缔结地或合同履行地等地理场所的连接点猛受批判①,而同为地理场所的连接点的物之所在地却几乎未被批判声浪所波及。在其他冲突法领域,地理场所的连接点规则动辄被批判为只顾追求国际私法的冲突正义,而无视国际私法的实体正义,但物之所在地规则却很少被如此批判。相反,19世纪所确立的物之所在地法规则,恰恰是从物权法定主义和物权变动的公示主义这些浓烈的实体正义出发的,自然难以成为"冲突法革命"的批判对象。

对于不动产而言,物之所在地确定不移,因而不动产物权适用不动产所在地法几乎成了天经地义;但对于动产而言,物可能只在一个国家短暂存在,或处于运输的变动过程中,这些时候是否还能适用物之所在地法呢?当物在某个国家短暂存在,但只要第三人得知其存在,并在此短暂存在的时间内发生了导致物权变动的法律事实,就没有理由不适用物之所在地法。② 然而,当物处于运输的变动过程中,物之所在地客观上不能确定,第三人更不能确定,此时发生导致物权变动的法律事实,就不能适用物之所在地法了。因此,运输中的动产物权的法律适用构成了动产物权法律适用的例外,但此例外并不能说明物之所在地法规则具有根本缺陷,因而尚不足以动摇此一般规则。

物权具有对世效力,有别于合同只具有对人效力,因而物权冲突法和合同冲突法具有根本差异。合同一般只影响双方当事人,合同的内容是双方合意的结果,而且合同不需要向第三人公示,所以合同当事人可以通过意思自治选择合同准据法;但物权变动影响不特定的第三人,物权的种类和内容是法定的,而且物权变动需要向第三人公示,所以物权法律适用只能适用法定的物之所在地法,如果适用当事人的意思自治,就有可能适用物之所在地法之外的另一个国家的法律,为第三人所不能预见,这不就背离了物权法定主义和物权变动的公示主义了吗?从物之所在地法的内在根据来看,这一质问确实成立。合同冲突法和物权冲突法对于意思自治的截然相反的取舍之道,几乎已经成了国际私法理论界和实务界的基本教条,很少受到质疑。

物之所在地法规则战胜住所地法规则的历史初步表明,物之所在地法规

---

① 参见〔美〕卡弗斯:《法律选择问题批判》,宋晓译、宋连斌校,载《民商法论丛》2003年第2号(总第27卷),金桥文化出版(香港)有限公司2003年版,第418—458页。
② 参见〔德〕萨维尼:《法律冲突与法律规则的地域和时间范围》,李双元等译,法律出版社1999年版,第102页。

则契合了物权法律关系的基本属性,它的正当性不仅满足了冲突正义的要求,同时也满足了实质正义的要求,它作为一般规则的地位并没有受到理论与实务的质疑。《涉外民事关系法律适用法》照理只需效仿德国的物权冲突法,在第五章"物权"中只需规定物权适用物之所在地法,并同时附加一二条例外规则即可,为何要在动产物权法律适用问题上将意思自治确立为首要规则呢?为何不动产物权问题上又拒绝意思自治呢?从物权法律关系的基本性质出发以寻求物权法律适用规则的方向难道错了吗?或者说,物之所在地法规则本身没有错,但与意思自治相比,只是一种次优的选择而充其量是意思自治的辅助规则吗?对于这些疑问,我们必须进一步探求。

三、物权冲突法引入意思自治的根据和范围

对比国际私法的传统单边主义方法和传统多边主义方法,意思自治方法在国际私法体系中的稳固确立,时日尚短,不过半个世纪有余。然而在这短暂时日内,意思自治方法显示了顽强的生命力,正逐步从合同冲突法这一"根据地"向其他国际私法领域扩展。一如其他国际私法的方法和规则,意思自治方法在任何领域的存在都需要证明,当它向合同之外的新领域扩展之时,更需如此。

意思自治是私法自治原则向国际私法领域的延伸,民法体系中私法自治越是充分的领域,即任意性规则为主强制性规则为辅的领域,其所对应的国际私法领域就越容易承认意思自治;相反,私法自治越是薄弱的领域,即强制性规则为主而任意性规则为辅的领域,其所对应的国际私法领域就越难承认意思自治。如今,合同、夫妻财产制、遗嘱、侵权等国际私法领域,不同程度地承认了意思自治。合同领域是私法自治最充分的领域,因而合同冲突法便以意思自治为首要方法;夫妻财产制领域允许当事人约定夫妻财产关系,涉外夫妻财产制的法律适用就相应地允许意思自治;当事人享有遗嘱自由,因而涉外遗嘱解释问题一般允许当事人意思自治。[①]

侵权冲突法承认意思自治,是在晚近二十年发生的,而且一度颇有争议。在民法体系中,侵权之债是法定之债,侵权法律规则多半为强制规则,因而传统侵权冲突法反对意思自治。但是,传统方法被突破了,主张引入意思自治的观点认为,侵权法和侵权责任不以惩罚为主要目的,而是以损害填补和风

---

① 《涉外民事关系法律适用法》除合同之外,侵权、夫妻财产制的法律适用都允许意思自治,但未专门规定遗嘱解释的法律适用问题,如果遗嘱解释问题从属于第33条所规定的遗嘱效力问题,则不承认意思自治。

险分配为主要目的,侵权法律关系是当事人之间的关系,一般不涉及第三人利益,因而侵权冲突法可以允许当事人意思自治,只是侵权冲突法采用意思自治,较之合同冲突法采用意思自治,应受到更多的限制罢了。① 无论是国际私法的学界主流,还是国际社会晚近有代表性的立法例,都逐渐认可了侵权冲突法应该承认意思自治的观点。②

以上简述了意思自治方法在国际私法体系中的形成和扩展轨迹,揭示了意思自治方法的生命力所在,这对于判断物权冲突法应否承认意思自治具有直接的启示意义。意思自治方法首先适用于以任意性规则为主、当事人享有高度私法自治的实体法领域所对应的国际私法领域;诸如侵权领域,实体法虽以强制规则为主,但只要法律关系主要局限于当事人之间,而不直接触及社会利益,也可以承认意思自治。从中大致可以发现意思自治在国际私法中扩展的边界所在,那就是对应的实体法领域是以任意性规则为主的,如若不然,其法律关系至少也是对人关系。物权法规定物权的得、丧、变更及对物权的保护,其规则一般都为强制性规则,而任意性规则为其例外。从物权法的强制性这个视角出发,物权冲突法原则上就不能承认意思自治。与此同时,从对人与对世的区分视角出发,物权是一种对世权利,不像合同和侵权是一种对人的法律关系,物权法似乎也不应该承认意思自治。

至此,我们从两个方向探求了意思自治在物权冲突法领域的正当性:第一个方向就是物权冲突法自身的历史发展,物权冲突法的历史大体上就是同一制战胜区别制、物之所在地法规则取代住所地法规则的历史,物之所在地法规则反映了物权法定主义和物权作为对世权的本质要求;第二个方向就是意思自治方法的确立和扩展轨迹,从合同扩展到夫妻财产制、再到侵权,意思自治停留在对人法律关系的界限之内。两个方向的探索最后都否定了意思自治在物权冲突法中的正当性,而其理由可以共同归结为物权法或物权的基本属性:物权是一种对世权,物权法以强制性规则为主,因而物权冲突法不应承认意思自治。然而,我们现在就应该下此结论吗?我们上述分析是否遗漏了什么?现在让我们转入当代支持在物权冲突法引入意思自治的观点。

当代支持在物权冲突法领域引入意思自治的观点,是建立在对涉外物权争议的具体情形作出进一步区分的基础上的。支持者认为,物权尽管是对世权,但物权争议可以区分为双方之间的物权争议和三方之间的物权争议。物权的双方争议仅限于交易主体之间,不涉及第三人;物权的三方争议是指交

---

① 参见本书第十章"侵权冲突法一般规则之确立"。
② 典型立法例如1999年《德国民法施行法》第42条、2007年《欧盟非合同之债法律适用条例》(罗马Ⅱ条例)第14条。

易主体之外,还有第三人主张物权权益。① 以最简单的甲、乙货物买卖中的物权关系为例,卖方甲的货物所有权是否已经移转给买方乙,这就是典型的双方物权争议;如有第三人丙主张该特定货物的物权,例如声称甲无权处分,要求恢复对乙占有的货物的物权,于是加入了交易双方甲、乙之间的物权关系中,就构成了三方物权争议。支持者据此认为,双方物权争议一般基于合同而产生,可以适用合同冲突法规则,首先适用双方当事人意思自治的法律;而三方物权争议涉及第三人,无共同的意思自治,此时为保护第三人的可预见性,应适用物之所在地法。②

在民法层面,如果把物权理解为支配权,那么物权就表现为人对物的支配关系;如果把物权理解为对世权,那么物权归根结底就是一种人与人的关系。在物权变动的关系之中,物权本质上就是从主要是合同关系的相对关系中切割或独立出来的一部分,一旦完成与相对关系的切割和独立,物权就具有了绝对性。这种切割或独立的过程,在限制物权中表现的尤为充分。当物权从基础的相对关系独立出来之后,基础关系仍可能存续,此时独立的物权关系,与导致物权变动的基础相对关系,就并行存在。③ 物权与其基础关系的有机联系,表现为物权法和债法之间的有机联系,在同一个法律体系中,这种有机联系一般能得以维系。但是,在国际私法中,如果过分强调物权与其基础关系的彼此独立,导致物权的法律适用问题任何时候都独立于基础关系的法律适用问题,那么两者的准据法很有可能不同,原本就有的有机联系就很有可能发生断裂,甚至彼此矛盾。

再以简单的货物买卖为例,若双方都为甲国人,在甲国订立合同,而标的物位于乙国,合同约定适用甲国法,甲国法规定所有权转移时间为合同生效之时,乙国法规定所有权转移时间为交付之时。如坚持物权法律适用为独立于合同法律适用之问题,适用物之所在地法,即乙国法,就与合同准据法即甲国法对货物所有权归属问题的判定相矛盾了,就有可能违背了寄身于甲国法律传统的双方当事人的真实意愿。因此,在没有第三人对动产物权持有异议的情况下,仅是合同双方当事人的货物所有权问题,则属于双方之间的物权争议,确实可以适用双方当事人在合同中约定的准据法,如此物权法律适用与其基础关系的准据法就取得了一致。只有在同一个法律体系之中,通过法律技术独立或分割出来的物权关系,才能和其基础关系以最协调的方式共存

---

① See J. J. Fawcett, J. M. Harris and M. Bridge, *International Sale of Goods in the Conflict of Laws* (2005), Oxford, pp. 1068—1069.
② Ibid., pp. 1103—1105.
③ 关于物权对债权的切割关系的精彩论述,参见苏永钦:《民事立法与公私法的接轨》,北京大学出版社 2005 年版,第 205—206 页。

并处。

在物权变动的关系中,物权本质上是从债权关系中独立和切割出来的,在独立和切割不清之处,就存在物权和债权的灰色地带。因此,如果物权法律适用和债权法律适用能够取得一致,就可以避免某个具体问题究竟属于物权问题还是债权问题的识别麻烦,典型如处于两者灰色地带的中途停运权和优先权的识别问题。[①] 在今日高度复杂的商业社会及其对应的高度复杂的法律体系中,物权的债权化以及相反的债权的物权化,都在增多,在两者的法律混同之处,强调各自准据法的独立分割确实不是很合理。当然,物、债准据法的统一虽有利于降低灰色地带的识别难题,但只要物权在法律体系中有独立存在的价值,灰色地带的识别困难总体上就是一个例外,我们不能以例外为由要求物、债准据法的全面统一。

当物权从债权的基础关系中独立切割出来成为绝对权时,在民法层面区分双方物权争议和三方物权争议就失去意义了,因为双方物权争议保留在债的关系中,而独立的物权的存在意义就是针对第三人的,成为物权的对世属性。因此,严格说来,在民法层面,物权的本质就是针对不特定的第三人的。但是,国际私法有别于民法,应该区分双方物权争议和三方物权争议的具体情形,旨在尽可能促使物权与其基础关系的债权受同一个法律体系的支配,以免不同的法律体系割裂了两者之间的有机联系。物权和债权在制度上彼此独立,固然不能强行使二者准据法合二为一,但传统国际私法不区分双方物权争议和三方物权争议,一律要求适用物之所在地法,则过分强调了物权对于债权的独立性,过多顺应了民法层面物权的对世属性,而忽略了国际私法有别于民法的特殊要求,即应尽可能避免不同法律体系割裂同一交易中的物权关系和债权关系的有机联系。

如要促使物权和债权的准据法趋于一致,那么为什么不是交易中的债权向物权靠拢去适用物之所在地法,却是交易中的物权向债权靠拢去适用债权准据法呢?当物权从债权中分离出来时,债权可谓是物权的"母体",债权所包含的内容要比物权更为广泛,即使交易标的物为特定物,债权也常常并不定着于标的物,例如延迟履行的违约责任,因此只可能是物权的法律适用趋近于范围更为广泛的债权的法律适用,而不能要求债权的法律适用趋近于范围更为狭小的物权的法律适用。[②] 从某种程度上说,当双方物权争议适用债

---

① See Janeen M Carruthers, *The Transfer of Property in the Conflict of Laws: Choice of Law Rules Concerning Inter Vivos Transfers of Property* (2005), Oxford, p.90.

② 在少数情形下,也可以看到债权准据法向物权准据法趋近的,例如,在当事人没有意思自治的情形下,有关不动产的债权关系,就优先适用不动产所在地法,而非依据特征履行方法来确定。

权准据法时,其实是将这部分绝对性的物权关系重新还原为相对性的债权关系。物权法律适用趋近债权法律适用的一般方法,就应适用合同之债法律适用的首要原则,即适用双方当事人意思自治的合同准据法。但是,如果合同未约定准据法,就不存在保护双方当事人共同的可预见性问题,物、债的有机联系随之松散,物权准据法就没有必要继续适用债权准据法的客观方法,即特征履行方法,而应回复适用更具确定性的物之所在地法。

国际私法对双方物权争议与三方物权争议的区分,理论上不仅针对动产,同时也针对不动产,这就意味着不动产的双方物权争议,也理应首先适用当事人意思自治的法律。但是,即使不动产物权关系只涉及交易双方而不涉及第三人,不动产的物权关系客观上也不能适用双方当事人意思自治的法律,原因有二:第一,各国普遍以公共登记为不动产物权变动的公示方法,公共登记具有行政色彩,具有超越民法的强制性质,其权威是当事人不能通过合意加以减损的,因而当事人不能合意选择物之所在地法之外的另一个法律以绕开物之所在地的公共登记,从而作出有别于公共登记的权属确认;第二,即使外国法院依据当事人的意思自治而适用不同于物之所在地法的法律,不动产物权也只能在物之所在地才能实现,更兼不动产所在地法律一般会宣称对不动产权属争议享有专属管辖权,所以一国法院适用不动产所在地法之外的法律,作出任何有别于不动产所在地法的判决,都极难获得不动产所在地国家的执行。因此,不动产物权关系不管是双方之间的争议,还是涉及第三人的三方之间的争议,只能适用不动产所在地法。

综上所述,物权冲突法确实有正当的依据引入意思自治,但应受到两项较大的限制:第一,意思自治只适用于动产物权关系,而不适用于不动产物权关系;第二,意思自治只适用于双方物权争议,而不适用于涉及第三人的三方物权争议,即不能对抗第三人,只要是涉及第三人的三方物权争议,除非第三人同意适用双方当事人的意思自治的法律,否则就应回复适用物之所在地法。据此,《涉外民事关系法律适用法》在意思自治的问题上区分不动产和动产,这一大方向无疑是正确的;遗憾的是,在没有区分双方动产物权争议和三方动产物权争议的前提下,就贸贸然规定了当事人可以协议选择动产物权适用的法律,而没有明确指明物权法律适用的意思自治仅限于双方物权争议,不能对抗第三人,无论第三人是否是善意第三人。

因此,《涉外民事关系法律适用法》理想的立法方式是:首先由第 36 条规定物权法律适用的一般规则,不论动产还是不动产,都适用物之所在地法,然后由第 37 条特别规定动产物权可以适用当事人协议选择的法律,并同时规定不能以之对抗第三人。在目前立法已经完成的情况下,只能通过法律解释的方法来完善现有规定。依据前述分析,应对第37条进行限制性解释,即动产物权的意思自治只适用于双方之间的动产物权争议,而不能以之对抗第三人。

四、意思自治的实现路径

物权冲突法可以在双方动产物权争议中承认当事人的意思自治,那么将通过何种方式予以实现呢?对比合同冲突法,物权冲突法大为不同:意思自治在合同冲突法中已经深入人心,因而在涉外商事合同实践中,当事人(或通过代理律师)已经普遍在合同中约定准据法,如果当事人没有约定合同准据法的,一般是当事人并非不知有意思自治的权利,而是没有就准据法的选择形成一致的合意;但是,物权冲突法承认意思自治只是处于历史开端,实践中也很少出现当事人为涉外物权争议特别约定准据法的情形。如果当事人在实践中一般不专门约定物权准据法,那么物权冲突法承认意思自治又有何现实意义呢?

如前所述,物权冲突法承认意思自治的最大理由,就是避免不同法律体系分割同一交易中并存关联的物权和债权,促使物权冲突法和债权冲突法趋于一致。因此,如果当事人已经在合同中约定了合同准据法,那么将合同中的意思自治同时解释成是当事人对物权问题的意思自治,这不仅能够顺理成章地解决物权冲突法的意思自治的实现路径问题,同时也符合物权冲突法承认意思自治的立法目的。关键在于,将合同中的意思自治同时解释成物权法律适用的意思自治,这是出于当事人的真实意思表示,还是背离了当事人的真实意思表示?

实践中当事人在合同中关于法律适用的约定,常见措辞是:"本合同或与本合同有关的一切争议适用X法。""与本合同有关的一切争议",不仅包括狭义的合同关系,同时也包括合同之外的法律关系,最有可能的是侵权关系和物权关系。那些在侵权冲突法中承认意思自治的国家或地区,只要不限制当事人只能在侵权行为发生之后才能选择准据法的,都认为合同中约定的准据法,同时也是当事人事先为可能发生的与合同相关的侵权法律关系所约定的准据法,这样才能促使侵权准据法与合同准据法趋于一致。① 合同中的法律选择条款,除了解释为合同关系的意思自治,还可以解释成相关的侵权关系的意思自治,既然如此,又有何理由不能同时解释成相关的物权关系的意

---

① 参见本书第十章"侵权冲突法一般规则之确立",但根据《涉外民事关系法律适用法》第44条,我国只承认侵权行为发生后的意思自治。

思自治呢？

因此，只要当事人在合同中约定准据法时，没有明确反对将意思自治扩展适用于与合同相关的物权关系或者侵权关系，就可以将合同中的法律选择条款同时解释成包含合同关系、相关的物权关系和侵权关系的意思自治，这样才能促使同一交易的相关法律问题适用同一准据法，各方权利义务的分配才能更为合理。然而，同一交易中产生的合同关系、物权关系和侵权关系，毕竟彼此独立，能够适用同一准据法固然是好，却也不能违背当事人的意思自治，强行适用同一个法律。同一交易中的合同关系、物权关系或侵权关系，各自所规定的意思自治规则是彼此独立的规则，而不是同一个意思自治规则，当合同中的同一个法律选择条款适用于上述三种法律关系时，其本质是当事人按照不同的意思自治规则约定适用同一个准据法。

当发现当事人在合同的法律选择条款中约定准据法时，法官即使可以推定该准据法也是当事人为相关物权关系所约定的准据法，也应该对当事人进行法律适用的释明，告知当事人合同中的准据法的约定也同时适用于物权关系，如果当事人双方都表示反对，那就说明当事人只是就单纯的合同关系约定了准据法，而未曾就交易的物权问题约定了准据法，法官就不能继续认为当事人就物权法律适用问题形成了合意。更为常见的情形或许是，一方当事人主张合同中约定的准据法同时也是物权问题的准据法，而另一方当事人表示反对，并主张适用物之所在地法，此时法官该如何抉择呢？这在本质上是对合同的法律选择条款的解释问题，合同意思自治究竟是否也是物权意思自治，法官应根据案件整体情形和法律选择条款的措辞来判断当事人的真实意思表示。无论如何，在没有相反证据之时，法官应推定合同意思自治同时也是物权意思自治。

在现有涉外民商事实践中，当事人几乎不会特别就物权法律适用问题约定准据法，因此，一旦物权冲突法承认意思自治，核心问题就是合同意思自治能否解释为同 交易的物权意思自治。但是，这并不是说当事人不能就物权法律适用问题单独约定准据法，恰恰相反，基于物权和债权的各自独立性，当事人有权单独就物权问题约定准据法，甚至有权为同一交易中的合同问题和物权问题约定不同的准据法。如果当事人分别就两种法律关系约定不同的准据法，则表明当事人既不愿意他们的物权问题适用与合同准据法相同的法律，也不愿意物权问题适用物之所在地法，而是希望物权问题适用上述两个法律之外的第三国的法律。

当事人特别约定不同于合同准据法的物权准据法，本质上就是法律允许当事人将绝对权性质的物权关系，还原为相对权性质的债权关系，而且还允许当事人就还原的这部分债权关系约定不同于原合同债权关系的准据法。当事人虽有特别约定的自由,但合理性基础毕竟大为减弱了,原因有二:第一,当事人为交易中的物权关系作出特别约定,从而适用物之所在地法和合同准据法之外的第三国法律,其意图多半是为了规避这两个法律中的强制性规则,但如果案件在上述两个国家审理,法院很有可能直接适用本国不许规避的强制性法律,当事人的意思自治也就很有可能落空;第二,分割约定致使彼此关联的债之关系与物之关系有了被割裂的危险,物权冲突法承认意思自治的合理性大为降低,而且整个案件的法律适用骤然复杂,增加了法官的司法负担。因此,法律和司法实践不应鼓励当事人为物权法律适用作出不同于合同法律适用的约定。

但有两种特殊的交易情形,需要特别分析。其中一种交易情形是运输中的物的物权问题。以运输中的物为交易标的,就不能适用物权法律适用的一般规则,即物之所在地法规则,因为运输中的动产没有固定的物之所在地。运输中的物的物权应该适用运输始发地法还是运输目的地法,因各有优劣,学界争执不下,各国立法例也分歧严重。[①] 我国虽规定在没有意思自治的情况下适用运输目的地法,但掌控运输的一方当事人常常临时改变运输目的地,而为另一方所不能预见,因而对另一方来说,最好办法是在合同中约定法律选择条款直接适用于物权问题,从而避免合同解释上可能发生的争议;或者直接为物权法律适用问题特别约定准据法,而不论是否约定了合同准据法。

另一种情形是物之所在地变动所引发的物权法律适用问题。假设导致物权变动的法律事实发生在甲国,法律事实发生时动产也位于甲国,但之后该动产被转移至乙国,双方就动产物权发生争议。如果双方当事人没有就动产物权的法律适用约定准据法的,依据动产物权法律适用的一般规则,适用物之所在地法,即甲国法,但物权的真正实现却在乙国,如果甲、乙两国就该动产物权作出不同甚至相反的规定,就造成了物权的创设与物权的实现这两者之间的矛盾。为解决这一矛盾,最好方法是当事人双方通过意思自治约定适用物权实现地的法律,即乙国法。例如,双方当事人合意进行保留所有权的货物买卖,合同之订立和货物之交付均发生在甲国,但货物的目的地却是在乙国,如果乙国关于保留所有权买卖的法律效果、维持期限等与甲国根本不同,那么即使合同准据法是甲国法,也最好由双方当事人特别约定物权问

---

① See Janeen M Carruthers, *The Transfer of Property in the Conflict of Laws: Choice of Law Rules Concerning Inter Vivos Transfers of Property* (2005), Oxford, p. 89.

题适用乙国法,如是才能最大限度地实现交易目的。①

如果物权冲突法允许当事人通过意思自治选择适用外国法,当外国准据法和法院地法对物权的种类和内容的规定存在较大差异时,这无异于迫使法院地法承认本国法律所不承认的新的物权。虽说一国承认意思自治,便是做好了承认外国新物权的准备,但一旦新物权真正通过当事人的意思自治进入法院地国家时,法院地法将会在多大程度上视本国相关物权法规则为直接适用规则,从而减损当事人意思自治的效力,这是难以作出一般性预估的。毕竟,物权法规则具有较强的强制性质,较之合同法规则或侵权法规则,更容易被认定为应予直接适用的强制性规则。而且目前在物权冲突法中承认意思自治的国家毕竟是少数,从正常的博弈心理出发,当外国物权冲突法不承认意思自治、本国物权法不能通过意思自治而为外国法院适用时,本国法院通过意思自治去适用外国物权法的积极性,很可能在潜意识之中就被抵消了很多。因此,当事人的意思自治将在多大程度上受到一国强制性规则的减损,前景并不令人乐观。

五、结　　论

在 20 世纪中叶以前,当意思自治在合同冲突法中的发展踯躅不前时,时人哪能预料物权冲突法也会面临是否承认意思自治的问题;在迈入 21 世纪前后,当意思自治在合同冲突法中稳固确立并大肆向其它领域进军时,似乎一切国际私法领域承认意思自治都是可能的了,《涉外民事关系法律适用法》第 4 条无疑就传递了这种乐观态度。然而,冒进与保守均非科学态度,一个新领域是否应引入意思自治,关键是应从该领域的法律关系和法律性质出发,客观探讨意思自治引入其中的根据和利弊得失。

同一制在 19 世纪中叶全面取代了之前的区别制,不论动产还是不动产,统一适用物之所在地法,这成为物权冲突法的基本规则。物之所在地法规则符合物权的对世属性,具有稳定性、明确性和可预见性的优点。但是,物之所在地法规则过分强调了物权的独立性和对世属性,掩盖了物权更多时候是从债权中分割出来并与债权有千丝万缕关系的特点,忽略了对双方物权争议和三方物权争议的不同情形的区分。无论是双方之间的物权争议的特殊所在,

---

① 例如,荷兰 2008 年《物权冲突法》第 3 条第 2 款规定:"……若某出口物的目的地国法规定所有权保留的效力至货款清偿时终止,则当事各方可协议选择该法支配该物所有权保留的物权法后果。仅当该物已实际运抵指定的目的地国时,方可考虑该协议。"《外国国际私法立法精选》,邹国勇译注,中国政法大学出版社 2011 年版,第 137 页。

还是物权与债权的密切联系,都为物权冲突法承认意思自治奠定了合理基础。然而,只有动产的法律适用才关乎意思自治,而不动产物权关系,无论是双方之间的争议还是三方之间的争议,都不可能承认意思自治。因此,面对意思自治,今日的物权冲突法又隐隐然回到了古老的区别制时代。

当双方之间的动产物权争议引入意思自治时,物权冲突法本质上是将双方之间的绝对的物权关系还原为相对的债权关系,与其说是物权冲突法承认意思自治,不如说是还原而成的那部分特殊的双边债权关系适用意思自治。当出现第三人时,被还原而成的相对债权关系就不复存在了,物权关系又全部恢复了它的对世属性,此时不再有理由允许意思自治,而只应恢复适用物权冲突法的一般规则,即物之所在地法规则。因此,物权冲突法虽可承认意思自治,但意思自治不得对抗第三人。在物权冲突法中,涉及第三人的情形也很普遍,三方之间的物权争议并不少见,更兼意思自治极易受到物权法中的直接适用规则或强制性规则的限制,因此,物权冲突法虽可承认意思自治,但不应高估其地位和作用。物权冲突法中的意思自治,和合同冲突法中的意思自治,归根结底是无法相提并论的。

《涉外民事关系法律适用法》第 3 条宣告性地将意思自治提高到了基本原则的地位,继而在第 37 条中规定意思自治作为动产法律适用问题的首要规则,这些都难以摆脱盲目冒进之嫌疑。因而在司法实务中,我们应对第 37 条进行限制性解释:意思自治只应限定于双方之间的动产物权争议,而不能对抗第三人。物之所在地法规则仍然是物权冲突法的基本规则,意思自治只是其有益补充。

第七章　涉外债权转让法律适用的法解释路径*

债权转让是现代市场经济的重要组成部分,同时也是任何一个私法体系慎重对待的问题。无论是大陆法系还是英美法系,债权转让的相关法律制度都极为复杂。在大陆法系,按照法学体系化的一般观点,债权转让虽被放置在债权编中,但债权转让合同究竟系准物权合同还是债权合同,长期以来争论不休。① 在英美法系,债权转让普遍被认为横跨了合同法和财产法两个领域。② 涉外债权转让的法律适用问题受对应的实体法结构的影响,在国际私法中也横跨了合同冲突法和物权(财产)冲突法两大领域,各国立法与理论的纷争至今不断。

我国国际私法学界长期忽视了对涉外债权转让这一重要的实践与理论问题的研究。在《涉外民事关系法律适用法》颁布之前,中国国际私法学会在"学会建议稿"第74条专门设定了一条简明的规则:"债权转让的成立与效力,适用支配该债权的法律"。③ 但《涉外民事关系法律适用法》并没有采纳"学会建议稿"的建议,未直接规定债权转让的冲突规则,这为债权转让的法律适用问题留下了一个悬念,至少留下了一个法解释的悬念。

站在实体法的角度,各国对债权转让的法律功能的认识,基本上是一致的,即债权转让是一方当事人(转让人)通过协议向另一方当事人(受让人)转让对第三方(债务人)的金钱债权或要求以其他方式履行的债权,转让协议同时包括以该权利设定的担保协议④,即既包含债权的合同转让,也包含债权的担保转让。债权的担保转让,是以债权为标的的担保权的实现方式,常被

---

* 本章系在《涉外债权转让法律适用的法解释路径》(《法学评论》2011年第4期)一文基础上修改而成。
① 参见马俊驹、余延满:《民法原论》(第3版),法律出版社2007年版,第596页。
② 例如,参见劳森教授和冉得教授关于"非书证式无形财产"的相关论述,〔英〕F. H. 劳森、伯纳德·冉得:《英国财产法导论》,曹培译,法律出版社2009年版,第39—42页。
③ 中国国际私法学会在2009年底和2010年初通过数次专家会议,拟定了《涉外民事关系法律适用法》的"学会建议稿",第74条被安排在第九章"其他民事关系"中。
④ 本章采纳了被认为是"现代商人法"表征的《国际商事合同通则》的定义,国际统一私法协会:《国际商事合同通则(2004年修订版)》,法律出版社2004年版,第9.1.1条,第481页。

涵摄于"以权利为标的的物权"之中,而权利物权在大陆法系的国际私法体系中一般被视为是独立的问题,需要为之制定独立的冲突规则。①《涉外民事关系法律适用法》第40条规定:"权利质权,适用质权设立地法律",该条即涵盖了债权的质押转让。②

与此同时,在各国法律体系中,有关票据或有价证券的转让,如流通票据、权利凭证(提单或仓单等)或金融票据(股票与债券等),以及业务转让中的权利转让(典型如公司合并中的权利转让),一般受特殊的债权转让规则的调整。受此实体法结构的影响,各国国际私法通常亦为此特殊性质的债权转让设定特殊的冲突规则,例如,《涉外民事关系法律适用法》第39条之规定③,以及我国《票据法》中对票据的背书转让适用"行为地法"的规定等。④本章只分析一般的涉外债权转让的法律适用规则,而并不涉及上述特殊债权转让的法律适用问题。

在如今我国国际私法体系中,具有特殊性质的债权的担保转让有了可以适用的冲突规则,同样具有特殊性质的有价证券或票据转让也有了可以适用的冲突规则,为何唯独一般的合同性债权转让却缺乏相应规定?"特殊"有了规定,而"一般"却无立法,这从立法学的角度不免令人疑惑。在《涉外民事关系法律适用法》已经颁布的前提下,本书主旨就是要探讨是否能够通过恰当的法律解释方法,以解决涉外债权转让的法律适用问题。为此,我们首先应探讨涉外债权法律适用的一般原理和可能路径,直待在原理层面上寻求到了"最好的"路径,然后在《涉外民事关系法律适用法》的框架内,去寻求通向这条"最好的"路径的解释路径,这将是下文展开的具体思路。

一、涉外债权转让法律关系的性质

在探讨涉外债权转让的法律适用问题之前,必须深入探讨涉外债权转让法律关系的性质。如果债权转让本质上属于合同关系抑或物权关系,那么接

---

① 例如,瑞士《联邦国际私法》第105条,我国台湾地区"涉外民事法律适用法"第38条第2款:"关于以权利为标的之物权,依权利之成立地法。"
② "质权设立地"这一连接点从比较法的角度看是非常罕见的,可能引发法律解释上的诸多歧义;例如,质权设立地是质权合同的要约地还是承诺地,还是其他的合同签订地?再如,如果"权利质权"涉及登记或通知原债务人的,那么,登记和通知是"生效要件"抑或"对抗要件",认识不同,"设立地"就可能不同。
③ 《涉外民事关系法律适用法》第39条规定:"有价证券,适用有价证券权利实现地法律或者其他与该有价证券有最密切联系的法律。""权利实现地"这一连接点亦可能发生法解释上的歧义。
④ 《票据法》第98条规定:"票据的背书、承兑、付款和保证行为,适用行为地法律。"

下来就应探讨合同的抑或物权的法律适用的一般规则是否适用于债权转让；如果债权转让横跨合同关系和物权关系，既有合同层面的内容，也有物权层面的内容，那么债权转让就不能单纯适用合同冲突规则或物权冲突规则，而应全方位地重新探讨它的法律适用规则。在萨维尼的国际私法体系下构建具体法律关系的冲突规则，离不开对该具体法律关系的深入分析，包括该法律关系所涉及的当事人或其他利益方、该法律关系的内容或标的以及各方的利益平衡关系。①

在债权转让关系中，所转让的债权既可能是合同之债，也可能是非合同之债，包括侵权之债、无因管理之债和不当得利之债等。在实践中，最常见的债权转让是金钱债权（通常也称作应收帐款）的转让。② 一个最简单的例子是，合同债权人将一个或多个合同项下的应收帐款转让给银行或其他金融资产公司寻求贴现。无论在民法还是在国际私法中，债权转让通常被比作货物买卖，货物买卖转让的是有形物，而债权转让转让的是债权这一无形物。货物买卖法律关系既包含合同的法律关系，同时也包含物权的法律关系，后者主要指有形货物的所有权是否已经转移以及在何时转移的问题。在当今世界各国法律体系中，对于货物买卖合同的法律适用问题，不管是否承认独立的物权合同或物权行为，不管对物权行为的有因或无因持何种态度，各国国际私法体系都无一例外地区分合同的法律适用和物权的法律适用，即货物买卖合同关系适用合同的冲突规则，而涉及货物所有权转移的问题适用物权冲突规则，无论是动产还是不动产，其物权法律适用的一般规则是适用物之所在地法。③

类比之下，似乎立即可以得出如下结论：在债权转让中，有关转让人与受让人的转让合同适用合同的冲突规则，而有关债权这一无形物的所有权转移的相关问题则适用物权的冲突规则。至少从表面上看，债权转让的法律结构确实非常类似于货物买卖合同的法律结构，因而应当承认，这一类比思维为

---

① 我国国际私法基本属于萨维尼体系，关于萨维尼体系及"法律关系本座说"的基本原理，参见〔德〕萨维尼：《法律冲突与法律规则的地域和时间范围》，李双元等译，法律出版社 1999 年版。

② 2001 年联合国《国际贸易中应收账款转让公约》(CARIT)采用了"应收账款"这一术语；《物权法》第 233 条规定："债务人或者第三人有权处分的下列权利可以出质：（一）汇票、支票、本票；（二）债券、存款单；（三）仓单、提单；（四）可以转让的基金份额、股权；（五）可以转让的注册商标专用权、专利权、著作权等知识产权中的财产权；（六）应收账款；（七）法律、行政法规规定可以出质的其他财产权利。"其中明确包含了"应收账款"。

③ 关于物权法律适用规则的演化和"物之所在地法"统一规则的形成，参见〔德〕萨维尼：《法律冲突与法律规则的地域和时间范围》，李双元等译，法律出版社 1999 年版，第 93—100 页；另外，参见〔德〕马丁·沃尔夫：《国际私法》，李浩培、汤宗舜译，北京大学出版社 2009 年版，第 555—567 页。

我们解决债权转让的法律适用问题提供了非常有益的出发点。然而,这一类比却面临着下述两个疑问:第一,我们能够有效区分债权转让的合同内容与物权内容吗?第二,即使能够区分债权转让的物权内容,进一步该如何确定债权这一无形物的物之所在地法呢?

在货物买卖法律关系中,依据物权与债权的法律结构的区分原理,我们大致可以清晰地区分其中的债权内容与物权内容:买卖双方是否就买卖达成一致的意思表示、买卖价款、交货时间、违约责任,这些都可以视为债权内容;同时,货物所有权是否已经转移给买方,是否要以交付为前提条件,是否需要到公共部门进行登记,卖方的其他债权人或买方的其它债权人是否可以申请法院扣押这些货物以实现自己的债权,卖方对货物无权处分时买方是否可以善意取得,卖方一物数卖时哪个买方优先取得货物所有权? 这些都是货物买卖关系中典型的物权内容。循此思路,我们大致也可以区分债权转让中的债权内容与物权内容。

转让人与受让人之间是否就转让债权达成一致的意思表示,转让的价格,转让的具体时间,转让人或受让人违约时的违约责任,这些都是债权转让的债权内容或合同内容;与此同时,债权是否可以转让,转让人将债权转让给受让人时是否需要通知债务人,转让债权是否需要到公共部门进行登记,转让人或受让人的其他债权人或破产债权人能否对所转让的债权行使权利,当转让人将债权转让给数个受让人时哪个转让人优先取得该项债权,这些都可以视为债权转让的物权内容。然而,债权转让毕竟比货物买卖复杂得多,货物买卖最基本的关系是买卖双方之间的关系,而债权转让最基本的关系却是转让人、受让人和债务人三人之间的关系,其中债务人对转让人或受让人的相关抗辩权究竟是转让的债权内容、物权内容抑或仍然位于被转让的债权关系之中而不受转让关系的影响,这就不能从货物买卖的法律结构中进行简单的类推。

在债权转让关系中,那些较为明确的合同关系,自然应该适用合同的法律适用规则。依据《涉外民事关系法律适用法》第 41 条,转让人和受让人之间的合同关系首先应适用双方意思自治的法律,在双方没有意思自治的情况下,则适用特征履行方的经常居所地法或其他与转让合同有最密切联系的法律。在通常情况下,依据特征履行方法,转让人如同货物买卖的卖方和服务合同的服务提供方,其合同义务体现了整个转让合同的本质特征,转让方是转让合同的特征履行方,因而转让合同应适用转让人的住所地法或主营业地法。只有在例外情形下,案件的综合情形表明有另一个法律与转让合同有更密切联系的,才适用与转让合同有更密切联系的国家的法律。①

对于债权转让关系中的物权内容,能否适用物权的一般法律适用规则呢?在涉外物权领域,如今无论是动产还是不动产,都统一适用物之所在地法,这几乎是所有国家国际私法立法和理论所认可的,因为在现代商业社会中,物之所在地是最直观最容易被认定的客观场所,适用物之所在地法是所有利害关系人的最可预见的,契合物权的对世效力的法律属性。依据前述类比逻辑,债权转让关系中的物权内容,也应适用物之所在地法,但何处才是被转让债权这一无形物的物之所在地呢?债权不像有形物,没有客观的物理意义上的所在地,即使我们认定某一个法律(例如债务人的住所地)是被转让债权的物之所在地法,这充其量只是法律拟制,需要理由和论证。②

因此,从货物买卖的视角出发来探视债权转让的内部法律结构,其最大意义就是能够有效地帮助我们区分债权转让中的债权内容和物权内容,但对于解决物权内容的法律适用问题毫无助益。债权转让中的债权内容和一般的合同之债没有任何本质区别,只需适用合同之债的法律适用规则;债权转让中的物权内容却有别于一般物权的法律适用问题,没有物之所在地法可言,其法律适用规则需要重新探讨和重新构建。由此可见,债权转让的法律适用问题,主要是其中物权内容的法律适用问题。我国国际私法学会建议稿规定:"债权转让的成立与效力,适用支配该债权的法律。"此处的债权转让是专就债权转让的物权内容而言的。为行文便利,下文所有分析若无特别说明,债权转让的法律适用专指其物权内容的法律适用。③

债权转让的物权内容发挥着对世效力,包含众多方面的问题,牵涉众多当事人的利益,这些当事人除了转让人和受让人之外,至少还包括债务人、转让人的债权人和受让人的债权人。如果要寻求统一的债权转让的法律适用规则,如同我国建议稿规则那样,就必须尽可能地实现所有相关当事人的利益平衡,满足他们在法律适用上的可预见性。这并不是容易实现的任务,因为各方当事人在法律适用上的利益诉求很可能是相反的。例如,从可预见性角度出发,适用债务人的住所地法对债务人是最有利的,但却不利于受让人;

---

① 对于特征履行方法的规定,《涉外民事关系法律适用法》第41条不同于2007年最高人民法院《关于审理涉外民事或商事合同纠纷案件法律适用若干问题的规定》第5条,特征履行方法的地位上升了,不再处于"推定"的地位。

② 正如英国Janeen M Carruthurs教授所指出的,在无形财产转让领域适用"物之所在地法",这是对"物之所在地法"这一系属的扭曲,参见Janeen M Carruthurs, *The Transfer of Property in the Conflict of Laws: Choice of Law Rules Concerning Inter Vivos Transfers of Property* (2005), Oxford, p.155.

③ 这与知识产权的法律适用问题相同,当我们说"知识产权的法律适用问题"时,我们指的是知识产权的物权内容的法律适用问题,而一般不包括知识产权的债权内容的法律适用。

适用转让人的住所地法对转让人的债权人相对是有利的,却不利于受让人的债权人。

另外,在构建债权转让的法律适用规则时,除了从形式上考虑相关当事人的利益平衡,同时也需考虑债权转让的实体法的发展趋势。从比较法的意义上说,各国在债权转让领域的实体法的发展趋势大体是有利于实现债权转让的,其中一个重要的标志是弱化了对债务人通知的法律意义,债权转让的有效性甚至不必以通知为前提条件。① 尽管各国在促进债权转让的实体政策的方向上迈出的步伐不尽相同,我国的实体法在此方面相对来说还是趋于保守②,但我们在寻求债权转让的法律适用规则时,必须顾及这一实体法的发展趋势。下文的讨论就以统一的法律适用规则为出发点,分析意思自治、转让人的住所地法和被转让债权的准据法这三大系属,同时也是最具竞争力的三条路径,对于解决债权转让法律适用问题的力量与弱点,最后再总结我国国际私法立法应有的解释路径。

二、转让人与受让人的意思自治

20世纪后半叶以来,意思自治成了合同冲突法的首要原则,并且正积极地向合同之外的国际私法领域进军,诸如侵权、夫妻财产制、遗嘱继承等诸国际私法领域。③ 欧洲有些知名教授顺势认为,债权转让也应首先适用转让人与受让人自由选择的法律。④ 与此相呼应,影响深远的瑞士《联邦国际私法》第145条第1款规定:"债权的合同性转让,适用当事人所选择的法律;在当

---

① 这可以从《国际商事合同通则(2004年修订版)》第9.7.1条反映出来:"(1)转让人与受让人仅通过协议即可转让权利,不需要通知债务人。(2)转让人不需要债务人的同意,除非义务的履行本质上属于人身性质。"国际统一私法协会:《国际商事合同通则(2004年修订版)》,第9.1.1条,法律出版社2004年版,第495页。
② 《合同法》第80条规定:"债权人转让权利的,应当通知债务人。未经通知,该转让对债务人不发生效力。"可见,在我国,债权转让需要以"通知"为前提条件,但"通知"属于"生效要件"抑或"对抗要件",尚存在法解释的讨论余地。对于已经出质的应收账款的转让,我国法律也规定了较为严格的条件,《物权法》第228条规定:"以应收账款出质的,当事人应当订立书面合同。质权自信贷征信机构办理出质登记时设立。应收账款出质后,不得转让,但经出质人与质权人协商同意的除外。出质人转让应收账款所得的价款,应当向质权人提前清偿债务或者提存。"
③ 关于意思自治向合同之外的领域的扩展,参见〔美〕西蒙尼德斯:《20世纪末的国际私法——进步还是退步?》,宋晓译、黄进校,载《民商法论丛》(第24卷),金桥文化出版(香港)有限公司2002年版,第390—392页。
④ 最有影响的当属Axel Flessner和Hendrik Verhagen两位教授,他们极力主张债权转让适用转让人与受让人意思自治的法律,参见Axel Flessner and Hendrik Verhagen, *Assignment in European Private International Law:Claims as Property and the European Commission's "Rome I Proposal"* (2006), European Law Publishers, pp.21—36.

事人未选择时,适用被转让债权的准据法。非经债务人同意,转让人与受让人所作的法律选择不得用以对抗债务人。"①据此,当事人的意思自治成了解决债权转让法律适用问题的首要方法,这一成文立法更加坚定了支持者的信心。

债权转让的合同内容本质上是转让人与受让人之间的合同关系,该合同关系依据合同冲突法的基本原理,首先适用当事人意思自治的法律,这是各国学说与立法都认可的。然而,债权转让的物权内容本质上是物权关系,不像合同内容那样仅局限于转让人与受让人之间的利益纷争,而是因其所发挥的对世效力,直接影响到债务人之外的其他第三人的利益。各国物权冲突法因为物权的对世属性,至今绝少承认意思自治②,那么债权转让存在特别重大的理由来突破物权法律适用的一般原理吗? 一般来说,债权转让适用转让人与受让人之间意思自治的法律,具有如下优点:

第一,尽管各国实体法渐渐向有利于转让的方向迈进,但还是有不少国家的实体法规定了许多种类的债权不得转让,或不得通过担保的方式转让,同时对法律允许的债权转让规定了严格的法律要件,典型如需要获得债务人同意。因此,债权转让的双方当事人一旦可以对法律适用自行作出约定,就可以绕开上述阻挠债权转让的法律,而选择适用那些有利于债权转让的法律,例如英国法。

第二,债权转让法律关系中包括合同内容和物权内容,如果当事人有意对物权内容的法律适用自行作出约定,一般来说肯定会同时对债权转让的合同内容作出约定,而这两个层面的意思自治通常是通过同一个法律选择条款完成的,通常指向同一个国家的法律,这就意味着债权转让的两个方面的内容可以适用同一个法律,可以避免合同内容与物权内容的分割,而这种分割有时候并不是那么容易完成的。因此,允许当事人自行选择债权转让的准据法,可以大大简化债权转让的法律适用的复杂性,并同时简化司法任务。

---

① 瑞士《联邦国际私法》第 145 条固然突出了意思自治的地位,但是,若结合第 145 条整个条款来看,意思自治其实是受大极大的限制的,这主要表现在三个方面:第一,该条第 1 款规定,意思自治的法律非经债务人同意不得对抗债务人,这意味着债务人的义务可以适用其他法律(但可以适用什么法律不明确);第二,该条第 3 款规定,转让的方式排他地适用转让合同的准据法,如果方式包括"是否需要同意或通知"等问题,意思自治的支配范围就极大地缩小了;第三,该条第 4 款规定,仅涉及转让合同当事人之间的关系问题,适用该项转让所依据的法律关系的准据法。由此可见,意思自治受限后,其实只适用于债权转让的局部问题。整个 145 条其实是对债权转让的法律适用问题进行了"分割",但本章最后将得出结论认为,分割而非统一的方法不符合债权转让法律关系的本质属性。

② 瑞士《联邦国际私法》第 104 条有限度地承认了动产物权法律适用的意思自治:"对于动产物权的取得与丧失,当事人可以选择适用始发地法律、目的地国法律或者支配致使物权取得与丧失的法律行为的法律。"

第三,转让人在进行债权转让时,所转让的债权很有可能不止一个,而是数个债权被打包同时转让给债务人,这种打包转让促进了资产证券化的到来,是现代商业社会中一种极为重要的融资手段。在打包转让的过程中,平行进行着多个债权转让,如果每个债权转让都适用单独的准据法,那么这些准据法很有可能是彼此不同的,有可能部分准据法承认转让的效力,而部分准据法否定转让的效力,如此势必妨碍了打包转让的商业需要。只要授权债权转让的双方当事人自行选择准据法,他们一定会在打包转让过程中为同时进行的不同的债权转让约定同一个法律,这就阻止了部分转让有效部分转让无效的尴尬局面,打包转让的商业目的由此得以顺利实现。

第四,在现代商业社会中,当债权转让作为一种融资工具时,受让人通常是那些银行、保理公司、担保公司和其它金融资产公司,意思自治为这些金融公司的全球化经营铺平了道路,因为它们不仅在母国,同时在具有大量商业存在的其他东道国,通过格式合同的方式指定不同国家背景的债权转让适用同一个国家的法律,以此促进债权交易的全球化。各东道国的法院在债权转让纠纷中所适用的当事人意思自治的法律,将更多是那些对债权转让更为开放的各金融公司的母国的法律。长此以往,各东道国的有关债权转让的实体法也将受到这些外国法的影响,这必能促进各国债权转让的实体法的趋同,促进债权转让的实体法更为开放和自由。

债权转让适用转让人与受让人双方意思自治的法律,尽管存在上述优点,然而也极易损害债务人和转让人的债权人的利益。转让人与受让人约定适用的法律,很有可能是债务人和转让人的债权人都无法预见的。对于债务人来说,债务人依据其他法律能够行使的抵消权或其他抗辩权,很有可能受到约定的准据法的限制。对于转让人的债权人来说,依据转让人的债权人可以预见的其他法律,债权转让很有可能是无效的,转让人的债权人本可以从被转让债权中受偿,但依据意思自治的法律,债权转让却可能圆满完成了,转让人也就不可能再从被转让债权中受偿。更不用说转让人与受让人之间恶意串通,通过债权转让帮助转让人逃避对其债权人的债务承担,这种情况下转让人的债权人的利益就受到更为严重的侵害了。

在那些债权转让尤其是担保转让需要登记的国家,意思自治和登记之间的紧张关系很难平衡。当转让人的住所地国家规定债权的担保转让需要登记才有效时,如果转让人与受让人约定适用另一个不需登记生效的法律,这就产生了一个两难困境:如果承认当事人的选择有效,就对转让人住所地国家的债权人极为不公,因为他们只信赖登记才发生的债权转让,转让人的住所地国家的登记的公共信赖难免受到毁损;另一方面,如果将登记视为一种强制性质的法律,或将登记视为一种独立的法律关系从债权转让中分割出去,最后仍然尊重登记的法律效力,不承认当事人选择的法律所认为有效的债权转让,这又实质上毁损了意思自治的基础,意思自治便徒有其表了。

债权转让适用转让人与受让人双方约定的法律,还有另一个根本缺陷,即不能顺利解决重复转让的法律适用问题。如同一物数卖,转让人甲将某项债权转让给受让人乙之后,旋即又将同项债权转让给受让人丙,那么乙与丙谁应优先获得此项债权呢?毫无疑问,重复转让的优先性问题只能取决于一个法律,而不能取决于多个法律,因为多个法律之间可能会得出相反的结论。如果允许意思自治,甲乙之间为债权转让约定的准据法是 X 法,甲丙之间为债权转让约定的准据法是 Y 法,X 法与 Y 法如同时适用,将无法圆满解决乙丙之间谁应优先获得债权的问题。

意思自治的倡导者认为,可以仿效有形物转让的法律适用方法。例如,在著名的英国文物转让案中,原告是一家英国博物馆,内中一幅画被盗,盗者将画携至意大利,在意大利的文物市场上卖于被告,被告又将画运回英国展出,原告申请法院扣押此画并要求返还。英国法不承认该种文物的善意取得,而意大利法却承认该种文物的善意取得。法院认为,尽管英国实体法不承认被告的善意取得,但必须尊重被告根据意大利实体法的善意取得。[1] 该案判决被各国国际私法立法和理论普遍接受。据此逻辑,意思自治的倡导者认为,在前述债权的重复转让中,尽管 X 法认为甲乙之间的转让有效,乙获得此项债权,但只要 Y 法认为丙构成善意取得,丙就应优先于乙获得此项债权,因此意思自治同样能够解决重复转让的优先性问题。[2]

这一类比似是而非,两种情形事实上存在实质区别。当文物在意大利出售时,文物所在地在意大利,意大利法作为物之所在地法是一客观存在,是为所有在意大利市场上从事货物买卖的人们所信赖和所预见的,前手物权转让的瑕疵不应影响后手的善意取得。但在债权的重复转让中,债权不像有形物,没有客观的物之所在地法,Y 法是甲丙之间主观约定的,并不是约定之前就可以为丙所能信赖和预见的,因此,即使丙受让甲的债权在后,在决定谁优先获得债权的问题上,Y 法较之 X 法也没有优先适用的正当性,如同在英国文物案中,被告也不能根据其主观的意思自治的法律而非客观的物之所在地法主张善意取得。因此,意思自治方法并不能圆满解决债权重复转让中的优

---

[1] See Lawrence Collins (with Specialist Editors), *Dicey, Morris and Collins on the Conflict of Laws* (14th ed., 2006), Sweet & Maxwell, pp. 1172—1173.

[2] See Axel Flessner and Hendrik Verhagen, *Assignment in European Private International Law: Claims as Property and the European Commission's "Rome I Proposal"* (2006), European Law Publishers, pp. 32—33.

先性问题。

三、适用被转让债权的准据法

欧盟在其2008年的《罗马Ⅰ条例》的第14条中规定了债权转让的法律适用规则。据此，债权转让既包括合同转让和担保转让；转让人与受让人之间的关系适用支配转让人与受让人之间的合同的准据法；被转让债权的准据法支配以下问题：债权的可转让性、受让人与债务人之间的关系、以转让为由向债务人主张权利的具体条件以及债务人是否已清偿债务。① 从中大致可以看出，债权转让的合同内容适用转让合同的准据法，而债权转让的物权内容适用被转让债权的准据法。《罗马Ⅰ条例》承袭《罗马公约》，鉴于它们的巨大影响力，债权转让适用支配被转让债权的准据法几乎成了正统学说。我国学会建议稿也是借鉴了《罗马Ⅰ条例》的规定。然则如此规定的正当性何在？

债权转让适用被转让债权的准据法的第一个优点是可以有机统一债权本身的法律关系和债权转让的法律关系。所转让的债权通常是合同之债，特定债权能否转让，既可受到外部立法的限制，也可受到合同的内部限制。如果债权转让适用转让人与受让人意思自治的法律，或适用转让人的住所地法，当这些法律规定特定债权不能转让而否定转让的效力时，这些外部限制都是可以被认可的；但如果合同本身约定债权不得转让，而判断这种限制转让的条款是否有效，适用别的法律而不是合同本身的准据法，这将大大超出债务人的合理预期。因此，债权能否转让，尤其是判断限制转让的合同条款的效力，适用支配债权的准据法是最自然最合理的方法。

当转让人将其对债务人的合同之债转让给受让人之前，债务人对转让人行使抗辩权的条件和内容自然依据债之准据法，当转让人将其对债务人的合同之债转让给受让人之后，债务人依据债之准据法既得的抗辩权不应受到债务转让的影响，即使行使抗辩权的对象从转让人转化为受让人。债务人在债权转让中要保留其完整的抗辩权，唯一的办法只有让债权转让继续适用支配债权的准据法，否则，转让人和受让人就可以通过合谋的方式，利用债权转让来削弱债务人的抗辩权。同理，依据债之准据法，债务人已经对转让人进行

---

① 欧盟《合同之债法律适用条例》(罗马Ⅰ条例)第14条(自愿转让与合同代位)规定："1. 对另一人(债务人)的债权发生自愿转让或合同代位时，转让人与受让人间的关系适用依据本条例支配转让人和受让人合同的法律。2. 支配转让与代位的债权的法律应决定：债权的可转让性、受让人与债务人的关系、转让或代位对抗债务人的条件以及债务人的债务是否已经清偿。3. 本条所指的"转让"的概念包括债权的完全转让、因设立担保而发生的债权转让以及因设立抵押或其他担保权而发生的转让。"

了清偿,但如果债权转让适用其他法律,债务人却可能没有完成债务清偿,需要重新对受让人进行清偿。当债务人被迫对受让人进行二次清偿之后,只能以不当得利或违约为由向债权人追偿,这将陷债务人于极为不利的境地。如要让债务人摆脱重复清偿的风险,最好的办法就是让债权转让与债权本身的准据法保持一致。

在现代商业社会中,债权转让如同货物买卖和票据流通,常常不局限于一次转让,而是处在连续的动态的转让过程中。例如,甲将某项债权转让给乙,乙又将债权转让给丙,丙再将债权转让给丁……在这样连续转让过程中,最后谁能获得该项债权并有权要求债务人提供清偿的问题应适用哪个法律呢?对此,需要回答的第一个问题是,所有转让统一适用一个法律还是每个转让均独立适用一个法律呢?如果统一适用一个法律,那么需要回答的第二个问题是,应统一适用哪个法律呢?

假设连续转让中的每个转让均可独立适用自己的准据法,如果甲乙之间的债权转让根据其准据法是无效转让,乙并未有效取得该项债权,在此种情况下,乙又将债权转让给丙,依据乙丙的债权转让的准据法(不同于甲乙之间的债权转让的准据法),丙可以善意取得该项债权。或许可以认为,丙最后应取得该项债权,理由如同前述英国文物案的判决理由,后手准据法的适用优先于前手。然而,这一观点并不能成立,在有形货物的连续流转中,物之所在地发生了变动,任何一次交易只能依据交易完成时的物之所在地法来判断物的物权状态,但在债权的连续转让中,债权不存在物之所在地的变动问题,后手准据法并没有理由优先于前手准据法。同理,我们也不能将债权的连续转让类比于票据的连续转让。① 票据中的债权已经以外在有形形式表现出来了,存在有形的流转过程,因此每次转让均可适用独立的准据法,而一般债权始终是无形的。

因此,债权的连续转让的法律适用有别于有形物的连续转让和票据的连续转让,应统一适用一个法律。在债权的连续转让过程中,变动的是甲乙丙丁这些当事人,而恒常不变的是被转让的债权本身,被转让债权是系列转让的共同因素。债权的连续转让就应维系于该共同因素,统一适用被转让债权的准据法,这是所有参与连续转让的当事人都可以信赖和依据的。不论连续转让处在哪一个环节,所有当事人依据被转让债权的准据法就能清晰地判断

---

① 在票据连续转让中,每个行为独立适用自己的准据法,票据一般适用票据行为(包括出票、背票、承兑、付款和保证)的行为地法,例如,《票据法》第 97 条规定:"汇票、本票出票时的记载事项,适用出票地法律。支票出票时的记载事项,适用出票地法律,经当事人协议,也可以适用付款地法律"。第 98 条规定:"票据的背书、承兑、付款和保证行为,适用行为地法律。"

被转让债权的物权归属,这反过来也必能最大限度地促进债权的连续转让,最终实现债权连续转让的最高商业价值。这可以说是债权转让适用被转让债权的第二大优点。与连续转让同理,债权转让的第三个优点是可以顺理成章地解决重复转让的问题。当转让人将同一个债权重复转让给多个受让人,哪个受让人应优先获得债权的问题适用被转让债权的准据法是所有受让人都可以预见和信赖的。

然而,债权转让适用被转让债权的准据法也存在明显的缺陷。第一个缺陷是容易使债权转让的法律适用处于不确定的状态。被转让债权通常是合同之债,如果双方当事人通过意思自治在合同中约定准据法的,那么债权转让适用该约定的法律是较为确定的;但是,如果双方当事人在合同中没有约定合同准据法,那么合同只能依据客观的方法加以确定。依据《涉外民事关系法律适用法》第41条之规定,应结合特征履行方法和最密切联系原则确定合同的客观准据法,目前,司法实践如何适用特征履行方法,尚无明确指南,而根据特征履行方法所确定的准据法,则可能被"更密切联系原则"所指向的法律所否定。① 由此可见,合同的客观准据法的确定过程伴随着不确定性风险。在诉讼过程中,合同客观准据法的确定尚且不确定,在债权转让之时,转让双方当事人及其他利害关系人更难明确预见被转让债权的准据法,债权转让的法律适用就更加不确定了。②

债权转让适用被转让债权的另一个重大缺陷是不能满足打包转让的商业需要。当转让人将自己手中的10个债权同时转让给同一个受让人,如果这10个债权的准据法个个不同,岂不是一次打包转让要适用10个法律,而这10个法律中,有可能部分认可债权转让的效力,部分不认可债权转让的效力,这将给转让人和受让人添加许多法律困境和商业麻烦。同理,如果受让人是一家金融公司,每天接受不同转让人的债权转让,如果每个债权转让均

---

① 《涉外民事关系法律适用法》第41条规定:"当事人可以协议选择合同适用的法律。当事人没有选择的,适用履行义务最能体现该合同特征的一方当事人经常居所地法律或者其他与该合同有最密切联系的法律。"

② Axel Flessner 和 Hendrik Verhagen 指出,如果当事人将一项未来债权转让给受让人,那么债权转让适用被转让债权的准据法,就更加不确定。例如,转让人与受让人签订一项债权转让合同,所转让对象是转让人在第二年的货物销售的应收账款,此时第二年的货物销售还没有发生,不存在货物销售的合同准据法。因此,如果适用未来债权的准据法,那么在未来债权发生之前,债权转让就处于法律真空状态中,无从确定转让人和受让人的权利义务。参见 Axel Flessner and Hendrik Verhagen, *Assignment in European Private International Law*: *Claims as Property and the European Commission's "Rome I Proposal"*, European Law Publishers, 2006, p.48. 诚然,未来债权的准据法是难以预先确定的,但是,我们也不能扩大这种法律适用的不确定性,因为未来债权在成为现实债权之前,在债权转让关系中,一般只会发生纯粹的合同争议,而不会发生未来债权的物权争议,也就不涉及未来债权的准据法问题。

适用被转让债权的准据法,那么对这家金融公司来说,它每天需要考察众多不同的法律,依据不同的法律作出不同的商业部署,这势必会大大增加商业成本,阻碍跨国融资。

四、适用债务人或转让人的住所地法

债务人或转让人的住所地法,对自然人而言,是指其住所所在地法律,对法人而言,一般指其管理中心所在地法或主营业地法。债权转让适用债务人的住所地法,这曾经是法国国际私法的主流观点,同时,在英国,也有一种广泛存在的观点认为,债务人的住所地是债这一无形物的物之所在地,因而债权转让应适用债务人的住所地法。① 主张适用债务人的住所地法的根本理由是,债权转让最后不论是否成立和有效,转让人或受让人要实现债权,都必须通过债务人的债务清偿,如果需要强制实现该项债权,根据"原告就被告"的一般管辖原理,需要到债务人的住所地法院提起诉讼或申请强制措施。②

这一观点是过去极为保守的时代的产物。在过去的保守时代,债权转让常常需要获得债务人的同意,债务人是债权转让法律关系中光芒所聚的一方当事人,债务人利益的保护是首先需要考虑的,况且债务人的财产通常只位于债务人的住所地,在这些因素的共同作用下,债权转让自然应该适用债务人的住所地法。但是,在近二三十年的现代社会中,各国法律普遍趋向于促进债权转让,债务人不再是债权转让关系中的中心人物,债务人的同意和通知义务的法律重要性逐日下降。就债务人而言,他通常只需要关心自己的清偿事务,就转让人或受让人与债务人的关系而言,更多的是前者对后者的财产的强制执行关系。

在现代债权转让关系中,围绕债务人的,既然更多是财产的强制执行问题,那么大多数诉讼问题就不再以债务人为被告,债务人的住所地的法律意义就大为下降了。况且,在商业全球化时代,债务人的财产未必就集中于债务人的住所地,很可能同时位于债务人住所地之外的其他国家境内,对这些财产的执行就和债务人的住所地没有什么关联了。因此,基于现代债务转让的实体法律政策和商业实践的发展,各国国际私法普遍冷落了债务人的住所

---

① See Lawrence Collins (with Specialist Editors), *Dicey, Morris and Collins on the Conflict of Laws* (14th ed., 2006), Sweet & Maxwell, pp. 1116—1121.
② See T. H. D. Struycken and R. Stevens, "Assignment and the Rome Convention", 118 *L. Q. R.* 17 (2002).

地这一连接点,学界对此也取得了共识①,但在是否应适用转让人的住所地法这个问题上,利弊得失的探讨仍然热烈,争议仍在继续。

2005 年,欧盟在修改 1980 年《罗马公约》和讨论《罗马Ⅰ条例》草案时,针对《罗马公约》第 12 条拟定了修改稿,共三款,前两款后来成为《罗马Ⅰ条例》第 14 条的前两款,与《罗马公约》第 12 条的两款内容并没有实质区别,而草案中的第 3 款规定:"转让和代位能否对抗第三人,适用转让或代位时转让人或被代位人的惯常居所地法②。"该草案试图全面规定债权转让的法律适用问题,包括合同内容和物权内容两方面的法律适用。但在《罗马Ⅰ条例》的正式文本中,第 3 款内容却被删去了。其中理由不外乎两个:其一是在涉及第三人问题上适用转让人的住所地法,争议很多;其二是《罗马Ⅰ条例》调整合同之债的法律适用问题,第三人问题明显超出了合同之债的范畴。

然而,草案第 3 款虽被删除,仍留下了巨大的疑问:《罗马Ⅰ条例》第 14 条第 2 款涉及债务人的问题,例如受让人和债务人的关系和据以对抗债务人的转让的条件等,更多人认为是债权转让的物权内容,同样超出了合同之债的狭义范畴,为何仍加以规定;另外,草案第 3 条被删除之后,是仅仅表明条例不调整第三人的问题,还是表明涉及第三人的问题也适用第 2 款的规定,即适用转让人的住所地法? 如果依循草案,债权转让的物权内容是否可以分割为涉及债务人的物权问题和涉及第三人的物权问题,并且是前者适用被转让债权的准据法,而后者却适用转让人的住所地法?③ 面临如此多的疑问,《罗马Ⅰ条例》第 14 条并不能完满解决债权转让的法律适用问题,但从草案内容可以看出,适用转让人的住所地法至少是欧洲学界所青睐的。

转让人的住所地是一个较为确定的连接点,如果债权转让适用转让人的住所地法,无论对于转让人、受让人、债务人,以及其他第三人,包括转让人的债权人和受让人的债权人,都可以预先较为明确地判断债权转让的物权效力,这是该系属的一个显而易见的优点。适用转让人的住所地法,另一个优点是有利于实现打包转让,当债权人将很多个债权打包转让给受让人时,如果适用转让人的住所地法,就没有必要担心每个债权的准据法是否同意转让,或者担心每个债权的准据法彼此规定不同的转让效果,因为所有打包在

---

① See T. H. D. Struycken and R. Stevens, "Assignment and the Rome Convention", 118 *L. Q. R.* 17—18 (2002).

② 关于债权转让法律适用规则从《罗马公约》到《罗马Ⅰ条例》的演变,以及《罗马Ⅰ条例》(草案)对债权转让的规定,参见 Michael Bridge, "The Proprietary Aspects of Assignment and Choice of Law", 125 *L. Q. R.* 671—675 (2009).

③ See Michael Bridge, "The Proprietary Aspects of Assignment and Choice of Law", 125 *L. Q. R.* 671—687 (2009).

一起的债权都适用同一个明确的法律。同样,适用转让人的住所地法也能顺利解决重复转让的法律适用的难题,当转让人将同一个债权数次重复转让给不同的受让人时,其中哪个转让人优先获得该项债权,转让人的住所地是重复转让中一个不变的因素,适用转让人的住所地法能为所有受让人所共同预见,因而也能为他们所接受。

债权转让适用转让人的住所地法对保护转让人的债权人的利益是最为有利的。转让人的债权人通常与转让人位于同一个国家,具有共同的住所,对转让人的债权人来说,依据转让人的住所地法来判断转让人的财产变动情况,是最便利和最迅捷的,有利于他们采取相应的法律措施来及时地实现对转让人的债权。当转让人的住所地国家为保护转让人的债权人的利益,而要求债权转让进行登记时,适用转让人的住所地法就能充分地顾及登记的效力,与登记程序相协调。如果债权转让适用其他的法律,而该法律与转让人的住所地法不同,不需要进行登记,那么转让人的住所地法所要求的登记具有何种法律效力呢?这就需要进一步探讨,从而增加了法律适用的复杂程度。

债权转让适用转让人的住所地法更有利于保护转让人的债权人的利益,但却相对忽视了受让人的债权人的利益保护,因而有学者指责这是一种片面的冲突规则。① 当受让人声称转让人已经将某项债权转让给他时,受让人的债权人就会期待从该项债权中受偿,受让人及其债权人通常位于同一个国家,因而受让人的债权人的所有期待的最终基础是受让人的住所地法。因此,对转让人的债权人来说,他们更希望适用转让人的住所地法;而对受让人的债权人来说,他们则更希望适用受让人的住所地法,如果单主张适用转让人的住所地法确实很难摆脱片面保护的嫌疑。

债权转让适用转让人的住所地法只能解决一次转让的法律适用问题,但却不能解决连续转让的法律适用问题。例如,当甲将债权转让给乙,乙又将债权转让给丙,乙丙之间的债权转让难道要适用丙可能完全不能预见的甲的住所地法吗?或者说甲乙之间的债权转让适用甲的住所地法,而乙丙之间的债权转让适用乙的住所地法,但如同上文所分析的,如果分阶段适用不同的法律,不同的法律可能会对债权的归属作出相互矛盾的规定,债务人也会不知应依据哪个法律来清偿其债务。又如,当中国公司 A 将其债权质押给日本公司 X,A 又将其债权转让给韩国公司 B,B 又将该项债权质押给韩国另一

---

① See Axel Flessner and Hendrik Verhagen, *Assignment in European Private International Law*: *Claims as Property and the European Commission's "Rome I Proposal"* (2006), European Law Publishers, p.59.

家公司 Y，X 和 Y 就债权的最后归属问题产生纠纷，不论该纠纷在哪国法院审理，适用最初的转让人的住所地法即中国法都会远远超出 X 和 Y 的可预见性，这对 X 和 Y 来说是极为不公平的。①

因此，债权转让适用转让人的住所地法，只适合静态的债权的一次转让情形，而不适合动态的债权的连续转让，这是不能满足现代商业社会的基本需求的。而且，适用转让人的住所地法也不利于各类金融资产公司统一其债权转让的业务，因为金融资产公司基本上是作为受让人的角色从不同的转让人那里广泛购买债权的，在每个转让交易中都适用转让人的住所地法，最终结果就是同时适用不同的法律，这同样会使金融资产公司大量收购不同债权的业务面临法律困境和商业麻烦。

五、系属比较与我国的法解释路径

债权转让既具有合同内容，又具有物权内容，债权转让法律适用的核心是其物权内容的法律适用。然而，通过上文分析，难免会令我们失望，因为若统一适用最具竞争力的几个系属之一，包括适用转让人与受让人意思自治的法律、债权准据法或转让人的住所地法，皆有其醒目的优势，又有明显的软肋。因而有学者干脆提出，债权转让根本不能采纳单一和统一的系属，而应根据不同的问题适用不同的法律，例如，涉及转让人和受让人对债权的归属问题，适用转让合同的准据法；涉及债务人的债务清偿问题，适用被转让债权的准据法；涉及重复转让中哪个受让人优先获得债权的问题，适用转让人的住所地法。②

这种将问题分割的方法，表面上发挥了不同系属的长处，同时回避了不同系属的缺陷，但是，这种方法只是表面上掩盖了矛盾，而骨子里仍然没有解决问题。如果诉争只发生在转让人和受让人之间，那么单单适用转让合同的准据法是可以成立的；或者，如果诉争只发生在重复转让中的两个受让人之间，那么单单适用转让人的住所地法也勉强成立；但是，如果诉争涉及债权转让中的所有利害关系人，包括转让人、受让人、债务人、转让人的债权人和受让人的债权人，各个主张适用不同的法律，那么不同的准据法产生矛盾和冲突，哪个应该优先适用呢？这个深层次的矛盾是无法解决的。这个道理与有

---

① See Axel Flessner and Hendrik Verhagen, *Assignment in European Private International Law*: *Claims as Property and the European Commission's "Rome I Proposal"* (2006), European Law Publishers, p. 63.
② 英国学者 Michael Bridge 教授在其论文中就是这样主张的，参见 Michael Bridge, "The Proprietary Aspects of Assignment and Choice of Law", 125 *L. Q. R.* 692—698 (2009).

形物的转让也是一样的,当转让人将有形物转让给受让人时,就该有形物的物权归属问题,怎能想象如果诉争发生在转让人与受让人之间,则适用转让合同的准据法,而在数个受让人之间的诉争则另行适用转让人的住所地法?

正如有形物的转让需要统一适用物之所在地法,债权转让也需要统一适用某个法律,这是由物权或财产权的性质所决定的。物权的基本属性是其对世效力,而不仅限于转让人和受让人的内部关系,甚至可以说,物权法律关系的重心更多地落在外部关系上,更加注重对各类第三人的保护,这样才能最大限度地明确物的法律归属,最大限度地促进物在市场上的流通。无论内部关系还是外部关系,针对同一个物,其方方面面的物权关系就应受同一个法律支配,有形物如此,作为无形物的债权亦如此。然而,三个最具竞争力的系属,包括意思自治、债权准据法和转让人的住所地法,应统一适用其中的哪个呢?

既然每个系属均有缺陷,而又必须从中选择一个,我们只能选择相对来说更能契合债权转让法律性质和符合债权转让法律政策的那个系属。从法律主体的利益保护角度出发,债权转让不仅要保护处在内部关系中的转让人和受让人的利益,更要保护处在外部关系中的债务人、转让人的债权人和受让人的债权人的利益;从具体的物权内容出发,债权转让的物权内容集中在转让之效力、连续转让、重复转让和打包转让问题上。因此,当我们重新审视三个均有弱点的系属,其中最能均衡保护各主体之利益的以及最能解决具体问题的系属,便应成为我国现有法律的解释方向。

意思自治偏重于转让人和受让人的内部关系,而忽略了债权转让的外部关系,尤其不利于保护债务人的利益。债权准据法是转让人、受让人和债务人知道或应当知道的共同因素,因而适用债权准据法能同等地保护转让人、受让人和债务人的利益,尤其符合债务人的期待利益,同时也不会使转让人或受让人的债权人感到意外。适用转让人的住所地法最能保护转让人及其债权人的利益,也能为债务人所预见,但却过分偏袒转让人的债权人而不利于受让人的债权人,而且在连续转让中对作为后手的受让人是极为不利的。综合起来,在各主体之利益保护问题上,适用被转让债权的准据法相对更能均衡地保护各方的利益和期待。

在转让人和受让人之间的转让的效力问题上,适用被转让债权的准据法是最为便利的,因为可以依据同一个法律顺利判断合同中的限制转让条款的效力。关于重复转让中数个受让人谁应优先获得被转让债权的问题,适用被转让债权的准据法和转让人的住所地法,均可以成立,但意思自治却无力解决该问题。在连续转让问题上,只能适用被转让债权的准据法,而不能适用意思自治和转让人的住所地法。针对打包转让问题,适用意思自治,不仅能顺利解决打包转让的法律适用问题,而且还能有效地促进金融资产公司的业务统一,甚至有利于在国际社会培育更多统一的债权转让市场;适用转让人的住所地法虽能从逻辑上解决打包转让的法律适用问题,但不能促进打包转让业务的市场统一;适用被转让债权的准据法是最不利于打包转让的,而且使打包转让的业务趋于繁琐和破碎。综合起来,适用被转让债权的准据法能更多和更好地解决债权转让中的诸物权问题,但致命伤是不能满足打包转让的商业需要。

意思自治最能促进债权转让的商业效率,适用转让人的住所地法最能创设静态安定的物权秩序,而适用被转让债权的准据法介于效率和秩序安定这两个价值目标之间,因此,综合各主体之利益保护和诸物权问题的法律适用的分析,如果一定要从这三个最具竞争力的系属中选择一个,那么非被转让债权的准据法这个系属莫属。诚然,适用被转让债权的准据法可能会伴随法律适用的不确定性,但也不能高估这种不确定性,因为在现代跨国商业交易中,绝大多数合同之债都在合同中通过意思自治约定了准据法,债权的准据法由此就是确定的,即使在少数合同中,当事人没有约定准据法,但随着合同客观准据法方法的完善,被转让债权的准据法在很大程度上也是可以预先判断的。① 同时不可否认的是,适用被转让债权的准据法更适合单个债权的转让,而不能满足打包转让的商业需要,打包转让和国际资产证券化的发展就不能寄望于冲突法,而只能寄望于各国内法和国际统一实体法的发展。

如果债权转让适用被转让债权的准据法,是否可不必顾及债权转让登记的约束力呢?债权转让登记一般是由转让人的住所地法所要求的,现在既然不应统一适用转让人的住所地法,那就需另行考虑该问题了。任何国家所规定的债权转让登记都具有法律意义上的公信力,这种公信力在很大程度上超出了物权法或财产法的范畴,具有强制规则的属性,因而即使不适用转让人的住所地法,也必须考虑这种登记的约束力。如果受理案件的法院地国正好是转让人的住所地国家,被转让债权的准据法是外国法的,该国法院应当视本国的登记规则为直接适用规则或强制规则,其适用优先于被转让债权的准据法;如果受理案件的法院不是转让人的住所地国家,被转让债权的准据法又不同于转让人的住所地法的,那么是否要优先适用转让人住所地法的登记

---

① 完善合同客观准据法确定方法的关键是改变特征履行规则作为"推定规则"的地位,而将其"扶正"为一般规则,弱化最密切联系原则的基础地位,以强化合同客观法律适用的确定性,《罗马Ⅰ条例》相对于《罗马公约》,实现了这一变革,《涉外民事关系法律适用法》第41条也向着这个方向迈进了一大步。相关理论阐述,参见本书第九章"特征履行方法及其运用"。

规则,则要取决于法院地国家的国际私法对待第三国直接适用规则或强制性规则的态度了。[①]

在涉外债权转让的法律适用问题上,面对三个最具竞争力的系属,面对三条扑朔迷离的路径的选择,最为现实和合理的选择是适用被转让债权的准据法,而在《涉外民事关系法律适用法》的框架中,这恰恰是可以通过法律解释方法实现的。法官在处理涉外债权法律适用的个案时,首先可以将涉外债权的法律适用解释成合同层面的法律适用和物权层面的法律适用,前者适用合同的冲突规则,后者适用被转让债权的准据法。无论被转让债权为合同之债、侵权之债、无因管理之债或不当得利之债,《涉外民事关系法律适用法》都作出了相应的规定,这就意味着法官可以全部在法解释的框架内解决涉外债权的法律适用问题。因此,面对复杂的涉外债权转让的法律适用问题,在《涉外民事关系法律适用法》的框架中,立法的缺失虽让我们感到些许遗憾,但可庆幸的是,法解释的道路是畅通的。

[①] 关于法院地国的直接适用规则和第三国的直接适用规则的适用和效力问题,参见宋晓:《当代国际私法的实体取向》,武汉大学出版社 2004 年版,第 274—291 页。

第八章 特征履行方法及其运用[*]

一、问题与现状

在合同冲突法领域,意思自治方法已经在理论与立法实践中牢固确立下来了,除了意思自治方法适用的边界问题尚存争议之外,对于意思自治方法或举或废的根本问题,数百年来的争议在最近半个世纪中已经尘埃落定,意思自治方法得到了最大限度的肯定。[①] 但是,这只是解决了合同冲突法的"一半"的问题,如果缺乏当事人意思自治的主观选择,那么就必须采用"客观"的方法来决定国际合同的法律适用问题,然而,"客观"的方法究竟应该是什么,这一问题直至今日还处于争议漩涡之中,而漩涡的中心便是特征履行理论或举或废的问题。我们虽然可以期待当事人在他们所缔结的国际合同中尽量约定法律适用问题,但是在大量国际合同中,当事人还是有意无意地对法律适用问题保持了沉默,因此,冲突法的理论与立法必须正面回应国际合同的客观法律适用问题,尤其是特征履行理论问题。

特征履行理论虽然可以溯源到更久以前,但作为完整的理论形态,其最早提出是在上世纪的五六十年代,迄今也不过半个世纪左右。[②] 特征履行理论形成不久,就获得了当时正在起草欧洲共同体合同冲突法公约的工作小组的青睐[③],公约草案将特征履行理论作为最密切联系原则的具体推定,很大程度上将最密切联系原则推向幕后,特征履行方法事实上成了国际合同客观

---

[*] 本章系在《特征履行理论:举废之间》(《中国国际私法与比较法年刊》2008年卷)一文基础上修改而成。

[①] See Peter Nygh, *Autonomy in International Contracts* (1999), Clarendon Press, p.4.

[②] See Dicey and Morris, *The Conflict of Laws* (13th ed., 2000), Sweet & Maxwell, p.1237.

[③] 1967年,比荷卢联盟(Benelux)提议欧洲经济共同体(EEC)以比荷卢联盟的国际私法公约草案为模本,以法典化方式统一欧洲经济共同体国家的国际私法。欧共体委员会受1968年《布鲁塞尔公约》(《民商事判决的承认与执行的布鲁塞尔公约》)成功之激励,采纳了这个建议,并立即组建专家组从事欧共体国际私法的统一工作,当时专家组讨论的统一议题包括了合同和非合同之债的法律适用问题,以及其他议题。1972年,专家组完成了《合同与非合同之债法律适用公约》的草案文本,出版后广受关注。1978欧共体在英国要求下,决定公约限定在合同之债法律适用的范围内,而将非合同之债的法律适用问题的统一留待将来。1980年,《罗马公约》制定完成。参见 Dicey and Morris, *The Conflict of Laws* (14th ed., 2012), Sweet & Maxwell, p.1780.

法律适用方法的最重要的规则。但是,草案刚一问世,有关特征履行理论的尖锐批评随即而至。① 在1980年的公约文本中,即《罗马公约》,草案中的特征履行规则几乎被完整地保留了下来,特征履行理论从此与意思自治方法一同成为欧洲合同冲突法的顶梁之柱。② 在随后欧洲国家新一轮的国际私法立法浪潮中③,有关合同冲突法的规则都建立在《罗马公约》的基础之上,特征履行理论可以说获得了欧洲大陆各国实在法的普遍认同。

1980年《罗马公约》可以说获得了巨大成功,但在各成员国的施行过程中,仍面临许多争议,其中特征履行方法的运用问题即是主要争议之一。为深化欧盟成员国之间的国际私法的协调与统一,2005年欧盟委员会提议将1980年《罗马公约》升格转化为欧盟条例,并趁机在新条例中对争议问题的相关立法进行修改完善。2008年6月,欧盟议会通过了《合同之债法律适用条例(罗马Ⅰ)》(以下简称《罗马Ⅰ条例》),旋即于同年7月正式生效。《罗马Ⅰ条例》相较于《罗马公约》,内容上的主要修改之一就是关于特征履行方法的运用方式④,特征履行方法不再作为最密切联系原则的具体推定,而是直接作为确定合同客观准据法的一般规则;与此同时,《罗马Ⅰ条例》第4(1)条为8类具体合同直接规定了法律适用规则,无需法院运用特征履行方法进一步确定它们的准据法。那么,特征履行理论在欧盟语境内是否发生了根本的变化? 其地位究竟上升还是下降了?

当特征履行理论在欧洲大陆各国的实在法园地高歌猛进之时,它却受到了其他地区国际私法立法实践的怀疑与冷落。1990年英国《合同法律适用法》将《罗马公约》纳入了英国国内法,一位颇有代表性的普通法学者就此撰文哀叹:"我们将满怀悲伤与无奈地铭记该法的生效之日……该法替换了英国司法140年来的一项伟大成就,那就是全世界实务所认可与遵循的合同国际私法,它迄今尚未引发任何不满或改革之需要。"⑤其中弥漫的抵触情绪,除了缅怀传统普通法方法之外,便是针对特征履行理论而发的。特征履行理

---

① 例如,参见 H. U. J. D'Oliveira, "'Characteristic Obligation' in the Draft EEC Obligation Convention", 25 *Am. J. Comp. L.* 303(1977).
② 参见1980年《罗马合同之债法律适用公约》第3条(主要规定当事人意思自治)和第4条(主要规定特征履行推定)。
③ 1986年德国国际私法立法、1987年瑞士国际私法立法以及1995年意大利国际私法立法都采用了特征履行方法,1992年澳大利亚国际私法立法也和上述欧洲立法一样,采用了特征履行方法。
④ 《罗马Ⅰ条例》相较于《罗马公约》,除了与特征履行方法相关的第4(1)条之外,其他主要变动还包括:(1)第5条"运输合同";(2)第7条增加"保险合同";(3)第9条修改了关于强制性规范的规定。
⑤ See F. A. Mann, "The Proper Law of the Contract—An Obituary", 107 *L. Q. R.* 353 (1991).

论在美国及美洲许多国家的国际私法中受到了冷落,反映美洲普遍态度的1994年《美洲国家间国际合同法律适用公约》就对特征履行理论无动于衷而另辟国际合同客观法律适用问题的蹊径。①

特征履行理论在我国国际私法中的发展也可谓一波三折。1985年《涉外经济合同法》及其1987年《最高人民法院关于适用〈涉外经济合同法〉若干问题的解答》(以下简称"《1987年司法解释》"),首次较为全面地规定了涉外合同的法律适用问题。对于涉外合同客观准据法问题,即缺乏当事人意思自治的情况下,《1987年司法解释》深受1980年《罗马公约》的影响,实际上运用了特征履行理论对13种合同的最密切联系地作了具体的推定。②然而在我国1999年《合同法》之中,对于国际合同的客观法律适用问题,只规定了最密切联系原则,而对特征履行的推定问题只字未提。2007年,为结束涉外合同客观准据法问题无法可依的尴尬局面,最高人民法院出台了《关于审理涉外民事或商事合同纠纷案件法律适用若干问题的规定》(以下简称"《2007年司法解释》"),基本依循《1987年司法解释》的思路,主要依据特征履行方法规定了17类具体合同的法律适用。

在我国2010年《涉外民事关系法律适用法》的立法准备过程中,合同客观准据法的确定问题是主要的争议问题之一,其核心仍然是关于特征履行理论在我国国际私法中的应有地位及其具体运用方式问题,内中主要包括如下几个具体问题:第一,是否应明确规定特征履行方法?第二,如果明确规定特征履行方法,如何处理其与最密切联系原则的关系,是作为最密切联系原则的推定,还是独立于最密切联系原则的一般规则?第三,如果明确规定特征履行方法,是否还需要规定具体合同的法律适用规则?第四,如果需要规定具体合同的法律适用规则,那么对那些具体合同作出规定,数量上继续延续《2007年司法解释》的17类合同,还是应该再增加种类?当初学界寄希望于《涉外民事关系法律适用法》直面上述问题,并作出令人满意的立法安排,但最后令学界大失所望,立法几乎回避了所有关键问题,仅在第41条作出了和稀泥的规定:"当事人可以协议选择合同适用的法律。当事人没有选择的,适用履行义务最能体现该合同特征的一方当事人经常居所地法律或者其他与该合同有最密切联系的法律。"

据此规定,在当事人没有合意选择合同准据法的情况下,法官应运用特

---

① 参见1994年《美洲国家间国际合同法律适用公约》第9条、第10条。
② 在1987年的司法解释中,严格说来,技术转让合同、科技咨询或设计合同和成套设备供应合同这三类合同的客观法律法律适用构成特征履行推定的例外,这是因为立法者考虑到我国主要是技术引进国,如此规定可以更多地适用中国法律。1999年我国《合同法》生效之后,《涉外经济合同法》及其司法解释随即失效。

征履行方法或最密切联系原则来确定合同的客观准据法。特征履行方法是相对具体的、确定的方法,而最密切联系原则是完全灵活的、弹性的方法,两者之间在逻辑上无法并列,法官又该如何在两者之间作出抉择?可见,《涉外民事关系法律适用法》不仅没有解决问题,反而以其和稀泥的立法方式使问题变得更加复杂。这一切,本质上都源于立法者对特征履行理论,特别是对其源流、利弊及各种具体运用方式缺乏系统和深刻的研究,事到临头才无奈地采取和稀泥方式。《涉外民事关系法律适用法》的立法虽然已经完成了,但对于合同客观准据法的确定问题及特征履行方法问题而言,该立法催生了更加艰难繁重的研究任务。

二、特征履行理论溯源及其运用

人们普遍认为,特征履行理论是瑞士国际私法学说与判例的产物,施奈茨(Schnitzer)是该理论的"精神教父",维希尔(Vischer)对该理论的形成及发展亦发挥了至关重要的作用。① 然而,特征履行理论并非劈空产生的,它是欧洲大陆国际私法传统的产物,更确切地说,它直接源于萨维尼的国际私法学说。通过分析特征履行理论对萨维尼学说的继承成分和发展成分,我们就能更好地理解特征履行理论的特质。

特征履行理论完全继承了萨维尼对于解决法律冲突问题的最根本的思想,即多边主义思想。萨维尼为解决法律冲突寻找到一个总的简明的公式,即"为每一类法律关系寻找其本质上所属的地域",通过一个具体的场所意义上的连结点,将一类法律关系"场所化于"或"分配到"特定国家或地区的法律体系中。萨维尼对于合同法律关系的最后结论,是认为国际合同应适用债务人的履行地法②;特征履行理论对于合同法律关系的最后结论,一般认为应适用特征履行债务人的居所地法或营业地法。可见特征履行理论完全停留在萨维尼的思想框架内,两者的差别是技术性的而非本质的。

债必然关涉两个不同的人,他们所构成的债之法律关系的"本座"究竟应维系于哪一方呢?萨维尼毫不犹豫地认为应维系于债务人,因为债务人所需完成的行为构成了债的真正本质。③ 特征履行理论也同样认为,国际合同的客观法律适用问题应从债务人的角度入手,而不应从债权人的角度入手,这

---

① 两位作者均在20世纪60年代前后系统地提出或发展了特征履行理论,参见 Friedrich K. Juenger, *Choice of Law and Multistate Justice* (1993), Martinus Nijhoff Publishers, p.59.
② 参见〔德〕萨维尼:《法律冲突与法律规则的地域和时间范围》,李双元等译,法律出版社1999年版,第110页。
③ 同上书,第110—111页。

实际上继承了萨维尼所认为的债之法律关系的"本座"应维系于债务人的思想。

然而,特征履行理论虽以萨维尼理论为基本前提,但在一个重大的技术性问题上却与萨维尼理论分道扬镳。在经济与法律的现实生活中,合同双方当事人通常是互负债务的双务合同,任何一方既是债权人,同时又是债务人,因此,合同法律关系维系于债务人的结论最终是不确定的,萨维尼对此难题所提出的技术性方法是将同一个合同中的互负债务拆分开来,视同两个独立的债务而分别处理。① 但是,这就导致一个完整不可分割的合同被活生生地分割开来了,同一个合同中相互啮合的权利义务便极有可能受两个不同法律的支配,萨维尼自身所追求的判决一致性的目标也无从实现。② 可想而知,这种割裂的方法受到学者的普遍抵制,难获立法的青睐。特征履行理论正是为了克服萨维尼的技术性难题应运而生的,它认为在一个互负债务的双务合同中,两个债务并不像萨维尼所认为的那样处于平等的地位,其中一个债务更能从本质上反映合同的根本特征,这个债务就是特征性债务或特征履行债务,法律适用最终只应维系于该债务,如此,合同法律关系就避免了同时适用两个法律的危险。

关键问题在于,如何区分其中一方当事人的债务是特征性债务呢?区分标准本身是否确定,是否会引起更大的争议?施奈茨认为,在不以货币为媒介的交易中,例如易货交易,确实很难分辨哪方为特征履行方,但现代社会的交易通常是以货币为媒介的,即一方支付金钱,另一方交付货物或提供服务,而支付金钱的履行方式在所有合同中几乎是一致的,不能藉此区分不同种类的合同,因此特征履行方必然是非支付金钱的另一方。③ 关于合同特征履行方的认定,1980年《罗马公约》完全继承了施氏标准,其官方报告人明确指出:"合同特征履行方的认定,在单务合同情形下显然毫无困难。在双方合同情形下,双方需承担互惠的履行义务,在现代经济中通常有一方的义务是支付金钱,显然这不能成为合同的特征履行义务……交付货物,授予另一方财产权利,提供服务、运输、保险、信贷和担保等,这些义务通常构成合同重心,突显了合同交易的社会经济功能。"④2008年《罗马Ⅰ条例》完全延续了《罗马

---

① 参见〔德〕萨维尼:《法律冲突与法律规则的地域和时间范围》,李双元等译,法律出版社1999年版,第111页。
② See Friedrich K. Juenger, *Choice of Law and Multistate Justice* (1993), Martinus Nijhoff Publishers, p. 54.
③ See H. U. J. D'Oliveira, "'Characteristic Obligation' in the Draft EEC Obligation Convention", 25 *Am. J. Comp. L.* 303, 306 (1977).
④ *See* Council (EC) Report on the Convention on the Law Applicable to Contractual Obligations, No. C282 (Dec. 10, 1980) (Mario Giuliano & Paul Lagarde), p. 20.

公约》关于特征履行方的认定方法。

　　施奈茨的认定标准虽然没有落实到具体合同上面,但我们应该承认,施氏标准本身是简易可行的。那么,它能适用于绝大多数种类的合同吗？对此,批评人士指出,施氏标准不能适用于许多合同。① 易货交易显然是其中一种合同,另外,在许多复杂的商业合同中,合同权利与合同义务的安排纵横交错,双方当事人需要在合同履行过程中密切配合,一方除了提供货物与服务之外还可能包含了其他的合同义务,另一方除了支付金钱之外也还可能包含了其他的合同义务,这时就很难认定哪方为特征履行方,常见的此类合同包含了分销合同、某些知识产权的许可合同、合伙合同、旨在建立公司的发起人合同以及外商直接投资领域的合营合同等。这类合同无法穷尽地加以列举,但是,在以货物贸易和服务贸易为主的国际商业现实中,它们的绝对数量是不可能超越施氏标准所能适用的合同的绝对数量的,只能说两者构成了一般与特殊的关系。还有一些合同,双方当事人的义务最终都有可能表现为支付金钱,例如保险合同、保证合同、贷款合同等,这些合同应视为一种特殊的服务合同,其中,保险人、保证人和贷款人是以支付金钱的形式在提供一种服务,他们是合同风险的主要承担者,应该是施氏定义中的特征履行方,而相应的对方则以支付金钱作为接受服务的价款,应是施氏定义中的非特征履行方,因此,认为施氏标准不能适用于这些相互支付金钱的合同的批评过于严苛了。②

　　客观说来,施氏标准虽然存在例外,但标准本身简易可行,能够适用于大多数国际合同。施氏标准虽未落实到具体合同上面,但对于施氏标准所能直接适用的一般合同而言,并不需要再对一般合同作具体分类,因为施氏标准本身异常简单,稍加推理就能指出合同的哪方是特征履行方。《罗马公约》采纳特征履行方法时,就没有建立在合同分类的基础之上,即并没有对一般合同再做分类。其它适用特征履行理论的国内立法也都仿效了公约的模式,除了制定特殊规则之外,特征履行理论的适用也没有建立在合同分类基础之上。然而,《罗马Ⅰ条例》则认为,特征履行理论只是一种方法,当适用于具体合同时,并不能直接指出应该适用的准据法,而仍然需要一番推理,在推理过程中就可能增加结果的不确定性。为增加合同法律适用的确定性,《罗马Ⅰ条例》在涉及特殊政策的四类特殊合同(第5条之运输合同、第6条之消费合同、第7条之保险合同、第8条之个人雇佣合同)之外,在第4(1)条中为一般合同再做了8种分类,并直接规定了各自的准据法。

---

① See Cheshire and North, *Private International Law* (13th ed., 1999), Butterworths, p. 570.
② 因此,Cheshire and North 在这点上的批评是不能成立的,参见同上。

第4(1)条具体规定如下:(a) 货物买卖合同适用卖方惯常居所地国家的法律;(b) 服务提供合同适用服务提供方惯常居所地国家的法律;(c) 关于不动产物权的合同或不动产租赁合同,适用不动产所在地国家的法律;(d) 尽管有(c)项规定,供私人临时使用连续不超过6个月的不动产租赁合同,如果租赁人为自然人且与出租人在同一国家有惯常居所,则适用出租人的惯常居所地国家的法律;(e) 特许经销合同适用获取特许经销权人的惯常居所地国家的法律;(f) 分销合同适用分销人的惯常居所地国家的法律;(g) 货物拍卖合同,如果拍卖地能够确定,则适用拍卖地法律;(h) 多边交易系统,依据非自由处分规则和特定一国的法律,集合了大量买卖《欧盟2004年第39号指令》第4(1条)第17项所界定的金融凭证权益的第三人,在此多边交易系统中订立的合同,适用该特定一国的法律。①

从特征履行方法的角度出发,上述8类合同又可以进一步区分为三类:第一类是完全吻合施氏和《罗马公约》的特征履行方法的认定标准的,为(a)项之货物买卖合同和(b)项之服务提供合同;第二类为构成施氏和《罗马公约》的认定标准的例外的,为(c)项之不动产交易合同、(g)项之拍卖合同和(h)项之金融凭证权益交易合同,长期的不动产交易合同适用不动产所在地法,而不适用卖方或出租方的惯常居所地法,符合不动产权益法律关系的本质属性,为各国国际私法普遍认同,而拍卖和诸如股票上市交易的金融凭证权益交易,本质为多边交易,众多第三人参与,为了市场的统一和结果的可预见性,不应逐个认定交易合同的准据法,而应让交易场内合同适用统一的法律,符合多边交易的性质特点;第三类是合同双方权利义务犬牙交错,不易根据施氏或《罗马公约》标准认定特征履行方的,为(e)项之特许经营合同和(f)项之分销合同,为了增进法律适用的确定性,《罗马Ⅰ条例》于是直接指定了两类合同的特征履行方,分别为经营人和分销人。

(a)项和(b)项合同本就是施氏标准的经典运用,条例再加规定其实纯属多余。分销合同和特许经营合同的特征履行方的认定,一直以来争议不断,更多时候需要结合个案实际情形逐案认定,如今条例以武断方式作出规定,确定性问题貌似解决了,但个案公平性问题却无法保证,法官或许将被迫频繁运用第4(4)条的最密切联系原则去寻找与合同"有更密切联系的法律",因此对这两类合同作出直接规定的意义也非常有限。因此,(a)(b)(e)(f)四项合同完全无需单独分类,只需纳入特征履行方法的一般分类即可,只有在构成施氏标准例外的情形下,诸如对于(c)、(g)、(h)项下诸类合同,才有分类

---

① 《罗马Ⅰ条例》第4条之原文,请参见本章最后所附的原文。

规定的必要。在无需分类规定的情形下强行规定,不仅在立法上失之累赘,更大的弊端在于极大增加了识别的困难,例如,软件买卖合同,如果不做分类规定,直接适用卖方的惯常居所地法即可,如做分类规定,首先就会遇到其为货物买卖合同还是服务提供合同的识别困难;再如,特许经营合同、分销合同、代理合同、转让知识产权合同等,彼此之间多有交错,强行分类规定将增加难以预料的识别困境。

由此可见,《罗马Ⅰ条例》第4(1)条为增加法律适用的确定性而走入了另一个极端,滋生了新的不确定性问题。[①] 我国《1987年司法解释》和《2007年司法解释》,主要运用特征履行方法,分别为13类合同和17类合同直接规定了法律适用规则[②],这种试图完全建立在合同分类基础上的立法方法更不可取,因为一则合同分类是没有穷尽的,不可能囊括所有合同;二则各国合同分类标准不同,无论采用内国法中的合同分类标准(何况英美法系内国法中普遍没有严格的合同分类),还是在内国法之外另起炉灶采用另一套合同分类标准,都会引发识别困境。进一步分析《2007年司法解释》的第5条的17类合同的法律适用规则,可知构成施氏标准例外的,只有如下4类合同:成套设备供应合同(适用设备安装地法)、不动产买卖、租赁和抵押合同(适用不动产所在地法)、建设工程合同(适用建设工程所在地法)、债券的发行、销售和转让合同(适用发行地法、销售地法和转让地法),而其他13类合同基本符合施氏标准的教义,根本无需另行分类规定。[③]

依据特征履行理论,特征履行方的确定并没有完成国际合同的场所化任务。例如,在国际货物买卖合同中,一般可以确定卖方为特征履行方,那么合同应维系于卖方的哪个客观场所呢?国籍,还是惯常居所,还是履行地,还是其他的地方?萨维尼认为债之本座维系于债务人的履行,并进而认为债之本座就是债务履行地这一"有形的事实",因而合同应适用债务履行地法。那么,如何确定债务履行地呢?萨维尼从当事人的正当期望出发,总结了五种情形.当债有确定的履行地时(合同约定,或只有唯一的履行地,如房屋买卖的交付地只能在物之所在地)——指该履行地;当债产生于债务人的持续的业务过程时——指业务行为永久本座所在地;当债产生于债务人在住所地的单个行为时——指该行为地;当债产生于债务人在住所之外的单个行为,并在该行为地有履行的期望时——指该行为地;当以上情形不存在时——指

[①] See Zheng Tang,"Law Applicable in the Absence of Choice—The New Article of 4 of the Rome Ⅰ Regulation", 71 *M. L. R.* 792—793 (2008).
[②] 参见《1987年司法解释》(已失效)第二部分第6条。
[③] 参见《2007年司法解释》(已失效)第5条。

债务人的住所地。① 对于债务履行的进一步场所化问题,特征履行理论表面上采取了完全有别于萨维尼的方法。

施奈茨认为,特征履行应进一步场所化于"债务的实际履行地",维希尔则认为施氏方法过于模糊,他更具体地认为,如特征履行是商业行为,则合同适用特征履行方的营业地法律,此外则适用特征履行方的惯常居所地法律。②《罗马公约》实际上采用了维希尔的主张,对特征履行的场所化问题规定如下:特征履行应场所化于特征履行方的惯常居所地,对法律实体而言,则为管理中心所在地;如合同是在特征履行方的业务过程中缔结的,则合同适用主营业地法律;如合同约定,特征履行是通过主营业地之外的另一个营业地完成的,则合同适用另一个营业地的法律。③《罗马Ⅰ条例》基本沿袭了《罗马公约》的场所化方法,唯一不同之处在于,法人作为特征履行方,即使其合同是在业务过程中缔结的,也是适用法人的惯常居所地法即管理中心所在地法而非主营业地法④,这就更加强化了从"行为地"向"属人连接点"转变的场所化方法。

从表面上看来,萨维尼钟情于行为地即履行地,而《罗马公约》和《罗马Ⅰ条例》则青睐特征履行方的属人连结因素,两者差异甚大。但若仔细对照公约或条例规定和萨维尼的上述确定履行地的五种情形,公约或条例只是对萨维尼方法的一种修正:公约或条例表面上否定了合同约定的履行地,但公约或条例是将意思自治原则摆在首要位置的,当事人完全可以通过意思自治而适用合同约定的履行地法,而萨维尼没有公开直接地赞同当事人的意思自治⑤,他只是通过肯定合同约定的履行地来间接地肯定意思自治;公约或条例在另一种情形中否定了萨维尼的观点,即当债务产生于住所之外的单个行为,并在该行为地有履行期望时,公约或条例否定了该行为地的作用,而仍然指向特征履行方的属人连结点;至于其他三种情形,公约的方法和萨维尼的方法在结果上基本一致,最后都指向了债务人的惯常居所地或营业地。

因此,在关于债务履行的场所化方法这一问题上,公约或条例和萨维尼

---

① 参见〔德〕萨维尼:《法律冲突与法律规则的地域和时间范围》,李双元等译,法律出版社1999年版,第135页。
② See H. U. J. D'Oliveira, " 'Characteristic Obligation' in the Draft EEC Obligation Convention", 25 *Am. J. Comp. L.* 303, 307—308 (1977).
③ 参见1980年《罗马公约》第4条第2款。
④ 参见2008年《罗马Ⅰ条例》第19条。
⑤ 关于萨维尼没有公开承认当事人在合同领域的意思自治问题,论述较多,例如,参见Ole Lando, "On Some Writers on the Conflict of Laws of Contracts", in James Fawcett ed., *Reform and Development of Private International Law: Essays in Honor of Sir Peter North* (2002), Oxford University Press, pp. 240—241.

方法的本质差别并不像表面上看起来那样大,但公约和条例从总体上更加倾向于债务人的属人连结点则是无疑的。两种方法相比较,公约和条例的方法更加契合现代商业的法律与现实,因为现代冲突法全面承认了意思自治,在规定合同的客观法律适用方法时,不必像萨维尼那样若隐若现地去顾及当事人的合理期望问题;而且,现代商业的复杂程度远甚于萨维尼时代,合同的履行地更加难以确定,而且一个合同的履行地可能远远超过一个,而属人连结点则相对稳定得多,将合同场所化于特征履行方的属人连结点而非履行地,则大大增加了法律的确定性。公约或条例的场所化方法颇契合我国的一句古语:"逃得了和尚逃不了庙",此处的"庙"可比作特征履行方的属人连结点,而"和尚"可比作不易确定的、随处变动的履行地。《罗马Ⅰ条例》较之《罗马公约》,特征履行的场所化法方法向属人连接点进一步推进,无疑是值得肯定的。

特征履行理论的兴起,除了可以溯源到萨维尼理论之外,还有另一个重要的时代背景。在20世纪中期,意思自治方法已经深入人心,但国际合同的客观法律适用问题却经历了一场"主观论"与"客观论"之争。主观论认为,在当事人缺乏明示的意思自治时,应探讨当事人的默示意思,合同应适用当事人默示选择的法律;而客观论则认为,所谓当事人的默示选择,在许多时候是拟制的、不真实的,应从合同的整体的客观现实出发,适用与合同有最密切联系的国家的法律。主、客观的争论最后在以英国为代表的普通法中形成折中方法,默示选择方法与最密切联系原则都得到了保留,成为著名的合同自体法方法:合同自体法是当事人意欲适用于合同的法律,或者在当事人的意思没有表示,也不能根据情况作出推断时,指与交易有最密切、最真实联系的法律。[①] 但是,从大陆法系的立场出发,无论是默示选择方法,还是最密切联系原则,都是极其开放的、富有弹性的法律规则,天然地适合于普通法而不适合于成文法,因此大陆法系的学者对两者均不满意,便致力于探索更加确定、更有可预见性的合同客观法律适用方法,这可以说是特征履行理论得以形成的关键动力。[②]

三、空间法律选择方法抑或功能法律选择方法

传统国际私法旨在实现"冲突正义",致力于从适当的国家中寻找准据

[①] 参见莫里斯:《戴赛和莫里斯论冲突法》(第10版),李双元等译,中国大百科全书出版社1998年版,第1114、1125、1131页。

[②] See Friedrich K. Juenger, *Choice of Law and Multistate Justice* (1993), Martinus Nijhoff Publishers, pp. 58—59.

法,而不是寻找适当的法律,"适当性"并非依据准据法的内容和所提供的解决方法的质量来界定,却是依据地理意义上或场所意义上的术语来界定。① 当代国际私法在维护冲突正义的同时,积极地向传统国际私法体系注入了大量"实体正义"的因素,在法律选择过程中预先探明可能适用的法律的内容、立法政策或目标,甚至在法律选择过程中直接促进了特定的法律结果或法律目的。② 冲突正义与实体正义的交融是当代国际私法发展的趋势,既表现在理论上,也表现在大量成文立法中,其中兼顾或偏重实体正义的法律选择方法常被称为功能法律选择方法。③ 在此大趋势中,我们需要进一步探讨特征履行理论究竟是纯粹的空间法律选择方法,抑或是功能法律选择方法,这对于发掘特征履行理论的正当性及其利弊得失是非常有帮助的。

特征履行理论的倡导者认为,他们是根据法律关系的功能及其内在组织来实现法律关系的场所化任务的,是依据每类合同的特征性内容及其最本质的社会功能来确定特征履行的。④《罗马公约》的官方报告人更为明确地宣称:"在当事人未作法律选择时,规定合同适用特征履行方的适当的法律,这就确保连结点来自于合同内部因素,而非来自于与合同债务本质无关的外部因素,诸如缔约方的国籍或合同缔结地;而且,这还可能使特征履行概念与一个更为宏大的观念联系在一起,即特征履行反映了具体合同法律关系在特定国家所实现的经济的、社会的功能。"⑤公约报告人为了证明特征履行理论的正当性与合理性,认为特征履行理论不仅体现了合同债务的本质,是成熟的空间法律选择方法,而且反映了"经济的、社会的功能与政策",即特征履行理论体现了合理的社会经济生活的内容,因而同时是某种程度上的功能法律选择方法。那么,特征履行理论是否就如倡导者所宣称的那样,是一种空间法律选择方法与功能法律选择方法相结合的、体现了当代国际私法发展趋势的较为完美的法律选择方法呢?

空间法律选择方法的目标是依据特定的连结点将具体法律关系场所化于特定国家的法律体系中,其成功与否取决于连结点是否反映了法律关系的

---

① 参见〔美〕西蒙尼德斯:《20 世纪末的国际私法——进步还是退步?》,宋晓译、黄进校,载《民商法论丛》2002 年第 3 号(总第 24 卷),第 395 页。
② 参见宋晓:《当代国际私法的实体取向》,武汉大学出版社 2004 年版,第 147 页。
③ 例如,参见 Thomas G. Guedj, "The Theory of the Lois de Police, A Functional Trend In Continental Private International Law—A Comparative Analysis With Modern American Theories", 39 Am. J. Comp. L. 661 (1991).
④ 这是维希尔的论点,转引自 H. U. J. D'Oliveira, " 'Characteristic Obligation' in the Draft EEC Obligation Convention", 25 Am. J. Comp. L. 303—311 (1977)。
⑤ See Council (EC) Report on the Convention on the Law Applicable to Contractual Obligations, No. C 282 (Dec. 10, 1980) (Mario Giuliano & Paul Lagarde), p. 20.

本质,或者用较为客观的术语来表达,即连结点是否是具体法律关系与特定国家具有最密切联系的标志。特征履行理论是通过两个步骤来实现法律关系的场所化的,第一步是确定特征履行方,第二步是确定特征履行方的适当的连结点,而一般法律关系的场所化只需要通过一个步骤即可完成,因此特征履行的场所化方法要比一般的空间法律选择方法更为复杂。

就适用特征履行理论的第一个步骤而言,特征履行理论维系于债务人而非债权人,债务人的必要行为构成了债的真正本质,而债权人的活动或者根本不存在,或者以次要的、从属的方式存在,因此,债的本座应依债务人的关系确定。[1] 债务人较之债权人更能反映合同法律关系的本质,萨维尼给出了上述雄辩的、合理的证明。但是,在更为普遍的双务合同中,合同双方同时均可为债务人,特征履行理论为克服这一难题,特意将合同维系于特征履行方,然而,特征履行方的确定方法自身能够证明特征履行方较之非特征履行方更能体现合同法律关系的本质吗？或者说特征履行方较之非特征履行方就一定与合同有着更密切的联系吗？特征履行方通常是卖方或服务提供方,较之非特征履行方即买方或服务受领方,特征履行方所承担的合同义务的数量或程度通常都要高于非特征履行方,因此,合同的重心在通常情况下都会偏向特征履行方,特征履行方也就客观上会受到更多的法律规则的调整,即,法律会更多地介入特征履行方的活动。为了促进合同在法律上的可预见性、增加合同的效率以及降低合同交易成本,就应当将整个合同维系于用来支配特征履行方的法律,而非支配非特征履行方的法律[2],因此,合同应适用特征履行方的适当的法律,这是空间法律选择方法的内在要求。

既然合同应适用特征履行方的适当的法律,那么为什么不采取一个简洁的步骤,直接适用特征履行地法律呢？诚然,履行地相对于当事人的国籍或缔约地,更鲜明地体现了合同的本质,更是源自合同的内部因素。然而,如果合同直接适用特征履行地法律,其成功与否就完全依赖于确定履行地的方式,但除了当事人在合同中的明确约定,这个问题无论在法律上还是在实践中恰恰存在不小的模糊之处。绝大多数的履行行为其实是在债务人的住所地完成的,对商业组织而言,则是在商业组织的主营业地或一个特定的营业地完成的。现代国际商务大都是精心组织与策划的结果,这就增加了商业组织的中枢机构在交易过程中的重要性,而履行行为为了便利起见很有可能分

---

[1] 参见〔德〕萨维尼:《法律冲突与法律规则的地域和时间范围》,李双元等译,法律出版社 1999 年版,第 111 页。

[2] See Jonathan Hill, *International Commercial Disputes in English Courts* (2005), Oxford, p. 487.

处在许多地方。因此,将合同维系于特征履行方的住所地而非特征履行地,这是更加确定的、合理的方法。上述分析表明,特征履行理论通过两个步骤所实现的合同法律关系的场所化,迄今是一种较为成功的空间法律适用方法。

空间法律选择方法的首要目标是适用"适当的国家的"法律,而功能法律选择方法的首要目标则是适用"适当的"法律、追寻适当的结果,当代国际私法的发展趋势便是致力于两者的有机结合。① 特征履行理论作为一种较为成功的空间法律选择方法,是否同时也兼顾了实体正义的目标而表现出功能法律选择方法的特征呢? 当代诸多成文的国际私法体系将相当多的实体正义的因素注入了原本符合传统模式的法律选择规则之中,目的在于追求一定的实体结果,形成了内容定向或结果定向的法律选择规则。这些实体结果可能是下列中的一种:促进法律行为的有效成立,促进某种身份关系的确立,以及有利于一方当事人。② 据此我们可以分析特征履行理论在多大程度上迈向了功能法律选择方法。

《罗马公约》的报告人认为特征履行反映了具体合同法律关系在特定国家所实现的经济的、社会的功能,这意味着特征履行理论超越了纯粹的空间法律选择方法,但它所实现的经济、社会功能的具体内容究竟是什么,公约的报告人并没有详细说明。维希尔曾经更加具体地认为,特征履行较之非特征履行,一般包含了更多的活动和行为义务,因此更深地介入了特征履行所场所化的国家的国民经济,从而使特征履行更多地体现了该国社会的、经济的功能。③ 然而,维希尔的结论是似是而非的。诚然,特征履行包含了更多的活动和行为义务,但这只能证明特征履行与其所场所化的国家的联系程度,较之非特征履行与其所场所化的国家的联系程度要紧密得多,这恰恰只具有空间上的意义而无法律功能上的意义。例如国际货物买卖合同,卖方即特征履行方的行为义务要多于买方即非特征履行方的行为义务,用来调整卖方行为的法律规范相应地就要多于用来调整买方行为的法律规范,但不能说卖方对于出口国的社会的、经济的功能或价值要高于买方对于进口国的社会的、经济的功能或价值。

即使我们承认特征履行实现了更大的社会的、经济的功能,但这不能转化为具体的法律功能,更不能转化为国际私法所普遍承认的促进实体价值目

---

① 参见〔美〕西蒙尼德斯:《20 世纪末的国际私法——进步还是退步?》,宋晓译、黄进校,载《民商法论丛》2002 年第 3 号(总第 24 卷),第 395 页。
② 同上书,第 398—399 页。
③ See H. U. J. D'Oliveira, "'Characteristic Obligation' in the Draft EEC Obligation Convention", 25 *Am. J. Comp. L.* 303—327 (1977).

标的法律功能,诸如促进法律行为的有效性或有利于经济的、社会的弱者。特征履行理论不仅不具有人们所期望的促进实体价值目标的法律功能,反而隐含着对强势方的不当的保护。一般而论,货物提供方或服务提供方在经济社会中就比接受方具有更多的优势,特征履行理论无疑强化了他们的这种优势,因为根据特征履行理论,合同将会更多地适用特征履行方的母国的法律,即使母国法律的实体规定较之他国的实体法律规定对特征履行方更为不利,但至少他们在事先就可以根据自己最为熟悉的法律全面地衡量贸易的风险,而对方却要面对他们并不熟悉的外国法,很难依据法律衡量贸易得失;当特征履行方发觉母国法律对他们不利时,他们就会利用原本具有的优势主动与对方缔结法律选择条款,选择适用对他们更为有利的法律,这就使特征履行方在法律适用问题上立于不败之地。①

如果合同双方原本在经济社会中的地位大致是平等的,那么特征履行理论赋予特征履行方在法律上的优势就不至于带来过多的不公正,因为对方可以凭借意思自治相对公正地缔结法律选择条款;但是,如果合同双方在经济社会中的地位原本就是显然失衡的,那么特征履行理论将会使弱势方的利益保护问题雪上加霜。其中存在两类为各国法律体系公认的力量失衡的合同,即消费合同和个人受雇佣合同。根据特征履行理论,消费者是买方,因而是非特征履行方,如果继续适用特征履行方的适当的法律,就会更加恶化消费者的弱势地位。在个人受雇佣合同中,雇主是大量劳工的组织者和劳动条件的提供者,根据特征履行理论,雇主一般会被认为是特征履行方,如果不折不扣地适用特征履行理论,同样会恶化个人受雇佣者的弱势地位。因此,如果依据特征履行理论制定合同的客观法律适用的一般规则,就必须制定对消费者和个人受雇佣者更为有利的特殊规则,《罗马公约》和《罗马Ⅰ条例》事实上就是这样做的。②

因此可以认为,特征履行理论基本上是一种空间法律选择方法,符合传统国际私法的价值目标,其成功正在此处;而其最大的缺陷就是不能促进法律的实体价值目标,从当代国际私法的发展趋势来看,它显然有些"落伍"了。正因如此,如果特征履行方法上升为合同客观法律适用的一般规则,那么为了实现法院地国家在合同领域的特定的实体目标和实体政策,就应有意识地在特征履行方法的一般规则之外,去制定实现特定实体政策的特殊的合同法

---

① See Friedrich K. Juenger, *Choice of Law and Multistate Justice* (1993), Martinus Nijhoff Publishers, p. 59.
② 参见 1980 年《罗马合同之债法律适用公约》第 5 条和第 6 条。关于《罗马公约》对消费者和个人受雇佣者的特殊保护的分析,参见 C. G. J. Morse, "Consumer Contracts, Employment Contracts and The Rome Convention", 41 *I. C. L. Q* 1, 3—4 (1992)。

律适用规则。至于需要制定哪些具体的特殊规则,那就取决于一个国家的具体国情了。无论如何,《罗马Ⅰ条例》中的那些体现特殊实体政策的特殊规则,包括消费合同、个人受雇佣合同以及保险合同的法律适用规则等,是值得其他国家认真借鉴的。

四、从推定规则到一般规则

特征履行理论脱胎于萨维尼的国际私法传统,其内容旨在解决国际合同的客观法律适用问题,其形式则重在法律的确定性、稳定性与可预见性,具有浓厚的大陆法的特征;英美国家的国际合同的客观法律适用方法,最后则依赖于最密切联系原则,是一个重在个案分析的弹性方法。① 从理论来源来看,特征履行方法与最密切联系原则,并不必然会粘合在一起,但《罗马公约》为了在两大法系之间取得平衡,同时采纳了两者。因此,《罗马公约》是两大法系妥协的产物,除了规定共同承认的意思自治原理之外,对于合同的客观法律适用问题,公约将最密切联系原则和特征履行理论结合了起来:最密切联系原则为规则的逻辑起点,特征履行理论则对最密切联系原则进行具体推定,以矫正最密切联系原则的不确定性,同时最密切联系原则在必要情况下对特征履行推定保留了否决的权力。②

具体而言,公约是通过富有技术性的三个连续步骤实现两种理论的整合的:第一个步骤规定,若无意思自治,合同应适用与之有最密切联系的国家的法律;第二个步骤规定了推定规则,即推定合同与特征履行方的惯常居所地或营业地所在国有最密切联系;第三个步骤规定了撤销规则,即如果合同整体情况表明合同与另一个国家的法律有更为密切的联系,则撤销上述推定,适用与合同有更密切联系的国家的法律。③《罗马公约》的"三步曲"的整合方法产生了很大影响,成为欧洲及其他许多国家合同冲突法立法的范本,其中就包含了我国《1987年司法解释》和《2007年司法解释》。

但是,动辄将两大法系的不同制度强行整合在一处,总会留下或大或小、难以弥缝的罅隙,整合的利弊及其成功与否还需经受实践的考验。《罗马公约》在各国法院的长期实践中,上述整合方法就是最有争议的内容之一,尤其是推定规则与撤销规则的关系问题引发了无数的讨论,这意味着特征履行方

---

① 关于对冲突法确定性与灵活性这对矛盾范畴的较多的分析,参见 Peter Hay, "Flexibility Versus Predictability and Uniformity in Choice of Law: Reflections on Current European and United States Conflicts Law", 215 *Recueil des cours* 281 (1989).
② 上述三个连环相扣的步骤,参见1980年《罗马公约》第4条第1款、第2款和第5款。
③ 参见1980年《罗马公约》第4条第1款、第2款和第5款。

法和最密切联系原则并不像许多人初看那么水乳交融。仅从《罗马公约》的立法文意看,最密切联系原则是主,特征履行方法是次,特征履行方法是服务于最密切联系原则的,它并没有独立的地位,甚至可以说就是最密切联系原则的一部分。但在对待两者的关系问题上,欧洲的理论和实践分化为两个对立的阵营,分别持"强推定"模式和"弱推定"模式,两种对立的模式构成连续的系谱,有些国家的实践较为明显地处于其中一端,另一些国家的实践则处于中间状态。①

依据"强推定"模式,推定规则几乎等同于一般规则,只有在例外情形下才适用撤销规则,即更密切联系规则只有在特殊情况下才能替代特征履行的具体推定。如果将这种模式发挥到较为极至的地步,那就是除非特征履行方的惯常居所或营业地作为连结点与合同几乎不存在什么真实的联系,否则法院就不能撤销特征履行的推定。依据"弱推定"模式,特征履行的推定效力微弱,在许多情形下都应当被最密切联系原则所替代,如果将这种模式发挥到较为极至的地步,那就意味着推定只发挥一种"平衡器"的作用,当合同与两个或两个以上的国家均存在密切的联系而很难说与哪个国家有更密切联系时,推定有助于确定其中一个国家的法律为准据法,在其他情形下,只要能够认定其中一个国家与合同有更密切的联系,无论推定结果如何,都应直接适用最密切联系原则。②

欧洲各国法院的实践就徘徊在"强推定"与"弱推定"之间。在富有国际精神的荷兰,法院一般就主张"强推定"的观点,认为撤销规则只是一个例外,而且只有当特征履行方的住所或营业地与合同缺乏真实联系时,才会撤销推定。"强推定"的目标是要增强法律的确定性和可预见性,避免在每个案件中重新评估众多连结点的重要程度,合同当事人亦可准确地预见合同的法律适用,藉此在合同中作出更加合理的安排,由此增进整个经济社会的效率。但在其他一些国家,例如英国,虽然也有法官时而高姿态地表明撤销特征履行的推定只是一种例外,但是法院实践却是频繁地趋向"弱推定"模式,尤其是当合同只存在唯一的合同履行地,法院就更加乐意适用撤销规则,最后适用合同履行地法,尽管该履行地既非特征履行方的主营业地,又非特征履行方

---

① See S. Atrill, "Choice of Law in Contract: The Missing Pieces in the Article 4 Jigsaw?", 53 I. C. L. Q 549 (2004).
② See Ibid.

的其他营业地。① "弱推定"常常认为,合同适用与其有最密切联系的国家的法律乃是"目的",而特征履行的推定只是用来实现此目的"工具"而已,自然应该时时将体现法律实质价值的"目的"摆在第一位,必要时就应忍痛舍去法律确定性这一形式价值。②

在《罗马公约》形成之前,欧洲大陆国家普遍致力于寻求精确的合同的客观法律适用方法,而英国在 20 世纪过程中逐渐放弃了这一努力,最后停泊在可以充分发挥普通法长处的最密切联系原则的身上。两大法系虽然缔结了统一的公约,但在适用公约过程中自觉或不自觉地倒向自己的法律传统,这是极为自然的现象。抛开法律传统不说,单就《罗马公约》而论,三步曲的整合方法本身确实没有明确特征履行理论和最密切联系原则的关系,留下了太多的暧昧空间,争议便由此而蜂起。因此,如果要恰当地整合特征履行理论和最密切联系原则,《罗马公约》的三步曲方法绝非上策。

那么,是否一定要将两者整合在一处呢？若从特征履行方法出发,它虽然是较为成功的空间法律选择方法,但其自身并非是精确的规则,而且确实存在难以认定特征履行的情形,在这些特殊情况下,最密切联系原则确实可以弥补特征履行理论的缺陷;况且,特征履行理论基本上是空间法律选择方法,难以顾及法律的实体价值目标,最密切联系原则虽然主要也是空间法律选择方法,但可以容纳一定限度的社会的、经济内容的考量,因而在特殊情况下可以弥补特征履行理论实体功能之不足。若从最密切联系原则出发,它本身是框架性的原则,具有很大的不确定性,在判例法中法律的不确定性的缺陷固然不是致命的,但也需要在此原则的框架内去发展一些较有可预见性的具体规则,而在成文法中,最密切联系原则无论如何不宜作为单独的基本规则而加以适用,它必须和较为精确的规则结合在一起。因此,无论从特征履行理论出发,还是从最密切联系原则出发,我们都有必要将两者以适当的方式结合在一起。

至少从成文法系的立场出发,将特征履行理论作为最密切联系原则的具体推定,正如《罗马公约》长期实践所昭示的,这是一种失败的方法。既然特征履行理论是一种值得信赖的空间法律选择方法,我们可以赋予其更重要的作用,明确将它作为合同客观法律适用方法的一般规则,只有在极其例外的情况下才利用最密切联系原则作为撤销规则来发挥作用。这就意味着合同

---

① 英国传统普通法本就认为,与合同有最密切联系的法律一般是履行地法,因此不难理解英国加入《罗马公约》之后为什么会频繁地适用撤销规则以适用合同履行地法。关于荷兰与英国适用《罗马公约》第 4 条的一般分析,参见 Jonathan Hill, *International Commercial Disputes in English Courts* (2005), Oxford, pp. 498—503.

② See Ibid. , p. 502.

的客观法律适用问题应缩减为两个步骤:首先规定合同在无意思自治时适用特征履行方的惯常居所地法,然后再规定,如果不能有效确定特征履行方,或合同整体情况表明其与另一个国家的法律具有更密切的联系,那么就适用另一个国家的法律。①

《罗马Ⅰ条例》正是沿着上述分析方向迈进的,其第 4 条规定了合同客观法律适用的总体结构,第 4(1)条规定了 8 类合同的法律适用,如前所述,最基本的两类合同的法律适用,即货物买卖合同和服务提供合同,完全符合特征履行方法的基本教义;第 4(2)条规定了特征履行方法的一般规则②;第 4(3)条依据最密切联系原则规定了撤销规则③;第 4(4)条依据最密切联系原则规定了补漏规则。④ 条例此处对于公约最大的修改,就是撤销了最密切原则在合同客观法律适用问题中的基础地位,特征履行方法获得了独立地位,尽管有第 4(1)条规定,事实上已经上升为合同客观法律适用的一般规则。而且,作为撤销规则的最密切联系原则,《罗马Ⅰ条例》对之进行了更为严格的限定,特别强调了"显著更密切的联系"(manifestly more closely related to another country),而非《罗马公约》中的"更密切联系"。可见最密切联系原则在《罗马Ⅰ条例》的地位急剧下降了。

反观我国《涉外民事关系法律适用法》第 41 条之规定,立法者或许已经注意到了《罗马Ⅰ条例》的最新发展,没有再简单重复《2007 年司法解释》的"最密切联系原则——特征履行方法推定——基于更密切联系的撤销"的基本结构,但是,第 41 条同时规定了适用特征履行方法或最密切联系原则,那么两者之间究竟是什么关系呢? 实践中将不可避免地滑向两端,要么沿着《罗马Ⅰ条例》的正确方向,法官视特征履行方法为一般规则,最密切联系原则作为撤销规则予以补充;要么沿袭《2007 年司法解释》的旧辙,法官仍视最密切联系原则为基础规则,特征履行方法为可有可无的推定规则。由于《1987 年司法解释》和《2007 年司法解释》所造成的思维惯性,法官采取后一种解释的可能性更大,再结合我国法官喜欢滥用"最密切联系原则"的现实,特征履行方法在我国未来实践中很有可能被弃置一旁。无论如何,法官几乎

---

① 因此,我国涉外经济合同法的司法解释和国际私法示范法不假思索地借鉴《罗马公约》的推定方法,这是极不明智的,殊不知在《罗马公约》中,推定方法在很大程度上只是两大法系为取得妥协的无奈之举。
② 《罗马Ⅰ条例》第 4(2)条规定:"如果合同不在第 1 款规定之列,或合同混合了第 1 款(a)至(h)项两类以上合同的要素,则适用合同特征履行方的惯常居所地国家的法律。"
③ 《罗马Ⅰ条例》第 4(3)条规定:"如果案件整体情况清楚表明,合同与第 1 款或第 2 款指向的国家之外的另一国家,有显著更密切的联系,则应适用该另一国家的法律。"
④ 《罗马Ⅰ条例》第 4(4)条规定:"如果依据第 1 款和第 2 款均不能确定应适用的法律,则合同适用与之有最密切联系的国家的法律。"

可以随心所欲地解释第 41 条,这种和稀泥式的立法方法,将给未来司法实践带来很大的不确定性。

五、特征履行方法的替代方法

当代国际私法的发展趋势是融合空间法律选择方法和功能法律选择方法,协调实质正义和冲突正义同时对国际私法所提出的不同要求。特征履行理论主要是脱胎于萨维尼传统的空间法律选择方法,因而全部秉承了空间法律选择方法的力量和弱点,过于注重冲突正义而忽视了实质正义,不能说是非常理想的法律选择方法。国际社会为此也孜孜不倦地探索能够替代特征履行理论的新方法,其中最引人注目地便是 1994 年《美洲国家间国际合同法律适用公约》(以下简称《美洲公约》)的新尝试。① 该公约第 9 条规定,在当事人尚未有效选择支配合同的法律时,合同适用与其有最密切联系的国家的法律,同时规定,"法院在认定最密切联系的国家的法律时,应考虑合同的全部主观因素与客观因素,同时还应考虑国际组织所承认的国际商法的一般原则。"②

在对待国际合同的客观法律适用问题时,《美洲公约》有意抛弃了《罗马公约》的特征履行理论,而采取了上述新的尝试。美国代表曾经提出,若缺乏当事人的意思自治,公约不妨全盘抛弃传统国际私法,规定合同直接适用罗马统一私法协会的《国际商事合同通则》。③ 后来作为妥协,公约还是规定了体现传统国际私法的最密切联系原则,并同时规定了认定最密切联系的两个具体标准,一是考虑全部客观因素与当事人的默示意思表示,二是考虑现代商人法。④ 在第一个认定标准之中,"考虑全部客观因素",无非是最密切联系原则的一种具体表达,至于默示选择,英国合同自体法的全部实践早已表明,探讨当事人的默示法律选择,与探讨客观的最密切联系,在实践中几乎是重叠的⑤,因此,第一种标准并没有为最密切联系原则的适用增添什么具体指南,而第二个标准,即将最密切联系原则和现代商人法结合起来,这才给出了具有实质内容的指南,是公约对于解决合同的客观法律适用问题的创新。

《美洲公约》的主要起草者认为,公约中合同的客观法律适用问题的新方

---

① 参见 1994 年《美洲国家间国际合同法律适用公约》第二章即第 7—11 条。
② 参见 1994 年《美洲国家间国际合同法律适用公约》第 9 条。
③ See Friedrich K. Juenger, "The Inter—American Convention on the Law Applicable to International Contracts: Some Highlights and Comparisons", 42 Am. J. Comp. L. 381 (1994).
④ 参见 1994 年《美洲国家间国际合同法律适用公约》第 9 条第 2 款。
⑤ See Peter Nygh, *Autonomy in International Contracts* (1999), Clarendon Press, p. 108.

法,乃是建立在当代国际民商事法律制度的两项新发展的基础之上,其一是国际商事仲裁制度的发展,其二是现代商人法的发展。从国际民商事法律适用的角度出发,20世纪确实见证了冲突法和国际商事仲裁法两者渐行渐远的过程:最初,仲裁庭一般运用仲裁地国家的冲突法,后来发展到仲裁庭不一定适用仲裁地国家的冲突法,而可以适用他们认为合适的冲突规则,再后来则发展到仲裁庭可以公开而直接适用他们认为合适的实体规则,其中就包括现代商人法。① 因此,《美洲公约》的起草者认为公约的规定至少迎合了国际商事仲裁的需要。诚然,国际私法的舞台越来越局限于各国法院,而国际商事仲裁在法律适用问题上已获得了摆脱严格的国际私法的自由;但是,既然国际商事仲裁可以自由地适用包括现代商人法在内的他们所认为的合适的实体规则,就没有必要借助于最密切联系原则这一国际私法的方法,《美洲公约》迎合国际商事仲裁的需要岂非多此一举?

20世纪同样见证了国际商人法的巨大发展,现代商人法和中世纪商人法具有同样的精神品格,都是对商业要求无国界地、自由地和高效地运作的回应。② 但是,现代商人法和最密切联系原则在本质上是无法并存适用的,最密切联系主要探讨案件与应适用的法律的直接的空间联系,而现代商人法则专注于为国际案件提供最合理的实体规则,它是无国界的,不具有空间特征,因此,在适用最密切联系原则时,又怎能同时考虑现代商人法?③ 而且,现代商人法虽受到普遍认可,但它具体应包含哪些内容是非常有争议的,仲裁庭为解决争议而可以频繁适用模糊却具有实践价值的现代商人法,而法院的目标不仅是解决争议,同时也注重发展法律,它就不能像仲裁庭那样自由地适用边界模糊的法律制度。《美洲公约》将现代商人法限定为"国际组织所承认的国际商法的一般原则",意在稍稍明确现代商人法的范围,但即使如此,何谓"国际组织所承认的国际商法的一般原则",也难在许多国家取得共识,更何况将商人法局限于国际组织的视野内,这本身就是对天然是民间的、自由的商人法的一种背叛。

因此,《美洲公约》将最密切联系原则和现代商人法相结合的方法,远比《罗马公约》将最密切联系原则和特征履行理论相结合的方法要拙劣得多,

---

① 关于国际商事仲裁的法律适用规则的发展,参见〔英〕雷德芬、亨特等:《国际商事仲裁法律与实践》(第四版),林一飞、宋连斌译,北京大学出版社2005年版,第80—138页。
② 关于现代商人法的形成与发展,可以看看英国已故著名学者施米托夫的系列论文,载〔英〕施米托夫:《国际贸易法文选》,中国大百科全书出版社1993年版。
③ 荣格指出,主要作为空间法律选择方法的最密切联系原则与作为统一实体法方法的现代商人法二者是不能兼容的,参见 Friedrich K. Juenger, "The Inter-American Convention on the Law Applicable to International Contracts: Some Highlights and Comparisons", 42 *Am. J. Comp. L.* 381, 387—388 (1994).

《美洲公约》在《罗马公约》之外的开拓和尝试并没有取得国际社会的赞同。如果《美洲公约》还有一定意义的话,那它也只能局限于国际商事仲裁领域,而不适合于法院诉讼的情形。迄今为止,国际社会也没有找到比特征履行方法和最密切联系原则相结合的更好的方法,尽管在过去几十年中,这两者的具体结合方式经历了根本的变化。

六、结　　论

通过上文分析,我们现在对特征履行方法在合同国际私法中的地位,尤其是它在我国合同国际私法立法中的运用问题,再做基本总结。

特征履行理论是一种较为成功的空间法律选择方法,更多专注于实现国际私法的冲突正义,而无力兼顾国际私法对实质正义的追求。但是,在我们找到兼顾两种正义需求的更好的方法之前,我们不能轻易放弃特征履行理论,毕竟它有助于实现国际私法的冲突正义。

如果国际合同的客观法律适用规则只剩下模糊的最密切联系原则,那么至少对于成文法系国家如我国而言,迟早会陷入法律虚无主义的泥潭。反之,特征履行理论也不能完全离开最密切联系原则,在某些具有复杂结构的合同中,特征履行确实不易认定,这时只能求助于最密切联系原则。然而,如何具体处理特征履行方法和最密切联系原则之间的关系,这对于合同的客观法律适用规则的构建至关重要。《罗马公约》及其影响下的我国《1987年司法解释》和《2007年司法解释》,将特征履行方法附属于最密切联系原则,过分损害了法律适用的确定性和可预见性,并非是科学合理的安排方式。我国《涉外民事关系法律适用法》以和稀泥方式规定可以适用特征履行方法或最密切联系原则,这等于放弃了对两者关系的探索,回避了最不应回避的问题。相比之下,《罗马Ⅰ条例》将特征履行方法上升为一般规则,最密切联系原则降至补充性质的撤销规则的地位,这是迄今对两者关系的最合理安排,理应成为我国未来合同国际私法发展的指南。

依据特征履行理论,特征履行方一般为卖方或服务提供方,合同最后适用特征履行方的惯常居所地法。这是一个简易可操作的方法,完全没有必要建立在具体合同分类的基础之上,否则会引发结构性重复与累赘,并带来更加棘手的识别困难。《罗马Ⅰ条例》在涉及特殊政策的合同之外,又具体罗列了8类合同的法律适用规则,其中部分合同(货物买卖和服务提供合同)本就符合特征履行方法的经典教义,无需特别规定;部分合同(特许经营合同和分销合同)的特征履行客观上本就难以确定,硬性规定只会失之武断;只有那部分显著构成特征履行方法例外的合同(不动产权益合同、拍卖合同和金融凭证权益交易合同),才是真正需要加以特别规定的。我国《1987年司法解释》和《2007年司法解释》,动辄划分十几类合同,既缺乏划分的科学依据,又造成了立法结构的繁复累赘和识别困境,不得不说是极为笨拙和不合理的立法方式,也隐含了对我国法官运用特征履行方法的司法能力的怀疑和不信任。因此,在制定特征履行方法的一般规则时,重心不在合同分类,而在于总结哪些合同应构成特征履行方法的例外,并为之制定相应的例外规则。

为弥补特征履行理论无法兼顾实质正义的缺陷,还需为那些需要实现特定实体政策或目标的合同,制定实体取向的法律适用规则,以作为特征履行方法的另一种例外。目前,在消费合同和个人受雇佣合同这两个领域,国际社会普遍认为应倾向于保护消费者和个人受雇佣者,需要为之制定相应地体现保护政策的冲突规则,《罗马公约》或《罗马Ⅰ条例》在此方面是国际社会的立法典范。至于其他需要实现特定实体政策的合同,诸如《罗马Ⅰ条例》中的保险合同、我国《2007年司法解释》中的在我国境内履行的外商投资合同等①,是地区情形或具体国情的产物,国际社会尚缺乏统一共识。我国《涉外民事关系法律适用法》第42条关于消费者合同之规定,以及第43条关于劳动合同之规定,尽管具体规定内容有待商榷②,但无疑正确地反映了这两类合同例外于第41条所构建的一般规则。

总之,特征履行方法尽管有许多缺陷,但对于成文法国家来说,它仍是解决合同客观法律适用问题的最好选择,在运用特征履行方法构建合同法律适用规则时,立法者尤应谨慎地处理一般规则与例外规则、法律的确定性与灵活性之间的关系。

附:《罗马Ⅰ条例》第4条原文

Article 4 Applicable law in the absence of choice

1. To the extent that the law applicable to the contract has not been chosen in accordance with Article 3 and without prejudice to Articles 5 to 8, the law governing the contract shall be determined as follows:

(a) a contract for the sale of goods shall be governed by the law of the country where the seller has his habitual residence;

(b) a contract for the provision of services shall be governed by the law of

---

① 参见《2007年司法解释》(已失效)第8条。
② 如果与《罗马Ⅰ条例》第6条和第7条相比,我国《涉外民事关系法律适用法》第42条和第43条,并没有完全贯彻保护消费者和劳动者利益的实体政策。

the country where the service provider has his habitual residence;

(c) a contract relating to a right in rem in immovable property or to a tenancy of immovable property shall be governed by the law of the country where the property is situated;

(d) notwithstanding point (c), a tenancy of immovable property concluded for temporary private use for a period of no more than six consecutive months shall be governed by the law of the country where the landlord has his habitual residence, provided that the tenant is a natural person and has his habitual residence in the same country;

(e) a franchise contract shall be governed by the law of the country where the franchisee has his habitual residence;

(f) a distribution contract shall be governed by the law of the country where the distributor has his habitual residence;

(g) a contract for the sale of goods by auction shall be governed by the law of the country where the auction takes place, if such a place can be determined;

(h) a contract concluded within a multilateral system which brings together or facilitates the bringing together of multiple third-party buying and selling interests in financial instruments, as defined by Article 4(1), point (17) of Directive 2004/39/EC, in accordance with non-discretionary rules and governed by a single law, shall be governed by that law.

2. Where the contract is not covered by paragraph 1 or where the elements of the contract would be covered by more than one of points (a) to (h) of paragraph 1, the contract shall be governed by the law of the country where the party required to effect the characteristic performance of the contract has his habitual residence.

3. Where it is clear from all the circumstances of the case that the contract is manifestly more closely connected with a country other than that indicated in paragraphs 1 or 2, the law of that other country shall apply.

4. Where the law applicable cannot be determined pursuant to paragraphs 1 or 2, the contract shall be governed by the law of the country with which it is most closely connected.

第九章 双重可诉规则*

二十年间,我国侵权冲突法经历了巨大变革:1986年《民法通则》在规定侵权冲突法的基本规则时,规定了双重可诉规则①;中国国际私法学会在2000年出版了《中华人民共和国国际私法示范法》(以下简称《示范法》),这部21世纪前后集中反映我国国际私法学界共识的文献,继续规定了双重可诉规则,而且其涵盖范围较之《民法通则》更为宽广。② 就在当时,我们长期效仿的对象、双重可诉规则的"故乡",即英国侵权冲突法,在1995年的《国际私法(杂项条款)》中,用成文法的方式废除了普通法的双重可诉规则③,弃之如敝屣。

《涉外民事关系法律适用法》第44条规定:"侵权责任,适用侵权行为地法律,但当事人有共同经常居所地的,适用共同经常居所地法律。侵权行为发生后,当事人协议选择适用法律的,按照其协议。"这是该法关于涉外侵权法律适用的一般规则,它与《民法通则》第146条的规定不一致,实质上完全取代了《民法通则》第146条④,而其中最根本的变化,乃是第44条取消了第146条的双重可诉的规定。

那么,为何学界在《示范法》中选择强化双重可诉规则的地位,短短十年之后却在新立法中毫不顾恋地删去了双重可诉规则?双重可诉规则在历史上是如何演化的?其主要功能是什么?当《涉外民事关系法律适用法》完全放弃双重可诉规则时,是否需要对旧有体系作出某种回应?只有当我们清晰地解答了上述问题时,我们才能理解《民法通则》第146条向《涉外民事关系

---

* 本章系在《双重可诉规则:进退之际》(《法律科学》2009年第1期)一文基础上修改而成。
① 《民法通则》第146条规定:"侵权行为的损害赔偿,适用侵权行为地法律。当事人双方国籍相同或者在同一个国家有住所的,也可以适用当事人本国法律或者住所地法律。中华人民共和国不认为在中华人民共和国领域外发生的行为是侵权行为的,不作为侵权行为处理。"
② 《中国国际私法示范法》第117条规定:"【有限双重准则】在中华人民共和国境外发生的侵权行为,以外国的法律为准据法时,在侵权行为的认定以及在损害赔偿限额方面,该外国的法律与中华人民共和国法律的规定相抵触的,不得适用。"中国国际私法学会:《中国国际私法示范法》,法律出版社2000年版,第27页。
③ Private International Law (Miscellaneous Provisions) Act 1995, Part Ⅲ.
④ 《涉外民事关系法律适用法》第51条规定:"《中华人民共和国民法通则》第146条、第147条,《中华人民共和国继承法》第36条,与本法的规定不一致的,适用本法。"

法律适用法》第 44 条演变的内在肌理,也才能更好地理解、解释和适用《涉外民事关系法律适用法》第 44 条。

一、双重可诉规则的"兴"与"衰"

在英国普通法中,双重可诉规则的兴衰演变史,可以说就是英国侵权冲突法的发展演变史。英国双重可诉规则的确立及其发展,主要是通过三个先驱性判例完成的,它们分别是 1870 年的菲利浦斯案(Phillips v. Eyre)、1971 年的查浦林案(Chaplin v. Boys)和 1995 年的红海保险公司案(Red Sea Insurance Co. Ltd. v. Bouygues SA)。①

1870 年的菲利浦斯案率先确立了双重可诉规则,该案判决由威勒斯(Willes)法官撰写,其中一段脍炙人口,首次完整地阐述了双重可诉规则:"一般规则是,要想在英国法院对声称发生在境外的不法行为提起诉讼,必须满足两项条件:第一,如果不法行为发生在英国,它具有可诉(actionable)的性质……;第二,依据不法行为发生地,它是不正当的。"②由此可见,威勒斯(Willes)法官所宣布的双重可诉规则,实际上由两个分支组成,彼此不可分割。第一个分支运用了常见的普通法的拟制技术,将境外发生的不法行为拟制为英国境内发生,而此"境内发生"的行为依据英国法是"可诉"的。那么,何谓"可诉"?对此学者曾经有过歧义和争论,一种观点认为,"可诉"是就司法管辖权意义而言的,意指英国法院对不法行为具有管辖权;另一种观点认为,"可诉"是就法律适用意义而言的,意指该不法行为根据英国法构成侵权,受害人应当得到某种救济。英国后来的判例发展澄清了这一争议,确认了双重可诉规则是法律适用规则,而非司法管辖权规则,"可诉"是就法律适用而言,无关乎司法管辖权。③

第二分支不再将不法行为拟制为英国发生,而是将此不法行为置于真实的境外发生地,要求依据行为发生地法,该不法行为是"不正当的"。对于"不正当"一词,也曾经引来许多疑惑,它是指民事不法性,还是刑事不法性,还是两种不法性有其一即可?在 1870 年菲利浦斯案之后一段时间,"不正当"一词的意义,在英国判例的发展中曾有变化,在民事不法性与刑事不法性两者之间摇摆不定,然而判例发展渐趋清晰,"不正当"一词渐渐地聚焦于民事不

---

① Phillips v. Eyre, (1870) LR 6 QB 1; Chaplin v. Boys, [1971] AC 356; Red Sea Insurance Co. Ltd. v. Bouygues SA, [1995] 1 AC 190. See Cheshire and North, *Private International Law* (13th ed., 1999), Butterworths, p. 609.
② See Dicey and Morris, *The Conflict of Laws* (13th ed., 2000), Sweet & Maxwell, p. 1488.
③ Ibid., pp. 1492—1493.

法性,而非刑事不法性,而且其民事不法性,不单单指民事侵权的不法性,还包括其他种类的民事不法性。① 这一发展过程表明,"不法性"一词的构成要件和严格程度,是逐渐被放宽了。如果要求根据境外发生地法,该不法行为必须具有刑事不法性,或民事不法性必须严格地限定于侵权意义上的不法性,那么许多案件就不再具备菲利浦斯案的双重可诉规则的"不正当"的要件。

上述两个分支,合并而成双重可诉规则,该规则对于境外发生的不法行为,要求同时适用法院地法和侵权行为地法,即根据法院地法判断其是否是可诉的,是否具有侵权的性质,同时根据行为地法,判断其是否是不正当的民事不法性行为,只有在同时具备这两个要件时,发生在境外的不法行为才构成侵权行为。1870 年的菲利浦斯案确立了双重可诉规则,在之后近一百年的发展历程中,随着"可诉"概念、"正当性"概念和"不法性"概念渐趋清晰,双重可诉规则也变得清晰而稳定,支配着英国的侵权冲突法案件。但是,1971 年的查浦林案,以及 1995 年的红海保险公司案,各自基于最密切联系原则,从不同方向发展了双重可诉规则的例外规则。一般规则与例外规则相叠加,双重可诉规则由此走向了复杂。

在 1971 年的查浦林案中,侵权行为地位于外国,但原、被告双方均是英国人,如果根据之前确立的双重可诉规则,应该适用侵权行为地的外国法,以判断该行为是否具有民事不法性,并同时适用英国法,以判断该行为是否是可诉的,是否在英国法上构成侵权。但是,该案并没有重叠适用法院地法和侵权行为地法,而只是适用了法院地法,即英国法。法官在该案中认为,双方当事人均是住所位于英国的英国人,事故发生时是临时位于侵权行为地,整个案件最主要与英国有关,这种情形应构成双重可诉规则的例外。② 该案似乎表明,如果原被告双方均是英国人,即使侵权行为地位于外国,但只要侵权行为地具有一定的偶然性,整个案件与英国有最密切的联系,就不应重叠适用侵权行为地法和法院地法,而只应适用法院地法这一个法律。

无论如何,1971 年的查浦林案似乎有偏袒法院地法之嫌疑,因为该案只宣布了可以例外地不适用侵权行为地法,但却没有明言是否同样可以例外地不适用法院地法。就在成文法废除双重可诉前夕,英国法院才在 1995 年的红海保险公司案中触及能否例外地不适用法院地法这个悬而未决的问题。

---

① See Dicey and Morris, *The Conflict of Laws* (13th ed., 2000), Sweet & Maxwell, pp. 1492—1494.
② See Cheshire and North, *Private International Law* (13th ed., 1999), Butterworths, pp. 610—611.

红海保险公司案最终进一步扩大了双重可诉规则的"例外"的空间。该案判决表明,在例外情形下,基于最密切联系原则,不仅可以不适用侵权行为地法而只适用法院地法,还可以不适用法院地法而只适用侵权行为地法,从而使例外规则在一定程度上摆脱了"法院地法优先"的嫌疑。该案判决还表明,不仅整个案件的法律适用问题在一定条件下可以适用例外规则,而且案件的部分事实或案件中的特殊问题也可以在一定条件下适用例外规则①,这其实是将"分割"方法引入了侵权冲突法领域。如此一来,双重可诉规则的两个分支都有可能适用例外规则,而且一个案件的部分可分割的案件事实或法律问题,也可以适用例外规则。双重可诉规则变复杂了,自身也增加了法律不确定性的风险。

正如英国其他普通法的传播,双重可诉规则从英国传播到了其他普通法国家,包括加拿大和澳大利亚等,它们都通过自己的法院判例继承和发展了英国普通法的双重可诉规则。② 双重可诉规则是英国侵权冲突法的最基本的规则,施行一百多年,相关判例众多,诚可谓根深叶茂。但是,1995 年英国以成文法的霹雳手段,毅然决然地终止了双重可诉规则这一普通法规则,也终结了它未来通过法院普通法发展方式演变进化的一切可能。英国双重可诉规则的大幕已经落下,只在诽谤侵权这一狭小领域有所保留。③ 其他普通法国家或地区,也在英国成文法改革前后,纷纷放弃了双重可诉规则,或极大地限制了它的适用范围。④ 因此,在今日普通法世界,双重可诉规则这棵百年老树,已被连根拔起,不复生机。

以上简略勾勒了双重可诉规则的兴衰历史,只描述了表象,远未触及背后根本,因而它昭示我们去继续探索兴衰表象后的深层原因,只有表象后的深层原因,才最终决定了法律发展的进程,也只有彻底明了表象后的深层原因,我们才能彻底理解《民法通则》第 146 条何以发展到《涉外民事关系法律适用法》第 44 条。也许更为重要的是,在接下来剖析双重可诉规则的方方面面时,在探讨它在我国的进退问题时,我们将不断触及侵权冲突法的核心与本质问题,这必定会深化我们对侵权冲突法的整体研究。

---

① See Cheshire and North, *Private International Law* (13th ed., 1999), Butterworths, p. 613.
② See Dicey and Morris, *The Conflict of Laws* (12th ed., 1993), Sweet & Maxwell, p. 1511. 另外,参见〔加〕泰特雷:《国际冲突法:普通法、大陆法及海事法》,刘兴莉译、黄进校,法律出版社 2003 年版,第 282—289 页。
③ Private International Law (Miscellaneous Provisions) Act 1995, Part III, Art. 13.
④ See Dicey and Morris, *The Conflict of Laws* (12th ed., 1993), Sweet & Maxwell, p. 1511. 另外,参见〔加〕泰特雷:《国际冲突法:普通法、大陆法及海事法》,刘兴莉译、黄进校,法律出版社 2003 年版,第 282—289 页。

二、双重可诉规则的法律功能

环视国际社会的相关理论或实践,侵权冲突法问题在传统框架内大致有三种解决方法:第一,适用侵权行为地法;第二,适用法院地法;第三,适用与案件有最密切联系的国家的法律。① 在特定国家的国际私法体系中,上述方法是可以以独特的方式结合在一起的。② 双重可诉规则,究其实质,就是独特的结合方式之一,是重叠适用的多边冲突规则。依据双重可诉规则,境外行为是否构成侵权,取决于行为地法和法院地法双重结合的效果③,双重可诉规则重叠适用了法院地法和侵权行为地法,因此,要解析双重可诉规则的法律功能,进而理解其正当价值,就必须详细探讨下述两个相互关联的问题:第一,侵权行为地法和法院地法这两大系属在侵权冲突法中各自具有何种正当性?第二,两大系属是如何通过双重可诉规则结合在一起的,各自在整个规则结构中的比重和分量又如何?

对于第一个层面的问题,我国学者的相关论述较为详实④,在此只需简要总结。侵权行为地法在侵权冲突法中的正当价值世所公认,它首先反映了一种朴素而合理的既得权观念:依据行为地法,如果行为是违法的,并且在行为地已经产生一项债务,那么无论侵权行为人到了什么地方,这项债务当然都是应该得到承认并且应予强制执行的。⑤ 适用侵权行为地法的另一个重要理由是,侵权行为地法为特定行为设定了法律责任,从事这些行为便具有相应的法律风险,任何人有权依据行为地法调整自己的行为,衡量自己行为的法律风险,及时为自己的行为进行投保,因此,适用侵权行为地法迎合了当事人的正当期望。侵权行为地法不仅在双重可诉规则中占据一席之地,它甚至一直就是欧洲侵权国际私法的一般规则,在欧洲侵权国际私法中具有统治地位。

---

① 这里所说的"传统框架",主要是指欧洲所发展出来的侵权冲突法方法,而不包括美国"冲突法革命"所贡献的侵权冲突法方法。
② See Jonathan Hill, *International Commercial Disputes in English Courts* (2005), Oxford, p. 540.
③ See Dicey and Morris, *The Conflict of Laws* (12th ed., 1993), Sweet & Maxwell, Rule 202, p. 1480.
④ 参见黄进:《国际私法》,法律出版社1999年版,第430—437页。
⑤ 参见〔英〕马丁·沃尔夫:《国际私法》,李浩培、汤宗舜译,法律出版社1988年版,第689页。另外,美国著名学者卡多佐(Cardozo)也说道:"侵权行为发生于某地,就在某地创设了一项诉讼权利,该项诉讼权利可以在另一个地方得到实现,除非这违反了另一个地方的公共政策。"参见 Dicey and Morris, *The Conflict of Laws* (12th ed., 1993), Sweet & Maxwell, pp. 1481—1482.

然而,也有若干著名学者主张不应适用侵权行为地法,而应全面适用法院地法,其中就包括现代国际私法的奠基者萨维尼。萨维尼支持法院地法的理由很有代表意义,他认为有关侵权行为的法律一直被公认为是强制性的、严格的实在法,和合同领域的强制性问题一样,所有强制性问题几乎等同于刑事法律问题,无疑都应由法院地法判定。① 诚然,无论在国际私法体系中的哪个领域,包含侵权国际私法领域,法院地法都可以"最终监督者"的身份出现,即,如果外国法的适用违背了法院地法的公共政策或公共秩序,那么法院地法就应否定该外国法的适用而取而代之。但是,作为"最终监督者"的法院地法,它的角色从根本上说是补充性质的。萨维尼在侵权领域倡导适用法院地法,却绝非使之仅仅承担补充角色,而是使之承担全面的、统治的角色,因为他认定任何国家的侵权法,其主要性质是强制性的公共政策,而在范围更为广泛的其他民商事法律领域,强制性规则只是次要的、补充的。②

尽管萨维尼拥有巨大的学术权威,但几乎没有一个国家的侵权冲突法全盘采纳以萨维尼为代表的法院地法理论③,通观各国侵权冲突法的立法实践,普通法的双重可诉规则将法院地法作为其第一分支,相比之下已经将法院地法的作用和意义发挥到了最大的限度。双重可诉规则至少从表面上看,是要努力吸收法院地法和侵权行为地法这两大系属公式的合理价值,并将两者一同纳入到同一个体系之中。这就引发了第二层面问题,即法院地法和侵权行为地法这两大系属公式在双重可诉规则中的比例分配和调和方法究竟如何,这是双重可诉规则最为重要的问题。如同一份独特的美味,原料构成固然重要,但最核心和关键的问题,还是各种原料是以何比例和以何方法调和在一起的。我国国际私法学界恰恰普遍忽略了这个至关重要的问题。

根据英国双重可诉规则,虽然一个行为根据侵权行为地法构成侵权行为或其他民事不法行为,但是如果该行为在英国并不是一个可以起诉的侵权行为,即不构成侵权行为,那么该行为在英国就不是侵权行为。④ 据此,判断一个境外行为是否构成侵权行为,第一步是依据侵权行为地法,判断这个行为是否是不正当的,即是否构成侵权行为或至少构成其他民事不法行为,只有在答案是肯定的情况下,才需进入第二步,即接下来判断该行为如果发生在

---

① 参见〔德〕萨维尼:《法律冲突与法律规则的地域和时间范围》,李双元等译,法律出版社1999年版,第151—152页。
② 同上书,第152页。
③ 英国法官Robert Phillimore勋爵指出,"这是萨维尼杰作中最失败的几页"。参见Dicey and Morris, *The Conflict of Laws* (12th ed., 1993), Sweet & Maxwell, p.1483.
④ 〔英〕马丁·沃尔夫:《国际私法》,李浩培、汤宗舜译,法律出版社1988年版,第690—691页。

英国,依据英国法是否构成侵权行为,如果第二步的答案是肯定的,那么这个行为才最终构成侵权行为。从侵权行为是否成立这个角度出发,英国侵权冲突法既不承认只在侵权行为地构成民事不法行为而不被英国内国法承认为侵权行为的侵权行为,也不承认在侵权行为地不构成民事不法行为却被英国内国法承认为侵权行为的侵权行为。因此,那些其他国家的内国法普遍承认的侵权行为,但却至今不被英国内国法承认的侵权行为,例如关于不正当竞争的侵权行为、侵犯隐私的侵权行为和诱导违反信托的侵权行为等①,都永远无法在英国法院成立侵权行为的诉讼。

如果依据双重可诉规则,一项境外行为在英国构成侵权行为,那么除了侵权的成立问题之外,该涉外侵权关系的其他方面适用什么法律呢?英国判例法的发展表明,如果发生在境外的行为满足双重可诉规则的两个条件,依据侵权行为地法需要承担民事责任,同时依据法院地法需要承担侵权责任,那么整个案件就适用法院地法,即英国法②,也就是说,侵权行为成立之外的其余问题,就适用英国法。因此,在整个双重可诉规则之中,侵权行为地法的作用仅限于判断行为是否是不正当的,即是否是需要承担民事责任的不法行为,而其余问题就全部属于法院地法的支配范围。③ 可见,在双重可诉规则中,两大系属公式并不具有同等的轻重分量,法院地法居于主要的、支配的地位,而侵权行为地法则处于从属的、次要的地位。

然而,要深入理解两大系属公式的调和比例,还不能脱离普通法的侵权法的基本结构。假设欧洲大陆法系国家也采纳英国的双重可诉规则,那么两大系属公式表面上完全相同的调和比例,却在不同法系的背景中隐含着深刻的差别。在大陆法系的侵权法的结构中,按照成文法的思维惯例,法律倾向于采用一个统一的、抽象的侵权行为的概念,以涵盖所有侵权行为或大部分侵权行为;相比之下,在英美法系的侵权法的结构中,按照判例法的思维习惯,侵权法是建立在众多分类的基础之上的,是具体而非抽象的。④ 大陆法系国家如果适用双重可诉规则,侵权行为地法仅判断一个抽象的"成立"问题,其余的"侵权效果"问题全部留与法院地法,侵权行为地法的作用似乎更小了。但英美法系国家适用双重可诉规则,情形就有所不同:由于他们的侵权法存在众多的分类,许多大陆法系结构中的侵权效果问题就转化为英美侵权法结构中的侵权成立问题了,例如,对于同一个行为,大陆法系只要认为它

---

① See Cheshire and North, *Private International Law* (13th ed., 1999), Butterworths, p. 610.
② See Dicey and Morris, *The Conflict of Laws* (13th ed., 2000), Sweet & Maxwell, p. 1496.
③ 〔英〕马丁·沃尔夫:《国际私法》,李浩培、汤宗舜译,法律出版社 1988 年版,第 691 页。
④ 关于两大法系侵权法基本结构之比较,参见 Zweigert & Hein Kötz, *Introduction to Comparative Law* (3rd ed., 1998), Clarendon Press, pp. 595—628.

构成抽象的侵权,那么相应的物质损害赔偿和精神损害赔偿就都是侵权的效果问题,都应由双重可诉规则中的法院地法这一分支支配,但是英美法系国家通常将物质损害赔偿和精神损害赔偿看成两个独立的侵权或两个独立的赔偿,分别需要适用双重可诉规则以判断侵权是否成立。[①] 因此,虽然侵权行为地法在双重可诉规则中处于从属和次要的地位,但由于英美法系的侵权法结构的特点,它的作用要远远大于许多大陆法系学者基于自身法律传统的判断。

我们可以以英国双重可诉规则为参照系,说明法院地法和侵权行为地法这两大系属公式在我国《民法通则》第 146 条的双重可诉规则中的调和比例。从《民法通则》第 146 条规定中可以明确得知,如果侵权行为地法认为一个行为构成侵权,但我国法律不认为构成侵权,那么该行为最终就不能认定为侵权,侵权行为被认定之后,侵权行为的法律效果适用侵权行为地法。但是,该规则在立法逻辑上留有罅隙,因为侵权行为的成立,除了依据法院地法之外,侵权行为地法究竟发挥何种影响,这是模糊不清的:是英国双重可诉规则那般的"不正当"的要求,还是严格的"构成侵权行为"的要求?另外,我国法律中的两大系属公式的调和比例和英国规则正好相反,法院地法只在侵权行为的成立问题上发挥作用,而其余的侵权问题都留待侵权行为地法来解决,可以说侵权行为地法是主要的,而法院地法是从属的、次要的。

我国《示范法》第 117 条关于"有限双重准则"的规定,法院地法的作用又比它在《民法通则》中的作用扩大了,它不仅在侵权行为的认定方面,而且在损害赔偿的限额方面,都与侵权行为地法重叠适用。两者相比较,《示范法》向英国的双重可诉规则更加迈进了一步。因此,英国普通法、我国《民法通则》和《示范法》都规定了双重可诉规则,都要求重叠适用法院地法和侵权行为地法,但两大系属公式的调和比例各不相同,各自的利弊得失还需要我们在下文进一步展开分析。

三、双重可诉规则所遇批判

普通法的双重可诉规则力图结合法院地法和行为地法这两大系属公式的优点,以重叠适用的独特方式来解决涉外侵权问题。这种方法在英国盛行了一百多年,传播至其他普通法系国家。但是,尤其是近三十年来,双重可诉规则在普通法世界遇到了激烈的批评,批评之势愈演愈烈,终于导致各国纷

---

① 英国 1971 年的查浦林案(Chaplin v. Boys)即可部分说明这个问题,参见 Dicey and Morris, *The Conflict of Laws* (12th ed., 1993), Sweet & Maxwell, pp. 1498—1500.

纷放弃,我国最终也是如此。对双重可诉规则的批评,大致可概括为三个方面:其一,原、被告利益的失衡;其二,法院地法的不当适用;第三,例外规则的不确定性。

第一个方面的批评,即双重可诉规则导致原、被告利益失衡,是一针见血的中肯的批评。双重可诉规则使原、被告双方处于不平等的地位,被告享有独特的优势,而原告则相对地处于劣势。因为原告若想胜诉,就必须同时证明,被告的行为既符合侵权行为地法的民事不法行为的标准,又符合法院地法的侵权标准,通常就是要证明被告的行为同时符合两个法律的侵权标准;但是,相比之下,被告若想摆脱原告的侵权之诉,抗辩理由并不需要同时符合两个法律的要求,而只需要取得其中一个法律的"赦免"即可。① 双重可诉规则,对原告来说,是重叠适用法院地法和行为地法;而对被告来说,却是选择适用法院地法和行为地法。在同一个诉讼中,宽严如此不等,原、被告的诉讼利益一开始就急剧失衡了。如果联系涉外民事诉讼管辖权的基本规则,即"原告就被告"规则②,那么不难发现,双重可诉规则所"保护"的被告通常就是住所位于法院地国的自然人或法人,而"损害"的原告通常就是远道而来的外国自然人或法人。双重可诉规则貌似不偏不倚的双边冲突规则,但细加推敲,竟隐含着严重的"地方保护主义",如果没有其他更为重要的政策考量,这种狭隘的带有歧视色彩的地方主义是难以在现代法律体系中长久地存在下去的。

第二个方面的批评,即法院地法的不当适用,可以说是与双重可诉规则相始终的,但随着人们对侵权法的本质有着更新的或更为现代的阐释,这种批评便越来越强烈了。萨维尼主张涉外侵权适用法院地法,多少反映了他那个时代对侵权法存在一种普遍的认识,将侵权法视为是与公共政策紧密相关的部门法,甚至直接就是公共政策的一部分,具有"惩戒"的法律功能,最终体现的是"矫正正义"。然而,侵权法的发展史表明,出于主观恶意的侵权在整个侵权世界中的比例大为下降了,随着人类生活方式的繁杂多变,风险无时无处不在,过失侵权甚至无过错侵权在整个侵权世界中的比例逐日上升。在现代社会和现代法律体系中,侵权法的法律功能主要不是对侵权人的"惩戒",而是在侵权人和受害人之间实现利益和风险的"分配",强调侵权人对受害人的"补偿",而不是强调对侵权人的"惩戒"。现代侵权法针对的问题主要是社会便利和社会利益的分配问题,而非社会伦理问题,它的最终目标是实

---

① See Cheshire and North, *Private International Law* (13th ed., 1999), Butterworths, p.615.
② 被告住所是最无争议的国际民商事诉讼的管辖依据,为各国普遍承认。

现"分配正义"。① 在现代社会中,与其说侵权法反映了类似于刑法的法律本质,毋宁说它反映了类似于合同法的法律本质。既然现代侵权法并非是公共政策聚集之地,那么法院地法就没有理由在现代侵权冲突法中占据统治地位。因此,普通法的双重可诉规则将法院地法这一系属公式高高凌驾于行为地法这一系属公式之上,使法院地法在整个规则框架中处于绝对的优势地位,这就与现代侵权法的发展格格不入了,而最终成为大量学者抨击的对象。

我们再来看双重可诉规则所遇到的第三个方面的批评,即例外规则的不确定性。如前所述,普通法法官基于最密切联系原则,在双重可诉规则的框架内发展出了例外规则,即在例外情形下,有可能只适用侵权行为地法而不必重叠适用法院地法,或只适用法院地法而不必重叠适用侵权行为地法。然而,例外规则在许多方面具有很大的不确定性,例如,究竟基于什么特定的最密切联系原则的因素,而只适用两个系属公式中的一个?单独适用法院地法或单独适用侵权行为地法,两者的最密切联系的严格程度是否是一致的,单独适用法院地法的最密切联系的要求是否相对较低,而单独适用侵权行为地法的要求则相对较高?判例虽然表明可单独适用法院地法或侵权行为地法,但判例并没有进一步表明,是否可以同时不适用法院地法和行为地法,而适用第三国的法律,例如作为第三国法律的双方的共同属人法?② 双重可诉规则的例外规则本身并不能圆满地回答上述悬而未决的问题,因而在法律形式方面留下了太多的不确定性。难怪知名国际私法学者如诺思(North)会对普通法的双重可诉规则抱怨道:"法官将我们带进沼泽的中心,现在只有议会(通过成文立法)……才能引领我们到更为坚实的大地上。"③

上述三个方面的批评意见是从不同角度对双重可诉规则作出的抨击,它们综合的效果就是指明了双重可诉规则的改革方向,而事实上,英国侵权冲突法的成文法改革就是沿着批评意见所指明的道路前进的。第一个方面的批评意见指出,造成原、被告双方利益失衡的根源在于重叠适用两个系属公式。同理,如果侵权冲突法采用选择适用的冲突规则,即允许一方当事人选择适用侵权行为地法或法院地法,这也会导致双方利益失衡,只是失衡的对象相反罢了,选择适用的冲突规则将偏袒原告而损害被告的利益。因此,如

---

① 关于侵权法职能的演变的论述,例如,"法律(侵权法)所强调的重点已从承担过错转移到了补偿损失",〔德〕福克斯:《侵权行为法》,齐晓琨译,法律出版社 2006 年版,第 5 页;又如,参见渠涛:《从损害赔偿走向社会保障性的救济——加藤雅信教授对侵权行为法的构想》,载《民商法论丛》1994 年第 2 号(总第 2 卷),第 288 页以下。

② See Morse, "Making English Private International Law", in James Fawcett ed., *Reform and Development of Private International Law: Essays in Honor of Sir Peter North* (2002), OxfordUniversity Press, p. 296.

③ See Peter North, *Essays in Private International Law* (1993), p. 88.

果要重新平衡原、被告双方的利益,就只能适用其中一个系属公式,但第一个方面的批评意见并没有指明我们该舍弃法院地法还是侵权行为地法。

第二种批评意见实质上否定了双重可诉规则中的法院地法这一分支,而对侵权行为地法这一分支不置一词,实际上便是间接强化了侵权行为地法在双重可诉规则中的地位。上述两个方面的批评意见如果综合起来,结果便是舍弃法院地法而保留侵权行为地法。当然,如果双重可诉规则只剩下侵权行为地法这一分支,那么双重可诉规则就不再是双重可诉规则了。英国就是在此意义上完全抛弃了双重可诉规则,让侵权行为地法成为支配涉外侵权关系的一般规则,而让法院地法从此退出了侵权冲突法的中心舞台。[①]

第三个方面的批评意见指明双重可诉规则的例外规则在许多情形下是不确定的,因而导致整个双重可诉规则陷于不确定性之中。双重可诉规则包含了两个系属公式,其例外规则的不确定性不可避免地会因之而增大,因为例外规则既可针对法院地法这一分支,也可针对行为地法这一分支。但是,从法律形式的角度出发,重叠适用的冲突规则的例外规则所带来的不确定性,和单一连接点的一般冲突规则的例外规则所带来的不确定性相比,只是程度的差异而已,并没有本质的区别,因为无论何种类型的冲突规则,之所以要设置例外规则,本质上都是由于其中的连结点大多是地理意义上的法律事实,其所指向的法律无论在空间上或在实质上都很可能与整个法律关系缺乏最密切之联系;同时,例外规则的内容是难以类型化的,例外规则本身就隐含着法律不确定性的风险。

就侵权冲突法而言,随着现代社会侵权法律关系向着更为繁复多变的方向发展,无论是重叠适用、单独适用、还是选择适用法院地法和行为地法,最后选择的准据法都可能与整个案件缺乏最密切之联系,因而无论采取何种冲突规则,都有必要设置例外规则。因此,双重可诉规则的例外规则所包含的不确定性,主要不是源于重叠适用两个系属公式的规则结构,而是根源于冲突规则本身。这就意味着,一国国际私法不管是否废弃双重可诉规则,只要在侵权冲突法领域继续采用冲突规则的立法形式[②],就必须考虑同时制定例

---

① Private International Law (Miscellaneous Provisions) Act 1995, Part III, Art. 11, 12.
② 英国学者莫里斯(Morris)显然注意到了适用侵权行为地法可能会带来的机械性和僵固性,提出了著名的"侵权自体法",他说道:"在许多情形下,甚至可能在绝大多数情形下,只要侵权行为地确定无疑,可以说,就毋需考虑侵权行为地法之外的法律。但是,我们应有宽泛的、灵活的冲突规则,既涵盖占据多数的一般情形,也涵盖占据少数的例外情形,要不然我们就应为例外情形制定全新的规则。如若不然,案件结果将会有悖于我们的常识。"参见 J. H. C. Morris, "The Proper Law of a Tort", 64 *Harv. L. Rev.* 881,885 (1951)。20 世纪美国"冲突法革命"的最主要阵地就是侵权冲突法领域,"革命者"抛弃了基于既得权理论的行为地法规则,抛弃了冲突规则的规则形式,转而寻求灵活的"方法"以解决侵权冲突法问题。关于美国 20 世纪的"冲突法革命",参见宋晓:《当代国际私法的实体取向》,武汉大学出版社 2004 年版,第二章。

外规则,就必须同时承受例外规则所带来的不确定性。总之,如果单看第三个方面的批评意见,是无法决定双重可诉规则的存废问题的。①

通过对三个方面的批评意见的综合阐述,我们就不难理解英国作为双重可诉规则的发源地,何以要以成文法的立法方式,果断改革其普通法上的侵权冲突法了。从英国成文法的基本结构看,英国废弃了双重可诉规则,侵权冲突法的一般规则是适用侵权行为地法,然后基于最密切联系原则为一般规则设置了例外规则②,如此改革完全符合上述三个方面的批评意见的综合效果。如果以英国成文法改革背景为参照系,我们至此就可以恰当地评价《民法通则》和《示范法》的相关规定了。较之英国普通法的双重可诉规则,《民法通则》第146条所规定的双重可诉规则,只是一个有限双重可诉规则,法院地法只在侵权成立这个环节发挥作用。尽管第146条只规定了有限的双重可诉规则,但是,它仍然可使外国法承认的侵权得不到我国法院的承认,偏袒通常是我国国民的被告,而对原告造成歧视,这是不符合平等保护的现代法律精神的,同时,适用法院地法也与现代侵权法的本质功能即"补偿功能"背道而驰。

至于《示范法》的双重可诉规则在《民法通则》第146条的基础上扩大了法院地法的作用,使之接近于被英国废除了的普通法的双重可诉规则,这完全可以说是"逆历史潮流而动"的做法。《涉外民事关系法律适用法》第44条顺应时代发展潮流,在我国侵权冲突法领域进行了类似于英国成文法的改革,全面废除了《民法通则》第146条的有限双重可诉规则,即废除了法院地法在侵权成立这一环节的作用,使侵权行为地法不仅成为支配侵权效果的基本系属公式,也同时成为支配侵权成立的基本系属公式。但是,《涉外民事关系法律适用法》第44条,并没有像英国的成文法改革那样,也没有像2007年欧盟《罗马Ⅱ条例》那样,基于最密切联系原则,为侵权行为地法增设例外规则,以缓解冲突规则固有的僵固性和机械性。当然,这是需要另行论证的问题。

四、双重可诉规则废止后的"复辟"

至此我们似乎可下一结论:英国成文法废除双重可诉规则的做法是合理和正确的,我国国际私法全面废除法院地法对侵权冲突法的支配,也同样是

---

① 《罗马Ⅱ条例》没有采用双重可诉规则,而是以适用侵权行为地法为基本规则,同时第4条第3款基于最密切联系原则规定了例外规则,参见欧盟《罗马Ⅱ条例》第4条第3款。
② Private Internationa Law (Miscellaneous Pprovisions) Act 1995, Part III, Art. 11, 12.

合理和正确的。但是,如果全面而更加深入地考察英国侵权冲突法以及新近他国侵权冲突法的立法典型,我们就会发现,这个结论很有可能下得过早了,也下得过于武断了。

以英国成文法为例,三个方面有待于进一步考察:第一,英国成文法虽然全面废除了双重可诉规则,但在一个特殊的领域仍然保留了它,这就是在当代社会具有重要意义的诽谤侵权领域。第二,双重可诉规则被废除的涉外侵权领域,法院地法似乎不再发挥作用,但是,关乎涉外侵权领域的程序问题与实体问题之划分的普通法规则保持不变,许多大陆法系国家认为是确定无疑的实体问题,在英国等国的普通法中却被识别为程序问题,这些问题就不能适用作为侵权准据法的侵权行为地法了,而必须无条件地适用法院地法。这就表明,英国成文法虽以侵权行为地法为涉外侵权的基本系属公式,但就在侵权行为地法支配的范围内,其中某些环节借助程序与实体的识别规则,又悄悄地重新回到法院地法的怀抱。第三,英国成文法基于最密切联系原则而设置的例外规则,在排除了侵权行为地法之外,更多地是转而适用与案件有"更密切联系的"法院地法,而绝少去适用同样与案件有"更密切联系的"第三国的法律。上述三个方面表明,双重可诉规则虽然被一般地废除了,其中一个分支即法院地法退出了中心舞台,但法院地法就像一个幽灵,它仍然不时地返回涉外侵权领域,使双重可诉规则在一定意义上仍然发挥着不容忽视的作用。这三个方面实质上关乎侵权行为地法作为一般规则的支配范围,同时也关乎双重可诉规则是否应在一定范围内继续存在的问题,还需仔细剖析。①

诽谤侵权领域保留双重可诉规则是否合理,就需要看诽谤侵权领域是否存在独特的价值目标,足以凌驾于双重可诉规则所遇的批判。英国 1995 年成文法颁布之前的草案废除了双重可诉规则,诽谤侵权领域也不例外。对此,新闻界几乎掀起一场轩然大波,反对废除双重可诉规则,声言捍卫言论自由,其中一种观点大声疾呼:"草案昭昭然隐含着一种莫大的危险,大门将洞开,境外对英国报纸的莫须有的诽谤案件便潮涌而入了……国会必须扑灭这无聊、无用、极度危险的法案!"②英国国际私法改革从未如此激起公众的热情,看来双重可诉规则确实触及了英国社会的敏感之处了,这就是他们异常

---

① 各普通法国家废除双重可诉规则之后,关于法院地法通过种种或明或暗的方法重新支配涉外侵权的问题,新近较为详实的探讨参见 Reid Mortensen, "Homing Devices in Choice of Tort Law: Australian, British, and Canadian Approaches", 55 *I. C. l. Q.* 839 (2006)。其中,本章此处所列举的三个方面最值得关注。

② See C. G. J. Morse, "Torts in Private International law: A New Statutory Framework", 45 *I. C. L. Q.* 888, 891 (1996)。

珍惜的言论自由的法律原则。英国社会尤其是新闻界普遍担心，如果在诽谤问题上只适用侵权行为地法，而报纸发行至全球，大量国家都可能被认为是侵权行为地，而如果该地的法律对言论自由的限制大于英国，那么就极易成立诽谤侵权，英国新闻界对外国事务的评论尤其是对外国政治要人的评论岂非从此要畏首畏尾？但如果在此领域继续适用双重可诉规则，哪怕侵权行为地法认为构成诽谤，只要英国法不认为构成诽谤，那么新闻界就能最大限度地继续享有英国法所许诺的言论自由了。①

英国成文法最终在诽谤侵权领域保留了双重可诉规则②，成文法认可言论自由的价值要远远大于双重可诉规则在现代社会所面临的困境，认为在诽谤侵权领域，双重可诉规则对被告的过分偏袒，不仅不是不公正的，反而恰恰是为了保护被告的言论自由之所需，外国有关法律侵权的诽谤规则，必须最终接受英国法的价值评估。然而，为促进整个法律体系的协调一致，是否可以通过其他的法律技术来保护言论自由，而不至于废除双重可诉规则之后仍留有局部的例外呢？其中一种可以想到的方法是，对于境外诽谤案件，直接适用法院地法。这种方法固然比适用双重可诉规则要简洁得多，也能捍卫法院地法的言论自由的价值观念，但是，这种方法对于被告言论自由的保护程度，显然不及双重可诉规则，因为被告在双重可诉规则中所享有的言论自由，是法院地法和侵权行为地法两个法律所许诺的言论自由的总和。

另一种自然可以想到的思路是，如果适用侵权行为地法损害了法院地法对于言论自由的基本政策，此时可以利用公共秩序保留制度，排除外国法的适用。如果要在涉外诽谤领域启动公共秩序保留，其效果和适用双重可诉规则的效果确实是非常接近，但是，公共秩序保留制度作为一项例外制度具有很大的不确定性，某项政策是否要排除冲突规则所指引的外国法要视情况而定，而言论自由作为一项公共政策适用于所有涉外诽谤案件则是十分明确的，因此，与其让言论自由原则通过模糊的公共秩序保留制度发挥作用，实在不如通过明确的双重可诉规则而加以实现。

因此，如果一国国际私法真诚地想要在涉外诽谤侵权领域捍卫言论自由的法律价值，那么如英国成文法那样，采用重叠适用的双重可诉规则就是最好的立法选择。我国《民法通则》第 146 条的双重可诉规则，事实上就可以像英国法那样最大限度地维护被告的言论自由。然而，反观《示范法》第 125 条的规定，情形足以令人惊诧。对于诽谤侵权诉讼，该条规定："原告可以选择适用受害人的住所或者惯常居所地法，或者加害人的住所或惯常居所地法，

---

① See Dicey and Morris, *The Conflict of Laws* (13th ed., 2000), Sweet & Maxwell, p.1561.
② Private International Law (Miscellaneous Provisions) Act 1995, Part III, Art. 13.

或者传播行为发生地法,或者侵权结果发生地法。"该条不仅不采用重叠适用的双重可诉规则,反而适用对原告最为有利、而对被告最为不利的选择适用的冲突规则,而且原告的可选择项出人意料地多,诽谤侵权成立的可能性也随之激增。无论与英国法还是与我国《民法通则》相比,《示范法》的立场已经走到了另一个极端,不仅不保护言论自由,简直可以说是仇恨言论自由了。《示范法》即使认为言论自由的价值高度在我国还达不到需要适用双重可诉规则的程度,只能享有一个法律所许诺的自由,而不能享有两个法律所许诺的自由的总和,也不必走到另一个极端而制定选择适用的冲突规则,完全可以较为折中地规定涉外诽谤侵权适用法院地法而非侵权行为地法,由国内法的言论自由的标准来支配一切涉外诽谤案件。

《涉外民事关系法律适用法》第 44 条关于侵权冲突法一般规则的规定,并没有为双重可诉规则保留任何空间,而在数量极少的关于特殊侵权的法律适用的规定中,也没有保留双重可诉规则的迹象。在我国法律体系中,并没有普通法中的"诽谤侵权"的类别,但有实质上近似的关于人格权侵权的类别,《涉外民事关系法律适用法》第 46 条规定:"通过网络或者采用其他方式侵害姓名权、肖像权、名誉权、隐私权等人格权的,适用被侵权人经常居所地法律。"其中,名誉权侵权最近似于诽谤侵权,均需要在名誉权保护和言论自由这两个价值目标之前取得平衡。该条规定只适用被侵权人的经常居所地法律,其背后的法律政策目标至为明显,是以保护被侵权人的人格权包括名誉权为第一位的,似乎没有保护言论自由的立法意图在内。这或许是因为立法者没有精确地区分不同类型的人格权侵权,将名誉权侵权等同于其他人格权侵权,而忽视了名誉权侵权中需要特别考虑的言论自由的保护问题,也或许是立法者已经注意到了言论自由保护问题,但却有意忽视,用一简单的有利于被侵权人的连接点,即被侵权人的经常居所地,来规定所列举的多个类型的人格权侵权的法律适用。

英国双重可诉规则在涉外诽谤领域被保留了下来,如果这被视为是一种"复辟",充其量也只是在整个涉外侵权领域的一种"局部的"复辟。相比之下,当侵权准据法是外国行为地法时,利用程序问题与实体问题的识别技术,在许多环节抛开行为地法而重新适用法院地法,这在一定意义上可说是一种更为广泛地保留双重可诉规则。在涉外案件中,实体问题适用国际私法所指引的准据法,而程序问题适用法院地法,这是自法则区别学说以来为各国国际私法理论与立法所普遍认可的。按照通常理解,尤其是依据大陆法系普遍的思维方式,侵权损害赔偿相关的问题自然是实体问题,而不该是程序问题,应适用侵权准据法,而不应适用法院地法。如果依据这个逻辑,英国等普通法国家废除双重可诉规则之后,侵权行为地法就应全面支配涉外侵权问题,包括侵权是否成立问题以及以损害赔偿为中心的侵权效果问题。但是,依据普通法,有关损害赔偿的法律部分是实体的,部分是程序的①,这就意味着,双重可诉规则被废除之后,本该由侵权行为地法支配的有关损害赔偿的问题,现在却有一部分被识别为程序问题,仍然由法院地法支配,从这个意义上说,双重可诉规则的幽灵又复活了。

英国成文法在废除双重可诉规则时,规定有关程序和实体问题的识别仍然沿袭普通法方法。② 对于涉外侵权的损害赔偿,究竟哪些问题属于实体问题,哪些问题属于程序问题,其中具体界线的划分,并非在每个案件中都是相同的。大致说来,赔偿的计算方法一般被视为程序问题,例如,即使侵权准据法为外国法,也必须依据法院地法"一次性进行赔偿",而不能视未来情形的变更而调整赔偿数额;再如,被告进行赔偿时是否可以扣除原告已得的社会保险金,这也被认为是一个程序问题而适用法院地法。③ 这些问题在大陆法系中一般被认为是实体问题,而由侵权准据法支配。除此之外,损害赔偿类型、赔偿范围、原被告过失相抵、免责事项以及赔偿的最高限额等问题,现在英国冲突法一般都被认为是实体问题而受侵权准据法支配④,即使如此,上述实体问题也在许多具体的个案中被认定是损害赔偿的计算问题而被归入程序问题行列。⑤

程序与实体在有些时候确实不是泾渭分明的,但是,在法律世界中,程序与实体之间较之其他相关概念之间的胶着,可说是相对轻度的。然而普通法国家在其国际私法中,却有意地侵蚀实体领域,扩大程序领域,致使两者之间的模糊地带随之增大,其目的就是为了可以灵活地排除外国准据法的适用,转而适用法院地法。⑥ 因此,在普通法国家,实体与程序的划分在很多时候具有强烈的政策导向,许多具体问题被识别为程序问题,常常不是固有的法律概念使然,而是目的使然。就侵权损害赔偿而言,普通法将其部分问题识别为程序问题,常常就具有明确的政策目标。当双重可诉规则被废除之后,

---

① 关于侵权冲突法领域实体与程序的识别问题,较为详细的探讨,参见 Janeen M Carruthers, "Substance and Procedure in the Conflict of Law: A Continuing Debate in Relation to Damages", 53 I. C. L. Q 691 (2004).
② Private International Law (Miscellaneous Provisions) Act 1995, Part III, Art. 14 (3) b.
③ See Janeen M Carruthers, "Substance and Procedure in the Conflict of Law: A Continuing Debate in Relation to Damages", 53 I. C. L. Q 698—705 (2004).
④ See Dicey and Morris, *The Conflict of Laws* (13th ed., 2000), Sweet & Maxwell, p. 1533.
⑤ See Janeen M Carruthers, "Substance and Procedure in the Conflict of Law: A Continuing Debate in Relation to Damages", 53 I.C. L. Q 698—705 (2004).
⑥ See Reid Mortensen, "Homing Devices in Choice of Tort Law: Australian, British, and Canadian Approaches", 55 I. C. l. Q. 857—863 (2006).

涉外侵权行为的成立与否不再受法院地法的支配,但通过将损害赔偿的计算等问题识别为程序问题,就能使法院地法在一定程度上继续支配损害赔偿的最终额度。双方当事人最为关心的,除了侵权行为是否成立之外,便是损害赔偿额,而后者确实可能触及法院地法的基本政策。不仅英国如此,其他最有影响力的国际私法立法亦往往如此,即在侵权损害赔偿方面明确传达法院地法的政策,例如瑞士联邦的国际私法立法和1999年德国国际私法立法,虽然两部法律都将侵权行为地法作为侵权冲突法的基本系属公式,但是,它们都同时规定,侵权准据法为外国法时,外国法规定的损害赔偿额一般不能实质性地超过法院地法所规定的最高限额,明确反对侵权准据法可能认可的重复性损害赔偿和惩罚性损害赔偿。① 因此,客观地说,英国法通过实体与程序的识别技术,让法院地法在一定程度上继续介入涉外侵权的损害赔偿问题,不可否认具有合理性。

但是,无论如何,英国方法从总体上说是弊大于利。从技术角度看,如果某种类型的侵权被侵权准据法承认,却不被法院地法承认,那么将此类型的侵权的损害赔偿的计算识别为程序问题,又该如何依据本不存在此类侵权的法院地法体系进行具体的计算或核算? 这一难题显然无法轻易破解。从性质角度看,通过扭曲程序问题与实体问题的一般关系,将普遍认为是实体性质的问题识别为程序问题,表面上是冠冕堂皇地处理国际私法中的实体问题与程序问题,而实际上是藉此扩大法院地法的支配范围,这种"项庄舞剑,意在沛公"的做法不能不说是一种不诚实的法律手段。此外,从法律确定性的角度看,英国法巧妙地运用程序问题与实体问题的识别,来不同程度地介入各类涉外侵权案件,这对普通法尚可说是灵活有效的方法,但是对大陆法系来说,却会使法律陷入不确定性的泥沼。因此,不如像瑞士国际私法和德国国际私法那样,明确法院地法在损害赔偿限额问题上所要实现的政策目标,然后开宗明义地在一定限度内恢复双重可诉规则。

我国《民法通则》所规定的双重可诉规则仅限于侵权行为的成立,向损害赔偿问题则一概适用侵权行为地法。在侵权成立问题上放弃双重可诉规则,可说是各国国际私法发展的共同趋势,而在侵权损害赔偿在最高限额的问题上保留双重可诉规则,保留法院地法这一系属的最终控制功能,也可以说是各国国际私法普遍施行的做法。针对惩罚性损害赔偿和重复性损害赔偿诸

---

① 参见瑞士《联邦国际私法》第 135 条和第 137 条;1999 年德国《国际私法》第 40 条第 3 款。关于德国该规则的更为详尽的探讨,参见 Peter Hay, "From Rule-Orientation to 'Approach' in German Conflicts Law: the Effect of the 1986 and 1999 Codifications", 47 *Am. J. Comp. L.* 640—642(1999)。

如此类的问题,如果我们不设置双重可诉规则,彻底放逐法院地法,那么在涉外侵权案件中就只能无条件地承认外国法中的此类赔偿。在这个侵权责任"爆炸"的时代,外国法所规定的赔偿数额不乏"天文数字",为限制外国法加之于被告(在我国法院,通常为我国国民)的不可预见的侵权责任,我们有必要在损害赔偿限额问题上采用双重可诉规则。因此,《民法通则》在不该采用双重可诉规则的侵权成立领域采用了它,而在应该采用双重可诉规则的损害赔偿领域却放弃了它,如此立法可谓南辕北辙了。《示范法》不分青红皂白,在侵权成立和损害赔偿限额两问题上都采用了双重可诉规则,又可谓过犹不及了。

《涉外民事关系法律适用法》第44条关于侵权法律适用的一般规则,完全放弃了双重可诉规则,只承认侵权行为地法,同样没有为法院地法留下足够的空间。正如上文分析,在侵权行为的成立问题上放弃双重可诉规则,这无疑是进步之举,但在侵权的损害赔偿问题上放逐法院地法,则使法院地法无以最终控制外国法所规定的不为我国法律所认可的惩罚性损害赔偿和重复性损害赔偿。当然,我们似乎可以借助公共秩序保留制度,以排除外国惩罚性损害赔偿或重复性损害赔偿的法律的适用,但毕竟公共秩序保留制度是在"万不得已"之例外情况下才会启用的例外制度,其适用的制度成本要高昂许多,远不如德国法和瑞士法那样,开宗明义的利用法院地法以限制外国的惩罚性损害赔偿和重复性损害赔偿的法律的适用。因而,《涉外民事关系法律适用法》第44条抛弃双重可诉规则的大方向无疑是正确的,但在局部却没有为它留下应有的空间。

五、结　　论

如果我们要在多边主义的冲突法框架内寻求侵权冲突法问题的解决之道,就不可避免地会纠缠于侵权行为地法、法院地法和最密切联系原则这三个系属公式之间。① 双重可诉规则及其例外规则无非是以一种独特的方法来调和这三个系属公式。无论是双重可诉规则在普通法世界中走向主导地位,还是在20世纪末期趋于普遍的衰落,还是在诸如诽谤领域的坚守阵地,

---

① 关于国际私法的多边主义方法,参见〔美〕西蒙尼德斯:《20世纪末的国际私法——进步还是退步?》,宋晓译、黄进校,载《民商法论丛》2002年第3号(总第24卷),金桥文化出版(香港)有限公司2002年版,第367页以下。另外,双方当事人的共同住所地法这一系属在当代侵权冲突法中的地位也不可小觑,但从体系性角度看,共同住所地法仍然是侵权行为地法的补充,因而本章未将共同住所地法与侵权行为地法、法院地法、最密切联系原则相提并论。

还是通过程序与实体的识别技术以实现双重可诉规则目的的暗渡陈仓,还是双重可诉规则在中国国际私法中的进退问题,实质上都反映了上述三个系属公式此消彼长的互动过程。

双重可诉规则虽然关乎三个系属公式的互动,但互动关系的根源更多地源自法院地法这一系属公式的命运迁徙。双重可诉规则在侵权冲突法体系中的兴衰、沉浮与进退,几乎全由法院地法这一系属公式在侵权冲突法中的地位升降引发的。涉外侵权成立与否适用双重可诉规则,实际上重叠适用法院地法和侵权行为地法,过分偏袒了被告而极其不利于原告,这是不符合现代平等保护的法律原则的。不管是英国法,还是我国的《涉外民事关系法律适用法》,都在涉外侵权成立这个问题上废除了双重可诉的重叠适用规则。

在普通法的双重可诉规则中,法院地法除了在侵权成立问题上发挥作用之外,它还全面地支配了以损害赔偿为中心内容的侵权效果问题。但是,现代侵权法的功能主要是补偿和风险分配,而非规诫与惩罚,为实现惩罚性质的政策控制而在涉外侵权领域适用法院地法,这就愈来愈不合理了;相反,侵权行为地法是双方可以共同预见到的,据此来实现风险分配和侵权补偿相对就更为合理了。英国成文法的改革结果实现了这一转变,我国《民法通则》在移植普通法的双重可诉规则时,规定损害赔偿由侵权行为地法支配而非由法院地法支配,这是极为明智的,《涉外民事关系法律适用法》则进一步将侵权行为地法升格到全面支配的地位。

因此,无论是对于涉外侵权的成立,还是对于涉外侵权的效果,侵权行为地法都应上升为全面支配涉外侵权的一般规则。然而,尽管侵权法的功能愈益接近合同法的风险分配和利益补偿功能,但客观上侵权法所包含的公共政策较之合同法所包含的公共政策要浓烈得多,这就意味着法院地法或双重可诉规则不可能全部退出涉外侵权领域。目前有两个领域,其一是涉外诽谤侵权,为了言论自由的公共政策,应考虑继续采用双重可诉规则,至少在诽谤侵权是否成立问题上应如此;其二是赔偿最高限额问题,诸如针对惩罚性损害赔偿和重复性损害赔偿,应继续适用双重可诉规则,使被告不至于承担完全不可预见的外国准据法所规定的赔偿数额。惜乎《涉外民事关系法律适用法》对此两个方面都没有作出任何正面的回应。

无论是适用双重可诉规则,还是适用侵权行为地法,只要依据空间意义的法律事实设定连结点,就不可避免地会在某些情况下导致规则的僵化。因此,即使国际私法立法将侵权行为地法确立为侵权冲突法的基本规则,我们仍需依据最密切联系原则设定例外规则,但作为例外规则的最密切联系原则不能上升为侵权冲突法的基本规则，否则将会极大损害成文法的安全价值。①

"无可奈何花落去，似曾相识燕归来"，这句诗或许最能生动地说明双重可诉规则在普通法以及我国国际私法的历史命运了：双重可诉规则总体上已不符合现代侵权冲突法的发展需要，我们应目送它自然地花落而去，但对于现代侵权冲突法的某些特殊领域和特殊问题，双重可诉规则仍有其生命力，即使在它花落而去之时，也应欢迎它以另一种似曾相识的技术方法翩翩归来。

---

① 最密切联系原则尽管受到普遍的推崇，但不宜成为成文国际私法具体领域的基本规则。以合同冲突法为例，欧洲 1980 年《罗马公约》将最密切联系原则作为决定客观合同准据法的基本规则，因其不确定性，以及因其与特征履行的推定规则的暧昧关系，在实践中引发了大量争议，对此，可以参见 Jonathan Hill, *International Commercial Disputes in English Courts* (2005), Oxford, pp.498—504. 合同冲突法如此，侵权冲突法亦如此。我国《涉外民事关系法律适用法》为防止最密切联系原则损害法的安定性，只在第 2 条第 2 款赋予最密切联系原则以"补漏"的功能和地位，因而并不能在第 44 条发挥例外规则的作用。抑制最密切联系原则的作用，维护法的安定性，《涉外民事关系法律适用法》对待最密切联系原则的基本立场固然无可非议，但在合同、侵权等传统上就需要最密切联系原则作为例外规则发挥作用的领域，一概取消基于最密切联系原则的例外规则，这也走到了另一个极端，变得机械有余而灵活不足了。

第十章　侵权冲突法一般规则之确立*
——基于《罗马Ⅱ条例》与中国法的对比分析

一、对比分析《罗马Ⅱ条例》与中国侵权冲突法一般规则之意义

在 20 世纪国际私法的发展与变革过程中,侵权冲突法是其中最动荡不宁的领域。"冲突法革命"在很大程度上就是侵权冲突法革命,诸多基本价值观念之争,就是在侵权冲突法领域展开的,侵权冲突法的理论与实践因之更趋复杂。与此同时,20 世纪侵权实体法的急剧变化,亦从外部向侵权冲突法领域注入了变动因素。环顾国际社会,较之合同冲突法立法,侵权冲突法立法为理论争议所累,步伐缓慢而迟滞,直到世纪之交,情况才有所好转。2007年欧盟《非合同之债法律适用条例(罗马Ⅱ条例)》酝酿近三十年后瓜熟蒂落[①],终于预示着侵权冲突法纷乱时代的结束。

《罗马Ⅱ条例》涵盖侵权、不当得利、无因管理和缔约过失的冲突法,但重心和绝大多数篇幅集中于侵权冲突法。《罗马Ⅱ条例》的意义不仅在于统一了欧盟的侵权冲突法,而且已经逐步展露出像《罗马Ⅰ条例》成为合同冲突法发展史上的里程碑那样,成为侵权冲突法发展史上的里程碑,成为今后世界各国侵权冲突法立法绕不过去的"示范法"。《罗马Ⅱ条例》充分传承了《罗马Ⅰ条例》之所以成功的两大形式特征:追求成文法的确定性,以及建立在两大法系、欧洲各国的比较法的基础之上,这样的形式风格自然获得了其他成文立法者的青睐。

---

* 本章系在《侵权冲突法一般规则之确立——基于罗马Ⅱ与中国法的对比分析》(《法学家》2010 年第 3 期)一文基础上修改而成。

① 欧洲侵权冲突法的统一进程,始于 20 世纪 60 年代的欧洲经济共同体时代。1972 年,欧洲《经济共同体合同与非合同之债法律适用公约草案》问世,但因欧洲各国在侵权冲突法领域分歧甚大,欧共体便暂时放弃了侵权领域,单独致力于合同冲突法的统一。1980 年罗马《合同之债法律适用公约》诞生,该公约堪称合同冲突法历史上的里程碑,随后大多数国家的合同冲突法立法都以其为摹本,极力效仿。在 1997 年的《阿姆斯特丹条约》的推动下,欧盟重启侵权冲突法的统一工作,经过十年的艰苦磋商和推敲,2007 年欧盟《非合同之债法律适用条例》终于得以通过。《合同之债法律适用公约》在 2008 年经修订后通过成为欧盟条例,被称为《罗马Ⅰ条例》;与合同冲突法的《罗马Ⅰ条例》相对,2007 年《非合同之债法律适用条例》被称为《罗马Ⅱ条例》。

美国冲突法革命以其创新精神与深刻程度，成为"传统冲突法"与"现代冲突法"的分水岭。美国冲突法方法虽具有世界性意义，然而在法律形式方面，其浓厚的规则怀疑主义色彩，过分追求个案解决的方法，深深嵌入了普通法传统，灵活性有余，确定性不足，注定它难以对成文法国家的国际私法立法产生全面和直接的影响。① 相反，欧洲在美国冲突法革命尘埃落定之后，在弘扬传统国际私法的确定性的同时，吸收了美国冲突法革命的有益成分，在21世纪前后迎来了成文国际私法立法的高潮，被学界誉为"一场静悄悄的革命"②，《罗马Ⅰ条例》与《罗马Ⅱ条例》就是其中的两项重大成果。晚近欧洲国际私法持之以恒地维护法的确定性价值，因而比美国冲突法引发了其他成文国际私法立法者更多的共鸣。

欧洲许多国家的国际私法长期以来就是世界国际私法的引领者，《罗马Ⅰ条例》和《罗马Ⅱ条例》作为统一的欧洲国际私法，建立在比较法的基础之上，在一定程度上融会了欧洲各国国际私法之所长，摆脱了欧洲各国国际私法的偏激之处。《罗马Ⅰ条例》与《罗马Ⅱ条例》致力于协调与平衡，理性与中庸，其强烈的国际色彩从本质上更符合国际私法的价值取向，较易为其他国家尤其是发展中国家所接受。而且，欧盟横跨两大法系，彼此各擅所长，欧盟国际私法如今实现统一，必然最大限度地吸收两大法系的优点，摒除只能为一者所容而为另者所不容的立法规则或方法。从整体上来说，欧盟统一的国际私法立法必然比其任何一个成员国的国际私法具有更多的"普世价值"。

《民法通则》第146条确立了我国侵权冲突法的一般规则。《涉外民事关系法律适用法》极大扩充了《民法通则》第八章关于冲突法的篇幅和内容，除了增补规则之外，对第八章原有冲突规则作出最大幅度修正的，第146条就是其中一条。《涉外民事关系法律适用法》第44条重新确立了侵权冲突法的一般规则。粗略比较《民法通则》第146条和《涉外民事关系法律适用法》第44条的规定，可以发现两者有如下三个方面的根本区别：第一，第44条删去了第146条中关于"双重可诉"的规定；第二，第44条关于共同本国法的例外，只承认共同经常居所地法的例外，不再承认共同本国法的例外，而且此种例外是一种刚性例外；第三，第44条增加了当事人意思自治的规定。

《涉外民事关系法律适用法》第44条的制定过程，深受《罗马Ⅱ条例》的

---

① 关于美国冲突法革命及其对20世纪国际私法发展的影响，参见宋晓：《当代国际私法的实体取向》，武汉大学出版社2004年版，第75—148页。
② 参见〔美〕西蒙尼德斯：《20世纪末的国际私法——进步还是退步？》，宋晓译、黄进校，载《民商法论丛》2002年第3号（总第24卷），金桥文化出版（香港）有限公司2002年版，第380页。

影响。① 从《民法通则》第146条向《涉外民事关系法律适用法》第44条的演变过程,如果放在《罗马Ⅱ条例》的背景下,将会更加清晰地展现出来,这对我们理解、解释和适用《涉外民事关系法律适用法》第44条,是非常有帮助的。同时,下文将以一视同仁的批判视角解剖《罗马Ⅱ条例》与中国侵权冲突法,对比分析各自的一般规则,探入规则内部,揭示思想渊源,指陈各自的得失利弊,为第44条的法律解释的体系化和最高人民法院出台相关司法解释做些力所能及的学术铺垫。

二、侵权行为实施地抑或损害结果发生地

当代国际私法大多走向了以"规则"而非"方法"为导向的立法体系,侵权冲突法亦不例外。当代侵权冲突法也不再只是机械地适用侵权行为地法,而是致力于实现三种规则的平衡和妥协,这三种侵权冲突法规则分别是一般规则,作为一般规则的例外规则(下文所要分析的共同属人法之例外与最密切联系原则之例外),以及侵权冲突法的特殊规则(例如产品责任的法律适用规则或环境侵权的法律适用规则)。三者之间彼此啮合,相互牵制,恰当地平衡与配置是成功制定侵权冲突法的关键,而首当其冲的是要合理地制定侵权冲突法的一般规则,包括作为一般规则的例外规则。

侵权冲突法的一般规则曾周旋于侵权行为地法和法院地法之间,大陆法系国家普遍适用侵权行为地法,普通法系国家则偏重于适用法院地法,但自从普通法系国家废除双重可诉规则之后,侵权行为地法就成为两大法系共同认可的侵权冲突法的一般规则。② 侵权行为地虽为一场所意义的概念,但在

---

① 《罗马Ⅱ条例》第4条规定了侵权冲突法的一般规则。
Article 4
General rule
1. Unless otherwise provided for in this Regulation, the law applicable to a non-contractual obligation arising out of a tort/delict shall be the law of the country in which the damage occurs irrespective of the country in which the event giving rise to the damage occurred and irrespective of the country or coun-tries in which the indirect consequences of that event occur.
2. However, where the person claimed to be liable and the person sustaining damage both have their habitual residence in the same country at the time when the damage occurs, the law of that country shall apply.
3. Where it is clear from all the circumstances of the case that the tort/delict is manifestly more closely connected with a coun-try other than that indicated in paragraphs 1 or 2, the law of that other country shall apply. A manifestly closer connection with another country might be based in particular on a pre-existing relationship between the parties, such as a contract, that is closely connected with the tort/delict in question.
② 关于双重可诉规则,以及"法院地法"这一系属公式在侵权冲突法中的地位升降,及其在今日的地位和作用,参见本书第九章"双重可诉规则"。

涉外侵权关系中,许多时候并不容易认定。① 如果构成侵权之诉的所有事实发生在一国境内,那么侵权行为地自然就在该国境内;如果构成侵权之诉的所有事实发生在两个甚至两个以上国家的境内,那么如何认定侵权行为地就颇费思量了。后种情况在涉外侵权关系中是相当常见的,成为各国构建侵权冲突法的一般规则的最大难题。

当构成侵权之诉的所有事实分布在两个或两个以上国家,如果这些国家均可以视为侵权行为地,那么适用侵权行为地法就是非常不确定的。《涉外民事关系法律适用法》第44条规定:"侵权责任,适用侵权行为地法律……"这似乎仅仅粗线条地做了原则性规定,有意留待未来最高人民法院的司法解释进一步规定②,但这恰恰需要我们从学理上预先作出澄清。如果对构成侵权之诉的所有事实进行分类,侵权行为地这个概念可以析出两个子概念,一个是侵权行为实施地,另一个是损害结果发生地,于是适用侵权行为地法就存在下述四种可能的立法方式:适用侵权行为实施地法;适用损害结果发生地法;选择适用侵权行为实施地法或损害结果发生地法;重叠适用侵权行为实施地法和损害结果发生地法。最后一种组合方式,即重叠适用侵权行为实施地法和损害结果发生地法,正如双重可诉规则一般,过分偏袒被告而不利于原告,几乎没有任何国家采取这种立法方式,因而可以不予讨论。

在剩下的三种立法方式之中,究竟哪种立法方式最为合理? 抽象探讨也许永远没有结论,因为合理与否是随着法律目的或法律政策的改变而改变的。我们需要仔细揭示各种立法方式背后隐含的立法政策,审慎地择取其中最能实现自己立法政策的立法方式。《罗马Ⅱ条例》的立法者认识到,仅仅规定适用侵权行为地法是不够的,因为构成侵权行为的许多事实常常是分散的,无法固定一处,因而就没有唯一的侵权行为地。《罗马Ⅱ条例》第4条第1款选择如是立法:"侵权之债适用损害发生地法,不管导致损害的事实发生于何国,也不管该事实所产生的间接后果发生于何国";我国《涉外民事关系法律适用法》第44条仅仅规定适用侵权行为地法,未进一步涉及侵权行为实施地抑或损害结果发生地法的问题。我国《民法通则司法解释》规定:"侵权行为地的法律包括侵权行为实施地法律和侵权结果发生地法律。如果两者不一致时,人民法院可以选择适用";《示范法》则和现行司法解释稍有不同:"侵权行为实施地法与侵权结果发生地法规定不同的,适用对受害人更为有

---

① 大陆法系的国际私法对此问题的争论历来尤为激烈,参见〔德〕马丁·沃尔夫:《国际私法》(第2版),李浩培、汤宗舜译,北京大学出版社2009年版,第536页。
② 《民法通则司法解释》第187条规定:"侵权行为地的法律包括侵权行为实施地法律和侵权结果发生地法律。如果两者不一致时,人民法院可以选择适用。"我国将来司法解释是否仍然沿袭此条规定,目前似乎并不确定。

利的法律。"① 由此可见,《罗马Ⅱ条例》青睐于损害发生地法,我国 1988 年司法解释则青睐于选择适用,《示范法》进一步规定了选择适用的具体标准。那么各自背后的立法政策是什么？我国 1988 年司法解释是否选择了恰当的立法政策和相对应的恰当的立法方式？

《罗马Ⅱ条例》在前言(16)集中阐述了之所以要规定适用"损害发生地法"的立法政策,概括起来主要包括三个方面:第一,促进法院判决的可预见性;第二,合理平衡受害人和被告的利益;第三,反映民事责任法的现代方法和严格责任体系的新发展。②《罗马Ⅱ条例》在前言(15)认识到,在几乎所有的欧盟成员国,侵权行为地法原则是侵权法律适用的一般原则,但当侵权事实分布于不同国家时,各国运用侵权行为地法原则的方法各不相同,加剧了法律适用的不确定性。③ 为了促进冲突规则的可预见性和确定性,《罗马Ⅱ条例》并非模糊地规定适用侵权行为地法,而是明确规定适用损害发生地法,并在前言(17)进一步细化道:对于人身伤害而言,适用人身伤害承受之地的法律;对于财产损害而言,适用财产受损时的财产所在地法律。④ 如此清晰的规定确实平息了行为实施地法和损害结果发生地法之争,实现了它所宣称的第一个政策目标,即判决的可预见性目标。

但是,假如《罗马Ⅱ条例》规定适用"行为实施地法",一样能够实现法律的确定性目标,可见后两个政策目标才是决定适用损害发生地法的本质原因。那么,为什么适用损害发生地法能够"平衡原、被告的利益"并且"反映现代侵权法的新发展"？其中的因果关系并非是不证自明的。如果受害人能够选择适用行为实施地法或损害发生地法,就可以从中选择侵权更容易成立或赔偿标准更高的法律,这对受害人而言是最为有利的,同时对被告而言就是

---

① 中国国际私法学会:《中国国际私法示范法》,法律出版社 2000 年版,第 26 页,第 112 条。
② 参见《罗马Ⅱ条例》前言(16):"Uniform rules should enhance the foreseeability of court decisions and ensure a reasonable balance between the interests of the person claimed to be liable and the per-son who has sustained damage. A connection with the country where the direct damage occurred (lex loci damni) strikes a fair balance between the interests of the person claimed to be liable and the person sustaining the damage, and also reflects the modern approach to civil liability and the development of systems of strict liability."
③ 参见《罗马Ⅱ条例》前言(15):"The principle of the lex loci delicti commissi is the basic solution for non-contractual obligations in virtually all the Member States, but the practical application of the principle where the component factors of the case are spread over several countries varies. This situation engenders uncertainty as to the law applicable."
④ 参见《罗马Ⅱ条例》前言(17):"The law applicable should be determined on the basis of where the damage occurs, regardless of the country or countries in which the indirect consequences could occur. Accordingly, in cases of personal injury or damage to property, the country in which the damage occurs should be the country where the injury was sustained or the prop-erty was damaged respectively."

最为不利的。在一般侵权法律关系中,我们没有理由认为受害人是社会的或经济的弱者,没有必要对其实施特殊的保护,因此选择适用的立法模式过于偏袒受害人,难以平衡双方利益。我国《示范法》明确适用对受害人更为有利的法律,偏离了一般侵权行为法律关系的本质;1988 年司法解释规定法官选择适用,寄希望于法官平衡当事人的利益,但没有为法官的选择给出任何政策指南,法官最后难免失之武断。

不管适用其中哪个法律,在形式上对双方当事人都是公平的,符合单个连接点之冲突规则的形式公正。从可预见性角度出发,被告更容易预见行为实施地法,而受害人则更容易预见损害发生地法。《罗马Ⅱ条例》规定适用损害发生地法,多少倾向于保护受害人的预见利益。为了重新取得平衡,《罗马Ⅱ条例》特意限定了损害发生地法的范围,即损害发生地法不包括间接后果发生地的法律,以顾及被告的可预见利益,但毕竟是适用损害发生地法而非行为实施地法,最终结果还是偏袒了受害人的预见利益。然而,在侵权法律关系中,有可能承担侵权责任的是被告而非原告,首先需要保护的是被告的预见利益,以免他过多承担事先无法预见的侵权责任和损害赔偿,《罗马Ⅱ条例》优先选择保护受害人的预见利益有违侵权法的一般原理。因此,以双方的预见利益而论,适用行为实施地法较之适用损害发生地法更为合理。

诚如《罗马Ⅱ条例》前言(16)所言,随着工业进步、科技发展和高危行业的扩展,现代侵权法在传统的过错责任体系之外,大量扩充了严格责任体系。严格责任体系更加注重保护受害人的利益,同时促进了社会保险法和侵权责任法的衔接。① 然而,《罗马Ⅱ条例》适用损害发生地法,并不能顺应严格责任法的发展,因为损害发生地法不一定比实施地法更多地扩充严格责任,不一定对受害人更为有利。在严格责任体系中,要更多保护受害人的利益,最好的办法是允许受害人选择适用行为实施地法或损害发生地法,而非单单适用损害发生地法。但是,严格责任体系在侵权法中的地位和作用远远没有超越过错责任体系,过错责任体系仍然是侵权法的基本体系。② 与此基本格局相对应,侵权冲突法的一般规则应该反映过错责任体系的需要,选择适用模式只能作为侵权冲突法的特殊规则,以反映严格责任体系的发展。

依据《罗马Ⅱ条例》,受害人可以在一定条件下直接起诉责任人的保险人③,这正反映了社会保险法和严格责任体系的衔接。然而,保险人更多的

---

① 关于严格责任体系的发展,参见 Zweigert & Hein Kötz, *Introduction to Comparative Law* (3rd ed., 1998), Clarendon Press, pp. 646—682.
② 参见王泽鉴:《民法概要》,中国政法大学出版社 2003 年版,第 202—224 页。
③ 参见《罗马Ⅱ条例》第 18 条。

是和责任人,即侵权被告人而非受害人置身于同一个国家和同一个法律体系中,被告人更多的是在自己国家中实施侵权行为的,因此,适用行为实施地法而非损害发生地法更能够促进保险人和责任人的法律责任的统一。即使认为涉外侵权大多涉及严格责任问题,即使认为损害发生地法更能够反映严格责任体系的特点,那么将适用损害发生地法确立为侵权冲突法的一般规则时,为了简化侵权冲突法的体系结构,就可省去为严格责任侵权制定繁琐的特殊冲突规则;但是,《罗马Ⅱ条例》在以适用损害发生地法为一般规则时,同时还为产品责任、环境侵权等严格责任侵权制定了复杂的特殊规则①,这从立法体例上是难以自圆其说的。

综上所述,适用损害发生地法并不能有效实现《罗马Ⅱ条例》前言(16)所宣称的后两项立法政策。相反,上述分析反而说明,适用行为实施地法较之适用损害发生地法,更能够保护侵权法律关系的预见利益和反映严格责任体系的特点。若着眼于欧盟的政治经济特点,或许更容易洞窥《罗马Ⅱ条例》的真正用意之所在。欧盟是当今世界上发达国家的聚集地,侵权赔偿标准要远高于世界平均水平,严格责任体系要比大量发展中国家更为庞大和成熟,适用损害发生地法就极其有利于欧盟国家的国民,其在欧盟境内所受伤害或损害就能够依据欧盟国家的国内法得到几乎是全世界最好的保护;相反,如果欧盟国家的国民在欧盟境内实施了侵权行为,而损害发生地位于欧盟之外的发展中国家,他们就无需依据欧盟国家的法律承担更重的侵权责任,而发展中国家的受害人只能依据发展中国家的法律获得较低的保护。

因此,《罗马Ⅱ条例》将适用损害发生地法作为侵权冲突法的一般规则,本质上还是从欧盟自身的政治、经济和法律的特点出发,更多的是在维护欧盟各国国民的利益,这种难以公开宣称的立法政策在产品责任的特殊冲突规则中表现得更为露骨。② 为了反向平衡,同时也为了顾及行为实施地法难以抹杀的正当性,《罗马Ⅱ条例》第 17 条规定,在评估被告行为时,必要时应将行为实施地国家的行为与安全规则作为事实予以考虑。③ 但是,一连串的不确定性也因此而起:如果法官考虑实施地国家的行为与安全规则,是否等于是在适用实施地法?被告以实施地国家的行为与安全规则作为对损害发生

---

① 《罗马Ⅱ条例》第 5 条(产品责任)、第 6 条(不公平竞争与限制竞争行为)、第 7 条(环境损害)、第 8 条(侵害知识产权)、第 9 条(工业诉讼)。
② 参见《罗马Ⅱ条例》第 5 条。
③ 参见《罗马Ⅱ条例》第 17 条:"Rules of safety and conduct: In assessing the conduct of the person claimed to be liable, account shall be taken, as a matter of fact and in so far as is appropriate, of the rules of safety and conduct which were in force at the place and time of the event giving rise to the liability."

地法所认定的侵权的抗辩,在多大程度上应予认可? 法官"考虑"实施地国家的行为与安全规则,这是强制义务还是自由裁量? 从第 17 条的用语及其在《罗马 II 条例》结构中的位置看,第 17 条应是处于补充和从属的地位,但它过于模糊,很有可能使《罗马 II 条例》重新陷于实施地法和损害发生地法两难抉择的泥沼之中。

美国经过冲突法革命的涤荡,大部分州放弃了传统的适用侵权行为地法的规则。在总结过去数十年的司法实践的基础上,美国著名国际私法学者西蒙尼德斯(Symeon C. Symeonides)教授系统提出了新的侵权冲突法体系,那么这一体系是否能摆脱行为实施地法和损害结果发生地法两者相争的困境呢? 西蒙教授的体系,一如其它冲突法革命的主流学说,主张从竞相适用的两个国家或两个州的法律规则的实体内容出来,依据实体规则的分类或解释方法来解决法律冲突问题。他总结认为,美国司法实践区分两类侵权法规则,一为行为规制规则(conduct-regulation rules),诸如道路交通安全规则,或规定特定场所的安全标准的规则等;二为损失分配规则(loss-distribution rules),诸如免费乘客能否获得赔偿的规则、责任限制规则、责任豁免规则、被害人死亡赔偿由谁受益的规则、共同侵权责任的分配规则,以及能否直接起诉保险人的规则等。① 如果是行为规制规则发生冲突,则一般情况下应该适用行为实施地法律;而如果是损失分配规则发生法律冲突,则应该更多考虑当事人的住所因素。②

从当事人的住所因素出发,从表面上似乎更为简单易行,而不必去纠缠行为实施地与损害结果发生地何者更为重要的问题。但是,如果我们深入分析西蒙尼德斯教授所概括的体系,则西蒙尼德斯教授的体系最终还是离不开对侵权行为地这一概念的分析。西蒙尼德斯教授认为,对于损失分配规则的法律冲突,依据美国的司法实践,如果双方当事人的住所共同位于 A 州,而侵权行为实施地与损害结果地均位于 B 州,绝大多数案件均适用了 A 州的法律;当双方住所位于不同的州,如果行为实施地与损害结果发生地均位于其中一方当事人的住所地,则应适用该方当事人的住所地的法律,尽管法律适用的结果可能不利于该方当事人。当行为实施地与损害结果发生地位于不同的州,而受害人住所如果位于结果发生地,同时结果发生地又有利于受害人的,则应适用结果发生地法,但条件是被告客观上可以预见,如果结果发生

---

① See Symeon C. Symeonides, *American Private International Law* (2008), Wolters Kluwer, pp. 134—135.
② Ibid., p. 135.

地法律不利于受害人的,那么是否应适用结果发生地法,则应进行个案认定。①

从上述分析可以看出,除了共同住所地法确实排除了行为地法之外,其他情形,无论是行为规制规则的冲突,还是损失分配规则的冲突,归根结底都回到了适用侵权行为地法的框架中。西蒙尼德斯教授的体系,与其说和美国政府利益分析说有更多渊源,不如说和欧洲传统的分析方法有更深的精神渊源。既然西蒙尼德斯教授的体系最后还需维系于侵权行为地这一概念,那么他依赖实体规则的分类来解决法律冲突问题这一貌似摆脱传统方法的体系,其革新意义其实是非常有限的。况且在他提出的新体系中,绝大多数分析仅限于行为实施地和损害结果发生地位于同一个地方,当两者不一致时,他论之极少,而且还要更多依赖个案分析,可见这并没有解决侵权冲突法真正棘手的问题,即适用行为实施地法抑或适用损害发生地法。如果从他方法论的根源上分析,将侵权法的实体规则分为行为规制规则和损失分配规则,这在少数情形下似乎是成立的,但几乎所有侵权法的规则都涉及损失分配规则,而现实中纯粹的行为规制规则是极少的,因此,这样的划分,在比例上就极不协调。

《涉外民事关系法律适用法》第 44 条关于适用侵权行为地法的规定方式,和《罗马Ⅱ条例》的大陆法系的风格是完全一致的。部分中国学者主张引入西蒙尼德斯的学说②,这不仅无助于解决行为实施地法抑或结果发生地法这一困境,而且还带来了两个难以相容的不同体系的混杂,其效果得不偿失。当然,尽管我们应继续停留在《罗马Ⅱ条例》的框架中,继续探求行为地法的正确解释方向,但目前我们可以得出这样的结论:以《罗马Ⅱ条例》为参照,对于中国这样的发展中国家,无论衡之于抽象学理还是国民利益,都应该反其道而行之,应适用侵权行为实施地法而非适用损害发生地法。《涉外民事关系法律适用法》第 44 条的解释和适用,应该向这个方向迈进。

三、共同属人法之例外

侵权行为适用侵权行为地法,这一规则是 20 世纪以美国学界为首的冲突法革命的主要对象。《罗马Ⅱ条例》虽没有吸纳欧盟学界普遍视之为激进的利益分析方法,但是,不能认为它只是一成不变地沿袭传统,而应视之为

---

① See Symeon C. Symeonides, *American Private International Law* (2008), Wolters Kluwer, pp. 159—160.
② 例如,参见袁发强:《分割法:涉外侵权法律适用中的二元价值追求》,载《法律科学》2013 年第 1 期,第 39—45 页。

"否定之否定"的结果。《罗马Ⅱ条例》不仅对行为实施地或损害发生地作出了较为明确的抉择,而且将传统国际私法方法发挥到了极致,以行为地法为中心,以属人法、最密切联系地法和法院地法为侧翼,精心将这几个系属公式构成了一个严密而有机的整体,这完全可视为是对之前时代的批判运动的回应。在《罗马Ⅱ条例》中,侵权冲突法的一般规则不再是孤零零的行为地法,而是数个系属公式错落有致架设而成的体系。① 共同属人法就是行为地法之后率先进入这个体系的系属公式。

《罗马Ⅱ条例》第4条第2款规定:"损害发生时,被诉责任人与受害人有共同惯常居所的,应适用该共同惯常居所地法律。"②我国《民法通则》第146条也作了类似规定:"当事人双方国籍相同或者在同一国家有住所的,也可以适用当事人本国法律或者住所地法律。"《涉外民事关系法律适用法》第44条则修正了《民法通则》第146条的规定:"……但当事人有共同经常居所地的,适用共同经常居所地法律。……"为了更好理解第44条的修正,对比《罗马Ⅱ条例》与中国上述法律的规定,下列问题有待进一步分析:作为构成侵权行为地法之例外的共同属人法之例外,究竟是指共同本国法之例外,还是共同住所地法之例外,还是两种例外均成立?适用共同属人法之例外时,是否一定要结合考虑其他因素,例如双方当事人既存关系之存在?共同属人法之例外是否适用于一切涉外侵权法律关系?共同属人法之例外是否还应进一步认可基于最密切联系原则的例外?

在侵权冲突法的发展历程中,较早构成共同属人法之例外的是共同本国法而非共同住所地法。早期罗马与希腊法律在审理自己公民之间的侵权时,均不适用外国法。③ 我国《永徽律》规定:"诸化外人,同类自相犯者,各依其本俗法;异类相犯者,以法律论"④,与早期罗马与希腊法律一样,均认可共同本国法之例外。第二次世界大战期间,德国审理发生于境外的德国人之间的侵权法律关系时,只允许适用德国法,此规则后来扩充至所有具有共同国籍

---

① 在《罗马Ⅱ条例》中,法院地法主要是通过第16条(优先适用的强制条款)和第26条(法院地的公共政策)发挥作用,因这两个问题是冲突法的共性问题,不是侵权冲突法的特有问题,因而本文不作分析。
② 因欧盟各国的住所概念不统一,如同海牙国际私法会议,《罗马Ⅱ条例》使用"惯常居所"这一中性的概念。《罗马Ⅱ条例》第23条对法人的惯常居所作了统一的定义,但自然人的惯常居所还是留待于各国内法规定。本文在分析时不区分惯常居所和住所。
③ 参见 Peter Hay, "Contemporary Approaches to Non-Contractual Obligations in Private International Law(Conflict of Laws) and the European Community's 'RomeⅡ' Regulation",载《中国国际私法与比较法年刊》2008年卷(第11卷),北京大学出版社2008年版,第52—53页。
④ 参见黄进:《国际私法》,法律出版社1999年版,第162页。

的当事人之间的侵权。① 共同本国法之例外规则的确立,其基础完全根源于作为属人法两种基本形态之一的本国法主义,而本国法主义则根源于民族主义和国家主义。在侵权冲突法中,认为共同本国法构成侵权行为地法之例外,就是认为民族主义和国家主义应该凌驾于"场所支配行为"的观念之上。

正如住所地法主义和本国法主义相对立,共同住所地法作为侵权行为地法之例外,其理由也是基于住所地法主义之正当性。住所是私人生活和经营的中心场所,因而成为民事法律关系的聚集之地。具有共同住所的当事人之间,在住所所在国境外而非境内发生侵权关系,正如美国经典案例"巴布科克诉杰克逊"(Bobcock v. Jackon)案的事实所表明的②,双方通常彼此熟识,或早已存在侵权之外的法律关系,诸如合同法律关系或身份关系,而且此境外之侵权行为多为偶然所致。不管侵权之诉在哪国进行,由于双方当事人在住所地生活和经营,侵权损害赔偿之后果及其他社会效果必将复归于他们的共同住所地国家。而且,双方当事人一般熟悉共同住所地国家的法律,适用共同住所地法并不会出乎他们的意料之外,也不会在诉讼过程中增加他们证明外国法的负担。

除了可以运用以上传统分析方法,"巴布科克诉杰克逊"案亦是运用政府利益分析方法的绝佳典范。该案表明,侵权行为地法和共同住所地法之间通常是一种虚假冲突,而非真实冲突,因为只有适用共同住所地法,才能实现共同住所地法所公开宣称或隐含的法律政策和法律目标,同时,不适用侵权行为地法并不会减损侵权行为地国家的法律政策或法律目标;两个表面冲突的法律中只有共同住所地法才真正地意欲适用于案件,并在适用过程中具有"政府利益"。③ 在众多美国学者看来,正是政府利益分析方法而非传统分析方法,真正奠定了适用共同住所地法的基础。各国国际私法学者尽管对政府利益分析方法争论不休,但近几十年那些在侵权冲突法中确立共同住所地法之例外的立法,几乎无一不受到这个标志美国冲突法革命学说的经典案例的影响。

在欧洲大陆的民族国家和民族主义形成和上升时期,民族主义和国家主义作为一种支配性的政治思潮波及国际私法并导致本国法主义的诞生和传

---

① 参见 Peter Hay, "Contemporary Approaches to Non-Contractual Obligations in Private International Law(Conflict of Laws) and the European Community's 'Rome Ⅱ' Regulation",载《中国国际私法与比较法年刊》2008年卷(第11卷),北京大学出版社2008年版,第53页。
② Bobcock v. Jackon(1963),参见〔美〕布里梅耶、戈德史密斯:《冲突法——案例与资料》(影印本),中信出版社2003年版,第188—192页。
③ 参见同上书,第188—192页。有关柯里(Currie)本人对政府利益方法的总结性阐述,See Brainerd Currie, *Selected Essays on the Conflict of Laws* (1963), Duke University Press, pp.584—628.

播,这是可以理解的。但时至今日,民族国家已然成熟,强烈的民族主义已趋衰退,继续保留这一政治思潮对非身份领域的国际私法问题的影响已经不合时宜了。在本国法主义和住所地法主义这两种属人法的表现形态中,住所地法主义更加反映了非身份领域的国际私法作为私法的实质和要求,其中所蕴含的法律理性精神远超富含政治激情与道德要求的本国法主义,因而住所地法主义在和本国法主义的漫长角逐过程中渐渐胜出,乃是一种十分自然的趋势。①《罗马Ⅱ条例》只承认共同惯常居所地法之例外,而不承认共同本国法之例外,正是这一趋势的集中反映。

我国《民法通则》第146条既规定了共同本国法之例外,又规定了共同住所地法之例外,最后是否一定要适用这两项共同属人法之例外,还取决于法官的自由裁量权。《示范法》第114条之规定与之几乎如出一辙。这样规定具有两个明显的缺陷:其一,本国法主义之例外已渐失合理性,不应在侵权冲突法的一般规则中继续承认它;其二,在涉外侵权案件中,如果侵权行为实施地、损害结果发生地、当事人的共同本国法和当事人的共同住所地法恰巧同时具备且位于不同国家时,那么这些国家的法律都在法官可以自由裁量予以适用的范围之内,法律确定性荡然无存。正是为了克服这两项缺陷,《涉外民事关系法律适用法》在属人法问题上全面以"经常居所地"为连接点的背景下,顺理成章地借鉴《罗马Ⅱ条例》的规定,只承认了共同住所地法的例外,而不再承认共同本国法的例外,同时,当双方当事人具有共同经常居所地法时,共同经常居所地法就刚性地优先于侵权行为地法,而非像原先规定的"也可以适用"那样的柔性例外。

那么,共同住所地法之例外是否适用于一切涉外侵权法律关系?共同住所地法之例外是对住所作为私法关系展开的中心场所的地位的认可,是对双方当事人正当期望的维护,因此该例外之设立完全着眼于双方当事人本身,而没有过多顾及当事人之外的社会因素。侵权法不同于调整刑事不法行为的刑法,它着眼于调整民事不法行为,归根结底是私人之间的补偿即私人之间的"分配正义"问题,一般不涉及具体的公共利益问题,侵权冲突法亦复如此。因此,共同住所地法之例外可以全面适用于涉外侵权领域,除非极个别的侵权领域不仅关乎当事人之间的利益,而且直接涉及了具体而重大的社会公共利益。《罗马Ⅱ条例》在制定共同住所地法之例外时,就反映了这一合

---

① 这里关于属人法问题的论述,更多是针对诸如侵权法律关系的非身份法律关系而言的,尽管《涉外民事关系法律适用法》全面以"经常居所地"为属人法连接点,但是对本国法主义的历史形成过程,以及本国法主义仍然具有的现实优点,学理上仍需重视。关于属人法问题,请参见本书第四章"属人法的主义之争与中国道路"。

理的观点。第 4 条第 2 款将共同住所地法之例外上升为一般例外，全面适用于涉外侵权领域，但是，在第 6 条的"不公平竞争与限制自由竞争行为"、第 7 条的"环境损害"、第 8 条的"侵害知识产权"这些特殊条款中，并不适用双方当事人的共同住所地法之例外规则，因为这些领域毫无争议地关乎侵权行为地的重大而具体的社会公共利益，不能被仅仅注重私人之间利益分配的共同住所地法之例外的规则所取代。①

在《涉外民事关系法律适用法》中，涉及特殊侵权法律适用规则的，分别是第 45 条关于产品责任法律适用的规则、第 46 条关于人格权侵权的法律适用规则以及第 50 条关于知识产权侵权的法律适用规则，上述三规则均排除了共同经常居所地法之例外的规则。与《罗马Ⅱ条例》相比较，《涉外民事关系法律适用法》关于涉外特殊侵权的法律适用的规则体系并不健全。就已有规则相比较，《罗马Ⅱ条例》同样有知识产权侵权和产品责任侵权的特殊法律适用规则，但并没有关于人格权侵权的特殊规则。暂且不论人格权侵权是否确实应该设置特殊的法律适用规则，也暂且不论《涉外民事关系法律适用法》的三类特殊侵权的法律适用规则是否科学合理，但有一点是相对明确的，即在这三类特殊规则对应的侵权法律关系中，只有知识产权侵权的法律关系直接涉及公共利益，而产品责任侵权和人格权侵权直接涉及的是私人当事人之间的利益分配问题，间接才像其他侵权法律关系那样涉及公共利益保护问题，因此，产权责任侵权和人格权侵权没有理由不适用共同经常居所地法之例外的规则。《罗马Ⅱ条例》第 5 条关于产品责任的特别规定中，也承认了共同住所地法之例外的规则②，这相比《涉外民事关系法律适用法》的规定更为合理。

一些有影响的学者认为，双方当事人仅仅存在共同住所之事实因素，并不足以偏离适用侵权行为地法的一般规则；如果要成功地偏离一般规则，必须还要以既存关系为前提条件，这些既存关系可以为合同关系、身份关系甚至可以是朋友关系。③ 如同"巴布科克诉杰克逊"案，如果双方当事人都是住所位于中国的中国人，相约去日本自驾游，在日本旅游期间，一人开车不慎导致另一人受伤，此时适用他们的共同住所地法即中国法，如前分析完全是合理的；但如果双方当事人本无关联，各自在日本自驾游，两车相撞，让他们惊讶的是，彼此恰巧都是来日本自驾游的中国人，此时如果不适用侵权行为地

---

① 这主要是出于保护侵权行为地国家的强制规范和公共政策的需要，如果是法院地的强制规范和公共政策，可通过《罗马Ⅱ条例》第 16 条和第 26 条予以实现。
② 参见《罗马Ⅱ条例》第 5 条第 1 款。
③ See Phaedon John Kozyris, "RomeⅡ: Tort Conflicts on the Right Track! A Postscript to Symeonedes? 'Missed Opportunity'", 56 *Am. J. Comp. L.* 480 (2008).

法即日本法,而适用他们的共同住所地法即中国法,那些学者认为,远不如前一种情况合理。

诚然,既存关系确实可以强化适用共同住所地法之例外的合理性,但是,该例外规则的合理性并非奠基于既存关系,而是奠基于住所地法主义之正当性。只要双方当事人具有共同住所,即使双方之间不存在既存关系而且不相熟识,也只是让他们难以预见侵权事实之产生;双方只是短暂离开住所地,对住所地法的普遍服从义务却未曾中断①,既然他们在境外产生侵权关系的那一刻还是在共同服从同一个住所地法,所以适用共同住所地法仍然在他们的合理期望的范围内,尽管他们对对方的事实存在有可能表示惊讶。因此,适用共同住所地法之例外,并不需要以既存关系之存在为前提条件。《罗马Ⅱ条例》和《涉外民事关系法律适用法》在规定共同住所地法之例外或共同经常居所地法之例外时,没有强调既存关系是合理的,这同时也有助于增进法律的确定性。

至于在适用共同住所地法之例外的规则时,是否还要适用最密切联系原则,以创设"例外之例外",对此在下部分中再做分析。

四、最密切联系原则之补充作用

最密切联系原则已然在理论上成为当代国际私法的基本原则,是构建具体规则的最为重要的正当化依据之一。最密切联系原则通常是作为具体规则的例外规则而存在的,很少作为正面的具体规则而存在,否则国际私法将被最密切联系原则所虚化。② 正是鉴于最密切联系原则作为正面规则的副作用,《涉外民事关系法律适用法》并没有在相当于"总则"的第一章"一般规定"中将最密切联系原则确立为整部法律的一般原则,而是在第 2 条第 2 款规定:"本法和其他法律对涉外民事关系法律适用没有规定的,适用与该涉外民事关系有最密切联系的法律。"这一规定只是确立了最密切联系原则的补漏功能,无法从中推断出它对整部法律有全局的指引功能。当然,这并不妨碍最密切联系原则在《涉外民事关系法律适用法》的具体领域,无论是作为一般规则还是例外规则,发挥重要作用。

---

① 关于私人对住所地法的普遍服从义务的分析,贯穿了萨维尼的杰作,参见〔德〕萨维尼:《法律冲突与法律规则的地域和时间范围》,李双元等译,法律出版社 1999 年版。
② 作为规则的最密切联系原则在很大程度上是一种"虚无规则"(Non-rule),若不谨慎适用,将毁损法的安全,参见 Peter Hay, "Flexibility Versus Predictability and Uniformity in Choice of Law: Reflections on Current European and United States Conflicts Law", 215 *Recueil des cours* 362 (1989).

在侵权冲突法领域,如果只适用行为地法而不引入最密切联系原则,那么传统冲突法体系的机械性和僵固性就无法有效地得到克服。为了使侵权冲突法体系具有一定的灵活性,《罗马Ⅱ条例》依据最密切联系原则构建了一般例外规则,第 4 条第 3 款规定:"若整个案件清楚地表明,侵权行为显然与第 1 款或第 2 款以外的另一国家有更密切联系的,则应适用另一国家的法律。"相比之下,在我国,无论是之前的《民法通则》的第 146 条,还是目前的《涉外民事关系法律适用法》的第 44 条,都缺乏基于最密切联系的一般例外规则,这极有可能导致第 44 条的规定机械有余,灵活不足。①

自从英国学者莫里斯(Morris)发表《侵权自体法》一文之后②,最密切联系原则在侵权冲突法体系中的重要性始获认同,但在侵权冲突法体系中该如何安排最密切联系原则,则向来是有争议的。第一种观点认为,应该效仿英国合同自体法,将最密切联系原则作为侵权冲突法的一般规则,然后将侵权行为地法作为最密切联系的法律的推定,正如 1980 年欧共体《合同之债法律适用公约》(《罗马公约》)的特征履行的推定,最后再规定更密切联系的例外;第二种观点就像《罗马Ⅱ条例》那样,侵权行为地法是一般规则,最密切联系原则只是一般规则的例外规则。③ 第一种观点将最密切联系原则上升为主导地位,适用侵权行为地法只是一种推定;第二种观点只承认最密切联系原则的例外作用,只有在严格条件下才能不适用侵权行为地法。两者在实践中带来的差异是,若要排除侵权行为地法的适用,第二种观点的条件比第一种观点的条件要严格得多,同时,第一种观点所构建的体系的灵活性,及其相伴的法律不确定性,则要高得多。

如果将最密切联系原则上升为侵权冲突法的一般规则,那将重蹈 1980 年《罗马公约》的覆辙。《罗马公约》将最密切联系原则作为决定合同客观准据法的一般规则,但在各国法院的实践中,最密切联系原则与特征履行推定经常陷于暧昧之中,究竟是强推定还是弱推定,各国莫衷一是。④ 有鉴于此,2008 年欧盟借该公约上升为条例之际,一举废除推定方法,将特征履行规则扶正为一般规则,而将最密切联系原则作为特征履行规则的例外,有如《罗马Ⅱ条例》的一般规则的结构。⑤ 如果说推定方法的不确定性对于普通法国家来说尚且无碍的话,那么对成文法国家来说则是难以承受的。其实,即使是

---

① 《示范法》第 113 条依据最密切联系原则制定了一般例外规则,参见中国国际私法学会:《中国国际私法示范法》,法律出版社 2000 年版,第 26 页。
② See J. H. C. Morris, "The Proper Law of a Tort", 64 *Harv. L. Rev.* 881 (1951).
③ 参见肖永平:《中国冲突法立法问题研究》,武汉大学出版社 1996 年版,第 326—327 页。
④ 参见本书第八章"特征履行方法及其运用"。
⑤ 参见 2008 年欧盟《合同之债法律适用条例(罗马Ⅰ条例)》第 4 条。

首创侵权自体法理论的莫里斯教授,他也承认"在许多情形下,甚至可能在绝大多数情形下,只要侵权行为地确定无疑,可以说,就无需考虑侵权行为地法之外的法律",我们只是在少数例外情形下才需要"宽泛的、灵活的冲突规则"。① 因此,《罗马Ⅱ条例》只承认最密切联系原则的例外和补充的地位,这是更为合理的安排。

在《罗马Ⅱ条例》中,最密切联系原则所构建的一般例外,不仅针对第4条第1款的侵权行为地法,而且同时针对第4条第2款的共同住所地法。针对行为地法是应有之义,而共同住所地法本身就构成了行为地法之例外,现在针对它再创设"例外之例外",是否有此必要呢?上文已经证明共同住所地法构成行为地法之例外的合理基础,然而此基础只是着眼于双方当事人之间的私人利益。在诸如环境侵权、限制竞争侵权等公共利益的特殊领域,虽然可以明确表明不再适用共同住所地法之例外,但在一些无法类型化或没有必要制定特殊侵权冲突法的侵权关系中,也有可能涉及一个或多个第三人的利益,如果适用共同住所地法之例外规则完全超出第三人的合理期望,此时只有借助最密切联系原则以否定共同住所地法之适用。也就是说,如果侵权关系关乎第三人之利益,不管第三人是否已经成为诉讼案件的当事人或参与人,那么不适用其中两个当事人的共同住所地法而适用侵权行为地法,对案件涉及的所有人来说可能就是最为公平的了。

利用最密切联系原则之例外,以考虑案件第三人之利益,多少是出于社会的、经济的考虑,而非完全出于地理空间的衡量。最密切联系原则之例外一般是衡量空间之密切程度,而非社会经济因素之考量,因为最密切联系原则可能替代的法律,即侵权行为地法和共同住所地法,均建立在地理空间的概念的基础之上。比较一般规则指向的国家与可能存在的另一国家哪个与案件更为密切,自然也是出于地理空间之衡量,并且两者密切程度的比较只有在具有"显然"的差距时,才能适用最密切联系原则之例外。如果过多考虑社会的、经济的因素,而不是单纯的空间比较,就可能引发例外的滥用,使一般规则陷于不安定之中。在适用最密切联系原则之例外规则时,要完全摒除社会的、经济的考量是不现实的,但是,当需要考虑社会的、经济的因素时,这些因素必须构成整个案件的具体事实之一部分,正如案件中所涉及的第三人之利益。

最密切联系原则在具体案件中的运用一般依赖于法官的自由裁量,而无法由立法事先加以详尽地规划。当立法给出多项政策指南时,如果导向多重

---

① See J. H. C. Morris, "The Proper Law of a Tort", 64 *Harv. L. Rev.* 885 (1951).

目标,则同样让法官无足适从。《罗马Ⅱ条例》放弃了列举政策指南的努力,这是明智的做法。① 但第 4 条第 3 款在规定最密切联系原则之例外时,特别提到:"与另一国显然有更密切的联系,尤其可能建立在当事人既存关系的基础之上,例如合同,并且此既存关系与诉讼中的侵权关系有着密切的联系。"《罗马Ⅱ条例》特别拈出既存关系一项,其目的无非是当双方当事人之间的既存关系与侵权关系存在密切联系时,促使法官适用同一法律。② 当事人之间的既存关系,既可能为事实关系,例如共同国籍、朋友关系;也可能为纯粹的法律关系,例如合同关系。如果是事实关系,法官在选择侵权案件的准据法时,自然会加以考虑,以判断该事实关系所在的国家是否比侵权行为地国家与侵权有更密切的联系,此时特别拈出既存关系似乎没有什么必要。③

但是,当事人的既存关系可能是纯粹的法律关系,例如合同关系(正如第 4 条第 3 款特别指明的)。《罗马Ⅱ条例》的目标是要保持两种关系的法律适用的一致性,可见《罗马Ⅱ条例》强调的既存关系主要是指既存之法律关系,而非既存之事实关系。在一般情况下,当既存之法律关系与侵权关系有密切的联系时,当法官在考虑更密切联系的例外时,无法去考虑既存法律关系的准据法,因为准据法本身并非空间因素。而且,即使既存之法律关系与侵权关系联系密切,既存关系之准据法也很可能与侵权关系无关。例如,当事人既存之合同关系与侵权关系联系密切,侵权就是在履行合同的过程中产生的,但是,双方当事人共同约定的合同准据法所在的国家与合同本身没有什么联系,与侵权关系更不存在什么联系,此时更是无从适用更密切联系这一例外规则。《罗马Ⅱ条例》在最密切联系原则的例外中特别拈出既存关系一项,就是为了扩大最密切联系原则的通常的考虑范围,促使法官去考虑既存关系的准据法因素,尽可能让当事人之间的密切相关的两种法律关系的准据法保持一致。

然而,《罗马Ⅱ条例》并没有像少数国家的立法例那样④,硬性要求侵权准据法与密切相关的既存法律关系的准据法保持一致。如果《罗马Ⅱ条例》

---

① Symeonides 教授认为应该给出政策指南,参见 Symeon C. Symeonides, "Rome Ⅱ and Tort conflicts: A Missed Opportunity", 56 *Am. J. Comp. L.* 198 (2008)。但是,如果给出多个政策指南,又不指向一个方向,正如美国《第二次冲突法重述》第 6 条那样,甚至给出彼此相互冲突的政策指南,结果将会加剧法律的不确定性,参见 Vischer, "General Course on Private International Law", 232 *Recueil des cours* 59 (1992)。
② 参见中国国际私法学会:《中国国际私法示范法》,法律出版社 2000 年版,第 203 页,第 113 条。
③ 其实,共同住所亦可视为是一既存关系,共同住所地法应该刚性地替代侵权行为地法,因此应该规定共同住所地法之例外。
④ 例如,瑞士《联邦国际私法》第 133 条第 3 款;比利时《国际私法》第 100 条。

有此意图，就会像处理共同住所地法那样，使既存法律关系的准据法成为侵权行为地法之一般例外。可见在《罗马Ⅱ条例》的立法者心目中，既存关系远没有共同住所地这一因素具有决定意义，所以只是借助最密切联系之例外促使法官去加以考虑罢了。如果侵权关系与既存关系具有密切的联系，而两者又适用不同的法律，就很有可能导致两个法律体系的结论相互冲突，而适用同一法律确实可以最大限度地消除这种冲突，以维护私法秩序之稳定。但是，在国际私法中，促使彼此独立而又关联的法律关系适用同一法律，这并非是十分重要的目标。当这一目标与其他公正性目标相冲突时，常常让位于其他目标，例如先决问题领域就是如此。在侵权冲突法中，侵权关系一旦与既存的合同关系存在密切联系，常常引发合同的免责条款能否有效成为侵权被告抗辩事由的问题。如果合同准据法与侵权准据法对此规定不同，那么侵权准据法是否一定要和合同准据法保持一致，在不同案件中结论常常不同。①《罗马Ⅱ条例》只是指引法官去协调两者关系，但也无法给出确切答案。既然如此，《罗马Ⅱ条例》完全没有必要在最密切联系原则之例外这个弹性条款中再去引入一个新的不确定的因素，既存之关系这一因素还是不要规定为好。

《罗马Ⅱ条例》在规定最密切联系之例外时，要求法官考虑的是"整个案件"是否与另一国存在更密切的联系，而非某个具体问题与另一国存在更密切的联系。如果是前者，那么整个案件将适用另一国的法律，以取代侵权行为地法或共同住所地法；如果是后者，只有具体问题转而适用另一国的法律，而其余问题仍然适用侵权行为地法或共同住所地法。《罗马Ⅱ条例》拒绝了后者，等于在适用最密切联系之例外时，拒绝了"分割"方法，为此一些知名学者提出了严厉的批评。② 一般来说，普通法系国家青睐于分割方法，而大陆法系国家则不鼓励分割，这与两大法系的法律风格密切相关。普通法系注重解决一个又一个的问题，而不注重相关问题的法律答案的一致性和体系性；而大陆法系则注重概念主义的、体系化的方法。分割方法是从具体问题出发的，而非从具体问题所属的体系出发的，它在某些场合可能会促进具体问题的公正解决，但也会加剧法律体系的破碎，带来结果的不确定性，这种方法自然是适合普通法系国家而非大陆法系国家。

---

① 关于这个问题的讨论，参见 Lawrence Collins with Specialist Editors, *Dicey, Morris and Collins on the Conflict of Laws*, (14th ed., 2006), Sweet & Maxwell, pp.1918—1919.
② Symeon C. Symeonides 和 Trevor C. Hartley 均基于普通法传统提出了严厉的批评，参见 Symeon C. Symeonides, "Rome Ⅱ and Tort Conflicts: A Missed Opportunity", 56 *Am. J. Comp. L.* 198—199 (2008); Trevor C. Hartley, "Choice of Law for Non-Contractual Liability: Selected Problems Under the Rome Ⅱ Regulation", 57 *I.C.L.Q* 902 (2008).

《罗马Ⅱ条例》为了最大限度地统一欧盟各国的侵权冲突法,在第15条中特别规定了侵权准据法的适用范围,该范围之列举几乎将重要的侵权法律问题都囊括进来了,等于明白无误地表明范围内的问题都不允许分割。其中一个问题(第15条e项),即侵权请求权是否可以转让(包括继承转让),也在该范围之内,支持分割的学者认为这个问题尤其应允许分割。① 例如,准据法即侵权行为地法为甲国法,而已经死亡的受害人是住所位于乙国的乙国人,受害人的侵权请求权是否应由其乙国的某位亲属继承,这个问题在支持分割的学者眼中,应该与乙国具有更密切的联系,从而该问题应该与其余问题相分割,单独适用乙国法。但是,仅此权利继承问题远不能证明整个案件与乙国具有更密切的联系,而《罗马Ⅱ条例》又不允许分割,因而包括该权利继承问题在内的整个案件只能适用甲国法。

如果换一个角度,将权利继承问题识别为继承问题,那么根据"动产继承适用被继承人死亡时的住所地法"的一般规则,这个问题应适用乙国法,从而可以和分割方法取得一致的结论。《罗马Ⅱ条例》为了欧盟侵权冲突法的统一,为了迎合占据绝大多数的欧盟境内的成文法国家的法律风格,拒绝分割方法是无可厚非的;但它将诸如权利继承问题也囊括到侵权准据法的适用范围内,也堵塞了对此采取不同识别的国家的后路,这确实带来了一个较重的负面影响。

《涉外民事关系法律适用法》无论在"一般规定"中,还是在各个具体领域中,全面拒绝了基于最密切联系原则的例外规则,第44条关于侵权冲突法的一般规则自然也不例外。立法者之用意,是要增加法律适用的确定性和可预见性,避免赋予法官过大的自由裁量权,这种立法思想在中国当今变革剧烈的转型时代,固然无可厚非,但具体到侵权冲突法领域,这种毫无余地的拒绝例外规则的方法,却不可取,原因主要表现在两个方面:第一,第44条规定适用侵权行为地法,但一旦侵权行为实施地和损害结果发生地位于不同的地方,侵权行为地就是一个非常不确定的概念,正如上文所分析的,未来的司法解释应该取其一端,或行为实施地,或损害发生地,如果未来固定为其中一个,就需要基于最密切联系的例外规则来缓和其中的机械之处和个案的不公正;第二,第44条中共同经常居所地法之例外,如同《罗马Ⅱ条例》中的共同住所地法之例外,也是一种刚性例外,在特殊情形下需要考虑第三者利益或其他社会经济利益,即需要考虑"例外之例外"的情形,这同样离不开基于最密切联系原则的例外规则。

---

① See Symeon C. Symeonides, "Rome Ⅱ and Tort conflicts: A Missed Opportunity", 56 *Am. J. Comp. L.* 199 (2008).

未来司法解释如果能为《涉外民事关系法律适用法》第 44 条引入基于最密切联系原则的例外规则时,那么基于我国的成文法传统,同样应拒绝分割方法,但不应像《罗马Ⅱ条例》第 15 条那样机械地去列举侵权准据法的适用范围,以免在诸如权利继承问题上限制了更为合理的识别的可能。①

五、意思自治的适用范围

意思自治方法作为基本方法之一在国际私法中已经稳固地确立下来了,它不仅在合同国际私法领域中排除了传统合同国际私法施加的诸多限制,而且正大踏步地向非合同国际私法领域进军。② 当然,合同法是私法中赋予私人最大的私法自治的空间,意思自治在非合同国际私法领域所享有的自由无论如何难以与合同国际私法相比肩,所受限制自然要大于合同国际私法领域。《罗马Ⅱ条例》旗帜鲜明地推进了意思自治的扩展趋势,而且将意思自治在非合同之债(重心依然在侵权冲突法领域)法律适用领域的自由程度发挥到了史无前例的高度。《涉外民事关系法律适用法》制定之前,我国侵权冲突法受时代条件的限制,没有承认意思自治,《涉外民事关系法律适用法》第 44 条也大胆在侵权冲突法的一般规则中引入了意思自治,但和《罗马Ⅱ条例》的规定方式不尽相同。

如今回顾意思自治在侵权冲突法领域的发展历程,大体可以发现具有标志性的三个阶段:第一阶段以 1987 年瑞士《联邦国际私法》为代表,该法第 132 条规定"侵权行为发生后,当事人可以随时协商选择适用法院地法",小心翼翼地只允许选择法院地法,而且只允许事后选择,不允许事前选择;第二阶段以 1999 年德国国际私法立法为代表,其《民法施行法》第 42 条规定:"产生非合同之债的事实发生之后,双方当事人可以选择适用于该债务的法律,第三人的权利不受影响",该法全面扩大了当事人的选择范围,不再局限于法院地法,但仍然只允许事后选择,不允许事前选择;《罗马Ⅱ条例》代表了最新的发展阶段,第 14 条第 1 款规定:"当事人可以协议选择适用于非合同之债的法律:(a)协议订立于损害事件发生之后;或者(b)当事各方在从事商业活动的,协议经自由协商,亦可订立于损害事件发生之前。法律选择应是明示的,或案件各种情形确切表明的,且不得损害第三人之权利。"该规定不仅对

---

① 一般来说,为了促进各成员国或缔约国的法律统一,才需在统一的冲突法立法中详细列举准据法的适用范围,《示范法》第 127 条盲目规定了侵权准据法的适用范围,得不偿失。参见中国国际私法学会:《中国国际私法示范法》,法律出版社 2000 年版,第 29 页,第 127 条。
② 关于意思自治及其适用领域的扩展,参见宋晓:《当代国际私法的实体取向》,武汉大学出版社 2004 年版,第 203—250 页。

选择范围不加限定,而且不再拘泥于事后选择,在一定条件下开始允许事前选择。《涉外民事关系法律适用法》第 44 条规定:"……侵权行为发生后,当事人协议选择适用法律的,按照其协议。"可见我国规定大致处在相对保守的第二发展阶段。

瑞士国际私法在近三十年前虽开风气之先,但亦可反映出它当时对意思自治在侵权冲突法领域的地位和价值还尚存疑虑,加以瑞士联邦侵权法极力反对惩罚性损害赔偿,担心一旦全面允许当事人选择侵权准据法,就会将诸如惩罚性赔偿等瑞士法所不愿接受的侵权法律政策引入瑞士法院,因而谨慎地将当事人的选择范围限定在法院地法。[①] 然而,二十年过后,再也没有必要去背负这样的包袱了。一方面,意思自治在侵权冲突法中的地位已经得到普遍的认可;另一方面,在现代各国侵权法律体系中,绝大多数规则是在填补损害和分摊风险,只有少量规则是在制裁和惩罚特定的不法行为。因此,允许当事人选择法院地法之外的法律,并不会让法官动辄面对有关外国的旨在制裁与惩罚的侵权法律规则,即使法官面对法院地法难以接受的此类外国规则,也能以其与法院地法的强制规则相抵触或违反本国公共秩序为由不予适用。德国法与《罗马 II 条例》,以及我国《涉外民事关系法律适用法》,均跨越了早先存在的思想障碍,对当事人的选择范围不加限定,是立法实践合理发展的结果。

较之先前侵权冲突法有关意思自治的立法,《罗马 II 条例》最大的突破就是允许当事人进行事前选择,而我国立法对此采取了保守态度。是否允许事前选择,至今仍是争议很大的问题。与合同冲突法相比,合同是当事人争议之前安排的,合同法律选择的基本模式是事前选择,当然同时允许事后选择;而侵权事件之发生一般是难以预料的,当事人无法事先作出安排,更谈不上大费周章地签订法律适用的协议,所以事后选择是符合侵权的一般情形的。而且,更为重要的是,损害事件发生之后,当事人在合意进行法律选择之前,完全可以根据相关国际私法规则预知可能适用的准据法,并对自己的权利义务有了相对允分的了解,如果双方认为适用侵权行为地法或共同住所地法之外的另一法律,对双方行驶权利或承担义务更为便利,他们完全可以选择另一法律。在事后选择的情形中,立法完全没有必要担心双方作出的法律选择过分有利于一方当事人,或一方当事人将自己在社会、经济方面的强势地位强加于另一方当事人,因为在侵权事件发生之后双方均可依据相关法律预知结果的时候,偏袒一方的法律选择的安排是无法获得对方同意的,这就

---

① See Vischer, "General Course on Private International Law", 232 *Recueil des cours* 128 (1992).

可以推定事后的法律选择对双方当事人来说一般是公平的。①

然而,在国际民商事交往中,尤其是在国际商事实践中,许多情形提出了事前选择的合理性和必要性。例如,在大量国际商事合同中,当事人常常约定"本合同或本合同引发的一切争议适用甲国法",如果在履行合同过程中一方对另一方实施了侵权行为,而此侵权行为与合同密切相关,但又不能和合同责任相竞合,此时如果以合同法律适用的约定不得涵盖侵权为由,拒绝适用当事人在合同中约定的甲国法,至少从表面上看违反了"本合同引发的一切争议适用甲国法"的最初约定,从而违反了当事人订约时的合理期待。如果侵权冲突法允许事前选择,就可以将当事人的约定不仅视为是合同法律适用的约定,同时也可视为是侵权法律适用的约定,当交易过程中同时产生合同和侵权责任时,就能保证彼此相关的两种性质不同的责任适用同一个法律,从而最大限度保证双方权利义务的完整性和公正性。② 当事人在订立合同和从事国际商事交易时,如果事先约定的法律选择条款同时囊括合同责任和侵权责任,则有助于双方当事人根据合意选择的法律全面地评估交易风险和赔偿责任。只要事先给双方当事人提供一个稳定而可预见的法律环境,就能最大限度地促进交易的产生并进而增进交易的安全。

况且,事后选择虽从逻辑上看应是一般模式,但在实践中却很少发生,因为侵权事件发生之后,当事人协商无果而诉之法院,彼此关系已经剑弩拔张,很难平心静气地签订法律适用协议;交易过程中先前的法律选择的约定能否适用于后来发生的侵权事件,这种争执较之事后选择反而更为常见。因此,如果只允许事后选择而不允许事前选择,侵权冲突法中的意思自治条款在很大程度上就是空中楼阁。尽管如此,德国立法者在 20 世纪末仍然不赞同事前选择,他们认为,在合同关系中派生的侵权关系,常常是合同强势方对合同弱势方的侵权,为了保护弱方当事人,即使双方当事人可以预见侵权法律关系的产生,也不允许预先约定侵权行为准据法。③ 德国立法者所担心的情形在实践中也不可谓不常见,事前选择确实容易被交易中的强势一方所利用,以强化自己在法律上的优势地位,一旦发现交易对自己不利,就有可能使他选择承担事先预见的代价不大的侵权责任,积极对另一方进行侵权,毁损交易的基础,这样无异于鼓励商人将侵权作为达到自己商业目的的一个手段。

---

① See Symeon C. Symeonides,"Rome Ⅱ and Tort conflicts: A Missed Opportunity", 56 *Am. J. Comp. L.* 215 (2008).

② 这里只就当事人合意选择而言,如果由法官来决定侵权准据法,如前所述,法官并不一定会优先考虑侵权准据法与合同准据法的一致性。

③ See Peter Hay, "From Rule-Orientation to 'Approach' in German Conflicts Law: the Effect of the 1986 and 1999 Codifications", 47 *Am. J. Comp. L.* 645 (1999).

因此，是否同意事前选择，确实让人面临两难的困境。

《罗马Ⅱ条例》为破此困境，在积极肯定事前选择的同时，也对此施加了两项限制条件：其一，事前选择是在商业活动的过程中缔结的；其二，事前选择必须是自由协商的结果。前者肯定了事前选择在商业交易中的合理性和必要性，旨在维护当事人的合理期望，促进交易发展；后者则避免合同中强势一方当事人利用事前选择以强化自己的优势地位，更是要避免合同一方利用自己的强势地位直接或间接逼迫另一方签订对强势方有利的法律选择协议。《罗马Ⅱ条例》为突破困境和维持利益平衡付出了巨大的努力，即使如此，批评者仍然认为，"商业"和"自由协商"两个用语在各国法律中歧义甚大，因而含糊有余，精确不足，恐怕难以实现立法的目的。① 应该说，《罗马Ⅱ条例》允许事前选择的立法方法代表了未来发展趋势，但其限制用语确实如批评者所批评的那样过于含糊，不如直接规定当事人的合同法律选择条款同时适用于与合同相关的侵权事件，而且同时规定合同冲突法中对于合同强势方的所有限制条款(诸如消费合同、雇佣合同等合同冲突法领域的限制强势一方的条款)同时适用于侵权事件，利用合同冲突法中的限制性条款以实现侵权冲突法自身难以实现的平衡②，或许这是更好的方法，似乎也是我国未来司法解释应该迈步的方向。

《罗马Ⅱ条例》既然承认了事前选择，就依据欧洲国际私法的传统习惯，进一步承认了默示选择③，即"案件各种情形确切表明"当事人具有法律选择的意思表示的，虽没有明示，亦加以承认。但是，默示法律选择不仅在形式上损害了法律的确定性，而且其实质内容对我国也不适宜。侵权法律适用的事前选择一般是同时在合同中完成的，而合同领域的意思自治至今已深入人心，如果当事人有法律适用的合意，就应当知晓以明示的方式加以表达，如果当事人没有进行明示的法律选择，则表明当事人之间根本不存在法律适用的合意，此时推断当事人的默示选择就完全是拟制的、强加的，违背了当事人的意思自治本身。那些肯定默示法律选择的西方国家的案例表明，默示法律选择的判断依据常常是标准格式合同、法院选择条款和采用特定国家法律用语等④，但这些判断依据几乎全部指向西方发达国家，而很少指向如我国这样

---

① See Symeon C. Symeonides, "Rome Ⅱ and Tort conflicts: A Missed Opportunity", 56 *Am. J. Comp. L.* 216 (2008).
② 遗憾的是，《涉外民事关系法律适用法》第42条关于消费者合同的法律适用规则，以及第43条关于劳动合同的法律适用规则，均没有明确规定双方当事人可以合意选择合同准据法。
③ 《罗马Ⅱ条例》和《罗马Ⅰ条例》关于默示选择的条文措辞几乎一致，参见2008年欧盟《非合同之债法律适用条例(罗马Ⅰ条例)》第3条第1款。
④ See Lawrence Collins with Specialist Editors, *Dicey, Morris and Collins on the Conflict of Laws*, (14th ed., 2006), Sweet & Maxwell, pp.1573—1576.

的法治后进国家,如果贸然承认默示法律选择,岂非在许多案件中让我国法官放弃本应适用的中国法而去适用外国法?因而,对于默示选择问题,无论是我国合同冲突法还是侵权冲突法,都不应该盲目效仿两罗马条例。①

六、结　　语

《罗马Ⅱ条例》在侵权冲突法的一般规则中,将侵权行为地法、共同住所地法、最密切联系的法律以及意思自治这四个系属公式有机地结合起来,取规则形式而弃灵活方法,追求法律的确定性,处处体现了平衡、理性与中庸的特点,这一切共同将侵权冲突法的立法推向了新的境界,为他国包括我国的侵权冲突法立法成功地开辟了一条稳健的道路。但是,《罗马Ⅱ条例》深深烙上了欧盟的政治、经济与法律文化的印记,最显著地莫过于在适用损害发生地法与适用行为地法的选择问题上,虽在立法技术上极尽平衡之能事,但最终还是偏袒欧盟各发达国家的利益。

我国《涉外民事关系法律适用法》第44条关于侵权冲突法一般规则之构建,可以说最主要借鉴了《罗马Ⅱ条例》,但和《罗马Ⅱ条例》相比,我们的立法主要有如下三个不同之处:第一,我国没有在侵权行为实施地法律和损害发生地法律两者之间作出最后抉择,导致规则具有很大的不确定性;第二,我国意思自治规则只是一种事先选择,而不承认事后选择,过多顾及民事的平等,而一定程度上忽略了商业的实践需要;第三,我国为了维护法律适用的稳定性,拒绝规定基于最密切联系原则的例外规则,这又剥夺了侵权冲突法一般规则所应具有的灵活性。综合而言,《罗马Ⅱ条例》立法在前,《涉外民事关系法律适用法》立法在后,我们尽管努力借鉴了《罗马Ⅱ条例》的规定,但总体立法质量似乎仍然不如《罗马Ⅱ条例》,更遑论我们本应有"后发"的优势,本应在某些方面超越《罗马Ⅱ条例》,这是非常值得我们深思的。

《罗马Ⅱ条例》代表了侵权冲突法立法的最新成就,已经对欧盟之外的国家发挥了示范法的效应,但是,不管外国国际私法立法如何具有普适价值,如何具有示范效应,我们在比较和借鉴之时,都不能失去"独立之精神、自由之思想",一味赞扬,只谈借鉴,这样的比较法方法积弊渐重,最终将会葬送我国国际私法立法与学术的独立发展之路。本章自始至终贯彻独立、自由和批判的理念,希望对我国未来国际私法的发展有所启示。

---

① 《涉外民事关系法律适用法》第4条规定明确要求"明示选择",而拒绝承认默示选择;2012年《涉外民事关系法律适用法司法解释(一)》第8条第2款规定:"各方当事人援引相同国家的法律且未提出法律适用异议的,人民法院可以认定当事人已经就涉外民事关系适用的法律作出了选择",这似乎是最接近承认默示选择的例外情形。

附记:中国国际私法的"怕"与"爱"*

一、前　　言

　　学者个人在符合学术基本规范和基本要求的前提下,在其作品中直接或间接地表达某种怕与爱的情绪,是正当而无可指责的;而且,对特定理论和实践立场的赞成或批判,赞成中所流露的爱,批判中所表示的怕,正是学者学术研究不竭的动力和源泉。如果在冷酷、面无表情的学术语言背后,丝毫不能发现其中的怕之所系和爱之所在,那么恰恰需要深刻怀疑这种学术研究的价值。我们所言的中国国际私法的"怕"与"爱",当然不是特指某个或某些国际私法学者的"怕"与"爱",而是指中国国际私法立法和司法实践,作为一个整体所表现出来的"怕"与"爱"。中国国际私法并非个人,又何来怕与爱?

　　2010年《涉外民事关系法律适用法》的颁布,距离我国历史上第一部成文国际私法立法《法律适用条例》的颁布①,将近百年之久。无论如何,《涉外民事关系法律适用法》结束了《民法通则》时代国际私法支离破碎、残缺不全的立法局面,以法律适用法为核心的中国国际私法的立法体系初步形成。中国国际私法完全舶来自西方,因过去百年历史动荡和时代反复,移植、消化和吸收西方国际私法的历史过程至今尚未结束,同时因其理论自身在西方过去百年的复杂多变,这一过程就更加艰难和缓慢。消化西方国际私法理论的历史进程尚未完成,建立中国自身的理论体系就更不堪论。在过去三十年立法残缺不全的时代,中国法院在涉外民商事案件中动辄有意无意地逃避法律选择程序,司法经验的累积也很有限。可以说,《涉外民事关系法律适用法》是在贫弱的学理与实践基础上诞生的。

　　如同体弱的自然人特别敏感于环境,中国国际私法也潜藏着异乎寻常的"怕"和"爱"。个人在其学术研究中表现的怕与爱,归根结底应该受到欢迎,虽然主观上会增加研究对象偏离客观的风险,但最终带来了研究成果的个性风骨和"片面的深刻"。个人的"怕"和"爱",恰恰是个人的成熟和自信所致;

---

* 本章系在《中国国际私法的"怕"与"爱"》(《华东政法大学学报》2013年第2期)一文基础上修改而成。

① 参见1918年北洋政府颁布之《法律适用条例》。

但是,中国国际私法的"怕"和"爱",恰恰是中国国际私法的不成熟和不自信所致。中国国际私法因其不成熟,就会带着爱的情绪好高骛远地追求难以企及的目标;因其不自信,就会带着怕的情绪盲目追随时代潮流而不敢正视中国自身的问题。无论是中国国际私法的所怕还是所爱,都是一种近乎病态的情绪,而非时代对中国国际私法提出的要求,最终都会损及中国国际私法的健康发展。

本章作为全书附记,不揣浅陋,希望以更全面的视角,围绕我国《涉外民事关系法律适用法》,对中国国际私法的制度生成问题,做一个总体性评论,并揭示中国国际私法"怕"与"爱"的虚症。只有明其症结所在,我们才能进一步寻找良策,扶助中国国际私法回到自信冷静、稳健中道的发展道路上。

二、中国国际私法之"爱"

综观《涉外民事关系法律适用法》,可以从中发现立法者的指导思想和风格追求,也就是这部法律最终所表现出来的几个最基本的"爱"。

(一) 简明之"爱"

中国立法者素来青睐立法风格的简明,《涉外民事关系法律适用法》更是其中的代表作。《涉外民事关系法律适用法》52个条文之中,只有区区4条含有两款内容[①],其余均为一款内容之规定,而且在一款内容的规定之中,也以一行或两行文字为主,很少超过两行文字的。例如,第7条规定:"诉讼时效,适用相关涉外民事关系应当适用的法律",又如,第27条规定:"诉讼离婚,适用法院地法律",这种内容长短形式的规定在《涉外民事关系法律适用法》中俯拾皆是。《涉外民事关系法律适用法》在形式上做到了简明之至,也几乎是全世界最简明的国际私法立法。

现实生活纷繁复杂,用以规范现实生活的法律,无论何等拖沓、冗长与累赘,都不应用文学的简明标准,劈头对它横加指责。法律是实践理性,是指导实践的规范集群,法律的形式和结构,首应与社会生活的结构和形式相匹配,完成这种匹配之后,才能进一步追求简明的形式美感。如果成文法抛开匹配复杂的社会生活的努力,一开始就追求一种简明的文本风格,就会失去它最为宝贵的实践品格,而沦为虚文。因此,对于法律来说,风格简明是第二位的,能否回应复杂的实践问题,才是第一位的。对于《涉外民事关系法律适用

[①] 参见《涉外民事关系法律适用法》第2、12、14、16条。

法》我们不禁要问,它是充分回应复杂的实践问题之后才进而追求简明风格的,还是仅为追求简明风格而忽略了实践的复杂性?

至少在许多重要问题上,答案不幸是后者。试举第 4 条有关强制性规则或直接适用规则的规定为例。国际私法的强制性规则问题是国际私法实践和理论中最复杂的几个问题之一,需要个案法官以自由裁量权去能动地解释相关国内法的强制规则是否构成国际私法意义上的强制规则,想要以成文法方式完全传递出这个问题在实践和理论中的全部面相,几乎是不可能的,概括与综合的立法形式无可回避。① 但是,如果了解最高人民法院在"中银香港公司案"中的司法实践②,如果熟悉强制规则从 1980 年《罗马公约》第 7 条到 2008 年《罗马条例 I》第 9 条的演进历史,就应该知道,成文法需对强制性规则做进一步界定,至少是列举强制性规则的认定标准和方法,以及表明对与案件相关的外国(特别是合同履行地国家)的同类规则的态度。可惜这一切都在第 4 条极其简明的形式中被过滤了。③

成文法当然应该追求简明的形式之美,但是,形式简明需在两个前提下进行:第一,立法者不能凭借想象去拟制未来的实践细节,并以复杂的成文法形式加以规范,而应以简明的立法形式去留待未来的司法判决去填补,但是对于已经涌现的实践细节,立法者则不能借口简明的形式需要而不加以规范和回应;第二,成文法的简明形式,是对已有复杂的法学理论进行再综合、再抽象、再概括的结果,简明是经历了复杂之后的简明,简明是以复杂为基础的简明。人们常常津津乐道于《法国民法典》的风格简明,但需知《法国民法典》是几百年罗马法复兴运动学术积淀的产物,是那些丰富复杂的法学理论撑起了法条的简明风格。④ 然而,稍知《涉外民事关系法律适用法》制定过程的人们都清楚,且不说立法者是否充分重视国际私法学界的研究成果,即便如此,试问又有几个简明的条文背后站着我国丰富复杂的理论积累?简明背后,恐怕更多的是苍白。

---

① 关于国际私法中的强制性规则问题,可以参见肖永平、龙威狄:《论中国国际私法中的强制性规范》,载《中国社会科学》2012 年第 10 期。
② 参见《最高人民法院公报》2005 年卷,第 298 页。
③ 《涉外民事关系法律适用法司法解释(一)》第 10 条终于有了进一步解释:"有下列情形之一,涉及中华人民共和国社会公共利益、当事人不能通过约定排除适用、无需通过冲突规范指引而直接适用于涉外民事关系的法律、行政法规的规定,人民法院应当认定为涉外民事关系法律适用法第四条规定的强制性规定:(一)涉及劳动者权益保护的;(二)涉及食品或公共卫生安全的;(三)涉及环境安全的;(四)涉及外汇管制等金融安全的;(五)涉及反垄断、反倾销的;(六)应当认定为强制性规定的其他情形。"该司法解释仍然没有涉及对相关外国的直接适用规则的效力认可问题。
④ 参见〔美〕高德利:《法国民法典的奥秘》,张晓军译,《民商法论丛》(第 5 卷),法律出版社 1996 年版,第 553—574 页。

（二）普遍主义之"爱"

《涉外民事关系法律适用法》可以说是萨维尼最忠实的学生。除了第4条关于强制性规则的规定和第5条公共秩序保留条款特别提及中国之外，其余法律适用规则均是多边主义规则，无一字言及中国。虽说有不少法律选择规则追求特定的实体目的，诸如促进法律行为的有效性，或保护特定法律关系中的弱者利益，是一种实体取向的法律选择规则，但它们归根结底仍然是多边主义规则，既没有增加中国法的适用机会，更没有想要保护特殊的中国利益。《涉外民事关系法律适用法》浑身上下洋溢着一种普遍主义精神，与其说是在制定中国的国际私法，毋宁说是在制定可为任何国家采行的国际私法通则。然而，如果我们环顾四周，除了国际私法的国际公约和欧盟国际私法具有超国家的性质之外，国际私法主要还是属于各自国家的国际私法，中国怎么就制定了一部近乎"超国家"的国际私法了呢？

对比萨维尼的故乡即德国的国际私法立法和《涉外民事关系法律适用法》，可以获得不少启发。德国《民法施行法》也以普遍主义为基调，以多边主义的法律选择规则为基本的规则形态，但它在不少地方特别提及了德国的特别利益或特别的法律关切。可以举出不少的例子，例如德国《民法施行法》第13条在规定了结婚的要件适用许婚者各方的本国法这条多边主义规则之后，又详细说明了适用德国法的具体情形；对比我国《涉外民事关系法律适用法》第21条，结婚的实质要件只有双边冲突规范而无适用中国法的单边冲突规范。又如，关于死亡宣告，德国《民法施行法》第9条在规定适用自然人的属人法之后，又实质上为保护德国境内的债权人的利益而规定可以依据德国法宣告外国自然人死亡；对比我国《涉外民事关系法律适用法》第13条，只有适用属人法的普遍主义规定。再如，德国《民法施行法》第25条在继承的双边主义规定之后，特别规定被继承人可以对位于德国的不动产以遗嘱的形式选择德国法；而我国《涉外民事关系法律适用法》第31条只有双边主义规定。[①] 这样的对比反差还有不少。

对萨维尼的多边主义方法和普遍主义精神，无论给予多高的评价都不为过，它们确实应该成为国际私法的基调和发展方向。[②] 但是，当国际私法还停留在国别的阶段，我国立法者却几乎完全放弃了在具体领域宣示中国的特

[①] 德国《民法施行法》，参见《外国国际私法立法精选》，邹国勇译注，中国政法大学出版社2011年版，第3—18页。

[②] 关于国际私法多边主义方法和普遍主义精神，参见宋晓：《当代国际私法的实体取向》，武汉大学出版社2004年版，第36—51页。

别利益和特别价值关切,这多少是犯了"右倾"的错误。或许立法者会辩解道,我们不是有第 4 条和第 5 条来实现上述目的吗?然而,第 4 条和第 5 条有严格的适用条件,难道立法者希望法官频繁适用这两条吗?果真如此,整部《涉外民事关系法律适用法》都将失去法律的安定性,这就好比只提供核武器而不提供常规武器的武器库,迟早会毁灭世界。中国曾几何时以"天朝"自居,如今却在处理涉外关系的《涉外民事关系法律适用法》中,失去了宣告自己的独特利益和独特法律价值的自信。也许对中国立法者来说,最终要让他们认识到"右倾"的错误并不难,但要他们在国际私法立法中合理设定国家利益和价值关切,并以恰当的立法方式加以实现,这才是更难的。这同时也是对中国学界的考验。

(三) 确定性之"爱"

法律的确定性问题主要关乎立法和司法的权限划分问题。虽说在成文法国家,立法权主要由立法机关垄断,立法者在法律确定性问题上享有主导权力,但是任何立法者都应该认识到,有意识地将某些法律发展的空间留给法官,这不仅是立法者谦抑的道德表现,也是特定法律问题自身的要求。中国立法者向来是不愿意给法官留下发展的空间的,在那些法律规定因粗疏而形成的立法空白,最高人民法院的司法解释作为事实上的立法者也会尽力加以填补。《涉外民事关系法律适用法》在处处斩钉截铁般的硬性规定上,表达了对法律确定性的重视和对司法的不信任。确定性问题贯穿所有领域,这里只简单论及《涉外民事关系法律适用法》"一般规定"中事关全局的几个法律确定性问题。

各国国际私法立法者面临的首号法律确定性问题,非最密切联系原则莫属。在黄进教授召集起草的中国国际私法学会建议稿中,最密切联系原则不仅是补漏性规则,还是矫正具体冲突规范指引准据法不当的利器,最密切联系原则从而享有"帝王条款"的尊崇。[①] 然而,依据《涉外民事关系法律适用法》第 2 条第 2 款,最密切联系原则只具有补漏功能,而无矫正功能。立法者显然不愿法官依据最密切联系原则来否定具体冲突规范指引的准据法。如果立法者不能具体明晰地指明最密切联系原则的适用标准,一切具体冲突规范都可能在"更明确联系"的术语前颤抖,而且还可能助长法官在没有认真思考具体冲突规范前,就滥用最密切联系原则。中国司法实践已经表明,法官

[①] 参见黄进教授主编:《中华人民共和国涉外民事关系法律适用法建议稿及说明》,中国人民大学出版社 2011 年版,第 8 页,第 5、6 条。

滥用最密切联系原则已经到了非常严重的程度。① 有鉴于此,《涉外民事关系法律适用法》矫枉过正,只规定了最密切联系原则的补漏功能,以增加整部《涉外民事关系法律适用法》的确定性,这可能令那些将最密切联系原则奉若神明、视为万能公式的人们感到失望,但确乎是矫正过去和预防未来滥用该原则的不二选择。

然而,在"一般规定"的其他两问题上,立法者就过于拘泥于对法律确定性的追求了。第一个问题是有关识别的规定。《涉外民事关系法律适用法》第8条明确规定涉外民事关系的定性,适用法院地法。关于国际私法的识别问题,理论争议向来不断,至少存在法院地法说、准据法说和比较法说等几种学说或主张。② 《涉外民事关系法律适用法》以不容置疑的方式规定适用主流学说,即法院地法说,固然可以一举结束理论上的纷争状态,获得法律确定性。但是,识别问题本质上是一个天然留待于法官自由裁量的领域,立法者沉默不言的无为才是最好的立法方式。特别在当事人主张适用外国法的时候,法官在识别阶段需要穿梭往返于案件事实、法院地法和外国法之间,即使更多以法院地法为识别标准,也需适当考虑外国法规则的功能和立法性质。例如,在南京市中级人民法院审理的一个案件中,美国雇主投保雇主责任险,依据美国法,在中国籍雇员死亡后,保险金支付给作为被告的妻子,但作为原告的死者父母主张有权继承保险赔偿。此案究竟应识别为继承案件、合同案件还是财产案件,即使最后依据中国法,又怎能离开对美国雇主责任险的法律功能和性质的考察呢?③

---

① 我国法官滥用最密切联系原则的情形,主要表现为两个方面:第一,在《涉外民事关系法律适用法》颁布之前,最密切联系原则充其量只是一种学理上的原则,而并未成为法定的"原则",但是,法官在许多情形下,将之视为法定的原则,即使具体法律关系并没有以最密切联系原则为系属,也仍以最密切联系原则为唯一的法律选择的依据,当然,结果一般指向中国法;第二,在涉外合同领域,法官常常绕过"特征履行"的分析,而直接依据最密切联系原则决定合同的准据法,同样,结果也一般指向中国法。在我国长期司法实践中,这两个方面的滥用表现都非常充分,相关实证材料可以参见黄进等:《中国国际私法司法实践述评》系列论文,载《中国国际私法与比较法年刊》(2006—2011),北京大学出版社 2007—2012 年版。依据《涉外民事关系法律适用法》第 2 条之规定,最密切联系原则只是一种法定的漏洞填补规则,只有当我国国际私法未对具体法律关系的法律适用作出规定的,才适用最密切联系原则,换言之,法官在具体个案中,不能以已有冲突规则指向的准据法和案件不具有最密切联系,或者以存在另一个与案件有更密切联系的法律为理由,不适用已有冲突规则指向的准据法,转而适用那个更密切联系的法律。但是,即使如此,在《涉外民事关系法律适用法》生效之后,最密切联系原则的上述两个方面的滥用情形虽有所减少,但仍时有发生,例如,在黄进教授领衔所作的 2015 年的司法实践述评中,50 个案例的抽样统计分析中,依然存在上述两个方面的滥用情形,参见黄进、连俊雅、杜焕芳:《2015 年中国国际私法司法实践述评》,载《中国国际私法与比较法年刊》(2016 年卷),法律出版社 2017 年版,第 276—294 页。

② 参见〔德〕马丁·沃尔夫:《国际私法》,李浩培、汤宗舜译,北京大学出版社 2009 年版,第 172—180 页。

③ 江苏省南京市中级人民法院(1997)宁民再终字第 3 号。

在反致问题上,《涉外民事关系法律适用法》第 9 条明确排除了反致,立法者其中一个考虑便是"相同民事关系得以适用相同实体法律,具有一致性和公平性"①,法律适用结果的一致性也主要就是法律的确定性。排除反致以增加法律的确定性,或许具有正当性,但是,反致制度主要发挥作用的两个领域,属人法领域和继承领域,在立法者排除反致之后,却没有规定相应的补弊规则,可说是不计后果地排除反致以增加法律确定性了。属人法的两大标准,即本国法主义和住所地法主义,可谓鱼与熊掌,难以兼得,而反致制度在某些案件中不仅能缓和两者对立,还能使本国法主义的国家在某些案件中适用住所地法国家(如果自然人住所位于法院地国),反之,住所地法国家适用自然人本国法(如果自然人是本国人),鱼与熊掌一定程度上实现了兼得。另外,在继承问题上采用分割制,如果不动产所在地位于外国,该外国法规定适用属人法,而属人法为法院地法时,也便在此时实现了同一制。《涉外民事关系法律适用法》在属人法领域机械地以经常居所为连接点,而在继承领域采用区别制,排除了反致以使两者失去了反致制度的协助,其弊端是非常明显的。

(四) 原则之"爱"

在国际私法中,能够支配所有法律适用领域的原则,最主要的便是最密切联系原则。如上所述,《涉外民事关系法律适用法》的立法者极大限制了最密切联系原则的法律功能,以致其原则地位已经岌岌可危。然而,当最密切联系原则在《涉外民事关系法律适用法》中黯然失色时,一个产生于具体领域的系属——意思自治,在《涉外民事关系法律适用法》中一跃而登上了原则的舞台。

《涉外民事关系法律适用法》第 3 条宣告了意思自治的原则地位:"当事人依照法律规定可以明示选择涉外民事关系适用的法律",在从第 11 条到第 50 条这 40 条具体适用规则中,直接规定当事人可以选择适用法的,竟然超过三分之一,达 14 条之多,其中大部分是允许当事人双方合意选择,也有部分允许一方当事人作出选择。② 立法者欣然承认:"从我们接触到的外国法律和国际条约的冲突规范看,可以说中国法律对当事人选择适用法律的规定是最多的,范围是最广的。"③ 在 20 世纪中叶以前,意思自治在合同冲突法中

---

① 王胜明:《涉外民事关系法律适用法若干争议问题》,载《法学研究》2012 年第 2 期,第 192 页。
② 参见《涉外民事关系法律适用法》第 16、17、18、24、26、37、38、41、42、44、45、47、49、50 条。
③ 王胜明:《涉外民事关系法律适用法若干争议问题》,载《法学研究》2012 年第 2 期,第 192 页。

的发展尚且犹豫,谁曾想短短数十年之后,意思自治在我国《涉外民事关系法律适用法》中的版图竟如此之大。其中最引人注目的是动产物权和离婚等几个领域承认了当事人的意思自治,我们以此为例说明中国立法者钟情于意思自治的合理程度。

传统物权冲突法的基本规则是适用物之所在地法,物之所在地法规则符合物权的对世属性,具有稳定性、确定性和可预见性的优点。从物权的对世属性和物权法定观念出发,动产物权承认意思自治似乎是极其错误的。但是,如果物权争议仅限于双方当事人之间,尤其是财产交易的合同当事人之间,那么允许当事人对交易财产的物权归属约定法律适用,并不影响物权的对世属性,而且还能促进当事人就财产交易的合同关系和物权关系适用同一个法律,有利于促进合同准据法和物权准据法的统一。从这个角度而言,《涉外民事关系法律适用法》第37条和第38条允许动产交易的当事人进行意思自治,具有合理性。但是,这种合理性只限于当事人双方之间,而一旦涉及第三人,物权的对世属性就应该超越双方当事人的意思自治;也就是说,双方当事人对动产法律适用的约定不能对抗第三人,而对第三人而言,动产物权仍然适用物之所在地法。因此,《涉外民事关系法律适用法》第37条和第38条的突破性规定虽也合理,但同时犯下了两个冒进的错误:第一,没有规定双方当事人的意思自治不得对抗第三人;第二,鉴于物权纠纷中第三人问题非常普遍,当事人的意思自治动辄应让位于物之所在地法,因而物之所在地法仍是一般规则,而意思自治只是一种补充规则。《涉外民事关系法律适用法》第37条先规定意思自治,然后再规定没有意思自治的情况下适用物之所在地法,颠倒了两者的主次关系,抹杀了合同冲突法和物权冲突法特性区别。

《涉外民事关系法律适用法》在涉外离婚的身份领域也摆脱不了冒进的嫌疑,如果依据第27条协议离婚当事人可以选择适用法律,那么诉讼离婚为何不允许当事人意思自治？如果协议离婚体现了当事人的合意性,故允许离婚,那么结婚同样也是当事人合意的产物,为何第21条和第22条关于结婚的规定不能允许当事人选择法律？同样似乎还可以将此逻辑扩展到一切身份领域,是否所有身份领域都应该允许当事人意思自治？《涉外民事关系法律适用法》第3条规定只在"法律规定"的情况下当事人才可以明示选择,似乎对意思自治作出了限制,但既然第3条将意思自治规定在一部法律的如此显要的位置,这就不免让人怀疑,意思自治究竟能否扩及法律适用的所有领域？对于主要起源于合同冲突法的意思自治,它并不能当然取得原则地位,它向任何其他领域的扩展,都需要契合实践的正当需要和完成理论证明,在此之前,意思自治领域的任何扩张都可能是盲目冒进的。对于《涉外民事关系法律适用法》中意思自治的攻城略地,迄今都未见到立法者小心翼翼的实践证明和理论证明。

三、中国国际私法之"怕"

中国国际私法之"怕"与中国国际私法之"爱",其实是一个硬币的两个方面,必然可以相互转化。我们提出"怕"与"爱"的区别,只是侧重点有所不同而已。"爱",是专就其主动追求的一面;"怕",是专就其刻意逃避的一面。我们同样可以概括中国国际私法三个方面的所怕,前两方面针对立法,最后方面针对司法实践。

(一) 时代落伍之"怕"

我们时代到处弥漫着求新弃旧的心理,中国国际私法尤其害怕落伍。如果中国已有立法和上述标准出现了差异,中国学术界和立法者立刻会陷入不安甚至恐惧之中。对于这种心理,当然首先应同情其不得已,因为,中国的法律,特别是国际私法,几乎完全是西方舶来品,如果不以西方为标准,那又该以何为标准?但是,以西方为标准,不是指照搬西方,而是一方面要从正面证明西方标准是否可以适用于中国,从反面证明采取不同于西方的标准在中国为何能够成立;同时,以西方为标准,必须认真区分西方的不同层面、不同国家的情形,择善而从之,而不是择一就从之。总之,对西方标准的吸收和借鉴需要完成中国证明。

《涉外民事关系法律适用法》害怕落伍的心理在属人法标准的取舍问题上表露无遗。在传统四大系属(属人法、行为地法、法院地法、物之所在地法)之中,属人法的支配领域最广。在《涉外民事关系法律适用法》中,属人法的支配领域与意思自治相当,大约占据所有法律适用条文的三分之一。因此,《涉外民事关系法律适用法》对属人法标准的取舍,可谓牵一发动全身。两大法系关于属人法的标准之争旷日持久,大陆法系采行本国法主义,英美法系主张住所地法主义。1918年北洋政府时代的《法律适用条例》,受日本法影响,采大陆法系的本国法主义。中华人民共和国成立后,1986年《民法通则》普遍认为也以本国法主义为其基调。本国法主义在我国近乎持续了一百年,似乎形成了中国的本国法主义传统。然而《涉外民事关系法律适用法》尽抛本国法主义,而代之以适用经常居所地法。

经常居所地法是惯常居所的中国式表达,立法者之所以造语"经常居所地"而非直接采纳通行的惯常居所的译法,想必出于通俗和普及的考虑。立法者之所以既放弃本国法主义,也放弃住所地法主义,主要原因是采纳了中国国际私法学会建议稿的意见。中国国际私法学会建议稿之所以采纳惯常居所,而非国籍或住所,自然是受到了海牙公约的影响。从 20 世纪 50 年代开始,海牙国际私法会议为了从两大法系的争议中突围出来,采取了中间道路,采用惯常居所。① 中国学界普遍认为国际条约,尤其是海牙国际私法会议的条约,代表了相关领域的发展方向。既然海牙国际私法会议持之以恒地坚持在公约中采用惯常居所,已达半世纪之久,而且惯常居所似乎受到了西方学界的普遍欢迎,我们有何理由不弃旧迎新而改采惯常居所?

但是,如果稍作思考,就应有所怀疑:惯常居所如此成功和风靡,为何不见海牙国际私法会议对惯常居所下一个确切的定义?海牙国际私法会议既无法为之,就表明该国际组织存在难言之隐。如果下一个确切的定义,恐怕两大法系国家又会重新陷入纷争之中。可见惯常居所对于海牙国际私法会议来说只是一个策略选择,因为只有概念的模糊才有助于各国法律的统一,而概念一旦精确化必会使统一重新陷入分裂。如此说来,一个借助刻意保持模糊以求法律统一的概念,怎能成为中国属人法的基本标准?《涉外民事关系法律适用法》也像海牙公约那样,未对经常居所地下一个确切的定义,难道《涉外民事关系法律适用法》也要刻意保持模糊?难道《涉外民事关系法律适用法》也要去谋求和哪个或哪些国家或地区的国际私法的统一?

本国法主义和住所地法主义本来各擅所长,各有千秋。就精神价值而言,本国法主义从民族主义出发,希望尽可能维系住所位于国外的国民和母国的法律联系;而住所地法主义则崇尚个人自由,肯定个人选择住所的自由进而尊重个人对于属人法的内心服从。就实际功能而言,本国法主义带有向外扩张的倾向,重视对于海外移民的基本民事权利的保护;而住所地法主义则促进个人融入新社会,重视族群融合。《涉外民事关系法律适用法》无论采传统的本国法主义抑或住所地法主义,都自有其基础,只是一旦以新潮的经常居所地法为标准,就不知到底追求什么了。② 至于经常居所地法的概念界

---

① 关于海牙公约采用惯常居所的情况,参见董海洲:《从"身份"到"场所"——属人法连接点的历史与发展》,载《法学家》2010 年第 1 期。
② 2012 年《涉外民事关系法律适用法司法解释(一)》第 15 条规定规定:"自然人在涉外民事关系产生或者变更、终止时已经连续居住一年以上且作为其生活中心的地方,人民法院可以认定为涉外民事关系法律适用法规定的自然人的经常居所地,但就医、劳务派遣、公务等情形除外。"从这条规定中可知,经常居所地的认定,虽在一定程度上考虑了当事人的主观意图("但就医、劳务派遣、公务等情形除外"),但主要还是一个事实的认定,因而,我国的经常居所的概念,是一个偏重事实的概念而非一个偏重法律建构的概念,并不能像英美住所地法主义那样突显对个人自由的发扬。因此,在价值层面,《涉外民事关系法律适用法》在属人法问题上的根本转向,失去了固有的国家主义的价值取向,却并未获得个人主义的价值取向。

定,将会是未来立法者或司法解释者的"梦魇"。

(二) 直面中国问题之"怕"

中国立法自然应该直面中国问题,这似乎是天经地义的。但仔细审视《涉外民事关系法律适用法》之后,不免大吃一惊:《涉外民事关系法律适用法》几乎无一条明显是对中国实践和中国问题的总结,近乎清一色来源于学理和主要国家或国际公约的比较法结论。也许有人会反驳道:国际私法是处理涉外民商事争议的法律,较之一般部门法,和他国法律更有共性,不应过多强调中国视角和中国问题。且不说各国国际私法本身也存在不小的差异,即使各国国际私法总体上面临相同问题而高度共通,总也有侧重点不同之区分吧? 他国重点规定的,如果对我国实践意义不大,我们大可以简略为之;对我国具有重要实践意义的问题,即使他国立法一笔带过,我们也可以浓彩重墨。

也许还有人继续反驳道:大陆法系的国际私法,一般依据民法体系来规定法律适用问题,和民法体系同样具有体系性,如果对中国具体实践问题作出规定,就可能陷于繁琐而破坏了国际私法的体系性。为了维护国际私法学理上的体系性而回避中国的具体实践问题,无疑本末倒置,我们宁愿选择充分回应实践而无体系的立法,也不愿选择体现了完美的学理体系却对实践回应乏力的立法。更何况《涉外民事关系法律适用法》虽大致有体系观念,但也并没有谨守一般的学理体系。例如,第二章"民事主体"部分规定了不属主体问题的信托法律适用(第17条)以及仲裁协议的法律适用(第18条);第五章"物权"的5条规定(第36—40条)中,后两条关于有价证券和权利质权的法律适用已经超出了物权的体系范畴;更加重要的是,德国式民法体系的核心概念"法律行为",《涉外民事关系法律适用法》已弃若敝屣。既然立法者已经不愿意谨守体系教条,《涉外民事关系法律适用法》完全可以便利地容纳任何中国的实际问题。可见体系性问题并不构成《涉外民事关系法律适用法》直面中国问题的障碍。

其实,中国过去近三十年的司法实践,虽然不能说丰富,但也提出了不少中国式的国际私法问题,可惜《涉外民事关系法律适用法》均没有给出总结和回应。当然,对实践问题的总结是难以穷尽的,但在一个特定的历史时期,那些反复出现的实践问题却是大致可以类型化,并可以成为理论总结和立法回应的对象。我们此处只依据2000年以来《最高人民法院公报》上刊载的涉外案件,约略提及部分原应被《涉外民事关系法律适用法》高度重视却被忽略了的问题。以下部分列举足见中国立法者回避中国问题之一斑:

(1) 不论哪个领域,只要当事人对适用中国法律不表示异议的,法官适用中国法律是否就是成立的？这个问题《最高人民法院公报》的数个案件涉及，例如在"艾斯欧洲集团有限公司案"中，最高人民法院认为："艾斯公司系在中华人民共和国领域外注册的企业法人，本案系涉外法律关系，各方当事人对适用中华人民共和国法律处理本案均无异议，原审判决适用中华人民共和国法律正确。"①

（2）"涉外"的认定问题。许多国家对此问题确实模糊处理，《涉外民事关系法律适用法》同样放弃了对"涉外"的界定，但是相关争议仍有不少。例如，在"北京五矿进出口公司案"中，原被告双方均为中国公司，但部分履行在外国进行，北京市高级人民法院判定不构成涉外案件："这是两个中国法人之间的纠纷，不存在涉外因素，故依法不能适用四年诉讼时效，而应当适用民法通则规定的两年诉讼时效。"②

（3）当事人明确选择适用外国的某个法律，法官是否还能依职权适用该法律体系中其他相关的法律？"美国总统轮船公司案"中，最高人民法院对当事人只选择适用美国 1936 年《海上货物运输法》的情况判定："事实上，在适用美国 1936 年《海上货物运输法》确认涉及提单的法律关系时，只有同时适用与该法相关的美国《联邦提单法》，才能准确一致地判定在提单证明的海上

---

① 《最高人民法院公报》2011 年第 8 期，第 39 页。至少还有其他两个案件，法院也作出了类似的判决："巴拿马航运公司案"，载《最高人民法院公报》2004 年第 6 期，第 31 页；"富春航业公司案"，载《最高人民法院公报》2002 第 1 期，第 35 页。2012 年《涉外民事关系法律适用法司法解释（一）》第 8 条规定："当事人在一审法庭辩论终结前协议选择或者变更选择适用的法律的，人民法院应予准许。/各方当事人援引相同国家的法律且未提出法律适用异议的，人民法院可以认定当事人已经就涉外民事关系适用的法律作出了选择。"该条第 2 款规定部分回答了这个问题，但设定了更为严格的条件，要求当事人主动援引，且双方都未提出法律适用的异议。因第 1 款是规定明示协议选择准据法的情形，因而结合上下文进行解释，第 2 款似乎只适用于当事人可以协议选择准据法的领域，而不适用于当事人无权协议选择准据法的领域，诸如涉外婚姻家庭的绝大多数领域。

② 《最高人民法院公报》2000 年第 5 期，第 171 页。2012 年《涉外民事关系法律适用法司法解释（一）》第 1 条规定："民事关系具有下列情形之一的，人民法院可以认定为涉外民事关系：（一）当事人一方或双方是外国公民、外国法人或者其他组织、无国籍人；（二）当事人一方或双方的经常居所地在中华人民共和国领域外；（三）标的物在中华人民共和国领域外；（四）产生、变更或者消灭民事关系的法律事实发生在中华人民共和国领域外；（五）可以认定为涉外民事关系的其他情形。"该条规定终于补充了对"涉外"的界定，据此，部分履行事实发生在国外的，一般可以认定为"涉外民事法律关系"。对于"涉外"性质的认定，近年司法实践中仍有争议，例如，在著名的"西门子国际贸易（上海）有限公司诉上海黄金置地有限公司仲裁裁决案"（(2013)沪一中民认（外仲）字第 2 号）中，整个案件并无显著涉外因素，但法院认为，原被告双方尽管都为中国法人，但都位于上海自贸区，出于对自贸区的特殊政策考量，可以认定为具有涉外因素。

货物运输合同中的权利义务。"①

（4）在绝大多数合同中，当事人可能只笼统地约定了合同准据法，此约定是否可以视为对该合同中的仲裁条款准据法的约定？最高人民法院在"恒基伟业公司案"中给出了否定答案，认为只有特别约定才构成对仲裁条款准据法的约定"合同中约定的适用于解决合同争议的准据法，不能用来判定涉外仲裁条款的效力"。②

（5）当事人在合同中约定适用外国法的，但是合同违反了中国的强制性规定而无效，对于合同无效的法律效果，在此情况下是否当然适用中国法律，还是适用当事人约定的外国法？最高人民法院在"中银香港公司案"中判定整个案件适用中国法："本案担保契约关于担保契约适用香港法律的约定不发生法律效力，本案纠纷应适用我国内地的法律作为准据法。"③

（三）外国法查明与适用之"怕"

在涉外民商事审判中，中国法官普遍害怕查明外国法和解释、适用外国法，因而大量涉外案件本应启动法律选择程序的，本应去认真思考相关外国法的可适用性的，都被法官有意的回避了。如果国际私法回避了一切的外国法的查明和适用问题，那么国际私法事实上就会宣告破产。当然，外国法的查明和适用问题，是各国国际私法普遍面临的难题，但在中国，因立法对外国法查明问题的规定失当，更因尚未形成一种切合实际的关于外国法适用的法律思想，这个问题表现得更为严峻，更令法官害怕和无所适从。

《涉外民事关系法律适用法》第10条对外国法查明问题作出了两分规定，法官依职权选择适用外国法的，则外国法由法官依职权查明；当事人合意选择适用外国法的，则外国法由当事人提供。鉴于第10条的规范语序和意思自治涵盖近三分之一法律关系的现实，法官查明模式是更为基本的外国法查明模式。虽然第10条努力区分法官的查明责任和当事人的查明责任，成

---

① 《最高人民法院公报》2002年第5期，第177页。《涉外民事关系法律适用法司法解释（一）》第1条给出了"涉外性"的认定标准："民事关系具有下列情形之一的，人民法院可以认定为涉外民事关系：（一）当事人一方或双方是外国公民、外国法人或者其他组织、无国籍人；（二）当事人一方或双方的经常居所地在中华人民共和国领域外；（三）标的物在中华人民共和国领域外；（四）产生、变更或者消灭民事关系的法律事实发生在中华人民共和国领域外；（五）可以认定为涉外民事关系的其他情形。"据此，部分履行事实发生在国外的，一般可以认定为"涉外民事法律关系"。

② 《最高人民法院公报》2008年第1期，第30页。

③ 《最高人民法院公报》2005年卷，第298页。

功消除了《民法通则》的司法解释在责任分配上的不确定和模糊的状态①,但是当我国法官群体普遍希望采用当事人查明模式时②,《涉外民事关系法律适用法》仍一意孤行地以法官查明模式为基本模式,抱持浓厚的家父主义心态,以理想主义的立法方式要求法官为当事人"做主",就超出了我国法官群体的现有外国法素养和内心诉求,给法官群体施加了无法承受之重,这未必能真正地减轻当事人的司法任务和保护当事人的利益。

我国法官很少能够直面外国法,自信和充分地解释和适用外国法,即使最高人民法院法官的表现也令人失望。例如,在最高人民法院再审审理的"富春航业公司案"中,最高人民法院认定船舶所有权问题适用巴拿马法律,但是当一方当事人对巴拿马法的解释存在疑问时,最高人民法院并没有通过解释巴拿马法进行释疑,而是直接以事实性结论,即"富春公司并未在公共登记局办理该船的所有权转移手续",就过渡到了最后的法律结论:"因此,胜惟公司主张法院扣押时该轮所有权已经转移给胜惟公司的主张依据不足,不予支持。"③最高人民法院在该案中其实已经回避了对外国法的解释。或许他们仍然受到一种不切实际的关于外国法适用的法律思想的支配,即认为法官在适用外国法时,应像外国法来源国的法官那样适用外国法,否则即不是正确地解释和适用外国法。在这样的教条面前,又有几个法官敢于从事外国法的解释和适用呢?④

---

① 参见1988年《民法通则司法解释》第193条:"对于应当适用的外国法律,可通过下列途径查明:① 由当事人提供;② 由与我国订立司法协助协定的缔约对方的中央机关提供;③ 由我国驻该国使领馆提供;④ 由该国驻我国使馆提供;⑤ 由中外法律专家提供。通过以上途径仍不能查明的,适用中华人民共和国法律。"
② 2005年最高人民法院印发的《第二次全国涉外商事海事审判会议纪要》第51条就反映了法院的这一立场:"涉外商事纠纷案件应当适用的法律为外国法律时,由当事人提供或者证明该外国法律的相关内容。当事人可以通过法律专家、法律服务机构、行业自律性组织、国际组织、互联网等途径提供相关外国法律的成文法或者判例,亦可同时提供相关的法律著述、法律介绍资料、专家意见书等。"
③ 参见《最高人民法院公报》2002年第1期,第37页。
④ 《涉外民事关系法律适用法》第10条较之以往法律规定虽强化了法官依职权查明外国法的义务,但近年外国法查明的司法实践表明,当事人出于维护自身利益的需要,也会积极"查明"相关外国法的规定。一般情形下,当事人一方所"查明"的外国法,通常是有利于该方当事人的,为了履行法官的依职权查明义务,也为了实现双方当事人的利益平衡,法官通常会求助于某些科研机构设立的"外国法查明中心"(例如武汉大学外国法查明中心、华东政法大学外国法查明中心等),其中两个显著的例子是"原告华恒国际实业有限公司与被告高明国际贸易有限公司、第三人宁波创富金属制品有限公司股权转让合同纠纷案"((2012)浙甬商外初字第16号),以及"宏智实业股份有限公司与陈孟榆、丁修智、武汉友谊特康食品有限公司股权转让纠纷案"((2014)鄂民监三再字第9号),前者查明的是澳大利亚法律,后者查明的是我国台湾地区的法律。特别是在前一个案件中,法官在判决书中以相当大的篇幅,阐述了如何查明和适用澳大利亚判例法的过程,尽管法官对英美判例法方法仍有误解之处(诸如判决书未能说明外国有效判例的来源、判例规则的抽取、判例事实与在审案件的事实对比等),但在我国普遍回避外国法查明和适用的司法环境中,该案表现出了法官难能可贵的勇气和专业素质。

一国法官是否能在个案中瞬间转变身份为外国法官,而像外国法官那样适用外国法?从抽象的法学方法论出发,法官并不能直接地发现适用于个案的具体法律规则,而是通过考察整个法律体系并从法律体系中发现适用于个案的具体法律规则,法官将此规则适用于个案时,并非孤立而简单地解释该具体规则,而是在整个法律体系的意义脉络中去寻求该规则的合理解释,获致与整个法律体系相融贯的解释结论。如果法官能够完全依赖外国法律体系对外国法规则进行解释和适用,那么法官无疑就完全等同于外国法官了。从理想出发,这或许是可能的,但现实中几乎不可能。无论一国法官经历了多么良好的外国法教育,但如果他们不能像外国法官那样每日浸淫于变动不居的外国法体系之中,他们和外国法律体系就终隔一层,所以他们所能最终依据的法律体系,只能是自己国家的法律体系。不管一国法官如何提醒自己是在适用外国法而非本国法律,他终究避免不了将外国法规则置于本国法律体系中加以理解,本国法律体系每时每刻都构成了他们对外国法规则的挥之不去的"前理解"。

美国学者荣格批评道:"法官在现实中适用的外国法,只是外国法的一个低劣的复制品。将外国法因素融入本国法律体系中,结果既非外国法,也非内国法,可谓不伦不类。"[1]荣格道出了法官适用外国法的真相,却给予了错误的评价。荣格的批评仍然建立在"法官应像外国法官那样适用外国法"的前提之上。这一前提根本上误解了国际私法的目的和使命。法官适用外国法时,确实需要尽可能尊重外国法,但并不排除法官最终以自己的方式来对待外国法;法官适用外国法所追求的法律正义,并非是外国法官所追求的法律正义,而是自己国家的法官所追求的法律正义,最终将汇入本国法律正义的洪流之中。当然,法官借助适用外国法所获取的法律正义,却是不能单纯地通过适用内国法所能获取的,这就是国际私法的全部价值之所在。因此,法官适用外国法是在追求本国的法律正义,而非外国的法律正义,不能以外国法官的适用标准来评价本国法官适用外国法的"对与错"。

国际私法既然允许法官适用外国法,就应该允许法官以本国的司法方式和法律正义观念来证成外国法的解释结论。如果从这一外国法适用的法律思想出发,我国法官在今后完全可以轻装上阵,而不必对外国法问题畏首畏尾了。

---

[1] See Friedrich K. Juenger, *Choice of Law and Multistate Justice* (1993), Martinus Nijhoff Publishers, p. 158.

四、结语：超越与使命

《涉外民事关系法律适用法》是1949年之后第一部单行国际私法立法，是1949年之后数代国际私法学人翘首以盼的来临，的确来之不易，它甚至是我国私法体系初步建成的点睛之作，我们实应感铭于心并倍加珍惜。但是，我们应清醒地正视它的历史局限性。它似乎和我们整个国家一样，正在惊涛骇浪的"历史三峡"之中转型和转进。转型预示着自我超越和希望，但同时也是不成熟的别名。诚然，在中国国际私法学整体尚处于不成熟的阶段，怎能苛求一部成熟的国际私法的单行立法呢？以历史眼光来看，《涉外民事关系法律适用法》终究只是一部过渡时代的过渡作品，甫一诞生，惊喘未定，就踏上了寻求更新与自我超越的道路了。

中国国际私法的立法和司法在过去不成熟时期的"怕"与"爱"，正是一受外界影响就产生夸张反应的表现，这说明中国国际私法尚未完全找到立足之地，尚未完全走上自主、独立的发展道路。中国国际私法的自主独立的发展道路，要求它一方面以批判性的精神积极吸纳西方的学术理论和比较法成果，正视中国国际私法的舶来现实，不以学习和借鉴为耻；另一方面则根植于中国的实践土壤，总结中国日益丰富的涉外民商事审判的司法实践，深入一个个案件的细节之处，在中国实践的基础上大胆提出中国的理论构建和立法构建，不以人无我有为忧。两方面结合并进，中国国际私法才能摆脱"怕"与"爱"的过激情绪，才能走上冷静客观、稳健中道的自主发展道路。

中国国际私法在解决涉外私人纠纷和维护私人权益的同时，应超越私法层面去迎接未来的政治使命。这项政治使命或是已经或是即将来临，那就是承担类似欧盟国际私法的政治使命。不同法域的私法统一，或是遥不可及的终极目标，但是，在维护各法域的私法特色时，国际私法的统一能够带来统一的法律文化，增进彼此的人员往来和构建统一大市场，共同促进经济繁荣。如此一来，国际私法就成了不同法律体系的共同的"上层建筑"。在可预见的将来，我们难以想象德国人会放弃德国《民法典》，法国人会丢掉法国《民法典》，但是，为了和平、融合和经济繁荣，欧盟国际私法竟奇迹般地大部分实现了统一。如今中国正面临区域法律的整合，区域里层为中国内地的港澳台地区的法律整合，区域外层为东亚及东南亚的法律整合，如中国想要恢复曾经的地位，则应该像欧盟那样，首先利用国际私法去实现法律整合，就是必不可少的。中国国际私法为此准备好了吗？

虽然我们一再强调学者在研究中的个性自由，但是，中国国际私法立法和司法所表现出来的"怕"和"爱",不能说和学界无关。当学界过去动辄探讨中国国际私法的"重构"问题,动辄研究诸如"侵权冲突法一般规则之确立"问题,过多的宏大叙事恰恰也表露了中国学界深度的"怕"和"爱"。如今,《涉外民事关系法律适用法》为我们提供了一个契机和起点,我们呼唤更多细节性的和务实性的研究,一点一滴地夯实中国国际私法自尊独立的发展基础,让中国国际私法的制度生成,不仅从西方理论和比较法素材中来,也从丰富的中国实践中来。如同本书一类关于中国国际私法的"大言炎炎",也希望早日绝迹为好,正如野草呼唤速朽以增大地之肥沃。

主要参考文献

一、中文

1. 中国国际私法学会:《中华人民共和国国际私法示范法》,法律出版社 2000 年版。
2. 韩德培主编:《国际私法》,高等教育出版社、北京大学出版社 2014 年版。
3. 韩德培主编:《国际私法问题专论》,武汉大学出版社 2004 年版。
4. 李浩培:《李浩培文选》,法律出版社 2000 年版。
5. 黄进:《国际私法》,法律出版社 1999 年版。
6. 黄进等:《中国国际私法司法实践述评》系列论文,载《中国国际私法与比较法年刊》(2006—2015),北京大学出版社 2007—2016 年版。
7. 肖永平:《国际私法原理》,法律出版社 2007 年版。
8. 郭玉军:《近年有关外国法查明与适用的理论与实践》,载《武大国际法评论》(第 7 卷),武汉大学出版社 2007 年版。
9. 杜涛:《德国国际私法:理论、方法和立法的变迁》,法律出版社 2006 年版。
10. 杜涛:《法律适用规则的强制性抑或选择性——我国涉外民事法律适用法的立法选择》,载《清华法学》2010 年第 3 期。
11. 袁发强:《属人法的新发展:当事人所在地法》,载《法律科学》2008 年第 1 期。
12.《外国国际私法立法精选》,邹国勇译注,中国政法大学出版社 2011 年版。
13. 王葆莳:《德国联邦最高法院典型判例研究》,法律出版社 2015 年版。
14. 徐鹏:《论冲突规则的任意性适用——以民事诉讼程序为视角》,载《现代法学》2008 年第 4 期。
15. 焦燕:《婚姻冲突法问题研究》,法律出版社 2007 年版。
16. 焦燕:《我国外国法查明新规之检视——评〈涉外民事关系法律适用法〉第 10 条》,载《清华法学》2013 年第 2 期。
17. 董海洲:《从"身份"到"场所"——属人法连接点的历史与发展》,载《法学家》2010 年第 1 期。
18. 王胜明:《涉外民事关系法律适用法若干争议问题》,载《法学研究》2012 年第 2 期。
19. 宋晓:《当代国际私法的实体取向》,武汉大学出版社 2004 年版。
20. 〔德〕萨维尼:《法律冲突与法律规则的地域和时间范围》,李双元等译,法律出版社 1999 年版。
21. 〔德〕萨维尼:《当代罗马法体系I》,朱虎译,中国法制出版社 2010 年版。
22. 〔德〕马丁·沃尔夫:《国际私法》,李浩培、汤宗舜译,北京大学出版社 2009 年版。
23. 〔德〕拉贝尔:《识别问题》,薛童译,载《比较法研究》2014 年第 4 期。
24. 〔法〕亨利·巴蒂福尔、保罗·拉加德:《国际私法总论》,陈洪武等译,中国对外翻译出版公

1989 年版。

25. 〔美〕卡弗斯:《法律选择问题批判》,宋晓译、宋连斌校,载《民商法论丛》2003 年第 2 号(总第 27 卷),金桥文化出版(香港)有限公司 2003 年版。

26. 〔美〕西蒙尼德斯:《20 世纪末的国际私法——进步还是退步?》,宋晓译、黄进校,载《民商法论丛》2002 年第 3 号(总第 24 卷),金桥文化出版(香港)有限公司 2002 年版。

27. 〔美〕布里梅耶、戈德史密斯:《冲突法——案例与资料》(影印本),中信出版社 2003 年版。

28. 〔加〕泰特雷:《国际冲突法:普通法、大陆法及海事法》,刘兴莉译、黄进校,法律出版社 2003 年版。

29. 〔日〕高桥宏志:《民事诉讼法——制度与理论的深层分析》,林剑锋译,法律出版社 2003 年版。

30. 〔日〕新堂幸司:《新民事诉讼法》,林剑锋译,法律出版社 2008 年版。

31. 国际统一私法协会:《国际商事合同通则》,商务部条约法律司编译,法律出版社 2004 年版。

二、英文

1. Veronique Allarousse, "A Comparative Approach to the conflict of Characterization in Private International Law", 23 *Case. W. Res. J. Int'l L.* 479 (1991).

2. S. Atrill, "Choice of Law in Contract: The Missing Pieces in the Article 4 Jigsaw?", 53 *I. C. L. Q* 549 (2004).

3. Jürgen Basedow & Toshiyuki Kino eds., *Legal Aspects of Globalization* (2000), Kluwer Law International.

4. Jürgen Basedow, *The Law of Open Societies: Private Ordering and Public Regulation in the Conflict of Laws* (2015), Nijhoff.

5. De Boer, "Facultative Choice of Law: The Procedural Status of Choice-of-Law Rules and Foreign Law", 257 *Recueil des cours* 225 (1995).

6. Michael Bridge, "The Proprietary Aspects of Assignment and Choice of Law", 125 *L. Q. R.* 671 (2009).

7. Cavers, "A Critique of the Choice-of-Law Problem", 47 *Harv. L. Rev.* 173 (1933).

8. D. F. Cavers, "Habitual Residence: A Useful Concept?", 21 *Am. U. L. Rev.* 475 (1971—1972).

9. Janeen M Carruthers, "Substance and Procedure in the Conflict of Law: A Continuing Debate in Relation to Damages", 53 *I. C. L. Q* 691 (2004).

10. Janeen M Carruthers, *The Transfer of Property in the Conflict of Laws: Choice of Law Rules Concerning Inter Vivos Transfers of Property* (2005), Oxford.

11. Sofie Ceeroms, *Foreign Law in Civil Litigation: A Comparative and Functional Analysis* (2004), Oxford.

12. Peter North and J. J. Fawcett, *Cheshire and North's Private International Law* (13th ed., 1999), Butterworths.

13. J. G. Collier, *Conflict of Laws* (4rd ed., 2012), Cambridge University Press.

14. Brainerd Currie, *Selected Essays on the Conflict of Laws* (1963), Duke University Press.

15. Lawrence Collins (with Specialist Editors), *Dicey, Morris and Collins on the Conflict of Laws*

(15th ed. , 2013), Sweet & Maxwell.

16. H. U. J. D'Oliveira, " 'Characteristic Obligation' in the Draft EEC Obligation Convention", 25 *Am. J. Comp. L.* 303 (1977).

17. Falconbridge, "Conflicts Rule and Characterization of Question", 30 *Can. Bar Rev.* 113 (1952).

18. Richard Fentiman, *Foreign Law in English Courts* (1998), Oxford.

19. James Fawcett ed. , *Reform and Development of Private International Law: Essays in Honor of Sir Peter North* (2002), Oxford University Press.

20. J. J. Fawcett, J. M. Harris and M. Bridge, *International Sale of Goods in the Conflict of Laws* (2005), Oxford University Press.

21. Axel Flessner and Hendrik Verhagen, *Assignment in European Private International Law: Claims as Property and the European Commission's 'Rome Ⅰ Proposal'* (2003), European Law Publishers.

22. O. Kahn-Freund, *General Problems of Private International Law* (1980), Sijthoff and Noordhoff.

23. Christopher Forsyth, "Characterization Revisited: An Essay in the Theory and Practice of the English Conflict Laws ", 114 *L. Q. R.* 141 (1998)..

24. Atle Grahl-Madsen, "Conflict Between the Principle of Unitary Succession and the System of Scission", 28 *I. C. L. Q* 613 (1979).

25. Thomas G. Guedj, "The Theory of the Lois de Police, A Functional Trend In Continental Private International Law—A Comparative Analysis with Modern American Theories", 39 *Am. J. Comp. L.* 661 (1991).

26. Trevor C. Hartley, "Choice of Law for Non-Contractual Liability: Selected Problems Under the Rome Ⅱ Regulation", 57 *I. C. L. Q* 902 (2008).

27. T. C. Hartley, "Pleading and Proof of Foreign Law: The Major European Systems Compared", 45 *I. C. L. Q.* 271 (1996).

28. Peter Hay, R. J. Weintraub and P. J. Borchers, *Conflict of Laws: Cases and Materials* (13th ed. 2009), Foundation Press.

29. Peter Hay, "From Rule-Orientation to 'Approach' in German Conflicts Law: the Effect of the 1986 and 1999 Codifications", 47 *Am. J. Comp. L.* 633 (1999).

30. Peter Hay, "Flexibility Versus Predictability and Uniformity in Choice of Law: Reflections on Current European and United States Conflicts Law", 215 *Recueil des cours* 362 (1989).

31. Peter Hay, "Contemporary Approaches to Non-Contractual Obligations in Private International Law(Conflict of Laws) and the European Community's 'Rome Ⅱ' Regulation", 载《中国国际私法与比较法年刊》(2008年卷),北京大学出版社2008年版。

32. Jonathan Hill, *International Commercial Disputes in English Courts* (2005), Oxford.

33. Friedrich K. Juenger, *Choice of Law and Multistate Justice* (1993), Martinus Nijhoff Publishers.

34. Friedrich K. Juenger, *Selected Essays on the Conflict of Laws* (2001), Transnational Publishers.

35. Friedrich K. Juenger, "The Inter-American Convention on the Law Applicable to International Contracts: Some Highlights and Comparisons", 42 *Am. J. Comp. L.* 381, 387—388 (1994).

36. Phaedon John Kozyris, "Rome Ⅱ: Tort Conflicts on the Right Track! A Postscript to Symeonedes' 'Missed Opportunity'", 56 *Am. J. Comp. L.* 381 (2008).

37. O. Land, "The 1995 and 1985 Hague Conventions on the Law Applicable to the International Sale of Goods", 57 *Rabels Z* 155 (1993).

38. O. Lando, "The Conflict of Laws of Contracts: General Principles", 189 *Recueil des dours* 227 (1984).

39. Ernest G. Lorenzen, "The Qualification, Classification, or Characterization Problem in the Conflict of Laws", 50 *Yale. L. J.* 743 (1941).

40. Andreas F. Lowenfeld, *International Litigation and the Quest for Reasonableness* (1996), Clarendon Press.

41. Maarit Jantera-Jareborg, "Foreign Law in National Court: A Comparative Perspective", 304 *Recueil des dours* 179 (2003).

42. F. A. Mann, "The Proper Law of the Contract—An Obituary", 107 *L. Q. R.* 353 (1991).

43. Arthur R. Miller, "Federal Rule 44.1 and the 'Fact' Approach to Determining Foreign Law: Death Knell for a Die-Hard Doctrine", 65 *Michi. L. R.* 690 (1967).

44. Alex Mills, *The Confluence of Public and private International Law: Justice, Pluralism and Subsidiarity in the International ordering of Private Law* (2009), Cambridge University Press.

45. C. G. J. Morse, "Torts in Private International law: A New Statutory Framework", 45 *I. C. L. Q* 888, (1996).

46. J. H. C. Morris, "The Proper Law of a Tort", 64 *Harv. L. Rev.* 881 (1951).

47. Reid Mortensen, "Homing Devices in Choice of Tort Law: Australian, British, and Canadian Approaches", 55 *I. C. l. Q.* 857 (2006).

48. P. M. M. Mostermans, "Optional (Facultative) Choice of Law? Reflections From a Dutch Perspective", 51 *N. I. L. R.* 393 (2004).

49. G. S. Reed, "Domicile and Nationality in Comparative Conflict of Laws", 23 *U. Pitt. L. Rev.* 986 (1961—1962)。

50. K. H. Nadelmann, "Mancini's Nationality Rule and Non-Unified Legal Systems: Nationality versus Domicile", 17 *Am. J. Comp. L.* 424—425 (1969).

51. Peter Nygh, *Autonomy in International Contracts* (1999), Clarendon Press.

52. E. Rabel, *The Conflict of Laws* (2nd ed. 1958), Vol. 1, University of Michigan Law Press.

53. G. S. Reed, "Domicile and Nationality in Comparative Conflict of Laws", 23 *U. Pitt. L. Rev.* 979 (1961—1962).

54. P. Rogerson, "Habitual Residence: The New Domicile?", 49 *I. C. l. Q.* 85, (2001).

55. Jeffrey Schoenblum, "Choice of Law and Succession to Wealth: A Critical Analysis of the Ramifications of the Hague Convention on Succession to Decedents' Estates", 32 *Va. J. Int'l. L.* 83 (1991).

56. Eugene F. Scoles, "The Hague Convention on Succession", 42 *Am. J. Comp. L.* 106 (1994).

57. Eugene F. Scoles & Peter Hay, *Conflict of Laws* (2nd ed., 2000), West Publishing.

58. T. H. D. Struycken and R. Stevens, "Assignment and the Rome Convention", 118 *L. Q. R.*

17 (2002).

59. Symeon C. Symeonides, "Rome II and Tort conflicts: A Missed Opportunity", 56 *Am. J. Comp. L.* 198 (2008).

60. Symeon C. Symeonides, *American Private International Law* (2008), Wolters Kluwer.

61. Symeon C. Symeonides, "Private International Law Codification in A Mixed Jurisdiction: The Louisiana Experience", 57 *Rabels Z* 460 (1993).

62. Symeon C. Symeonides, "Exploring the Dismal Swamp: The Revision of Louisiana's Conflicts Law on Successions", 47 *La. L. Rev.* 1056 (1987).

63. De Winter, "Nationality or Domicile: The Present State of Affairs", 128 *Recueil des cours* 345 (1969-II).

64. Frank Vischer, "General Course on Private International Law", 232 *Recueil des cours* 9 (1992).

65. Zheng Tang, "Law Applicable in the Absence of Choice ——The New Article of 4 of the Rome I Regulation", 71 *M. L. R.* 792 (2008).

66. Zweigert & Hein Kötz, An *Introduction to Comparative Law* (3rd ed., 1998), Clarendon Press.